国内外经典教材辅导系列·金融类

罗斯《公司理财》(第11版)
笔记和课后习题详解

主编：圣才考研网
www.100xuexi.com

中国石化出版社

内 容 提 要

本书是罗斯的《公司理财》(第11版)的学习辅导书。本书遵循该教材的章目编排，包括8篇，共分31章，每章由两部分组成：第一部分为复习笔记，主要根据《公司理财》(第11版)并参考其他公司理财教材整理了本章的重难点内容，部分章节精选经典考研真题，并提供详细答案；第二部分是课(章)后习题详解，结合本教材和最新参考资料对该教材的课后习题进行了详细的分析和解答。

圣才考研网(www.100xuexi.com)提供罗斯《公司理财》网授精讲班【教材精讲+考研真题串讲】、电子书、题库。购书即可免费享受大礼包增值服务【本书电子书(手机版、电脑版)+名校考研真题详解电子书(含视频讲解)】。手机扫码(本书封面右上角)免费领取本书大礼包。

图书在版编目(CIP)数据

罗斯《公司理财》(第11版)笔记和课后习题详解/圣才考研网主编. —北京:中国石化出版社,2017.9
(2021.1重印)
(国内外经典教材辅导系列)
ISBN 978-7-5114-4675-6

Ⅰ.①罗… Ⅱ.①圣… Ⅲ.①公司-财务管理-研究生-入学考试-自学参考资料 Ⅳ.①F276.6

中国版本图书馆CIP数据核字(2017)第233783号

中国石化出版社出版发行

地址:北京市东城区安定门外大街58号
邮编:100011 电话:(010)57512500
发行部电话:(010)57512575
http://www.sinopec-press.com
E-mail:press@sinopec.com
武汉市盛宏源印务有限公司印刷
全国各地新华书店经销
*
787×1092毫米 16开本 23.75印张 598千字
2017年12月第1版 2021年1月第2次印刷
定价:88.00元

国内外经典教材辅导系列·金融类

编　委　会

序　言

我国各大院校一般都把国内外通用的权威教科书作为本科生和研究生学习专业课程的参考教材，这些教材甚至被很多考试(特别是硕士和博士入学考试)和培训项目作为指定参考书。为了帮助读者更好地学习专业课，我们有针对性地编著了一套与国内外教材配套的复习资料，并提供配套的名师讲堂和题库。

罗斯的《公司理财》是世界上最流行的理财学教材之一。作为该教材的辅导书，本书具有以下几个方面的特点：

1. 浓缩内容精华，整理名校笔记。本书每章的复习笔记对本章的重难点进行了整理，并参考了国内名校名师讲授罗斯《公司理财》的课堂笔记，因此，本书的内容几乎浓缩了经典教材的知识精华。

2. 选编考研真题，强化知识考点。部分考研涉及到的重点章节，选编经典真题，并对相关重要知识点进行了延伸和归纳。

3. 解析课后习题，提供详尽答案。国内外教材一般没有提供课(章)后习题答案或者答案很简单，本书参考国外教材的英文答案和相关资料对每章的习题进行了详细的分析。

4. 补充相关要点，强化专业知识。一般来说，国外英文教材的中译本不太符合中国学生的思维习惯，有些语言的表述不清或条理性不强而给学习带来了不便，因此，对每章复习笔记的一些重要知识点和一些习题的解答，我们在不违背原书原意的基础上结合其他相关经典教材进行了必要的整理和分析。

本书的复习笔记整理了部分高校老师讲授罗斯《公司理财》的讲义和课堂笔记，而全部习题的解答则精选和参考了国内外教材的配套资料和相关参考书，如有不妥，敬请指正，在此表示感谢。

与本教材配套，圣才考研网提供罗斯《公司理财》网授精讲班【教材精讲 + 考研真题串讲】、电子书、题库。

购书即可免费享受大礼包增值服务。手机扫码(本书封面右上角)免费领取本书大礼包。具体包括：①本书电子书；②罗斯《公司理财》名校考研(含复试)真题详解(视频讲解)电子书。

圣才考研网(www.100xuexi.com)是圣才学习网旗下的考研考博专业网站，提供考研公共课和全国各高校金融类专业考研考博辅导班【一对一辅导(面授/网授)、网授精讲班等】、电子书、题库、全套资料(历年真题及答案、笔记讲义等)、国内外经典教材名师讲堂、考研教辅图书等。

考研辅导：kaoyan.100xuexi.com(圣才考研网)
资格考试：www.100xuexi.com(圣才学习网)

圣才学习网编辑部

目　　录

第1篇　概　论

第2篇　估值与资本预算

第3篇　风　险

第4篇　资本结构与股利政策

第5篇　长期融资

第 6 篇　期权、期货与公司理财

第 7 篇　短期财务

第 8 篇　理财专题

第1篇　概　论

第1章　公司理财导论

1.1　复习笔记

公司的首要目标——股东财富最大化决定了公司理财的目标。公司理财研究的是稀缺资金如何在企业和市场内进行有效配置，它是在股份有限公司已成为现代企业制度最主要组织形式的时代背景下，就公司经营过程中的资金运动进行预测、组织、协调、分析和控制的一种决策与管理活动。从决策角度来讲，公司理财的决策内容包括投资决策、筹资决策、股利决策和净流动资金决策；从管理角度来讲，公司理财的管理职能主要是指对资金筹集和资金投放的管理。公司理财的基本内容包括：投资决策(资本预算)、融资决策(资本结构)、短期财务管理(营运资本)。

1. 资产负债表

资产负债表是总括反映企业某一特定日期财务状况的会计报表，它是根据资产、负债和所有者权益之间的相互关系，按照一定的分类标准和一定的顺序，把企业一定日期的资产、负债和所有者权益各项目予以适当排列，并对日常工作中形成的大量数据进行高度浓缩整理后编制而成的。资产负债表可以反映资本预算、资本支出、资本结构以及经营中的现金流量管理等方面的内容。

2. 资本结构

资本结构是指企业各种资本的构成及其比例关系，它有广义和狭义之分。广义资本结构，亦称财务结构，指企业全部资本的构成，既包括长期资本，也包括短期资本(主要指短期债务资本)。狭义资本结构，主要指企业长期资本的构成，而不包括短期资本。通常人们将资本结构表示为债务资本与权益资本的比例关系(D/E)或债务资本在总资本中的构成(D/A)。准确地讲，企业的资本结构应定义为有偿负债与所有者权益的比例。

资本结构是由企业采用各种筹资方式筹集资本形成的。筹资方式的选择及组合决定着企业资本结构及其变化。资本结构是企业筹资决策的核心问题。企业应综合考虑影响资本结构的因素，运用适当方法优化资本结构，从而实现最佳资本结构。资本结构优化有利于降低资本成本，获取财务杠杆利益。

3. 财务经理

财务经理是公司管理团队中的重要成员，其主要职责是通过资本预算、融资和资产流动性管理为公司创造价值。

【例1.1】公司财务经理的责任是增加(　　)。[清华大学2014金融硕士]

A. 公司规模　　　B. 公司增长速度　　　C. 经理人的能力　　　D. 股东权益价值

【答案】D

【解析】财务管理的目标是最大化现有股票的每股价值，因此财务经理的责任是增加股东权益价值。

4. 公司制企业

企业有个人独资企业、合伙企业和公司三种组织形式。公司制企业简称“公司”，即实行公司制的企业，以有限责任公司和股份有限公司为典型形式，是解决筹集大量资金的一种标准方法。在这三种企业形式下，筹集资金的方法是不同的。

5. 现金流的重要性

当公司的现金流出持续一段时间大于现金流入时，即使公司的所有者权益大于0，也会宣告破产，因此公司必须创造出能够支付给债权人和股东的现金流。当公司创造的现金流大于筹集的资金时，公司价值会增加。现金流量的确认会影响公司的财务报表，同时现金流量的时点也会影响投资的价值。

6. 财务管理的目标

管理者的基本财务目标是使股票价值最大化。有效的证据及相关理论均证明股东可以控制公司并追求公司价值最大化，从而实现公司价值和股东价值的统一。但是，毫无疑问，在某些时候公司管理层会为了一己私利而牺牲股东的利益。公司在追求自身目标的同时必须经常顾及客户、供应商和雇员的利益。

【例1.2】为培育市场提高份额，滴滴、Uber大量补贴乘客，造成巨额亏损，违背股东价值最大化的财务管理目标。(　　)［中国人民大学2017金融硕士］

【答案】×

【解析】为培育市场提高份额，滴滴、Uber大量补贴乘客，造成巨额亏损，这种亏损是因为扩大市场份额带来的，公司可能会因此在日后获得巨大且为正的现金流，从而实现股东价值最大化的财务管理目标。

【例1.3】财务管理的目标是最大化公司的利润。(　　)［对外经贸大学2011金融硕士］

【答案】×

【解析】财务经理通过做出增加股票价值的财务决策，最大限度地保护股东的利益，因此财务管理的目标是最大化现有股票的每股价值。利润最大化目标的局限性表现在：①没有考虑利润获取的时间；②没有考虑获取利润和所投入资本额的关系；③没有考虑获取利润和所承担风险的关系。

7. 代理问题及代理成本

公司的管理权和拥有权是分离的。股东作为公司的所有者，委托管理层代为管理公司，其中，股东是委托方，管理层是代理方，当代理方不以委托方的利益行事时，会产生冲突，这种冲突被称为代理问题(agency problem)。

代理成本是指因委托方和代理方目标不一致时产生的损失。产生的直接成本有管理者谋取自己利益而让股东承担的损失和股东监督管理层产生的成本；间接成本有为了解决代理问题而产生的其他各项潜在费用和公司因此失去的机会。

解决代理问题的途径有：通过更高的薪酬和更好的工作前景对管理人员进行激励约束；行使代理权之争；接管管理当局等。

【例1.4】以下哪种情况下，股东和管理层的代理问题最大？(　　)［对外经贸大学2017金融硕士］

A. 普通股全部由公司创始人持有，创始人已退休并聘用职业经理人代为经营企业

B. 公司的普通股由很多分散的股东持有，没有股东持股超过1%

C. 某家族企业，家族持股50%，其他50%由5个共同基金持有

D. 公司的高管团队持有较高比例的股票和期权

【答案】B

【解析】公司所有权分散在大量的投资者中，会导致管理层有效地控制了公司，此时管理层不必然会最大限度地保护股东的利益，即管理层可能为了达到自己的目的而以牺牲股东利益为代价。这种情况下，股东和管理层之间的代理问题最大。

【例1.5】代理问题[上海社会科学院2021金融硕士；对外经贸大学2014金融硕士]

答：代理问题是指由于代理人的目标与委托人的目标不一致，加上存在不确定性和信息不对称，代理人有可能偏离委托人目标而委托人难以观察和监督，从而出现代理人损害委托人利益的现象，又称为委托代理问题。其产生的直接原因是所有权和控制权的分离，本质原因在于信息的不对称。

【例1.6】代理成本[中山大学2014金融硕士]

答：代理成本指的是股东和管理层利益冲突的成本，可分为直接的和间接的成本。直接的代理成本包括管理层受益但股东蒙受损失的公司支出和为了监督管理层行为需要的支出。间接的代理成本是指由代理问题导致公司失去的有益于股东的投资机会。

8. 金融市场

金融市场是指以金融资产为交易对象而形成的供求关系及其机制的总和。广义的金融市场泛指资金供求双方运用各种金融工具，通过各种形式进行的全部金融性交易活动。它包括如下三层含义：①它是金融资产进行交易的一个有形或无形的场所；②它反映了金融资产的供应者和需求者之间所形成的供求关系；③它包含了金融资产交易过程中所产生的运行机制，其中最主要的是价格(包括利率、汇率及各种证券的价格)机制。金融市场是公司融资的重要场所。

狭义的金融市场一般由货币市场和资本市场构成。货币市场，是指以期限在一年以下的金融资产为交易标的物的短期金融市场。它的主要功能是保持金融资产的流动性，以便随时转换成现实的货币。它一方面满足了借款者的短期资金需求，另一方面也为暂时闲置的资金找到了出路。资本市场，是指期限在一年以上的金融资产交易的市场。一般来说，资本市场包括两大部分：一是银行中长期存贷款市场，二是有价证券市场。资本市场主要指的是债券市场和股票市场。通常所说的金融市场就是指狭义的金融市场。

1.2 课后习题详解

一、概念题

1. 资本预算(capital budgeting)

答：资本预算是指综合反映投资资金来源与运用的预算，是为了获得未来产生现金流量的长期资产而现在投资支出的预算。资本预算决策也称为长期投资决策，它是公司创造价值的主要方法。资本预算决策一般指固定资产投资决策，耗资大，周期长，长期影响公司的产销能力和财务状况，决策正确与否影响公司的生存与发展。完整的资本预算过程包括：寻找增长机会，制定长期投资战略，预测投资项目的现金流，分析评估投资项目，控制投资项目的执行情况。资本预算在决策过程中有不同的评价方法，如回收期法、净现值法和内部收益率法等。

2. 货币市场(money markets)

答：货币市场指期限不超过一年的资金借贷和短期有价证券交易的金融市场，亦称“短

期金融市场”或“短期资金市场”，包括同业拆借市场、银行短期存贷市场、票据市场、短期证券市场、大额可转让存单市场、回购协议市场等。其参加者为各种政府机构、各种银行和非银行金融机构及公司等。货币市场具有四个基本特征：①融资期限短，一般在一年以内，最短的只有半天，主要用于满足短期资金周转的需要；②流动性强，金融工具可以在市场上随时兑现，交易对象主要是期限短、流动性强、风险小的信用工具，如票据、存单等，这些工具变现能力强，近似于货币，可称为“准货币”，故称货币市场；③安全性高，由于货币市场上的交易大多采用即期交易，即成交后马上结清，通常不存在因成交与结算日之间时间相对过长而引起价格巨大波动的现象，对投资者来说，收益具有较大保障；④政策性明显，货币市场由货币当局直接参加，是中央银行同商业银行及其他金融机构的资金连接的主渠道，是国家利用货币政策工具调节全国金融活动的杠杆支点。

货币市场的交易主体是短期资金的供需者。需求者是为了获得现实的支付手段，调节资金的流动性并保持必要的支付能力，供应者提供的资金也大多是短期临时闲置性的资金。货币市场可分为发行市场和转让市场，前者是指短期信用工具初次投入流通的市场，后者是指短期信用工具转让的市场。

3. 资本市场(capital markets)[东北财经大学 2023 金融硕士]

答：资本市场指期限在一年以上的各种资金借贷和证券交易的场所，亦称“长期金融市场”或“长期资金市场”。我国具有典型代表意义的资本市场包括四部分：国债市场、股票市场、企业长期债券市场和中长期放款市场。资本市场具有如下特点：①融资投资期限长，在一年以上，有的可长达数十年甚至没有期限，如股票是不归还本金的；②流动性相对较差，在资本市场上筹集到的资金多用于解决中长期融资需求，如用于固定资产的投资，故流动性和变现性相对较弱；③风险大而收益较高，由于融资期限较长，发生重大事故的可能性也较大，市场价格容易波动，投资者需承受较大风险，同时，作为风险的报酬，其收益也较高。

在资本市场上，资金供应者主要是储蓄银行、保险公司、信托投资公司以及各种基金和个人投资者，而资金需求方主要是企业、社会团体、政府机构等。其交易对象主要是中长期信用工具，如股票、债券等等。资本市场主要包括中长期信贷市场和证券市场。

4. 净营运资本(net working capital)[厦门大学 2019 金融硕士]

答：净营运资本指流动资产与流动负债之差，用以衡量企业避免流动性问题的能力。净营运资本测量的是按面值将流动性资产转换成现金，清偿全部流动性负债后，剩余的货币量。净营运资本越多，意味着企业能用于长期债务融资的流动性资产越多，企业的短期偿债能力就越强。

5. 资本结构(capital structure)[华东师范大学 2022 金融硕士；对外经贸大学 2014 金融硕士；上海交大 2006 研；首都经贸大学 2005 研；武汉大学 2000 研]

答：资本结构指企业各种资本的构成及其比例关系。资本结构有广义和狭义之分。广义资本结构，亦称财务结构，指企业全部资本的构成，既包括长期资本，也包括短期资本(主要指短期债务资本)。狭义资本结构，主要指企业长期资本的构成，而不包括短期资本。通常人们将资本结构表示为债务资本与权益资本的比例关系或债务资本在总资本中的构成。资本结构是由企业采用各种筹资方式筹集资本形成的。筹资方式的选择及组合决定着企业资本结构及其变化。资本结构是企业筹资决策的核心问题。企业应综合考虑影响资本结构的因素，运用适当方法优化资本结构，从而实现最佳资本结构。资本结构优化有利于降低资本成本，获取财务杠杆利益。

6. 合伙制(partnership)

答：合伙制是企业制度的一种形式，指两个或两个以上的个人根据国家法律规定，签订合伙协议，共同出资创建企业、共同经营，并以合伙人个人的所有财产对合伙企业承担全部连带责任的一种企业制度。合伙制分为两类：一般合伙制和有限合伙制。在一般合伙制企业中，所有的合伙人均以其全部财产对企业的债务承担无限连带责任，并按法定或约定的比例分享企业的收益或承担损失。合伙企业的收益、损失或债务在各合伙人之间的分配方法一般都会在合伙协议中得到体现。合伙协议可以是口头协议，也可以是书面协议。有限合伙制允许某些合伙人仅以其出资额为限对合伙企业承担有限责任。有限合伙制通常要求：(1)至少有一人是一般合伙人；(2)有限合伙人不参与企业管理。

7. 或有索取权(contingent claims)

答：或有索取权指债权或股权在年末伴随或依附于公司总价值的收益索取权。当公司的价值超过了承诺支付给债权人的数额时，股东将获得偿付约定数额债务以后的剩余价值，而债权人获得了公司承诺支付的数额。当公司的价值少于承诺支付给债权人的数额时，股东将一无所获，而债权人获得了公司的收益价值。

8. 系列契约理论(set-of-contracts viewpoint)

答：系列契约理论认为：公司制企业力图通过采取行动提高现有公司股票的价值以使股东财富最大化。

根据该理论，企业可被视为许多契约的集合。契约条款之一是股东对企业资产的剩余索取权。所有者权益契约可定义为一种委托-代理关系。管理团队的成员是代理人，股东是委托人。它假设管理者和股东，如果各据一方，都将力图为自己谋利益。因此，无论如何，股东都会通过设计合适的激励机制和监督机制约束管理者的行为，尽量避免管理者背离股东的利益。但这样做，要付出较高的代理成本(包括股东的监督成本和实施控制的成本)。可以预期，为了使股东价值最大化，设计的契约将给管理者提供适当的激励。因此，系列契约理论认为：公司管理者采取的行动一般以股东利益为重。但是，代理问题仍然无法完美地得到解决，股东可能面临“剩余损失”。

9. 公司制(corporation)

答：公司制指一种适应社会化大生产需要和现代市场经济发展要求的现代企业制度的基本形式，以有限责任公司和股份有限公司为典型形式。公司制的基本内涵是：

(1)在法律地位上，公司是企业法人，享有由股东投资形成的全部法人财产权，依法享有民事权利，独立承担民事责任，并运用全部法人财产按照市场需求实行自主经营、自负盈亏。

(2)在法律责任上，股东与公司具有不同的责任。股东以其出资额或所持股份为限对公司承担责任，公司则以其全部资产对公司的债务承担责任。

(3)在内部管理制度上，公司实行法人治理结构。法人治理结构是指由股东会(或股东大会)、董事会、经理层和监事会组成的公司内部组织管理制度。

10. 个体业主制(sole proprietorship)

答：个体业主制是指由一个人投资且企业财产归投资者个人所有，投资人以其个人财产对企业债务承担无限责任的一种企业制度。个体业主制的基本特征有：

(1)个体业主制是费用最低的企业组织形式，不需要正式的章程，而且在大多数行业中，需要满足的政府规章极少。

(2)个体业主制企业不需要支付企业所得税。企业所有的利润按个人所得税规定纳税。

(3)个体业主制对企业债务负有无限责任。个人资产和企业资产之间没有差别。

(4)个体业主制的企业存续期受制于业主本人的生命期。

(5)因为个体业主制企业的投资是属于业主个人的钱，所以个体业主筹集的权益资本仅限于业主本人的财富。

二、复习题

1. 代理问题 谁拥有公司？描述所有者借以控制公司管理层的过程。代理关系在公司的组织形式中存在的主要原因是什么？在这种环境下，什么样的问题可能出现？

答：在公司所有制的情况下，股东是公司的所有者。股东选出公司的董事会，由董事会任命该公司管理层。这种企业组织形式的所有权和管理权分离是导致代理问题存在的原因。公司管理层可能按自身或其他人的利益最大化原则行动，而不是按股东的利益最大化的原则。如果这种事情发生，他们可能违背公司股价最大化的目标。

2. 非营利企业的目标 假设你是一个非营利企业(或许是非营利的医院)的财务经理，你认为什么样的财务管理目标将会是恰当的？

答：这些组织经常参与社会或政治活动，因此会有很多不同的经营目标。其中一个经常被提及的目标就是成本最小化。例如，以尽可能低的社会成本提供任何商品和服务。另一个更好的思考方式是即便在非营利企业中也存在股权。因此，使股权的价值最大化也可以是一个适当的财务管理目标。

3. 公司的目标 评价下面这句话：管理者不应该只关注现在的股票价值，因为这么做将会导致过分强调短期利润而牺牲长期利润。

答：可以假设，目前的股票价值反映了风险、时间，以及所有的未来现金流量，包括短期和长期的现金流。如果这种假设是正确的，那么题干中的表述就是错误的。

4. 道德规范和公司目标 股票价值最大化的目标可能和其他目标(比如为了避免不道德或者非法的行为)相冲突？特别地，你认为顾客和员工的安全、环境以及社会的总体利益是否在这个框架之内，或者它们完全被忽略了？考虑一些具体的情形阐明你的回答。

答：有两种不同的观点。在一种极端情况下，可以认为，在市场经济中，所有发生的事情都用价值来衡量。因此，存在一个最佳水平，例如，道德和/或非法行为的最佳水平，明确地包含在股票估值的框架内；在另一种极端情况下，可以认为，这些都是非经济现象，最好通过政治程序处理。一个经典的(而且与此问题高度相关)思考题提出了一个与此争论相似的问题："一个公司估计提高其一种产品的安全费用为3000万美元。不过，该公司认为，提高产品的安全性，只会节省2000万美元的产品责任索赔。公司应该怎么做？"

5. 跨国公司目标 股票价值最大化的财务管理目标在外国会有不同吗？为什么？

答：财务管理目标是相同的，但实现这一目标的最好办法可能会因社会、政治和经济机构的不同而不同。

6. 代理问题 假设你拥有一个公司的股票，股票现在是25美元。另外一家公司刚刚宣布它想要购买这个公司，愿意以每股35美元的价格收购发行在外的所有股票。你公司的管理层立即展开对这次恶意收购的斗争。管理层是以股东的最大利益行事吗？为什么？

答：管理层的目标应该是使股东的股票价值最大化。如果管理层认为它可以改善公司的盈利能力，使股价超过35美元，那么就应该展开对这次外部收购的斗争。如果管理部门认为这名投标者或其他身份不明的投标人实际愿意以超过每股35美元的价格收购该公司，那么他们也应该斗争。但是，如果目前的管理层不能使公司的股价超过收购价格，而且也没有其他更高的报价，那么管理层的斗争行为就不符合股东利益。由于当公司被收购时，管理层往往将失去工作，所以，缺乏监督管理的管理层有反对公司被收购的激励，就如本题所述的那样。

7. 代理问题和公司所有权 公司所有权在世界各地都不相同。历史上来说，美国个人投资者占了上市公司股份的大多数，但是在德国和日本，银行和其他金融机构拥有上市公司股份的大部分。你认为代理问题在德国和日本会比在美国更严重吗？

答：可以认为代理问题在其他国家会不那么严重，主要是由于个人持有股票的比例相对较小。较少的个人持有可以减少对于公司目标的不同意见的数量。较高比例的机构持有，在涉及高风险的项目决策时，更有可能达成股东和管理层之间的共识。此外，机构与个人相比，基于他们自身管理的资源和经验，可以对管理层实施更加有效的监督机制。

8. 代理问题和公司所有权 近年来，大型金融机构（比如共同基金和养老基金）已经成为美国股票的主要持有者。这些机构越来越积极地参与公司事务。这一趋势对代理问题和公司控制有什么样的启示？

答：在美国，机构持股的增加和这些大股东集团日益增加的能动性，可能使得美国公司代理问题减少，形成更加有利于企业控制的有效市场。但并非总是如此，如果共同基金或养老基金的管理人员不关心投资者的利益，那么代理问题可能会与以前一样，而由于基金和基金投资者之间也可能存在代理问题，这种代理问题甚至会增加。

9. 高管薪酬 有评论认为美国公司高级管理人员的薪酬过高，应该削减。比如在大型公司中，甲骨文的拉里·埃利森是美国薪酬最高的首席执行官之一，2013 年的薪酬大概是 7690 万美元。这样的数字是不是过度了？不妨考虑像罗纳尔多这样的超级运动员、像卡梅隆和奥普拉在娱乐领域拿顶薪的以及许多在各自领域拿最高薪酬的人对回答这个问题可能有帮助。

答：多少钱才算太多？拉里·埃利森和罗纳尔多，谁应该赚的更多？最简单的答案是，存在一个高级管理人员的市场，就如同其他所有类型劳动力的市场一样。管理人员薪酬就是市场出清的价格。对运动员和演员来说同样如此。话虽如此，但管理人员薪酬的增长仍然值得商榷。管理人员薪酬增长得如此之快的主要原因是，公司已经越来越多地通过股票支付管理人员薪酬。很明显，这种做法是为了更好地保持股东和管理层之间利益的一致性。近年来，股票价格大幅飙升，才使得管理人员收入剧增。有观点认为，这种奖励是基于股票价格的上升，而不是管理绩效。或许在将来，管理人员薪酬将只奖励差别绩效，即股票价格增长超过整个市场增长的部分。

10. 财务管理目标 为什么财务管理的目标是最大化现在公司股票的价值？换句话说，为什么不是最大化未来股票价值呢？

答：理论上一个完美的资本市场，股价衡量的是未来所有的现金流量，而未来的股价也已经由当时的时间节点上的未来现金流确定。当前的股价和未来的股价同时确定，且最大化当前股价也就是最大化未来的股价，所以这两者本来就是同一个命题。

第2章　会计报表与现金流量

2.1　复习笔记

会计报表与现金流量分析是公司理财决策的重要内容和基本依据。会计报表主要包括资产负债表、损益表和现金流量表。

1. 资产负债表

资产负债表指反映企业某一特定日期财务状况的会计报表。它是根据资产、负债和所有者权益之间的相互关系，按照一定的分类标准和一定的顺序，把企业一定日期的资产、负债和所有者权益各项目予以适当排列，并对日常会计核算工作中形成的大量数据进行高度浓缩整理后编制而成的。资产负债表编制的基础和描述的内容在会计上的准确表述是：

$$资产 \equiv 负债 + 所有者权益$$

其中，所有者权益被定义为企业资产与负债之差。负债和权益反映了资金的来源，出现在表的右边；资产反映了资金运用，出现在表的左边。

资产负债表的分析要点包括流动性、负债与权益、价值与成本三个方面。

(1)流动性

流动性是指资产在短时间内以市场价格出售的难易程度。资产按流动性大小排列，先是流动资产，包括现金、应收账款、存货等；然后是固定资产，包括有形固定资产和无形固定资产。流动资产的短期债务偿还能力大于固定资产，但收益率低于固定资产。

(2)负债与权益

负债是企业所承担的在规定的期限内偿付有关债务的责任，所有者权益是对企业剩余资产的索取权。如果企业将部分利润留存，所有者权益的会计价值会提高。

(3)价值与成本

企业的会计价值是指置存价值或账面价值，它是基于成本的。市场价值是指由市场供求情况决定的价格。股票价值是指股票的市场价值，权益的账面价值可以为负值，但市场价值不能为负值。

【例2.1】企业应持有尽量多的现金来保持流动性。(　　)［对外经贸大学2016金融硕士］

【答案】×

【解析】公司应该合理分配现金，既考虑流动性，也考虑盈利性。持有现金太多会影响投资收益，所以不需要持有过多的现金，只需保持恰当的流动性即可。

2. 利润表

利润表亦称“损益表”或“收益表”，是指反映一个企业某一会计期间经营成果的会计报表。它把一定期间的收入与相关的费用进行配比，从而计算出企业一定期间的净利润(或净亏损)。利润的会计定义等式为：

$$收入 - 费用 = 利润$$

利润表中每股收益和每股股利的计算公式为：

每股收益 = 净利润/发行在外的股份数

每股股利 = 股利/发行在外的股份数

息税前利润（$EBIT$）是指扣除所得税和融资费用之前的利润。净利润常被表示成普通股每股利润，即每股收益（EPS）的形式。

由于利润编制是基于权责发生制，现金流量表基于收付实现制，其中给企业操控利润提供了机会。因此公认会计准则提出了收入应与费用相配比的原则要求。基于权责发生制，利润表要记录一些属于非现金项目的费用，比如折旧和递延税款。

短期内，厂房等机器设备不变，通过劳动力和原材料的变化控制产量。长期内，所有资源都可变。由此，成本可分为可变成本和不变成本，但会计处理时一般不做区分，而将费用分为产品成本和期间费用。

3. 净营运资本

净营运资本是流动资产和流动负债之差，一般情况下，流动资产大于流动负债，即净营运资本为正，净营运资本变动额等于两个年度净营运资本的差额。

【例2.2】某公司今年年初有流动资产380万元，流动负债210万元，年末流动资产410万，流动负债250万。请问该公司的净营运资本变动额是多少？（　　）［清华大学2016金融硕士］

A. −30万　　B. −10万　　C. 30万　　D. 10万

【答案】B

【解析】净营运资本 = 流动资产总额 − 流动负债总额。根据公式，年初的净营运资本 = 380 − 210 = 170（万元）；年末的净营运资本 = 410 − 250 = 160（万元）；净营运资本的变动 = 年末的净营运资本 − 年初的净营运资本 = 160 − 170 = −10（万元）。

【例2.3】资本预算时，当下列哪种情况发生时对净营运资本的投资会增加？（　　）［中国人民大学2015金融硕士］

A. 购买存货

B. 留出一定量现金以备意外的需要

C. 赊销

D. A和B

E. A、B和C

【答案】B

【解析】净营运资本被定义为流动资产与流动负债之差。A项，购买存货只是流动资产内部形式的转化，不改变流动资产大小；B项，留出一定量现金能增加流动资产，从而增加净营运资本；C项，只有赊销的应收账款大于存货时，流动资产才能增加。如果赊销的价格比存货价格低，就不能增加流动资产。

4. 现金流量

现金流量是指某一段时期内企业现金流入和流出的数量。现金流量相关等式如下：

①$CF(A) \equiv CF(B) + CF(S)$

其中，$CF(A)$为资产的现金流量（由企业资产所产生的现金流量，即从企业的营业活动中得到的现金流量）；$CF(B)$为负债的现金流量（流向企业债权人的现金流量）；$CF(S)$为所有者权益的现金流量（流向权益投资者的现金流量）。

②企业现金流量 = 经营性现金流量 − 资本性支出 − 净营运资本的增加 = 企业流向投资者的现金流量 = 流向企业债权人的现金流量 + 流向权益投资者的现金流量

其中，经营性现金流量是从企业的营业活动（包括销售产品和提供劳务）中得到的现金流量，资本性支出衡量固定资产的变动额。

③经营性现金流量 = 息税前利润 + 折旧 − 当前税款

④资本性支出 = 期末固定资产净额 − 期初固定资产净额 + 折旧

⑤流向企业债权人的现金流量 = 支付的利息 −（期末长期债务 − 期初长期债务）

⑥流向权益投资者的现金流量 = 支付的股利 −（发行的股票 − 回购的股票）

拓展：正常企业的经营性现金流量通常为正，该指标长期为负是表明企业陷入困境的信号。"企业总现金流量"是经营性现金流量经过资本性支出和净营运资本支出调整后的现金流量，高成长阶段的企业该指标通常为负，表明企业用于存货和固定资产的支出可能大于来自销售的现金流量。

【例 2.4】年营业收入 1000 万，直接经营成本 400 万，折旧 50 万，税率 33%，企业经营现金流量净额为（　　）。[清华大学 2017 金融硕士]

A. 418.5 万元　　B. 316.6 万元　　C. 234.2 万元　　D. 415.3 万元

【答案】A

【解析】经营性现金流量（OCF）= 息税前利润 + 折旧 − 税，在本题中，OCF = 年营业收入 −（直接经营成本 + 折旧）+ 折旧 − 税 = 年营业收入 − 直接经营成本 − 税 = 1000 − 400 −（1000 − 400 − 50）× 33% = 418.5（万元）。

【例 2.5】某公司经营性现金流 218 万，折旧 45 万，财务费用 35 万，支付长期负债 69 万，用于增加固定资产 180 万，净营运资本增加 38 万，求流向股权的现金流（　　）。[清华大学 2017 金融硕士]

A. −104 万　　B. −28 万　　C. 28 万　　D. 174 万

【答案】A

【解析】企业现金流量 = 经营性现金流 − 资本性支出 − 净营运资本的增加 = 218 − 180 − 38 = 0（万）；企业现金流量的流出分为两个部分：向债权人支付的现金流量和向股东支付的现金流量，因此，向债权人支付的现金流量 + 向股东支付的现金流量 = 0（万）。向债权人支付的现金流量 = 35 + 69 = 104（万），则向股东支付的现金流量为 −104 万。

【例 2.6】某公司计划投资 A 项目，该项目预计年营业收入 600 万元，直接经营成本 400 万元，折旧与摊销费用为 20 万元，适用所得税率为 33%，则预计该项目年经营现金流为（　　）。[清华大学 2016 金融硕士]

A. 140.6 万元　　B. 200 万元　　C. 134 万元　　D. 114.2 万元

【答案】A

【解析】预计该项目年经营现金流 =（年营业收入 − 直接经营成本 − 折旧与摊销费用）×（1 − 税率）+ 折旧与摊销费用 =（600 − 400 − 20）×（1 − 33%）+ 20 = 140.6（万元）。

【例 2.7】下列哪一项的增加会引起经营性现金流增加？（　　）[清华大学 2016 金融硕士]

A. 员工薪酬　　B. 办公场地租金　　C. 设备租赁费用　　D. 设备折旧费用

【答案】D

【解析】经营性现金流 =（销售收入 − 付现成本）×（1 − 税率）+ 非付现成本 × 税率。ABC 三项，员工薪酬、办公场地租金和设备租赁费用属于付现成本，付现成本的增加会使现金支出增加，从而经营性现金流减少；D 项，设备折旧费用属于非付现成本，折旧费用的增加会使经营性现金流增加。

【例 2.8】如果一家公司的应收货款增加，其他情况不变，那么公司的现金流（　　）。

[清华大学 2014 金融硕士]

A. 增加　　B. 不变　　C. 减少　　D. 不可预测

【答案】C

【解析】现金流为现金及其等价物的流入和流出量。应收货款增加，本该成为现金的资产变成了流动性较低的资产，公司当期可支配的自由现金流减少。

【例 2.9】某公司去年销售额为 3400 万元，经营费用为 1360 万元，折旧额为 380 万元。如果该公司的税率为 35%，则公司税后经营现金流为(　　)。[北京航空航天大学 2014 金融硕士]

A. 1459 万元　　B. 1079 万元　　C. 847 万元　　D. 以上答案均不对

【答案】A

【解析】由题意，该公司税后经营现金流 = 税后净经营利润 + 折旧 = (3400 − 1360 − 380) × (1 − 35%) + 380 = 1459(万元)。

5. 会计现金流量表

现金流量表用于反映企业在一定会计期间内有关现金收入、现金支出、投资与筹资活动的财务报表，用其可以评估企业产生现金流量的能力，评定企业的偿债能力和为投资者创造盈利的能力。它由经营、投资和筹资这三种活动产生的现金流量组成。三种活动产生的现金流计算如下：

经营活动产生的现金流量 = 净利润 + 非现金费用项目(折旧摊销、递延税款) − 流动资产的增加(应收账款、存货) + 流动负债的增加(应付账款)

投资活动产生的现金流量 = 固定资产的出售 − 固定资产的取得

筹资活动产生的现金流量 = 发行长期债券 + 新股发行 − 长期债券清偿 − 股利 − 股票回购

拓展：在会计上，属于筹资支出的利息费用已经体现在经营活动产生的现金流量计算中，在计算筹资活动产生现金流量时不用再考虑；在财务上，利息费用被视为融资性现金流。因此，会计现金流量和财务现金流量的主要差异在于利息费用的处理上。

2.2 课后习题详解

一、概念题

1. 资产负债表(balance sheet)

答：资产负债表指反映企业某一特定日期财务状况的会计报表。它是根据资产、负债和所有者权益之间的相互关系，按照一定的分类标准和一定的顺序，把企业一定日期的资产、负债和所有者权益各项目予以适当排列，并对日常会计核算工作中形成的大量数据进行高度浓缩整理后编制而成的。

资产负债表是企业最重要的对外报表之一，它能为投资者和企业管理当局提供有关企业的资源分布状况、债权人和股东对资产的要求权、企业的偿债能力和未来财务状况趋势等信息。资产负债表的格式主要有账户式和垂直式两种，当前会计实务中采用较多的是账户式资产负债表。账户式资产负债表分左右两方列示，左边列示企业的资产，右边列示负债和所有者权益，左右两方的合计数相等。通常，资产负债表还提供期初数和期末数的比较资料。

2. 损益表(income statement)

答：损益表是指反映一个企业某一会计期间经营成果的会计报表，亦称“利润表”或“收益表”。它把一定期间的收入与相关的费用进行配比，从而计算出企业一定期间的净利润

（或净亏损）。它反映企业生产经营的收入实现和成本耗费情况，表明企业的生产经营成果。同时，通过该表提供不同时期的比较数字（如本月数、本年累计数、上年数），可以分析企业今后利润的发展趋势和获利能力。损益表的结果可以分为多步式和单步式两种。多步式损益表中的损益是通过多步配比而来的。单步式损益表则是将本期所有的收入加在一起，然后将所有的费用加总在一起，通过一次配比求出本期损益。

3．现金流量（cash flow）

答：现金流量是指某一段时期内企业现金流入和流出的数量。如企业销售商品、提供劳务、出售固定资产、向银行借款等取得现金，形成企业的现金流入；购买原材料、接受劳务、购建固定资产、对外投资、偿还债务等而支付现金，形成企业的现金流出。现金流量信息能够表明企业经营状况是否良好、资金是否紧缺、企业偿付能力大小，从而为投资者、债权人、企业管理者提供非常有用的信息。现金流量一般可以分为三类：经营活动产生的现金流量、投资活动产生的现金流量、筹资活动产生的现金流量。现金流量通常包括现金等价物的增减变动。

4．非现金项目（noncash items）

答：非现金项目是指与收入相配比但没有直接影响现金流量的项目。其中最重要的一个是“折旧”，折旧反映了会计人员对生产过程中设备的耗费成本的估计。另一种非现金费用是“递延税款”，递延税款是由会计利润和实际应纳税所得之间的差异引起的。

5．净营运资本的变动额（change in net working capital）

答：净营运资本等于流动资产减去流动负债，净营运资本变动额是指企业投资于净营运资本的部分，即本期与上一期相比净营运资本变动的数额。假设美国联合公司 2007 年的净营运资本是 27500 万美元，2006 年的净营运资本是 25200 万美元。则 2007 年的净营运资本变动额是 2007 年和 2006 年净营运资本的差额，即 27500 万美元 - 25200 万美元 = 2300 万美元。一个成长性企业的净营运资本变动额通常是正数。

6．经营性现金流量（operating cash flow）

答：经营性现金流量是指由经营活动所引起的现金流量。经营活动是指企业发生的投资活动和筹资活动以外的所有交易和事项，包括销售商品或提供劳务、经营性租赁、购买货物、接受劳务、制造产品、广告宣传、推销产品和交纳税款等。经营性现金流量等于息税前利润加上折旧减去当前税款，正常企业的经营性现金流量通常为正，该指标长期为负是表明企业陷入困境的信号。

7．自由现金流量（free cash flow）

答：自由现金流量是指在不减少企业价值的前提下，企业所有者可以自由运用的现金流量，即企业自营运活动中产生的现金流量，是扣除为维持企业正常营运而需投入的资本支出后所剩余的现金流量。其计算方法是：自由现金流 = 现金流 - 资本支出。资本支出包括购买新的固定资产的支出。自由现金流可用于支付股利、回购股票或偿付债务。

8．企业总现金流量（total cash flow of the firm）

答：企业总现金流量是指经过资本性支出和净营运资本支出调整后的现金流量，即：

企业总现金流量 = 经营性现金流量 - 资本性支出 - 净营运资本的增加

其中经营性现金流量指由经营活动引起的现金流；用于资本性支出的现金流量来自固定资产的净增加额，等于取得固定资产的现金流出量减去出售固定资产的现金流入量；净营运资本的增加来自营运资本变动的现金流量。企业总现金流量有时为负，当企业以较高的增长率成长时，用于存货和固定资产的支出就可能大于来自销售的现金流量。

9. 公认会计准则(Generally Accepted Accounting Principles，GAAP)

答：公认会计准则通常是指美国的现行会计准则。它由前会计原则委员会(APB)和财务会计准则委员会(FASB)在《意见书》和《公报》中所规定的会计准则、方法和程序所组成的，既包括指导性原则，也包括具体的方法和程序。该准则主要包括被普遍接受或承认的下列内容：哪些经济资源和义务应被记为资产和负债；哪些资产和负债的变动应予以记录；资产、负债及其变动应如何计量；什么样的信息应被披露和怎样披露以及财务报表如何出具等。上述一系列特定的一般公认会计准则的运用都是围绕着资源价值如何认定展开的。公认会计原则不仅是企业会计人员记录、汇总会计数据和编制会计报表所必须遵循的，也是审计人员审核企业会计报表的依据。

二、复习题

1. 流动性 是非题：所有的资产都在付出某种代价的情况下具有流动性。请解释。

答：正确。每一项资产都可以以某一价格转换为现金。流动资产是指可以以市场价或接近市场价的价格转换为现金的资产。

2. 会计与现金流量 为什么标准的利润表上列示的收入和成本不代表当期实际的现金流入和现金流出？

答：根据财务会计中的确认和匹配原则，收入与成本是在收入过程基本完成时被确认，而不一定是在收取现金或支付账单时确认。请注意，这种方式并不一定是正确的，它往往是会计师所选择的方式。

3. 会计现金流量表 在会计现金流量表上，最后一行表示什么？这个数字对于分析一家公司有何用处？

答：最后一栏表示在资产负债表上现金余额的变化。它并不是一个有用的分析公司的数字。

4. 现金流量 财务现金流量与会计现金流量有何不同？对于公司分析，何者更有用？

答：主要的不同之处在于对利息支出的处理方式不同。会计现金流量将其视为一个经营性现金流，而财务现金流量则把它当作一种融资性现金流。在会计现金流量情况下，由于利息收入表明一定会计期间的经营所得，所以是一种经营性现金流。在现实中，利息是一种融资费用，是该公司选择债务和股权融资的结果。当对两者进行对比时，把它当作一种财务现金流的方法会更有益于对公司绩效的分析。

5. 账面价值与市场价值 按照会计规定，一个公司的负债有可能超过资产，此时所有者权益为负，这种情况在市场价值上有没有可能发生？为什么？

答：市场价值是永远不可能为负的。设想一只股票卖 -20 美元。这就意味着，如果您购买了 100 股该股票，您将在获得该股票的同时得到 2000 美元支票。这种情况下你要购买多少只股票？一般来说，因为企业和个人破产法的存在，一个人或公司的净资产不可能为负，也就是说负债的市场价值不可能超过资产。

6. 资产的现金流量 为什么说在一个特定期间内资产的现金流量为负不一定不好？

答：例如，对于一个正在迅速扩张的成功的企业来讲，资本支出量将是很大的，这可能导致资产产生负的现金流。一般来说，重要的是看资金是否用得其所，而不是看资产现金流是正的还是负的。

7. 经营性现金流量 为什么说在一个特定期间内经营性现金流量为负不一定不好？

答：一个公司的资产产生负的现金流可能不是一个好兆头，但如果一个公司起步时产生负的现金流却是相当正常的，因此应具体问题具体分析。

8. 净营运资本和资本性支出 公司在某个年度净营运资本的变动额有可能为负吗？(提示：有可能。)请解释怎样才会发生这种情况？净资本性支出呢？

答：有可能。例如，如果一家公司在存货管理方面变得更有效，其所需的库存量将有所下降。同样，如果该公司能更好地回收应收账款的话也会产生相似的效果。一般来说，任何一项能导致净营运资本变动额相对下降的措施，都会产生这样的效果。负的净资本支出将意味着公司出售的长期资产比购买的长期资产更多。

9. 对股东和债权人的现金流量 公司在某个年度对股东的现金流量有可能为负吗？(提示：有可能。)请解释怎样才会发生这种情况？对债权人的现金流量呢？

答：有可能。如果一家公司在某一特定时期通过发行股票筹到的钱比它在支付股息时更多，其对股东的现金流将是负数。如果一家公司借的债多于其对利息和本金的支付，其对债权人的现金流将是负数。

10. 公司价值 本章开篇处提到福特公司，我们说福特公司的股东所遭受的损失可能并不像会计报告的损失那么严重，你认为我们这么说的依据是什么？

答：本章开篇处讨论的核销仅仅只是会计上的调整，它们并没有造成现金流或者市场价值上的后果，除非这些会计信息导致股东对衍生品进行重新估价。

11. 编制利润表 Shelton 公司的销售额为 435000 美元，成本为 216000 美元，折旧费用为 40000 美元，利息费用为 21000 美元，税率为 35%。该公司的净利润是多少？若分派 30000 美元的现金股利，留存收益会增加多少？

答：Shelton 公司的利润表为：

Shelton 公司利润表 （美元）

销售额	435000
成本	216000
折旧费用	40000
息税前利润	179000
利息费用	21000
税前利润	158000
税	55300
净利润	102700
留存收益	72700
股利	30000

12. 计算净资本性支出 Gordon 驾校 2014 年资产负债表上的固定资产净额为 132 万美元，2015 年资产负债表上的固定资产净额为 151 万美元，2015 年的利润表上有折旧费用 13.7 万美元，其 2015 年的净资本性支出是多少？

答：净资本性支出 = 期末固定资产净额 - 期初固定资产净额 + 折旧 = 1510000 - 1320000 + 137000 = 327000（美元）。

13. 计算现金流量 Jordan 高尔夫店 2014 年和 2015 年的长期负债分别为 162.5 万美元和 173 万美元，2015 年利息费用为 18.5 万美元。该公司 2014 年普通股为 51 万美元，股本溢价为 360 万美元，2015 年这两项分别为 54.5 万美元和 385 万美元，2015 年支付现金股利 27.5 万美元。该公司 2015 年净资本性支出为 97.5 万美元，净营运资本减少 13.2 万美元。该公司 2015 年的经营性现金流量(即 OCF)是多少?

答：①向债权人支付的现金流量 = 支付的利息 - 净增借款 = 支付的利息 -(期末长期债务 - 期初长期债务) = 185000 -(1730000 - 1625000) = 80000(美元)；

②向股东支付的现金流量 = 支付的股利 - 权益筹资净额 = 支付的股利 - [(期末普通股 + 期末股本溢价) -(期初普通股 + 期初股本溢价)] = 275000 - [(545000 + 3850000) -(510000 + 3600000)] = -10000(美元)；

③资产的现金流量 = 向债权人支付的现金流量 + 向股东支付的现金流量 = 80000 - 10000 = 70000(美元)；

④资产的现金流量 = OCF - 净营运资本的增加额 - 净资本性支出 = OCF -(-132000) - 975000 = 70000(美元)；

⑤OCF = 70000 + 975000 - 132000 = 913000(美元)。

14. 计算总现金流量 Schwert 公司 2015 年的利润表上显示了如下信息：销售额为 215000 美元；成本为 117000 美元；其他费用为 6700 美元，折旧费用为 18400 美元；利息费用为 10000 美元；税为 25370 美元；股利为 9500 美元。另外，你还了解到公司 2015 年发行了 8100 美元的新股，赎回了 7200 美元的长期债券。

a. 2015 年经营性现金流量是多少?

b. 2015 年流向债权人的现金流量是多少?

c. 2015 年流向股东的现金流量是多少?

d. 如果该公司当年固定资产净额增加 28400 美元，净营运资本增加额是多少?

答：Schwert 公司的利润表为：

Schwert 公司利润表 （美元）

销售额	215000
成本	117000
其他费用	6700
折旧费用	18400
息税前利润	72900
利息费用	10000
税前利润	62900
税	25370
净利润	37530
留存收益	28030
股利	9500

a. 经营性现金流 = 息税前利润 + 折旧费用 - 税 = 72900 + 18400 - 25370 = 65930(美元)

b. 流向债权人的现金流量 = 支付的利息 - 净增借款 = 10000 + 7200 = 17200(美元)

c. 流向股东的现金流量 = 支付的股利 - 权益筹资净额 = 9500 - 8100 = 1400(美元)

d. 资产的现金流量 = 流向债权人的现金流量 + 流向股东的现金流量 = 17200 + 1400 = 18600(美元)

资产的现金流量 = OCF - 净营运资本的增加额 - 净资本性支出

18600 = 65930 - 净营运资本的增加额 - (固定资产净额增加 + 折旧)

18600 = 65930 - 净营运资本的增加额 - (28400 + 18400)

净营运资本的增加额 = 65930 - 18600 - (28400 + 18400) = 530(美元)

15. 剩余索取权 Josipovich 公司所承担的近期即将向债权人支付的债务为 11300 美元。

a. 如果其资产的市场价值为 12400 美元，所有者权益的市场价值是多少？

b. 如果其资产的市场价值为 9600 美元呢？

答：所有者权益的市场价值不能为负值。负的所有者权益市场价值意味着公司为了让你持股将对你支付。所有者权益的市场价值可以表述为：所有者权益 = Max[(总资产 - 总负债)，0]。因此，如果总资产是 12400 美元，所有者权益的市场价值就等于 1100 美元；如果总资产是 9600 美元，所有者权益的市场价值就为 0。在这里需要强调，尽管所有者权益市场价值不能为负值，所有者权益的账面价值可以为负值。

第3章　财务报表分析与长期计划

3.1　复习笔记

财务报表分析，又称财务分析，是通过收集、整理企业财务会计报告中的有关数据，并结合其他有关补充信息，对企业的财务状况、经营成果和现金流量情况进行综合比较和评价，为财务会计报告使用者提供管理决策和控制依据的一项管理工作。

1．财务报表分析

(1)共同比报表

由于在现实中，各公司的规模大小不同，为了方便不同公司之间的相互比较，需要在一定程度上对财务报表进行标准化，共同比报表就是一种非常常见的方法，具体做法是将以金额表达的数据转化成百分比的形式。

①共同比资产负债表。处理方法是把报表中的每个项目都表示成总资产的百分比的形式。

②共同比利润表。处理方法是把利润表中的所有项目都表示成销售额的百分比的形式。

(2)比率分析

除了共同比报表，在不同规模的公司之间展开对比还可以用财务比率的方法。财务比率是财务报表上两个数据之间的比率，可以考察企业管理不同方面的情况。财务比率包括短期偿债能力与流动性指标、长期偿债能力指标、资产管理或资金周转指标、盈利性指标以及市场价值的度量指标。

①短期偿债能力与流动性指标

a．流动比率 = 流动资产/流动负债

流动比率反映了每一单位一年内需要用现金偿还的债务(短期负债)，企业有多少在同样的时间内可以转换成现金的资产(流动资产)与之相对应，反映企业短期偿债能力的强弱。

b．速动比率(酸性试验比率) = (流动资产 - 存货)/流动负债

实际经济生活中，存货的变现能力差，能否销售出去受较多因素的影响。而像现金、应收账款、应收票据，企业可以直接使用或强制对方兑现债权，具有较强的流动性，称为速动资产。

速动比率反映了企业运用能够迅速转换为现金的资产偿还短期负债的能力。

c．现金比率 = 现金/流动负债

【例3.1】假设公司目前的流动比率为1，下列哪种措施可以提高公司的流动比率？(　　)[中国人民大学2015金融硕士]

A．以现金购买原材料

B．从银行短期贷款购买原材料

C．增加长期借款用以偿还短期贷款

D．以上举措都不行

E．以上举措都可以

【答案】C

【解析】流动比率=流动资产/流动负债，增加长期借款用以偿还短期贷款，会使流动负债减少而流动资产不变，因此可以提高公司流动比率。

【例3.2】某企业流动比率为2，速动比率为1，现金与有价证券占流动资产的比率为0.5，流动负债为1000万元。该企业流动资产只有现金、有价证券、应收账款和存货四个项目，则该公司的存货为（　　）。[中央财经大学2016金融硕士]

A. 500万元　　B. 1000万元　　C. 1500万元　　D. 2000万元

【答案】B

【解析】根据计算公式，流动比率=流动资产/流动负债，速动比率=（流动资产－存货）/流动负债。流动资产=流动比率×流动负债=2×1000=2000（万元），流动资产－存货=速动比率×流动负债=1×1000=1000（万元），存货=2000－1000=1000（万元）。

【例3.3】如果流动比率大于1，则下列结论正确的是（　　）。[北京航空航天大学2014金融硕士]

A. 速动比率大于1　　B. 现金比率大于1

C. 营运资金大于0　　D. 短期偿债能力绝对有保障

【答案】C

【解析】流动比率等于流动资产除以流动负债，流动比率大于1说明流动资产大于流动负债。A项，只能确定速动比率小于流动比率，但不一定大于1；B项，现金比率等于现金除以流动负债，现金属于流动资产的一部分，所以当流动比率大于1时，现金流动比率不一定大于1；C项，营运资金等于流动资产减去流动负债，大于0；D项，流动资产大于流动负债说明有较好的短期偿债能力，但不能说明短期偿债绝对有保障。

【例3.4】下列哪一项的增加会升高公司的流动比率而不会影响速动比率？（　　）[清华大学2016金融硕士]

A. 应付账款　　B. 现金　　C. 存货　　D. 固定资产

【答案】C

【解析】流动比率的计算公式为：流动比率=流动资产/流动负债；速动比率的计算公式为：速动比率=（流动资产－存货）/流动负债。A项，应付账款增加，即流动负债增加，会使流动比率和速动比率都降低；B项，现金增加会使流动比率和速动比率都增加；C项，存货增加会使流动资产增加，从而流动比率增加，速动比率不变；D项，固定资产增加不会对流动比率和速动比率产生影响。

【例3.5】甲公司现有流动资产500万元（其中速动资产200万元），流动负债200万元。现决定用现金100万元偿还应付账款，业务完成后，该公司的流动比率和速动比率将分别是（　　）。[复旦大学2015金融硕士]

A. 不变；不变　　B. 增加；不变　　C. 不变；减少　　D. 不变；增加

【答案】B

【解析】流动比率=流动资产/流动负债，速动比率=速动资产/流动负债。①业务完成前，流动比率=500/200=2.5；速动比率=200/200=1；③用现金100万元偿还应付账款，则流动资产、流动负债、速动资产同时减少100万元。流动比率=400/100=4；速动比率=100/100=1。从上述分析可知，流动比率从2.5变为4，增加；速动比率不变。

【例3.6】S公司的财务数据如下：速动比率为1，流动比率为2，其中流动资产为4000元，则其存货规模为（　　）元。[中央财经大学2012金融硕士]

A. 1500　　B. 1800　　C. 2000　　D. 300

【答案】C

【解析】流动比率和速动比率主要用于反映企业短期偿债能力。其中流动比率是企业流动资产与流动负债之比；速动比率是速动资产与流动负债的比率，其中速动资产等于流动资产减存货。因此企业的流动负债 =4000/2 =2000(元)，速动资产 =2000 ×1 =2000(元)，因此存货 =4000 －2000 =2000(元)。

②长期偿债能力指标

a. 总负债比率 =(总资产 －总权益)/总资产 =负债总额/资产总额

这一比率取决于公司的资本结构，该比率越大则债权人在企业清算时遭受损失的可能性越大。

b. 负债权益比 =总负债/总权益

c. 权益乘数 =总资产/总权益 =1 +负债权益比

d. 利息(保障)倍数 =*EBIT*/利息

息税前利润(*EBIT*)，常称为经营性利润，指在扣除异常项目、非延续性经营活动或特殊项目前所得的利润，只需用经营活动总收入减经营活动总成本即可得到。它可以排除资本结构(利息支出)和税收的影响，单独提取盈余差异部分。

e. 现金对利息的保障倍数(现金涵盖率) =*EBITDA*/利息

EBITDA 为息税及折旧和摊销前利润，用公式表示为：*EBITDA* =*EBIT* +折旧和摊销。摊销是指类似折旧的非现金支出，应用于无形资产(如专利)而不是有形资产。摊销并非债务的清偿。该指标将两项非现金项目(折旧和摊销)加回到 *EBIT* 中，是比税前经营性现金流更好的指标。*EBITDA* 是度量公司经营活动产生现金流量能力的基本指标，通常用于衡量对财务负担的承受能力。

【例 3.7】某公司负债 2000 万元，股权票面价值 4000 万元，股权市场价值 8000 万元，年运营收入为 400 万元，公司资产负债率为(　　)。[清华大学 2015 金融硕士]

A. 50%　　B. 40%　　C. 33.33%　　D. 25%

【答案】C

【解析】股权的票面价值是股票票面上标明的金额，代表了每一股占总股份的比例。股东权益的市场价值通常是指上市公司的股票价值，市场价值包含资产负债表中已经存在的所有者权益，同时还包括市场对上市公司未来盈利能力和市场价值的估计。在本题中，所有者权益是 4000 万元，公司资产负债率为：2000 ÷(2000 +4000) =33.33%。

【例 3.8】利息倍数是 *EBIT* 与利息的比值。(　　)[中国人民大学 2014 金融硕士]

【答案】√

【解析】利息倍数是反映长期偿债能力的指标，衡量一个公司负担利息的能力，也称为利息保障率，公式为：利息倍数 =*EBIT*/利息。

③资产管理或周转指标

a. 存货周转率 =产品销售成本/存货

除出清存货外，该比率越高，存货管理效率越高。存货周转率低，说明企业存货管理不良，产供脱节，资金占用大，减弱资产流动性。

通过存货周转率可以计算出存货周转时间，即存货周转天数：存货周转天数 =365/存货周转率。

存货周转天数不是越少越好。存货过多会浪费资金，存货过少无法满足流转需要，在特定的生产经营条件下存在一个最佳的存货水平，所以存货不是越少越好。

b. 应收账款周转率 = 销售额/应收账款

这里假设所有的销售额都是信用销售，否则，就需要用总赊销额除以应收账款。该指标反映了应收账款的利用效率，企业资金周转状况和信用政策的宽严程度。如果应收账款周转率低，说明企业有大量资金被客户占用，导致自身资金周转困难，可能要从银行大量融资，背负沉重债务；如果应收账款周转率过高，说明企业的信用政策可能太紧，致使企业应收账款很低，在一定程度上可能会影响销售。

通过应收账款周转率可以计算出平均收账期(*ACP*)，即应收账款周转天数：应收账款周转天数 = 365/应收账款周转率。

c. 应付账款周转率 = 产品销售成本/应付账款

应付账款周转天数 = 365/应付账款周转率

d. 总资产周转率 = 销售额/总资产

资本密集度 = 总资产/销售额

固定资产周转率 = 销售额/固定资产

净营运资本周转率 = 销售额/净营运资本

【例 3.9】以下不属于资产运用能力指标的是(　　)。[中央财经大学 2015 金融硕士]

A. 存货周转率　　B. 应收账款周转期

C. 利息保障倍数　　D. 资产周转率

【答案】C

【解析】资产运用能力是指企业对各项资产的运用效率，常用的反映资产运用能力的财务指标有以下几个：①存货周转率与存货周转天数；②应收账款周转率和应收账款周转天数；③资产周转率。C 项，利息保障倍数是指企业生产经营所获得的息税前利润与利息费用的比率，它是长期偿债能力指标。

【例 3.10】Super 公司 2010 年的销售额为 720 万元，所有的销售均为赊销。同时，应收账款为 90 万元。如果 1 年以 365 天计算，该公司的平均收账期为多少天？(　　)[对外经贸大学 2011 金融硕士]

A. 4.56 天　　B. 30.42 天　　C. 40.97 天　　D. 45.63 天

【答案】D

【解析】根据公式，平均收账期 = 365/应收账款周转率 = 365 × 应收账款/销售额 = 365 × 90/720 = 45.63(天)。

【例 3.11】总资产周转率等于会计期内的销售收入总额除以平均的资产总额，反映了企业的盈利能力。(　　)[对外经贸大学 2012 金融硕士]

【答案】×

【解析】总资产周转率是营运能力指标，用于衡量公司运营资产的效率，旨在说明公司在多大程度上能集中有效地运用资产来获得收入。

④盈利性指标

a. 销售利润率 = 净利润/销售额

b. *EBITDA* 利润率 = *EBITDA*/销售额

c. 资产收益率(*ROA*) = 净利润/总资产

d. 权益收益率(ROE)=净利润/总权益

【例 3.12】ROE[安徽财经大学 2021 金融硕士；对外经贸大学 2016 金融硕士；中央财经大学 2010 研]

答：ROE 是 return on equity 的缩写，即权益收益率，也称为净资产收益率，是净利润与总权益的比率，反映每单位股东权益赚取的净利润，可以衡量企业的总体盈利能力。计算公式为：

$$权益收益率=\frac{净利润}{总权益}$$

权益收益率是反映企业为其所有者创造利润的能力大小的重要指标，是企业投资、筹资等各种经营活动效率的综合体现，是最终的业绩衡量指标。根据杜邦分析法，它可以分解为反映经营效率的销售利润率、反映资产利用效率的总资产周转率和反映财务杠杆的权益乘数三个部分。

【例 3.13】ABC 银行的 ROA 长期预期值 1.2%，总资产为 1000 亿元，总负债为 900 亿元，假定该银行将总负债增加 20 亿元，其他因素不变，该银行的长期预期 ROE 将发生何种变化？[南京大学 2015 金融硕士]

解：权益总额=总资产-总负债=1000-900=100(亿元)；

$ROE=ROA\times$权益乘数$=1.2\%\times1000/100=12\%$；

增加总负债 20 亿元，则总资产变为 1020 亿元，权益总额不变，则：

$ROE=ROA\times$权益乘数$=1.2\%\times1020/100=12.24\%$，

故 ROE 增加了 0.24%。

【例 3.14】甲、乙两家银行总资产均为 1000 亿元，ROA 均为 1%。但甲银行的 ROE 为 10%，乙银行 ROE 为 16%。下列说法正确的是(　　)。[南京大学 2014 金融硕士]

A. 乙银行用相同的资产为股东创造了更高的回报，因此乙银行的业绩好于甲银行

B. 甲银行的资本乘数低于乙银行，破产风险小，因而其业绩好于乙银行

C. 不能仅凭 ROA、ROE 和资本乘数来评价银行的业绩，还要看银行的资产质量

D. 因为银行业绩本质上是由 ROA 衡量的，所以这两家银行的业绩相同

【答案】C

【解析】ROA 是指资产收益率，衡量的是每一元资产所带来的利润；ROE 是指权益收益率，度量的是一年来股东的回报率。但 ROA 和 ROE 都是会计收益率，银行业绩的衡量不仅取决于财务指标，还取决于银行资本金的总体规模、风险加权以及它们的流动性资产缓冲强度等。

⑤市场价值的度量指标

a. 每股收益率(EPS)=净利润/发行在外的股份数

b. 市盈率(PE)=每股价格/每股收益

市盈率衡量投资者对每股利润的意愿支付额，该比率越高，说明投资者越看好该企业的前景。利润很低的公司也可能会有很高的市盈率，应注意区分。

c. 市净率=每股价格/每股净资产

d. 市值面值比=每股市场价值/每股账面价值

该指标大于 1 说明总体上公司成功地为股东创造了价值。

e. 股票市值=每股价格×发行在外的股份数

f. 企业价值(EV)=股票市值+附息债务市场价值-现金

g. 企业价值乘数=$EV/EBITDA$

该指标能从整体上估计公司的业务价值、不直接受资本结构、税收或资本支出的影响。与市盈率相似，公司的成长机会越大，其企业价值乘数也会越大。

【例3.15】市盈率[厦门大学2022金融硕士；云南大学2022金融硕士；上海社会科学院2021金融硕士；中山大学2017金融硕士；华中科技大学2016金融硕士；中国科学技术大学2016金融硕士；华南理工大学2014金融硕士]

答：市盈率又称市价与每股盈余比率、本益率，指普通股的市价与每股收益的比率。其中，每股收益=(净利润-优先股股利)/发行在外的普通股股数。以P表示普通股的市价，E表示每股收益，D表示普通股每股股利，则市盈率$=P/E=\frac{D/E}{D/P}$，其中D/E即为股利支付率，D/P即为股利价格比。

市盈率是衡量公司普通股市价高低的重要指标，也是投资者进行投资决策、发行人确定发行价格的重要参照指标，同时该指标衡量了股份制企业的盈利能力。股价与每股收益进行比较反映投资者对每1元净利润所愿支付的价格。这一比率越高，意味着公司未来成长的潜力越大。一般说来，市盈率越高，表明市场对公司的未来越看好。在市价确定的情况下，每股收益越高，市盈率越低，投资风险越小；反之，每股收益越低，市盈率越高，投资风险也就越大。在每股收益确定的情况下，市价越高，市盈率越高，风险越大；反之，市价越低，市盈率越低，风险也就越小。

【例3.16】关于市盈率指标，以下表述错误的是(　　)。[复旦大学2021金融硕士]

A. 派息率越高，市盈率越高

B. 股利预期增长率越高，市盈率越高

C. 名义利率越高，市盈率越高

D. 实际利率水平越低，必要回报率R越低，市盈率越高

【答案】C

【解析】在普通股价值分析中，有市盈率模型：市盈率$=P/E=b/(y-g)$，其中，b为派息率，y为贴现率，g为股利增长率。由此可见，市盈率与股票的派息率成正比，与股利增长率成正比，与贴现率成反比。AB两项，派息率、股利增长率越高，市盈率也会越高；CD两项，在通货膨胀率一定时，名义收益率和实际收益率的上升，都会导致贴现率上升，从而市盈率会越低，反之亦然。

【例3.17】某公司每股盈利为0.58元，同行业可比公司平均市盈率倍数为30，则该公司的股票价值为(　　)元。[厦门大学2012金融硕士]

A. 15.25　　B. 15.5　　C. 12.8　　D. 17.40

【答案】D

【解析】市盈率又称本益比，是指股票市场价格与盈利的比率，其计算公式为：市盈率=每股价格/每股收益。因此该公司的股票价值$=0.58\times30=17.40$(元)。

【例3.18】某企业今年的每股收益为0.5元，分配股利0.37元/股，该企业净利润和股利的增长率都为6%，股票贝塔值为0.75，政府长期债券利率为7%，股票的风险溢价为5.5%，求该公司本期市盈率和预期市盈率。[上海外国语大学2019金融硕士]

答：该企业股利支付率=每股股利÷每股收益$=0.37\div0.5=74\%$；该企业的股权资本成本=无风险利率$+\beta\times$风险溢价$=7\%+0.75\times5.5\%=11.125\%$；该企业本期市盈率=股利支付率×(1+增长率)÷(股权资本成本-增长率)$=74\%\times(1+6\%)\div(11.125\%-6\%)=$

15.31；该企业预期市盈率=股利支付率÷(股权资本成本-增长率)=74%÷(11.125%-6%)=14.44。

【例3.19】成长型股票的市账率(即市值与账面价值比)一般小于1。(　　)[对外经贸大学2014金融硕士]

【答案】×

【解析】市账率是市值与账面价值的比率，比率越小表示该公司为股东创造价值的程度越低，投资者对公司未来收益的预期不看好。成长型股票的市值一般大于账面价值，市账率大于1。

(3)杜邦等式

①透视 *ROE*

$$
\begin{aligned}
ROE &= \text{净利润}/\text{总权益}\\
&= (\text{净利润}/\text{资产})\times(\text{资产}/\text{总权益})\\
&= ROA\times\text{权益乘数}\\
&= ROA\times(1+\text{负债权益比})\\
&= (\text{净利润}/\text{销售额})\times(\text{销售额}/\text{资产})\times(\text{资产}/\text{总权益})\\
&= \text{销售利润率}\times\text{总资产周转率}\times\text{权益乘数}
\end{aligned}
$$

杜邦等式说明 *ROE* 受三个方面因素的影响：经营效率(以销售利润率为度量)；资产运用效率(以总资产周转率为度量)；财务杠杆(以权益乘数为度量)。

②杜邦分析扩展

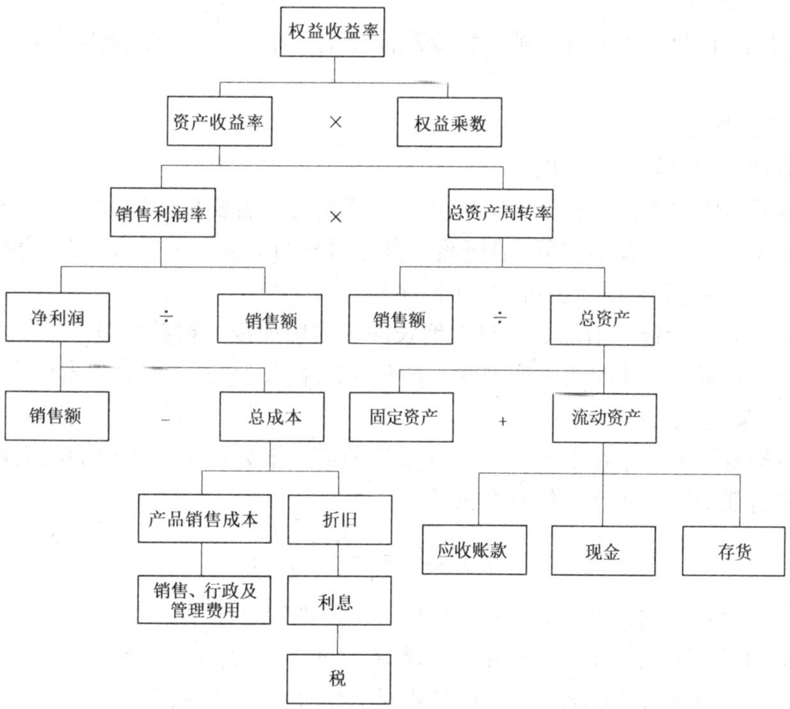

【例3.20】金迪公司2015年的利润表显示其销售收入为800万元，净利润与销售收入的比例为8%。资产负债表显示其流动资产为200万元，固定资产为600万元，净营运资本为100万元，长期负债为300万元。请回答如下问题：

(1)在不运用杜邦分析方法的情况下计算 *ROE*。

(2)运用杜邦分析方法计算 *ROE*。[中山大学2017金融硕士]

解：(1)流动负债 = 流动资产 - 净营运资本 = 200 - 100 = 100(万元)；

总资产 = 流动资产 + 固定资产 = 200 + 600 = 800(万元)；

总负债 = 流动负债 + 长期负债 = 100 + 300 = 400(万元)；

净利润 = 销售收入 × 销售利润比 = 800 × 8% = 64(万元)；

总权益 = 总资产 - 总负债 = 800 - 400 = 400(万元)；

权益收益率 $ROE = \frac{\text{净利润}}{\text{总权益}} = \frac{64}{400} = 16\%$。

(2)由杜邦分析法知：

$$\text{权益收益率}(ROE) = \frac{\text{净利润}}{\text{总权益}} = \frac{\text{净利润}}{\text{销售额}} \times \frac{\text{销售额}}{\text{总资产}} \times \frac{\text{总资产}}{\text{总权益}} = 8\% \times \frac{800}{800} \times \frac{800}{400} = 16\%$$

【例 3.21】杜邦财务分析体系的核心指标是(　　)。[北京航空航天大学 2014 金融硕士；浙江财经学院 2011 金融硕士]

A. 总资产报酬率　　B. 可持续增长率　　C. *ROE*　　D. 销售利润率

【答案】C

【解析】杜邦分析体系是对企业综合经营理财及经济效益进行系统分析评价的方法，其恒等式为：*ROE* = 销售利润率 × 总资产周转率 × 权益乘数。可以看到 *ROE* 反映所有者投入资金的获利能力，反映企业筹资、投资、资产运营等活动的效率，是一个综合性最强的财务比率，所以 *ROE* 是杜邦分析体系的核心指标。

2. 长期财务计划

销售百分比法假设有些项目随销售额变动而变动，是一个生成预测财务报表的快速实用的方法。

3. 外部融资与增长

(1)外部融资需要量 *EFN* 与增长

在其他情况不变的条件下，增长率越高，外部融资的需要量就越大。

$$\begin{aligned} EFN &= \text{资产} \times \Delta\text{销售额}/\text{销售额} - \text{自发增长的负债} \times \Delta\text{销售额}/\text{销售额} \\ &\quad - PM \times \text{预计销售额} \times (1-d) \\ &= \text{预计资产增加额} - \text{自发增长的负债增加额} - \text{权益增量} \end{aligned}$$

式中，Δ 销售额指预计的销售增加额；*PM* 为销售利润率；*d* 为股利支付率。

(2)融资政策与增长

①内部融资增长率。指在没有任何外部融资的情况下公司可能实现的最大增长率，其增长率仅仅依靠内部融资来实现，计算公式为：

$$\text{内部增长率} = \frac{ROA \times b}{1 - ROA \times b}$$

其中，*ROA* 为资产收益率；*b* 为利润再投资率，即留存比率。

【例 3.22】H 公司的净利润为 66 美元，总资产 500 美元，66 美元的净利润中有 44 美元被留存下来，则其内部增长率为(　　)。[南京大学 2013 金融硕士]

A. 13.2%　　B. 66.67%　　C. 8.8%　　D. 9.65%

【答案】D

【解析】内部增长率的公式为：

$$\text{内部增长率} = \frac{ROA \times b}{1 - ROA \times b}$$

由题意可知，资产收益率 $ROA=66/500=0.132$，留存比率 $b=44/66=66.67\%$，将数据代入公式，可得：内部增长率 $=\frac{0.132\times66.67\%}{1-0.132\times66.67\%}=9.65\%$。

②可持续增长率。指公司在保持固定的负债权益比，同时没有任何外部权益筹资的情况下所能够达到的最大的增长率。可持续增长率可按以下公式计算：

$$可持续增长率=\frac{P\times(1-d)\times(1+L)}{T-P\times(1-d)\times(1+L)}$$

式中，T 为总资产对销售额的比率(资产需要率)；P 为销售净利润率；d 为股利支付率；L 为负债权益比。可持续增长率即在上述四个变量预先设定的情况下惟一可能的增长率。也可按如下公式计算：

$$可持续增长率=留存比率\times ROE/(1-留存比率\times ROE)$$

这一比率现已成为财务分析的重要工具。

【例 3.23】某公司希望保持每年 10% 的增长速度，并且目前的负债权益比 1/2，现金股利支付比率 20%，以及总资产与销售收入 1.2∶1 都保持不变，那么销售利润率必须达到多少？(假设不增发股票，所有涉及资产负债表内的项均以期末数计)(　　)[中国人民大学 2015 金融硕士]

A. 10%　　B. 9.09%　　C. 11.11%　　D. 8%

E. 以上都不对

【答案】B

【解析】要使公司每年都保持 10% 的增长速度，即需要可持续增长率为 10%。根据题意，留存比率 $b=1-20\%=80\%$，根据公式：可持续增长率 $=\frac{留存比率\times ROE}{1-留存比率\times ROE}$，代入数据可得方程：$10\%=ROE\times80\%/(1-ROE\times80\%)$，解得：$ROE=11.36\%$；权益乘数 $=1+$ 负债权益比 $=1+0.5=1.5$；总资产周转率 $=$ 销售收入/总资产 $=1/1.2$。根据公式：$ROE=$ 销售利润率 $\times$ 总资产周转率 $\times$ 权益乘数，计算可得，销售利润率 $=11.36\%/(1.5\times1/1.2)=9.09\%$。

【例 3.24】企业可以从如下哪些行为提高自己的可持续增长率？(　　)[对外经贸大学 2012 金融硕士]

A. 回购股份　　B. 增加留存收益

C. 增加并购　　D. 减少债务

【答案】B

【解析】一家公司的可持续增长能力直接取决于以下四个因素：①销售利润率，销售利润率的增加会提高公司内部生成资金的能力，所以能够提高可持续增长率；②股利政策，净利润中用于支付股利的百分比下降会提高留存比率，增加内部股权资金，从而提高可持续增长率；③融资政策，提高负债权益比即提高公司的财务杠杆，这使得公司获得额外的债务融资，从而提高可持续增长率；④总资产周转率，提高总资产周转率使得公司每单位资产能够带来更多的销售额，在销售额增长的同时降低公司对新增资产的需求，因而提高可持续增长率。

③决定增长的因素

销售利润率、股利政策、融资政策以及总资产周转率这 4 个因素直接决定了公司的可持续增长能力。

【例 3.25】蓝山公司 2015 年的利润表显示其销售收入为 200 万元，净利润为 40 万元，分红为 10 万元。资产负债表显示其流动资产为 40 万元，固定资产为 360 万元。流动负债为 20 万元，长期负债为 100 万元，普通股 200 万元，留存收益 80 万元。请回答如下问题：

(1)蓝山公司的可持续增长率是多少？

(2)如果 2016 年蓝山公司希望其销售收入达到 240 万元，那么该公司需要多少外部融资？假设蓝山公司 2015 年生产能力已经达到极限，净利润与销售收入的比例和分红占净利润的比例保持不变。[中山大学 2017 金融硕士]

解：(1)根据计算公式，代入数据，可得：

$$总权益=普通股+留存收益=200+80=280(万元)$$

$$权益收益率(ROE)=\frac{净利润}{总权益}=\frac{40}{280}\approx 14.286\%$$

$$留存比率\ b=1-股利支付率=1-\frac{现金分红}{净利润}=1-\frac{10}{40}=0.75$$

根据可持续增长率的计算公式，可得：

$$可持续增长率=\frac{ROE\times b}{1-ROE\times b}=\frac{14.286\%\times 0.75}{1-14.286\times 0.75}=12.00\%$$

(2)根据计算公式，代入数据，可得：

$$总资产=固定资产+流动资产=360+40=400(万元)$$

$$\Delta 销售额=240-200=40(万元)$$

$$销售利润率\ PM=\frac{净利润}{销售额}=\frac{40}{200}=0.2$$

$$股利支付率\ D=\frac{现金分红}{净利润}=\frac{10}{40}=0.25$$

根据外部融资的计算公式，可得：

$$EFN=\frac{资产}{销售额}\times\Delta 销售额-\frac{自发增长的负债}{销售额}\times\Delta 销售额-PM\times 预计销售额\times(1-d)$$

$$=\frac{400}{200}\times 40-\frac{20}{200}\times 40-0.2\times 240(1-0.25)$$

$$=40(万元)$$

【例 3.26】2011 年末的非现金净营运资本为 2.75 亿，2012 年初的货币资金余额为 1 亿。每年的外部融资需要量的 10% 都是靠债务满足的，每年净利润的 20% 用于支付股利。

(1)求 2012 年的外部融资需要量。

(2)求 2014 年的货币余额。[中国人民大学 2016 金融硕士]

(单位：百万)

项目	2012 年末	2013 年末	2014 年末
净利润	150	225	315
经营性长期投资	200	250	300
折旧和摊销	125	190	250
非现金净营运资本	300	330	370

解：(1)外部融资需要量的计算公式为：

预计需要外部融资额=增加的经营资产-增加的经营负债-可动用的金融资产-留存收

益增加 =（经营营运资本增加 + 净经营性长期资产的增加）- 可动用的金融资产 - 留存收益增加

2012 年经营营运资本增加 = 300 - 275 = 25（百万）；

2012 年净经营性长期资产增加 = 2012 年经营性长期投资 - 2012 年折旧与摊销 = 200 - 125 = 75（百万）；

2012 年可动用的金融资产 = 2012 年初的货币资金余额 = 100（百万）；

2012 年留存收益增加 = 2012 年净利润 ×（1 - 20%）= 150 × 0.8 = 120（百万）；

2012 年的外部融资需要量 = 25 + 75 - 100 - 120 = -120（百万）；

因此 2012 年不需要从外部获得融资。

（2）由于 2012 年有 120 百万元的资金盈余，可以做为 2013 年公司的可动用资金。

先求出 2013 年的外部融资需要量：

2013 年经营营运资本增加 = 330 - 300 = 30（百万）；

2013 年净经营性长期资产增加 = 2013 年经营性长期投资 - 2013 年折旧与摊销 = 250 - 190 = 60（百万）；

2013 年可动用的金融资产 = 2013 年初的货币资金余额 = 120（百万）；

2013 年留存收益增加 = 2013 年净利润 ×（1 - 20%）= 225 × 0.8 = 180（百万）；

2013 年外部融资需要量 = 30 + 60 - 120 - 180 = -210（百万）。

由于 2013 年有 210 百万元的资金盈余，可以做为 2014 年公司的可动用资金。

2014 年经营营运资本增加 = 370 - 330 = 40（百万）；

2014 年净经营性长期资产增加 = 2014 年经营性长期投资 - 2014 年折旧与摊销 = 300 - 250 = 50（百万）；

2014 年可动用的金融资产 = 2014 年初的货币资金余额 = 210（百万）；

2014 年留存收益增加 = 2014 年净利润 ×（1 - 20%）= 315 × 0.8 = 252（百万）；

2014 年的外部融资需要量 = 40 + 50 - 210 - 252 = -372（百万）。

因为外部融资需要量小于 0，因此不需要从外部获得融资，资金盈余的 372 百万元，即 2014 年的货币余额。

3.2 课后习题详解

一、概念题

1. 汇总（aggregation）

答：汇总是指财务计划中将企业每一个较小经营单位的较小投资计划汇集在一起，使之成为一个大项目的过程。汇总也是企业每一个项目资本预算分析的过程。

2. 调节变量（plug）

答：调节变量是指协调资产负债表项目与损益表项目使之相容的变量。如要使销售收入、成本和利润按 g_1 增长，资产和负债按 g_2 增长，为了让 g_1 和 g_2 相互协调，可以以发行在外的股票增长率 g_3 作为调节变量，从而使资产负债表项目的增长率与损益表项目的增长率相适应。

3. 资产需求（asset requirements）

答：资产需求是指满足企业正常生产经营所需要的资金总量，公司可以根据财务计划中的资本性支出和净营运资本支出进行确定，它是企业确定筹集资金数额的依据，有时也称

"资金需求"。资产需求预测，是企业融资管理的基本内容。进行资产需求预测的方法很多，主要包括：①定性预测法，即利用直观资料，依靠个人经验和主观分析判断能力，对未来资产需要数量进行预测；②比率预测法，即利用资产需要量与相关因素的比率关系，测算资产需求，常用的比率主要是销售量与资产的比率，即根据销售额与资产的比率，预测在一定销售额情况下的资产需求；③回归分析法，即根据资产需求与业务量之间存在的关系建立数学模型，然后利用历史有关数据，用回归方程确定参数，预测未来资产需求量。

4. 预测报表(pro forma statements)

答：预测报表是指公司基于一项或多项重要假设和会计原则、根据财务计划编制的反映公司预期财务状况、经营成果和现金流量的报表，包括预计资产负债表、预计损益表和预计资金来源与运用表。

预计资产负债表，用来反映企业在计划期末预测的财务状况的预算。预计损益表，用货币金额来反映企业在计划期间全部经营活动及其最终财务成果的预算，可看作是利润总量预测的具体化，亦称"利润预算"，是控制企业经营活动和财务收支的主要依据。预计资金来源与运用表，也称为预计财务状况变动表，用来反映企业在计划期内资金变动情况的预算。

5. 股利支付率(dividend payout ratio)

答：股利支付率指普通股现金股利与每股收益的比值，亦称"股利发放率"。它用于反映普通股股东从每股的全部获利中分得的现金股利比例。其计算公式如下：

$$股利支付率 = \frac{每股现金股利}{每股收益} \times 100\%$$

公式中每股股利指实际发放给普通股股东的股利总额与普通股股数的比值。股利支付率反映了企业的股利政策，其高低要根据企业对资金需要量的具体情况而定，没有一个固定的衡量标准。一般而言，如果一家公司的现金量比较充裕，并且目前没有更好的投资项目，则可能会倾向于发放现金股利；如果公司有较好的投资项目，则可能会少发股利，而将资金用于投资。一般来说，长期投资者比较注重市场价格与每股盈余的比率(市盈率)，而短期投资者比较注重股利支付率。股利支付率与企业盈利状况并不存在必然联系。

6. 留存比率(retention ratio, plowback ratio)

答：留存比率指公司用于支付股利以外的留存收益在净利润中的百分比，等于1减去股利支付率。这一比率表明公司的税后利润(盈利)有多少用于发放股利，多少用于留存收益和扩展经营。一般来说，该比率越高，表明公司越重视发展的后劲，不致因分发股利过多而影响公司未来的发展。但值得注意的是，留存比率的高低与公司的经营状况并不存在必然的关系，主要取决于公司的发展策略和管理策略。

7. 经济假设(economic assumptions)

答：经济假设是指在对公司未来财务进行计划的过程中，对公司在未来计划期内所处的经济环境和自身的运行状况作出的相关假设。财务计划中最基本的经济假设是未来利率水平。

8. 销售预测(sales forecast)

答：销售预测是指企业在对市场进行充分调查的基础上，根据市场上商品供求情况的发展趋势，采用一定的预测分析方法，对本企业产品在财务计划期间和一定地理区域的销售额或销售量期望值所作出的预计或估算。进行销售预测时，一方面要对本企业产品销售的历史资料进行整理和分析，并对未来市场供求的情况进行仔细研究，了解本企业产品的发展趋势；另一方面要注意影响本企业产品未来销售的社会经济因素的变化，分析影响本企业产品销售的直接因素和间接因素，如国民生产总值、个人可支配收入、相关产业的销售量、供求的价格弹性、人口、就业率、物价指数和市场占有率等。在预测时，应根据所占有的资料是否充分等情况，选择适当的预测方法。比较常用的预测方法有趋势预测分析法、因果预测分析法、市场调查法和专家判断分析法等。前两种属于定量分析法，后两种属于定性分析法，实际预测时应注意将定量分析和定性分析结合起来。

9. 财务需求(financial requirements)

答：财务需求是公司财务计划的主要内容之一，是指公司根据财务计划中的融资需要所确定的融资安排(融资数量和融资渠道)，包括股利政策和债务政策等。比如企业拟通过发行新股来增加权益资本，财务计划就应考虑发行何种证券、多少数额、以什么方式发行。

10. 可持续增长率(sustainable growth rate)[西北大学2019金融硕士；中山大学2015金融硕士]

答：具体内容参见本章复习笔记。

11. 销售百分比法(percentage of sales approach)

答：销售百分比法是根据资金各个项目与销售收入总额之间的依存关系，按照计划期销售额的增长情况预测需要相应地追加多少资金的方法，即在财务计划中利用有关项目与销售额或者销售量之间的关系预测资产负债表和利润表有关项目的金额。

它通常假设收入、费用、资产、负债与销售收入存在稳定的百分比关系，根据预测销售额和相应的百分比预测资产、负债和所有者权益，然后利用会计等式确定融资需求。具体方法包括以下两种：根据销售总额确定融资需求和根据销售增加量确定融资需求。研究外部融资与销售额增长关系时，还需分析外部融资额占销售额增长的百分比、内含增长率、可持续增长率和外部融资需求的敏感性。

二、复习题

1. 财务比率分析　由于不同行业的公司在财务比率上存在很大的差异，财务比率本身提供的信息有限，分析一个公司的财务比率有两种基本方法：时间趋势分析和同类公司分析。为什么这些方法会有用呢？每种方法能够告诉你哪些关于公司财务健康状况的信息？

答：时间趋势分析为分析跨期公司财务状况变化提供了方法。通过比较公司不同时期的状况，财务经理可以评估公司业务、财务或投资活动中某些方面的变化。同类公司分析是将某个公司的财务比率及经营业绩与在同行业或同业务线的一组公司进行比较。财务经理可以通过这种比较来评估公司是否在业务、财务或投资活动的某些方面超过了行业的标准线，从而为适当调节这些比率提供指导。这两种方法都对公司与其财务计划的差别做出了评估，但都没有指出这种差别是积极的还是消极的。例如，假设一个公司的流动比率随着时间不断增加。这可能意味着，该公司在过去一直面临流动性不足的问题，现在正在纠正这些问题，也可能意味着公司在管理现金账户方面的效率下降了。同类公司分析可以得到类似的观点。一个流动比率比同类公司低的公司可能对现金账户的管理更有效率，也可能正面对流动性不足的问题。但这两种分析方法都没有告诉这个比例是好是坏，而只是表明差异的存在和该关注什么问题。

2. 行业专用比率　所谓的“同店销售”(same - store sales)是像麦当劳和西尔斯之类的十分分散的公司的一项重要指标，顾名思义，分析同店销售就是比较同样的店铺或餐馆在两个不同时间点上的销售额。为什么公司更关注同店销售而不是总销售额？

答：如果一家公司通过开设新店进行发展，那么总收入将很可能上升。这种情况下，比较在两个不同时间点的总销售额可能会产生误导。同店销售通过关注在特定时期内开设的店面的收入来避免这种误导的产生。

3. 销售预测 为什么多数长期财务计划都从销售预测开始？或者说，为什么未来销售额是关键？

答：原因是，销售额是业务发展的最终驱动力。实际上，一个企业的资产、雇员和几乎所有的业务和融资都直接或间接地为销售额服务。换种说法，一个企业对资本、雇员、库存和融资的未来需求是由未来销售水平决定的。

4. 可持续增长 本章利用 Rosengarten 公司说明 *EFN* 的计算，Rosengarten 的 *ROE* 大约为 7.3%. 利润再投资率大约为 67%，如果你为 Rosengarten 计算可持续增长率，会发现它只有 5.14%，而我们在计算 *EFN* 时所使用的增长率为 25%，这可能吗？（提示：可能。如何才能实现呢？）

答：可能。可持续增长公式的两个假设是，该公司并不想发行新股，并且财务政策是不变的。如果公司提高外部股权，或增加其负债权益比率，那么它可以具有比可持续增长率更高的增长率。当然，如果它通过增加留存比率，改变股利政策或者使其总资产周转率增加，公司也可以以高于销售增长率的速度增长。

5. *EFN* 与增长率 Broslofski 公司每年都维持一个正的留存比率，并保持负债权益比不变。当销售额按照 20% 的速度增长，公司预计 *EFN* 为负数，这是否向你提示了某些关于该公司可持续增长率的信息？你能够肯定内部增长率是大于还是小于 20% 吗？为什么？如果留存比率上升，预计 *EFN* 将会怎样？如果留存比率降低呢？如果留存比率等于零呢？

答：可持续增长率大于 20%，因为对于 20% 的增长速度，*EFN* 取负值表明，仍然有可用的内部资金。如果企业是 100% 的股权融资，那么可持续增长率和内部增长率是相等的，而且内部的增长速度将超过 20%。但是，当公司中存在债务时，内部增长率总是低于可持续增长率，所以内部增长率是否大于 20% 是不确定的。如果留存比率增加，该公司将有更多的内部资金来源，并且它必须获得更多的贷款，以保持负债权益比例不变，所以 *EFN* 将下降。相反，如果留存比率降低，*EFN* 将会上升。如果留存比率为零，内部增长率和可持续的增长率均为零，*EFN* 将增加，与总资产的变化相等。

6. 共同比财务报表 共同比报表是财务分析的工具之一，共同比利润表与资产负债表为什么有用？现金流量表没有被转变成共同比报表的形式，为什么？

答：共同比报表为财务经理提供了分析公司比率的工具。例如共同比利润表可以显示，已售产品的成本占总销售额的百分比在增加。共同比资产负债表可以显示企业对于债务融资的依赖。不使用共同比现金流量表的原因很简单：没有合适的分母。

7. 资产利用与 *EFN* 我们在计算外部融资需要量时隐含着一个假设，即公司资产满负荷运转。如果公司的生产能力尚未全部利用，会如何影响外部融资需要量？

答：这将减少外部融资需要量。如果公司没有满负荷运行，就能够在不增加固定资产的同时，增加销售额。

8. 比较 *ROE* 和 *ROA* *ROA* 和 *ROE* 都衡量盈利性，在对两个公司进行对比时，哪个指标更加有用？为什么？

答：*ROE* 是衡量公司业绩的更好指标。*ROE* 反映了股东投资的年回报率。由于公司的目标是股东财富最大化，这个比率反映了该公司在一段期间内实现这一目标的程度。

9. 比率分析 *EBITD*/资产这一比率说明什么？为什么说这个比率在比较两个公司时比*ROA*更加有用？

答：*EBITD*/资产比率反映了该公司在扣除利息、税收和折旧之前的经营业绩。这个比率将反映公司如何控制成本。虽然税是一种成本，折旧和摊销也可以当做成本考虑，但对于公司管理层来说，仍然不容易控制。相反，通过对会计规则的选择可以改变折旧和摊销。该比率在分子中仅使用经营成本，因此，与*ROA*相比，能更好衡量一段时期内的管理绩效。

利用以下信息回答下面的5个问题：祖母日历(Grandmother Calender)公司是一家小公司。公司一开始出售个性化的照片日历套品，结果日历套品大获成功，销售额很快大幅度超出预期，订单接踵而来。为此，公司租用了更大的场地并扩大了产能，然而还是无法满足需要，设备因过度使用而损坏，质量随之受到影响，营运资本因扩大生产而耗尽，与此同时，客户要等到产品发出才支付货款。公司无法按照订单供货，现金紧张使之陷入极大的困境，以至于支付员工薪水的支票开始被银行退票。最后，该公司由于现金短缺，3年后不得不全线终止经营。

10. 产品销售 你是否认为假如该公司的产品销售不是如此火爆它就不会遭此命运？为什么？

答：也会遭此命运，如果该产品已不受欢迎，那么由于产品滞销，现金收入不足，该公司最终也会遭受终止经营的命运。

11. 现金流量 祖母日历公司显然存在现金流量问题，根据第2章的现金流量分析，客户直到发货时才付款对其现金流量有何影响？

答：由于客户要等到发货才会支付，所以应收账款上升。该公司的净营运资本增加，而它的现金不增加。同时，成本的增长比现金收入的增长快，因此经营性现金流下降。该公司的资本支出也不断提高。因此，资产的现金流的三个组成部分的影响均为负。

12. 公司借款 既然这家公司的销售如此成功，为什么银行或其他债权人不插手进来，为其提供所需要的资金以便该公司能够持续经营？

答：如果公司行动得够快，筹资可能已经安排好了。有时事情就是这样，当需要帮助的时候可能为时已晚，这也再一次强调了计划的必要。

13. 现金流量 这个例子中，罪魁祸首是什么，太多的订单？太少的现金？过低的生产能力？

答：所有的三个因素都很重要，但缺乏现金，或者更普遍的说，缺乏资金来源，从根本上导致失败。现金资源不足通常是引起小企业失败的最常见原因。

14. 现金流量 发现自己处于增长和销售超过生产能力的时候，像祖母日历这样的小公司可以采取什么措施(除了扩大产能之外)？

答：这里有一些可供选择的措施：要求现金预付，提高价格，分包生产，通过新的业主或新的信贷资源增加资金来源。当订单超过生产能力上限，价格上涨可能特别有利。

15. 权益乘数与权益收益率 Synovec公司的负债权益比为0.70，资产收益率为8.4%，总权益为840000美元，其权益乘数是多少？权益收益率是多少？净利润呢？

答：权益乘数 = 总资产/总权益 = 1 + 负债权益比 = 1 + 0.70 = 1.70

$ROE = ROA \times$ 权益乘数 $= 8.4\% \times (1 + 0.70) = 14.28\%$

净利润 $= ROE \times$ 总权益 $= 14.28\% \times 840000 = 119952$(美元)

16. 可持续增长 如果Hunter公司的ROE为12%，股利支付率为15%，其可持续增长率是多少？

答：可持续增长率 =（*ROE* × 留存比率）/（1 - *ROE* × 留存比率）=（12% ×85%）/（1 - 12% ×85%）=11.36%

17. 可持续增长率 Wintergrass 公司的 *ROE* 为 11.4%，股利支付率为 25%。

a. 该公司的可持续增长率是多少？

b. 该公司的实际增长率可以与可持续增长率不同吗？为什么？

c. 公司如何改变其可持续增长率？

答：a. 可持续增长率 =（*ROE* × 留存比率）/（1 - *ROE* × 留存比率）=（11.4% ×75%）/（1 - 11.4% ×75%）=9.35%

b. 该公司的实际增长率可以与可持续增长率不同。如果可持续增长率计算公式中的参数与实际参数不同，则实际增长率将与可持续增长率不同。因为可持续增长率计算公式中包含 *ROE*，这也意味着利润率、总资产周转率和权益乘数的变化，将影响可持续增长率。

c. 公司可以通过改变销售利润率、股利政策、负债权益比或总资产周转率来改变可持续增长率。

18. 应收账款回收期 一个公司的净利润为 314000 美元，销售利润率为 8.9%，应收账款余额为 152800 美元，假设销售额中有 80% 为赊销，该公司的应收账款回收期是多少天？

答：销售额 = 净利润/销售利润率 =314000/8.9% =3528089.89（美元）

赊销额 = 销售额 ×80% =3528089.89 ×80% =2822471.91（美元）

应收账款周转率 = 赊销额/应收账款 =2822471.91/152800 =18.47（次）

应收账款回收期 =365 天/应收账款周转率 =365/18.47 =19.76（天）

19. 计算现金对利息保障比率 Panda 公司最近年度的净利润是 9620 美元，税率为 34%，公司支付的总利息费用为 2380 美元，折旧费用 3170 美元。该公司现金对利息的保障比率是多少？

答：这个问题需要通过利润表反方向推算。首先，净利润 =（1 - 所得税率）× 税前利润。代入已知的数值并得到税前利润：税前利润 =9620/（1 -34%）=14575.76（美元）

现在，可以加上利息费用从而得到息税前利润：

息税前利润 = 税前利润 + 利息费用 =14575.76 +2380 =16955.76（美元）

为了得到息税折旧摊销前利润（现金利息保障倍数中的分子），需要以息税前利润加上折旧，得：

息税折旧摊销前利润 = 息税前利润 + 折旧 =16955.76 +3170 =20125.76（美元）

现在，简单的代入数值计算得：

现金对利息的保障倍数 = 息税折旧摊销前利润/利息费用 =20125.76/2380 =8.46（倍）

第2篇 估值与资本预算

第4章 折现现金流量估价

4.1 复习笔记

当前的1美元与未来的1美元的价值是不同的，因为当前1美元用于投资，在未来可以得到更多，而且未来的1美元具有不确定性。这种区别正是“货币的时间价值”。货币的时间价值概念是金融投资和融资的基石之一，资本预算、项目决策、融资管理和兼并等领域均有涉及。因此有必要理解和掌握相关的现值、终值、年金和永续年金的概念和计算公式。

1. 现值与净现值

(1)现值

现值是未来资金在当前的价值，是把未来的现金流按照一定的贴现率贴现到当前的价值。以单期为例，一期后的现金流的现值：$PV=\frac{C_1}{1+r}$。其中，C_1是一期后的现金流，r是适当贴现率。

在多期的情况下，求解PV的公式可写为：$PV=\frac{C_T}{(1+r)^T}$。其中，C_T是在T期的现金流，r是适当贴现率。

(2)净现值

净现值的计算公式为：$NPV=-$成本$+PV$。也就是说，净现值(NPV)是项目有关的所有现金流入的现值减去现金流出(成本)的现值的结果。

产生T期现金流的项目净现值为：

$$NPV=-C_0+\frac{C_1}{(1+r)}+\frac{C_2}{(1+r)^2}+\cdots+\frac{C_T}{(1+r)^T}=-C_0+\sum_{i=1}^{T}\frac{C_i}{(1+r)^i}$$

其中，$-C_0$是初始现金流。

2. 终值

一笔投资在多期以后终值的一般计算公式可以写为：

$$FV=C_0\times(1+r)^T$$

其中，C_0是期初投资的金额，r是利息率，T是资金投资持续的期数。

一项投资每年按复利计息m次的年末终值为：$C_0\left(1+\frac{r}{m}\right)^m$。其中，$C_0$是投资者的初始投资；$r$是名义年利率。一项投资在$T$年后的终值为：$FV=C_0\left(1+\frac{r}{m}\right)^{mT}$。当$m$趋近于无限大时，则是连续复利计息，这时$T$年后的终值可以表示为：$C_0\times e^{rT}$。连续复利在高级金融中有广泛的应用。

【例4.1】如果将1000元存入银行，利率为8%，计算这1000元五年后的价值应该用

(　　)。[中山大学 2017 金融硕士]

A. 复利的现值系数　　B. 复利的终值系数

C. 年金的现值系数　　D. 年金的终值系数

【答案】B

【解析】复利终值的计算公式为 $FV = C_0 \times (1+r)^T$。式中，C_0是期初投资的金额，r 是利息率，T 是资金投资所持续的时期数。其中$(1+r)^T$称为复利的终值系数。

【例 4.2】如果你父母每年年初给你 10000 元，存款年利率是 6%，到第 3 年年末你父母给你的钱一共值多少？(　　)[清华大学 2014 金融硕士]

A. 33600　　B. 33746　　C. 34527　　D. 35218

【答案】B

【解析】本题为期初年金为 10000 元的终值的计算，到第 3 年年末的终值为：$10000 \times (1.06 + 1.06^2 + 1.06^3) = 33746$(元)。

3. 名义年利率(APR)和实际年利率(EAR)

名义年利率是不考虑年内复利计息的，不同的银行或金融机构有不同的称谓，比较通用的是年百分比利率(APR)；实际利率(EAR)是指在年内考虑复利计息的，然后折算成一年的利率。名义利率和实际利率之间的差别在于名义利率只有给出计息间隔期时才有意义。APR 和 EAR 的换算关系可用如下公式表示：$EAR = \left(1 + \frac{APR}{m}\right)^m - 1$。其中，$m$ 是每年计息的次数。

【例 4.3】一家银行每季度支付利息的年利率(APR)为 8%，其有效年利率(EAR)是多少？(　　)[清华大学 2015 金融硕士]

A. 8%　　B. 8.24%　　C. 8.35%　　D. 8.54%

【答案】B

【解析】该银行的有效年利率 $EAR = (1 + APR/4)^4 - 1 = (1 + 8\%/4)^4 - 1 = 8.24\%$。

【例 4.4】名义利率是 10%，哪种复利计算方式导致最高的实际利率？(　　)[清华大学 2014 金融硕士]

A. 年复利　　B. 月复利　　C. 日复利　　D. 连续复利

【答案】D

【解析】根据实际年利率公式：

$$EAR = \left(1 + \frac{APR}{m}\right)^m - 1$$

随着每年的计息次数 m 增加，实际年利率增大，因此在连续复利情况下得到最高的实际年利率。

【例 4.5】APR(年化百分比利率)只有在知道每年的计息期数或计息间隔时才有意义，才能算出一笔现金流的最终值。(　　)[中国人民大学 2014 金融硕士]

【答案】√

【解析】APR(名义年利率)是一年计息 N 次的年利率，因此必须知道计息期数或计息间隔。EAR(实际年利率)是一年计息一次的年利率，因此不需要知道计息间隔就可以直接用于计算。

4. 年金

年金是指一系列稳定有规律的，持续一段固定时期的现金收付活动，即在一定期间内，每隔相同时期(一年、半年或一季等)收入或支出相等金额的款项。根据收入或支出发生情况的不同，可分为普通年金、预付年金、递延年金和永续年金四种。

(1)永续年金

永续年金是指没有终止期限的年金，是现金流的无穷等额数列。永续年金现值的计算公式为：$PV=\frac{C}{r}$。

(2)永续增长年金

如果某一现金流能以固定的速度永久增长，这种现金流序列可称为永续增长年金。永续增长年金现值的计算公式为：$PV=\frac{C}{r-g}$。其中，g 为增长率。

(3)定期年金

定期年金现值的计算公式为：$PV=C\times\left[\frac{1}{r}-\frac{1}{r\times(1+r)^{T}}\right]$。

年金系数是指计算 T 期内等额支付 1 单位现金的年金现值的术语，可表示为 $PVIFA(r,\ T)$。

(4)递延年金

现金流发生在一段时间之后，而非现在。所以应注意现在到发生现金流的时间间隔，以及计算出来的年金现值或终值对应的时刻。

(5)先付年金

年初发生现金流的年金，即第一次支付发生在第 0 期的现金，计算方法是在后付年金的基础上加上 0 时刻的现金流，同时减去末尾时刻发生的现金流的现值。

(6)不定期年金

即计息时间不为 1 年，大于 1 年或小于 1 年。应先计算出计息期间的利率再往下计算。

(7)增长年金

增长年金是指现金流每年以固定速度增加的年金。增长年金现值的计算公式为：$PV=C\times\left[\frac{1}{r-g}-\frac{1}{r-g}\times\left(\frac{1+g}{1+r}\right)^{T}\right]$。

5. 几点注意

(1)以上给出的几个年金的简化公式都是基于对现金流分布的简化假设，即现金流稳定不变。现实中现金流可能是没有规律的，需要逐期进行计算。

(2)有的问题是计算几期以后开始的年金(或永续年金)的现值，需结合折现公式和年金(或永续年金)公式来求解。

(3)年金或永续年金不一定是每年一次，也可能是每 2 年或更长时间发生一次。

(4)在实际应用中，还可能会遇到利用 2 个年金的现值相等来联合求解的问题。

【例 4.6】企业投资一个大型项目，向银行借入一笔资金。企业拟从该项目正式投产后(第一年末)每年提取一笔偿债基金以归还 10 年后到期的 1000 万元债务，若目前银行存款利率为 4%，且(P/A，4%，10)=8.1109，(F/A，4%，10)=12.006。则每年需提取的偿债基金为(　　)万元。[北京航空航天大学 2014 金融硕士]

A. 108.53　　B. 123.29　　C. 83.29　　D. 94.49

【答案】C

【解析】假设该企业每年提取的偿债基金为 A，则 $F=A\times(F/A,\ 4\%,\ 10)$，已知 $F=1000$，则 $A=F/(F/A,\ 4\%,\ 10)=1000/12.006=83.29$(万元)。

【例4.7】先付年金的现值大于后付年金的现值，但先付年金的终值小于后付年金的终值。(　　)［中央财经大学2016研］

【答案】×

【解析】年金是指每隔一定相同时期收入或支出的相等金额的款项。先付年金的现值大于后付年金的现值，先付年金的终值也大于后付年金的终值。

4.2　课后习题详解

一、概念题

1．年百分比率(annual percentage rate)

答：年百分比率又称"名义年利率"，是指不考虑复利计息的一年期利率，它一般指债券上标明的利率，或者是银行一年期定期存款的利率。

2．实际年收益率(effective annual yield)

答：实际年收益率又称为"实际年利率"，是指考虑一年内若干期复利计息的一年期实际利率。由于复利计息的缘故，实际年收益率高于名义年利率。其计算公式为：$\left(1+\frac{r}{m}\right)^m-1$，其中$r$为名义年利率，$m$为一年内计息的次数。

3．年金(annuity)［厦门大学2015金融硕士］

答：年金是指在一定期间内，每隔相同时期(一年、半年或一季等)收入或支出相等金额的款项。根据收入或支出发生情况的不同，可分为普通年金、预付年金、递延年金和永续年金四种。不论哪种年金，都是建立在复利基础上的，都有终值和现值之分。

4．终值(future value)

答：终值是指现在某一特定金额按规定利率折算到未来某一时点的价值，亦称"本利和"。它是现值的对应概念，是计算货币时间价值的重要概念。

一笔投资在多期后的终值可以按照以下公式计算：$FV=C_0\times(1+r)^T$，其中T为投资持续期数，r为对应的利率。

5．年金系数(annuity factor)

答：年金系数是指在适当贴现率为r的情况下，T期内每年获得1美元的年金的现值。用公式可以表达为：年金系数$=\left[\frac{1}{r}-\frac{1}{r(1+r)^T}\right]=PVIFA(r,\ t)$。

6．增长年金(growing annuity)

答：增长年金是指在某一有限时期内现金流以一定速度增长的年金。其现值计算公式为：

$$PV=C\left[\frac{1}{r-g}-\frac{1}{r-g}\left(\frac{1+g}{1+r}\right)^T\right]$$

式中，C是指第1期末开始支付的现金流；r是利率；g是每期的增长率(用一个百分比来表示)；T是年金支付的持续期。

7．适当贴现率(appropriate discount rate)

答：适当贴现率是指投资者投资回报的收益率。在计算资金(或货币)的时间价值时，将未来的一笔金额(终值)，按给定的利息率折算成现在的价值(现值)。其中用于把终值转化为现值的利息率，称为"贴现率"或"折现率"。资金的风险大小决定了投资者能够接受的适当贴现率水平，两者相匹配。风险越大，适当贴现率越高，未来资金的现值也越小。

8. 永续增长年金(growing perpetuity)

答：永续增长年金是指其增长趋势将永远持续下去的现金流序列，无限期的收入或支出金额为无穷等比数列。该年金是永久性的，一般只有永续增长年金的现值，而不计算永续年金的终值。其现值的计算公式为：

$$PV = \frac{C}{r-g}$$

其中，C 是现在开始一期以后收到或支出的现金流；g 是每期的增长率；r 是适当贴现率。此时，贴现率高于增长率，才使永续增长年金公式有意义。

9. 复利(compounding)

答："复利"是指在计算终值时，不仅本金要计算利息，本金所产生的利息也要计算利息，即通常所说的"利滚利"，与"单利"相对应。复利值是指若干年以后包括本金和利息在内的未来价值，又称本利和。其计算公式：复利本利和 = 本金 ×(1 + 利率)^n。式中，n 为期数。

10. 净现值(net present value，NPV)[同济大学 2021 金融硕士；上海社会科学院 2021 金融硕士；西北大学 2019 金融硕士；上海对外经贸大学 2017 金融硕士；天津大学 2016 金融硕士；中央财经大学 2013 金融硕士；南京大学 2004 研；首都经贸大学 2005 研]

答：净现值是指投资项目投入使用后的净现金流量，按资本成本或企业要求达到的报酬率即适当贴现率折算为现值，减去初始投资以后的余额(如果投资期超过一年，则应是减去初始投资的现值以后的余额)。其计算公式为：$NPV = -C_0 + \sum_{i=1}^{T} \frac{C_i}{(1+r)^i}$。其中，$C_0$是初始投资额，$C_i$是第 i 期净现金流，r 为贴现率。

11. 复利利息(compound interest)

答：复利利息是指按照复利方式计算终值时，本金所产生的利息也计算利息，并且逐期滚动计算所获得的超过本金的额外现金流。其计算公式为：复利利息 = 本金 ×(1 + 利率)^n − 本金。其中，n 为期限数，利率即为复利利率。

12. 永续年金(perpetuity)[中央财经大学 2015 金融硕士]

答：永续年金是指无限期支付的年金。西方有些债券为无限期债券，这些债券的利息可视为永续年金。优先股因为有固定的股利而又无到期日，因而有时可以看作是永续年金。其现值计算公式为：

$$PV = \frac{C}{1+r} + \frac{C}{(1+r)^2} + \frac{C}{(1+r)^3} + \cdots = \frac{C}{r}$$

13. 复利值(compound value)

答：复利值又可称为复利终值，是指一笔资金经过一个时期或多个时期以后包括本金和利息在内的未来价值。它是现值的对应概念，其实质内容为当前所持有的本金在将来特定时间的本利之和。计算公式为：复利值 = 本金 ×(1 + 利率)^n。其中，n 为期限数，利率即为复利利率。

14. 现值(present value)

答：现值是指未来某一特定时间的货币资金按照适当贴现率折算成的当前价值。它是货币时间价值的内涵概念之一，是与终值对立统一的货币时间价值概念，其实质内容为将来特定时间的本利和(即终值)所需的本金。计息标准决定实际的货币资金现值，如按复利标准计息的现值称为复利现值，按单利标准计息的现值称为单利现值，按年金计息的称为年金现值等。

15. 连续复利计息(continuous compounding)

答：连续复利计息是指在无限短的时间间隔内按复利计息。按照连续复利计息，T 年后的终值可以表达为：$C_0 \times e^{rT}$。

其中：C_0是最初的投资；r 是名义利率；T 是投资所持续的年限；e 是一个常数，其值约为 2.718。

16. 现值系数(present value factor)

答：现值系数是指由确定的货币时间价值规律确定的用来计算未来现金流现值的系数。它有两种表达方式，一是按时间价值的定义确定下来的计算现值的公式；二是按计算公式编列的现成的函数表。现值系数可用专门的符号表示它，如一次支付的现值系数表示为(P/F，i，n)，年金现值系数表示为(P/A，i，n)等。

17. 贴现(discounting)

答：贴现是指计算未来现金流当前价值的过程。它是计算复利终值的反过程。其计算公式为：$PV = FV_n \times \frac{1}{(1+r)^n}$，其中 r 为适当贴现率，n 为计算期数。

18. 单利利息(simple interest)

答：单利利息是指在本金经过一个或多个时期以后，所派生的利息均不加入本金重复计算利息所获得的利息。其计算公式为：单利利息 = 本金 × 利率 × 期数。

19. 实际年利率(effective annual interest rate)

答：具体内容参见本章概念题第 2 题。

20. 名义年利率(stated annual interest rate)

答：具体内容参见本章概念题第 1 题。

二、复习题

1. 计算终值 计算以下情况下 1000 美元的复利终值：

a. 以 6% 的利率复利 10 年。

b. 以 12% 的利率复利 10 年。

c. 以 6% 的利率复利 20 年。

d. 为什么 c 题中计算得到的数值不是 a 题中的两倍？

答：计算终值的公式为：$FV = PV(1+r)^t$

a. $FV = 1000 \times (1.06)^{10} = 1790.85$(美元)

b. $FV = 1000 \times (1.12)^{10} = 3105.85$(美元)

c. $FV = 1000 \times (1.06)^{20} = 3207.14$(美元)

d. 因为在复利的计算中，利息也产生利息。在(c)中所获得的利息比(a)获得的利息 2 倍还多。在复利情况下，终值呈指数增长。

2. 计算利率 计算以下情况下的利率：

现值(美元)	年数	利率(%)	终值(美元)
242	4		345
410	8		927
52700	16		152184
18750	27		538600

答：使用终值计算公式：$FV = PV(1+r)^t$，得到：$r = (FV/PV)^{1/t} - 1$，代入数据得到每种情况下的利率为：

现值（美元）	年数	利率（%）	终值（美元）
242	4	9.27	345
410	8	10.74	927
52700	16	6.85	152184
18750	27	13.24	538600

3. 连续复利　请计算以下情况下 1900 美元连续复利的终值。

a. 利息率为 12%，连续复利 9 年。

b. 利息率为 8%，连续复利 5 年。

c. 利息率为 5%，连续复利 17 年。

d. 利息率为 9%，连续复利 10 年。

答：为了得到连续复利下的终值，用到公式：$FV = PVe^{rT}$

a. $FV = 1900e^{0.12\times 9} = 5594.89$（美元）

b. $FV = 1900e^{0.08\times 5} = 2834.47$（美元）

c. $FV = 1900e^{0.05\times 17} = 4445.33$（美元）

d. $FV = 1900e^{0.09\times 10} = 4673.25$（美元）

4. 计算永续年金价值　Perpetual 人寿公司向你推销一款投资计划，该计划将为你和你的后代永续支付每年 12000 美元。如果该计划的必要收益率为 4.7%，那么你将为该计划支付多少钱？假如该公司将该计划价格定为 275000 美元，那么当利率为多少时该计划是公平的？

答：为了得到永续年金现值，根据公式 $PV = C/r$，有：

$$PV = 12000/0.047 = 255319.15 \text{（美元）}$$

为了得到公平的利率，由 $PV = C/r$，得：$r = C/PV = 12000/275000 = 4.36\%$。

5. 利率　著名的金融作家 Andrew Tobias 提到他能够通过买卖红酒每年获利 177%。他假设自己未来 12 周中每周购买一瓶波尔多白兰地，价格为 10 美元。他可以每周支付 10 美元，也可以直接购买一打 12 瓶。如果他购买一打，他将获得 10% 的折扣，同时他将获利 177%。假设他购买了红酒且从现在起购买第 1 瓶。你同意他的分析吗？你看出他的分析有什么问题了吗？

答：购买一打波尔多白兰地可以获得 10% 的折扣，因此购买一打的成本 $= 12\times 10\times(1-10\%) = 108$（美元）。由于从现在起购买第 1 瓶酒，因此现金流可以看作是一笔先付年金，根据先付年金现值公式：

$$PVA = (1+r)\times C\times\left[\frac{1-\left(\frac{1}{1+r}\right)^t}{r}\right]$$

$$108 = (1+r)\times 10\times\left[\frac{1-\left(\frac{1}{1+r}\right)^{12}}{r}\right]$$

解得 $r = 1.98\%$。即每周的收益率为 1.98%。

因此名义年利率为：$APR = 0.0198\times 52 = 1.0296$，即 102.96%；

实际年利率为：$EAR = (1+0.0198)^{52} - 1 = 1.7719$，即 177.19%。

这一分析看起来是正确的，他确实可以通过这样的交易获利 177.19%，但问题是，标价 10 美元的白兰地现实中是不存在的。

6. 单利与复利 First Simple 银行对于它的投资账户采取 4.1% 的单利计息。如果 First Complex 银行采用的是年复利的计息方式，为了和 First Simple 银行在 10 年期内获得相同的利率，应该设定复利利率为多少？

答：First Simple 银行账户支付的利息等于每年的利息乘以年数，即 $0.041 \times 10 = 0.41$。

First Complex 银行账户支付复利，因此支付的利息为 $(1+r)^{10} - 1$。令二者相等，即 $(1+r)^{10} - 1 = 0.41$，解得 $r = 0.035$。因此 First Complex 银行应该设定复利利率为 3.5%。

7. 增长年金 Mark Weinstein 正着力于研发一种眼睛激光手术的先进技术。该技术将在短期内投入使用。他预计将在两年后得到该技术带来的第一笔现金流为 215000 美元。剩余的收入将以永续年金的方式获得，同时每年增长 3.8%。那么当折现率为 10% 的时候该技术带来现金流的现值应为多少？

答：这是一个永续增长年金。永续增长年金的现值为：

$$PV = C/(r-g) = 215000/(0.1-0.038) = 3467741.94(\text{美元})$$

重要的一点是，当处理年金或者永续年金的时候，该现值公式计算的是第一次支付前一期的现值。在本题中，第一次支付是在两年后，所以上步中求得的现值是从现在开始下一年的现值。为了得到现在的现值，仅仅需要对上述现值进行一期的折现。当前的现金流计算如下：

$$PV = FV/(1+r)^t = 3467741.94/(1+0.1) = 3152492.67(\text{美元})$$

8. 气球付款 Audrey Sanborn 计划在巴哈马群岛购买一套价值 650000 美元的度假屋。首付 20%。房屋抵押贷款的年名义利率为 5.2%，按月复利计息，要求在未来 30 年等额本息按月付清。她的第 1 笔支付将在一个月后到期。而这个房屋抵押贷款有一个“气球付款”要求在 8 年末一次性付清剩余本金。假设没有其他的交易费用，8 年后 Audrey 的气球付款是多少？

答：房屋贷款总额 = 房屋价值 ×(1 − 20%) = 650000 × 0.8 = 520000(美元)

带有气球付款的按月分期付款按照假设更长的偿还期来计算，本题中为 30 年。按照 30 年来偿还的每月付款额计算方式为：

$$PV = 520000 = C \times \left[\frac{1-\left(\frac{1}{1+r}\right)^t}{r}\right] = C \times \left[\frac{1-\left(\frac{1}{1+0.052/12}\right)^{360}}{0.052/12}\right]$$

解得 $C = 2855.38$(美元)。

在第 8 年末，尚未被偿还的数额可以依据年金现值公式计算：

$$PV = C \times \left[\frac{1-\left(\frac{1}{1+r}\right)^t}{r}\right] = 2855.38 \times \left[\frac{1-\left(\frac{1}{1+0.052/12}\right)^{12\times 22}}{0.052/12}\right] = 448515.59(\text{美元})$$

因此，8 年后 Audrey 的气球付款为 448515.59 美元。

9. 增长年金 你所从事的工作每年支付一次工资。今天是 12 月 31 日，你刚刚获得了 72500 美元的工资，而且你计划将其全部花完。但是你想从明年开始为你的退休储蓄资金。你决定从 1 年后起，将年度工资的 5% 存入银行账户，该账户将提供 9% 的利息。在你的职业生涯中，你的工资将以每年 3.7% 的增长率增长。请问你在 40 年后退休时，你将能获得多少钱？

答：由于工资以每年3.7%的增长率增长，所以下一年度的工资为：

$$下一年的工资 = 72500 \times (1 + 0.037) = 75182.50(美元)$$

这就意味着下一年度的储蓄额为：

$$下一年度储蓄额 = 75182.50 \times 0.05 = 3759.13(美元)$$

由于工资以3.7%的比例增长，储蓄也将以3.7%的比例增长。可以运用增长年金现值公式来得到储蓄额的现值。如下：

$$\begin{aligned} PV &= C\left[\frac{1}{r-g} - \frac{1}{r-g} \times \left(\frac{1+g}{1+r}\right)^t\right] \\ &= 3759.13 \times \left[\frac{1}{0.09-0.037} - \frac{1}{0.09-0.037} \times \left(\frac{1+0.037}{1+0.09}\right)^{40}\right] \\ &= 61268.57(美元) \end{aligned}$$

现在，可以得到40年后该金额的终值：

$$FV = PV(1+r)^t = 61268.57 \times (1+0.09)^{40} = 1924410.251(美元)$$

10. 计算债务清偿额 你需要一份30年期、固定利率的抵押贷款来购买一幢250000美元的新住房。你的抵押贷款银行将以4.5%的年名义利率(*APR*)提供一项360个月期的贷款。但是，你只能负担950美元的每月偿还额，因此你要求在贷款到期时提供一笔气球付款，以清偿所有剩余的数额。如果你将月度清偿额保持在950美元的水平，那么这笔气球付款的数额会是多少？

答：偿还贷款本金的数额是每月偿还额的现值。每月偿还950美元的现值为：

$$PVA = 950 \times \frac{1 - \left(\frac{1}{1+0.045/12}\right)^{360}}{0.045/12} = 187493.10(美元)$$

每月偿还950美元，则偿还的总额为187493.10美元。未还的本金为：

$$250000 - 187493.10 = 62506.90(美元)$$

所欠本金将会按照贷款利息增长到贷款到期。30年后气球付款就是所欠本金的终值：

$$气球付款 = 62506.90 \times [1 + (0.045/12)]^{360} = 240507.68(美元)$$

11. 现值与盈亏平衡点利率 假设有家公司签订了一项合同，该合同约定在3年后以135000美元的价格售出一项资产。该资产今天的价格为89000美元。如果这项资产的相关折现率为每年13%，那么公司在这项资产上能否赚取利润？在什么利率下公司刚好盈亏平衡？

答：公司所得利润就是出售资产价格的现值减去资产的成本。出售资产价格的现值：

$$PV = 135000/1.13^3 = 93561.77(美元)$$

公司的利润：利润 = 93561.77 − 89000.00 = 4561.77(美元)。

为了得到使公司盈亏平衡的利率，需要运用现值(或终值)的计算式。本题需要利用现值公式，可得：$89000 = 135000/(1+r)^3$，则 $r = (135000/89000)^{1/3} - 1 = 0.1490$，即在14.9%的利率下公司刚好盈亏平衡。

12. 变动利率 一份15年期的年金每月支付1750美元，在月底支付。如果在前7年采用的是以12%利率进行月度复利，而在之后采用6%的月度复利，请问这份年金的现值是多少？

答：这个问题问的是一份年金的现值，但是在年金持续期间，利率发生变化。首先计算最后 8 年现金流的现值：

$$PVA_2 = 1750 \times \frac{1 - \left(\frac{1}{1 + 0.06/12}\right)^{96}}{0.06/12} = 133166.63(\text{美元})$$

注意，这是距今 7 年的年金现值。现在，需要对它进行折现。折现到当前的现值为：

$$PV = 133166.63/[1 + (0.12/12)]^{84} = 57729.79(\text{美元})$$

还需要计算前七年的年金现值：

$$PVA_1 = 1750 \times \frac{1 - \left(\frac{1}{1 + 0.12/12}\right)^{84}}{0.12/12} = 99134.79(\text{美元})$$

现金流折现到当前的值是两组现金流的和：

$$PV = 57729.79 + 99134.79 = 156864.58(\text{美元})$$

13. 年金 你正在为你的两个孩子进行教育储蓄。他们年龄相差两岁；一个将在 15 年后上大学，另一个则是 17 年后。你预计他们的大学费用将为每个孩子 65000 美元/年，在每个学年初支付。年利率为 8.4%。你需要每年在账户中储蓄多少钱来进行储蓄呢？你的储蓄将在一年后开始。同时你将在你的第 1 个孩子进入大学之后停止储蓄。假设大学学制为 4 年。

答：首先，每个孩子的大学费用都是一笔年金，这笔年金的现值为：

$$PVA = 65000 \times \frac{1 - \left(\frac{1}{1 + 0.084}\right)^{4}}{0.084} = 213385.24(\text{美元})$$

这是每个孩子的大学费用在他们入学前一年的现值。将这一现值分别折现到现在可得：

①年长孩子的大学费用现值：

$$PV = 213385.24/(1 + 0.084)^{14} = 68984.96(\text{美元})$$

②年轻孩子的大学费用现值：

$$PV = 213385.24/(1 + 0.084)^{16} = 58707.81(\text{美元})$$

因此，两个孩子大学费用的现值为 68984.96 + 58707.81 = 127692.77(美元)。

教育储蓄可以看作是一笔年金，这笔年金的现值为 127692.77 美元。可以根据年金现值公式计算每年需存入的金额 C：

$$PVA = C \times \frac{1 - \left(\frac{1}{1 + r}\right)^{t}}{r}$$

$$127692.77 = C \times \frac{1 - \left(\frac{1}{1 + 0.084}\right)^{15}}{0.084}$$

解得：$C = 15284.63$(美元)。

14. 气球付款 在 2013 年 9 月 1 日这一天，苏珊购买了一辆摩托车，价格为 34000 美元。她付了 2000 美元的首付，然后将在未来 5 年内以年利率 7.2% 按月复利计息的方式对剩余债务进行偿付。她从购买一个月后开始进行偿付，也就是从 2013 年 10 月 1 日开始。两年以后的 2015 年 10 月末，苏珊找到了一份新工作，并且决定付清贷款。如果银行将会对苏珊提前付清贷款收取一笔数额为剩余本金的 1% 的违约费用，那么苏珊在 2015 年 11 月 1 日将向银行支付多少钱？

答： 贷款金额为：34000 - 2000 = 32000(美元)。

因此，每月付款金额为：

$$PVA = C \times \frac{1 - \left(\frac{1}{1+r}\right)^t}{r}$$

$$32000 = C \times \frac{1 - \left(\frac{1}{1+0.072/12}\right)^{60}}{0.072/12}$$

解得：$C = 636.66$(美元)。

贷款剩余的金额为剩余支付的现值，由于第一笔支付在2013年10月1日，在2015年10月1日的时候进行了一次偿付，则剩余的偿付次数为35次。其中，下一笔偿付在2015年11月1日，即马上需要进行。因此，总的支付额等于贷款剩余本金(剩余34次偿付的现值)加上违约费用再加上当期支付额。

①按照年金方法计算剩余34次偿付的现值：

$$PV = C \times \frac{1 - \left(\frac{1}{1+r}\right)^t}{r} = 636.66 \times \frac{1 - \left(\frac{1}{1+0.072/12}\right)^{34}}{0.072/12} = 19528.60\text{(美元)}$$

②总支付额为：

总支付额 = 气球付款 ×(1 + 提前预付罚金) + 当前支付款

所以，总支付额 = 19528.60 ×(1 + 0.01) + 636.66 = 20360.55(美元)。

15. 贴息贷款 这个问题将举例说明什么是贴现利息。假设你正在讨论一笔从不讲道德的贷款人的债务。你想借入一笔期限1年的20000美元贷款，利率为15.7%。你和贷款人就利息达成了一致，为0.157 × 20000 = 3140美元。因此该贷款人提前将这笔利息从贷款中扣除，仅借给你16860美元。在这个例子中，我们说贴息为3140美元。这究竟是为什么呢?

答： 为了得到贷款的名义利率(*APR*)和实际利率(*EAR*)，需要使用贷款的实际现金流。也就是说，题干中提到的15.7%的利率只是用于得到这笔特定条款的贷款的利息。贷款实际带来的现金流为1年后必须偿还的20000美元，以及今天获得的16860美元。因此这笔贷款的利率为：

$$20000 = 16860 \times (1 + r)$$

解得：$r = (20000/16860) - 1 = 0.1862 = 18.62\%$。

由于贴息的关系，你实际得到的只有16860美元(而非20000美元)，因此你为这笔贷款支付的利息为18.62%而不是15.7%。

16. 计算附加利息的实际年利率 这个问题将说明一种具有迷惑性的报告利率的方式，称为附加利息。假设你看到了一则疯狂Judy立体城市的广告："1000美元的快速信用贷款！17.4%的单利！3年付清！非常非常低的月还款额！"你不是很确定这是什么意思，同时有人把贷款合同的名义年利率弄脏了看不清，因此你决定咨询该广告的经理。

Judy对此的解释如下。如果你按照17.4%的利率借出3年期1000美元的贷款，那么在3年后你的欠款为：

$$1000 \times 1.174^3 = 1000 \times 1.61810 = 1618.10\text{(美元)}$$

Judy说一下子支付1618.10美元可能有点吃力，因此她允许你按月进行很低额度的偿还，为1618.10/36 = 44.95美元，虽然这样会给她增加一些工作量。

那么该贷款的利息真的为 17.4% 吗？为什么？该贷款的名义年利率应该是多少？实际年利率呢？你认为这为什么被称为附加利息？

答：一笔贷款的实际利息率由贷款带来的现金流决定。本题中，贷款的现值为 1000 美元，3 年内每月的付款金额为 44.95 美元，因此有：

$$PVA = 1000 = 44.95 \times \frac{1 - \left(\frac{1}{1+r}\right)^{36}}{r}$$

解得月利率 $r = 2.87\%$。因此名义年利率 $APR = 2.87\% \times 12 = 34.44\%$。实际年利率 $EAR = (1 + 2.87\%)^{12} - 1 = 40.43\%$。这被称为附加利息是因为贷款的利息在一开始就被计算出来并加到了贷款的本金上，在贷款的期限内一同被分期偿还。

第5章　净现值和投资评价的其他方法

5.1　复习笔记

1. 净现值法则

(1)净现值

净现值可以表示为：

$$NPV=-C_0+\frac{C_1}{(1+r)}+\frac{C_2}{(1+r)^2}+\cdots+\frac{C_T}{(1+r)^T}=-C_0+\sum_{i=1}^{T}\frac{C_i}{(1+r)^i}$$

其中，r 为折现率；C_i为第 i 期现金流。

(2)使用前提

价值必须具有可加性，即项目的净现值是可加的。

(3)折现率

项目的折现率是指放弃投资该项目转而投资相同风险的金融资产的收益率，又称为机会成本。

(4)判断方法

①单个项目：接受 $NPV>0$ 的项目，拒绝 $NPV<0$ 的项目；

②多个项目：接受 NPV 较大的项目。

(5)优点

①NPV 使用了现金流量，而不是包含了许多人为因素的利润；

②NPV 包含了项目的全部现金流；

③NPV 对现金流量进行了合理的折现，考虑了货币时间价值，折现率包含了诸多风险因素；

④易于判断，对于单个项目来说，只要 NPV 大于 0 即可。

(6)缺点

①需要对未来现金流量进行比较精确的预测；

②对折现率的估计能力要求较高；

③没有考虑到实物期权，即改变策略的可能性；

④如果价值不可加则无法使用。

【例5.1】以下哪个不是净现值法的优点？(　　)[中山大学2017金融硕士]

A. 考虑了资金的时间价值　　B. 考虑了项目计算期的全部净现金流量

C. 考虑了投资风险　　D. 可从动态上反映项目的实际投资收益率

【答案】D

【解析】净现值 NPV 的计算公式为：

$$NPV=-C_0+\frac{C_1}{(1+r)}+\frac{C_2}{(1+r)^2}+\cdots+\frac{C_T}{(1+r)^T}=-C_0+\sum_{i=1}^{T}\frac{C_i}{(1+r)^i}$$

其中，C_i表示每期的现金流入；r 表示折现率；C_0表示期初成本。由公式知，净现值包含了项目的全部现金流量，还对现金流量进行了折现即考虑了货币的时间价值，并且在折现过程中用折现率来表示风险即考虑了投资风险。

【例5.2】某企业投资15500元购入一台设备，该设备预计残值为500元，可使用3年，折旧按直线法计算。相对于目前而言，设备投产后每年销售收入增加额分别为：10000元、20000元、15000元，除折旧以外的费用增加额分别为：4000元、12000元、5000元。企业使用的所得税率为40%，要求的最低投资报酬率为10%，目前年税后利润为20000元。（已知：$(P/F, 10\%, 1) = 0.91$，$(P/F, 10\%, 2) = 0.83$，$(P/F, 10\%, 3) = 0.75$）

试求：

(1)假设企业经营无其他变化，预测未来3年企业每年的税后利润。

(2)该投资方案的净现值。［北京航空航天大学2014金融硕士］

解：(1)每年的折旧费为：$(15500 - 500) \div 3 = 5000$(元)；

第1年年末的税后利润：$F_1 = 20000 + (10000 - 4000 - 5000) \times (1 - 40\%) = 20600$(元)；

第2年年末的税后利润：$F_2 = 20000 + (20000 - 12000 - 5000) \times (1 - 40\%) = 21800$(元)；

第3年年末的税后利润：$F_3 = 20000 + (15000 - 5000 - 5000) \times (1 - 40\%) = 23000$(元)。

(2)该投资方案的增量现金流为：

第0年，购置设备为：-15500元；

第1年，收入增加－费用－税＝净利润＋折旧$= 10000 - 4000 - (10000 - 4000 - 5000) \times 40\% = 5600$(元)；

第2年，净利润＋折旧$= 20000 - 12000 - (20000 - 12000 - 5000) \times 40\% = 6800$(元)；

第3年，净利润＋折旧＋残值回收$= (15000 - 5000 - 5000) \times (1 - 40\%) + 5000 + 500 = 8500$(元)；

则：$NPV = 5600 \times 0.91 + 6800 \times 0.83 + 8500 \times 0.75 - 15500 = 1615$(元)。

【例5.3】在为股东创造价值这一前提下，如果一个项目的净现值为正，则应该投资。(　　)［对外经贸大学2011金融硕士］

【答案】√

【解析】净现值法是评价资本预算项目的最佳方法，该方法最基本的投资法则是：接受净现值大于0的项目，拒绝净现值为负的项目。

2. 回收期法

(1)定义

回收期是指自投资方案实施起，收回初始投资所需的时间，即能够使与方案相关的累计现金流入量等于累计现金流出量的时间。

(2)判断方法

接受任何回收期比预定回收期短的项目。其中最低接受标准和分级标准都由管理者决定。

(3)优点

①决策过程较为简便；

②便于控制管理；

③适合缺乏现金的公司使用，快速回收现金可以进行再投资；

④适合经验丰富的大公司处理规模较小的投资决策。

(4)缺点

①投资回收期指标给予各期现金流量同等权重，没有考虑资金的时间价值；

②没有使用所有的现金流量，忽略了回收期以后的现金流量；

③投资回收期标准确定的主观性较大，外界不存在可比性的参照依据；

④基于回收期法则选择项目，其净现值可能是负值，或者说回收期法则可能与净现值法则相悖。

【例 5.4】某项目的现金流如下表所示：

年份	0	1	2	3	4
现金流	-5000	1900	1900	2500	2000

那么，该项目的回收期最接近(　　)。[中央财经大学 2015 金融硕士]

A. 2 年　　B. 2.5 年　　C. 3 年　　D. 3.5 年

【答案】B

【解析】投资回收期是指使累计的经济效益等于最初的投资费用所需的时间，其计算公式为：投资回收期 =(累计净现金流量现值出现正值的年数 -1)+上一年累计净现金流量现值的绝对值/出现正值年份净现金流量的现值。根据上述公式，该项目回收期 =(3-1)+(5000-1900-1900)/2500 =2.48(年)。

3. 折现回收期法

(1)定义

折现回收期法是指先对整个项目周期的现金流量进行折现，然后求出达到初始投资所需要的折现现金流量的时限长短，最后选择折现现金流量时限小于目标时限项目的投资决策方法。

(2)判断方法

折现回收期小于预期回收期则接受，否则拒绝。

(3)优点

考虑了现金流量的时间价值。

(4)缺点

同回收期法。

4. 内部收益率法

(1)定义

内部收益率法是指用内部收益率来评价投资项目可行性的方法。内部收益率(*IRR*)是使项目资金流入现值总额与资金流出现值总额相等，即净现值为零时的折现率。

(2)判断标准

①单个项目：接受内部收益率大于折现率的项目。

②多个项目：选择内部收益率高的项目。

(3)再投资假设

假设未来投资收益率等于内部收益率。

(4)优点

①易于理解和交流；

②不需要设定折现率，可以直接计算得出。

(5)缺点

对于独立项目和互斥项目来说：投资型项目和融资型项目的决策标准相反；不规则现金

流可能导致多个内部收益率。

对于互斥项目来说：内部收益率法忽略了规模问题，有可能由于高的内部收益率而掩盖了其较小的绝对收益；两项目的现金流序列不同，大额现金流入时间不一致可能会导致内部收益率法则出现错误。

【例 5.5】内部收益率法在评估项目时可能有多个解，在资本预算实务上并不适合。(　　)［中国人民大学 2017 金融硕士］

【答案】×

【解析】当项目的现金流方向变号两次或多次，即出现“非常规现金流量”时，项目会出现多重收益率。内部收益率 *IRR* 是使项目净现值为 0 的贴现率，它反映了项目的内在价值；*IRR* 不受资本市场利息率的影响，而是取决于项目的现金流量，是每个项目的完全内生变量；同时，*IRR* 具有易于理解比较，不需要设定折现率的优点，在资本预算实务中，还是会经常使用。

【例 5.6】某投资方案贴现率为 16% 时，净现值为 6.12，贴现率为 18% 时，净现值为 -3.17，则该方案的内部收益率为(　　)。［中山大学 2017 金融硕士］

A. 14.38%　　B. 18.42%　　C. 17.32%　　D. 19.53%

【答案】C

【解析】内部收益率是令项目净现值为 0 的折现率，用 *IRR* 表示。因为当贴现率为 16% 时，净现值为 6.12；当贴现率为 18% 时，净现值为 -3.17，$-3.17<0<6.12$，则 $16\%<IRR<18\%$。

【例 5.7】一家公司估计其平均风险的项目的 *WACC* 为 10%，低于平均风险的项目的 *WACC* 为 8%，高于平均风险的项目的 *WACC* 为 12%。假设以下项目互相独立，请判断该公司应该接受哪个项目？(　　)［对外经贸大学 2016 金融硕士］

A. 项目 X 风险低于平均值，内部收益率(*IRR*)为 9%

B. 项目 Y 具有平均水平的风险，内部收益率(*IRR*)为 9%

C. 项目 Z 风险高于平均值，内部收益率(*IRR*)为 11%

D. 以上项目均不能被接受

【答案】A

【解析】内部收益率(*IRR*)，是资金流入现值总额与资金流出现值总额相等、净现值等于零时的折现率。如果项目的 *WACC* 小于 *IRR*，那么净现值大于 0，项目可以接受；如果项目的 *WACC* 大于 *IRR*，那么净现值小于 0，项目不可以接受。X 项目的 *WACC* 为 8%，低于 *IRR*，所以可行；Y 项目 *WACC* 为 10%，大于 *IRR*，所以不接受；Z 项目的 *WACC* 是 12%，大于 *IRR*，所以不接受。

【例 5.8】某企业正在讨论更新现有的生产线，有两个备选的方案：A 方案的 *NPV* 为 400 万元，*IRR* 为 10%；B 方案的 *NPV* 为 300 万元，*IRR* 为 15%，据此可以认为 A 方案更好。(　　)［对外经贸大学 2015 金融硕士］

【答案】√

【解析】净现值法总是适用的。相比之下，内部收益率法只能在某种条件下使用。当用 *NPV* 与 *IRR* 进行决策的结果不一致时，应选择 *NPV* 大的投资项目。

【例 5.9】内部收益率法(IRR)的主要缺点在于(　　)。［对外经贸大学 2017 金融硕士］

A. 没有充分考虑货币的时间价值　　B. 没有给所有现金流一个合适的权重

C. 用百分比来表示　　D. 对于再投资收益率的假设有时候不太现实

【答案】C

【解析】内部收益率法用百分比来表示，忽略了项目的规模。一些投资项目可能会通过其高收益率而掩盖了收益绝对值偏低的问题；一个内部收益率较低的方案，可能由于其规模较大而有较大的净现值，因而更值得投资。

【例5.10】在原始投资额不相等的多个互斥方案决策时，不能采用的决策方法为(　　)。［中山大学2016金融硕士］

A. 净现值法　　B. 净现值指数法　　C. 内部收益率法　　D. 收益成本比值法

【答案】C

【解析】互斥项目是指存在相互排斥关系的项目，对其接受或者放弃的决策受其他项目投资决策的影响。在互斥项目中使用内部收益率法可能存在规模问题和时间序列问题，这是因为：①内部收益率法忽略了项目的规模，高收益率掩盖了其获取"收益"这一绝对值偏低的不足；②内部收益率法忽略了现金流量的时间序列问题。

【例5.11】项目A和项目B要求初始投资25000元，项目A未来4年的现金流为5000元，10000元，7000元，4988元，项目B未来4年的现金流为0，5000元，9730元，28000元，假定基准折现率为10%，以下论述哪个正确？(　　)［中山大学2016金融硕士］

A. 项目A的*NPV*比项目B高　　B. 项目B的内部报酬率比项目A高

C. 项目B和项目A的内部报酬率一样高　　D. 以上都不正确

【答案】B

【解析】项目A未来4年现金流的现值为$NPV=-25000+5000/(1+10\%)+10000/[(1+10\%)^2]+7000/[(1+10\%)^3]+4988/[(1+10\%)^4]\approx-3524.01$(元)，项目B未来4年现金流的现值为$NPV=-25000+5000/[(1+10\%)^2]+9730/[(1+10\%)^3]+28000/[(1+10\%)^4]\approx5566.901$(元)，故项目B的*NPV*比项目A高。项目A的*NPV*为负，内部报酬率小于基准折现率10%，项目B的*NPV*为正，内部报酬率大于基准折现率10%，因此项目B的内部报酬率比项目A高。

【例5.12】某项目：内部收益率(*IRR*)：8.7%，利润率：98%，净现值：-393美元，回收期：2.44年，资本成本：9.5%。以下哪个陈述是对的？(　　)［清华大学2014金融硕士］

A. 净现值的折现率必然小于8.7%　　B. 按照净现值该项目应该被接受

C. 按照利润率项目应该被接受　　D. 按照内部收益率项目应该被拒绝

【答案】D

【解析】A项，现有折现率下的净现值小于0，故折现率大于内部收益率8.7%；B项，净现值小于0，不该接受该项目；C项，虽然利润率高于项目资本成本，但项目资本金的结构以及权益资金的必要报酬率不知，仅从利润率，无法确定是否接受该项目；D项，内部收益率8.7% < 资本成本9.5%，项目应该被拒绝。

【例5.13】以下对内部收益率的描述中最准确的是(　　)。［中央财经大学2014金融硕士］

A. 内部收益率的计算没有考虑时间价值

B. 内部收益率与项目资本成本比较可以判断项目取舍

C. 内部收益率是项目的实际收益率，随着项目风险的变动而变化

D. 内部收益率比净现值法更科学

【答案】B

【解析】内部收益率是指使得*NPV*为0的贴现率，其考虑了时间价值，但是它不是实际

收益率。若项目的现金流先流入再流出，或者正负相间时，内部收益率法会失效，所以不能认为它比净现值法更科学(在所有的项目评估方法中，只有净现值法是在任何情况都成立的)。内部收益率法是通过比较内部收益率与项目资本成本的大小来决定是否投资一个项目的方法。

【例 5.14】如果一项常规项目的内部收益率(*IRR*)等于该项投资的资本成本，则该项目的净现值为(　　)。[中山大学 2014 金融硕士]

A. 正　　B. 负　　C. 零　　D. 难以确定

【答案】C

【解析】项目的内部收益率是资金流入现值总额与资金流出现值总额相等，净现值为零的折现率。项目资本成本是公司投资于资本支出项目所要求的最低报酬率。当内部收益率大于资本成本时，项目净现值为正，项目可行；当内部收益率等于资本成本时，项目净现值为零。

【例 5.15】内部收益率是项目的实际收益率，随着项目风险的变动而变化。(　　)[中央财经大学 2012 金融硕士]

【答案】×

【解析】内部收益率(*IRR*)是投资收益现值与其初始投资额相等时的收益率，即净现值为零时的贴现率。内部收益率是一项投资可望达到的报酬率，而不是实际收益率。

【例 5.16】对融资型项目，采用内部收益率法时的投资准则是：当 $IRR >$ 资本成本时则采用，当 $IRR <$ 资本成本时则舍弃。(　　)[对外经贸大学 2012 金融硕士]

【答案】×

【解析】投资型项目是内部收益率应用的一般模型。内部收益率的基本法则遇到融资型项目时出现悖反，即当内部收益率小于折现率(资本成本)时，可以接受该项目；当内部收益率大于折现率(资本成本)时，不能接受该项目。

【例 5.17】常用的投资决策方法包括净现值法(*NPV*)和内部收益率法(*IRR*)，请简要介绍两种方法以及它们的优缺点。[清华大学 2015 金融硕士]

答：(1)净现值法是评价投资方案的一种方法。该方法是利用净现金效益量的总现值与净现金投资量算出净现值，然后根据净现值的大小来评价投资方案。净现值为正值，投资方案是可以接受的；净现值是负值，投资方案就是不可接受的。净现值越大，投资方案越好。

①优点：a. 净现值包括了项目的全部现金流量，其他资本预算方法往往会忽略某特定时期之后的现金流量；b. 使用了现金流量，公司可以直接使用项目所获得的现金流量，相比之下，利润包含了许多人为的因素；c. 考虑了货币的时间价值。

②缺点：a. 确定贴现率比较困难；b. 不能用于独立方案之间的比较；c. 不能反映出方案本身的报酬率。

(2)内部收益率法是用内部收益率来评价项目投资财务效益的方法。内部收益率，就是使得项目流入资金的现值总额与流出资金的现值总额相等的利率，即使得净现值等于零时的折现率。根据内部收益率法则，应该接受内部收益率大于资本成本或基准贴现率的项目；拒绝内部收益率小于资本成本或基准贴现率的项目。

①优点：a. 能够把项目寿命期内的收益与其投资总额联系起来，指出这个项目的收益率，便于将它同行业基准投资收益率对比，确定这个项目是否值得投资；b. 使用借款进行投资，在借款条件(主要是利率)还不很明确时，内部收益率法可以避开借款条件，先求得内部收益率，作为可以接受借款利率的高限；c. 考虑了货币的时间价值。

②缺点：a. 非常规现金流量的多次改号会造成多重收益率现象，即存在多个内部收益率；b. 内部收益率法忽略了项目的规模，高收益率掩盖了其获取“收益”这一绝对值偏低的不足；c. 内部收益率法忽略了现金流量的时间序列问题。

所以在各个方案选比时，必须将内部收益率与净现值结合起来考虑。

5. 独立项目与互斥项目

“独立项目”，就是对其接受或者放弃的决策不受其他项目投资决策影响的投资项目。

“互斥项目”，就是存在相互排斥关系的项目，对其接受或者放弃的决策受其他项目投资决策的影响。比如可以选择 A 也可以选择 B，或者是两者同时放弃，但不能同时采纳项目 A 和项目 B。

两个互斥项目的投资决策，可以用以下三种方法：选择净现值最大的项目；若增量内部收益率大于贴现率，选择投资额大的项目；若增量净现值为正值，选择投资额大的项目。

6. 盈利指数法

(1)定义

盈利指数是初始投资以后所有预期未来现金流量的现值和初始投资的比值，可以表示为：

$$盈利指数(PI)=\frac{初始投资所带来的后续现金流量的现值}{初始投资}$$

(2)判断标准

①独立项目：盈利指数大于 1 时采纳，小于 1 时必须放弃；

②互斥项目：当增量现金流的盈利指数大于 1 时，应选择规模较大的项目。

(3)资本配置

在资本预算有限的情况下，考察多个投资项目应根据盈利指数进行排序，先考虑盈利指数大的项目，但还应根据情况具体分析。

(4)优点

①易于理解和交流；

②在资本有限情况下，处理资本配置的排序问题优于净现值法；

③对独立项目的决策效果好。

(5)缺点

①不适用于互斥项目，即不能直接比较两个项目的盈利指数；

②忽略了项目的规模差异；

③盈利指数无法处理多期的资本配置问题；

④考虑到资金的不可分割性时不完全有效。

【例 5.18】有 4 种评价投资的主要方法，其中考虑了货币时间价值的方法有(　　)。[对外经贸大学 2014 金融硕士]

A. 净现值法和内部收益率法　　B. 内部收益率法和回收期法

C. 回收期法和会计收益率法　　D. 会计收益率法和净现值法

【答案】A

【解析】净现值法和内部收益率法都考虑了货币的时间价值，将项目投资的现金流量按必要报酬率折算到现值。回收期法是指通过计算投资引起的现金流入累积到与投资额相等所需要的时间来决定是否投资一项项目的方法；会计收益率法使用会计报表数据和会计收益与成本理论计算投资回报率，这两种方法都没有考虑货币的时间价值。

5.2 课后习题详解

一、概念题

1．调整的内部收益率（modified *IRR*，*MIRR*）

答：调整的内部收益率是指使投资成本的现值等于项目产生收益现值的贴现率。用公式可以表示为：

$$\sum_{t=0}^{n}\frac{COF_t}{(1+k)^t}=\frac{\sum_{t=0}^{n}CIF_t(1+k)^{n-t}}{(1+MIRR)^n}$$

式中，COF_t 为 t 时刻的现金流出量；CIF_t 为 t 时刻的现金流入量；k 为适当贴现率，$MIRR$ 为调整的内部收益率。

2．内部收益率的基本法则（basic *IRR* rule）

答：具体内容参见本章复习笔记。

3．互斥项目（mutually exclusive investments）

答：具体内容参见本章复习笔记。

4．资本配置（capital rationing）

答：资本配置是指在资本不足以支付所有净现值为正的项目的情况下进行投资决策时对资本的分配。比如，某公司的项目之间相互独立，公司只有 2000 万美元可供投资。由于项目 A 需要初始投资 2000 万美元，因此公司一旦选择了项目 A 就不能再选择其他项目。而项目 B 和 C 都只需要 1000 万美元的初始投资，这两个项目就可以同时采纳。也就是说，有限的资本使得公司要么选择项目 A，要么选择项目 B 和 C。

在资本有限的情况下，决策者不能仅仅根据单个项目的净现值进行排序，还应根据现值和初始投资的比值进行排序（即盈利指数法则）。

另外，capital rationing 在有些译著中也翻译为“资本约束”，偏重强调资本不足或资本有限本身对投资决策的“约束”。

5．净现值法（*NPV* rule）

答：净现值法是指通过计算和比较不同投资项目的净现值来选择最佳投资方案的一种决策方法。

净现值指投资项目投入使用后的净现金流量，按资本成本或企业要求达到的报酬率折算为现值，减去初始投资以后的余额。用公式可以表示为：

$$NPV=\sum_{t=1}^{n}\frac{NCF_t}{(1+k)^t}-C$$

其中，NPV 为净现值；NCF_t 为第 t 年的净现金流量；k 为适当贴现率；n 为项目预计使用年限；C 为初始投资额。

净现值法的决策法则是：选择净现值为正的项目，放弃净现值为负的项目；两个或多个项目的净现值均为正时，选择净现值最大的项目。

6．折现回收期法（discounted payback period method）

答：具体内容参见本章复习笔记。

7. 回收(payback)

答：回收是指企业投入资金后，通过经营，陆续收回初始投资的过程。回收期法就是按照初始投资回收的期限(即回收期)与目标回收期对比，作出项目选择决策的一种方法。

8. 增量内部收益率(incremental *IRR*)

答：增量内部收益率是增量现金流的内部收益率，即使金额相对较大预算所增加的投资等于增量现金流现值的贴现率。它是内部收益率法的一种扩展或体现，基本原理与内部收益率相似，用公式表示为：

$$NPV = \sum_{t=1}^{n} \frac{ICF_t}{(1 + IIRR)^t} - C = 0$$

其中，ICF_t 为第 t 期的增量现金流；$IIRR$ 为增量内部收益率；C 为预算较大项目超过预算较小项目的初始投资额。

9. 回收期法(payback period rule)

答：回收期法是指将能收回初始投资的期限与目标回收期相比较，作出投资决策的方法。投资回收期是回收初始投资所需要的时间，一般以年为单位。投资回收期的计算，因每年的营业净现金流量(NCF)是否相等而有所不同。如果每年的营业净现金流量相等，则投资回收期可用公式计算：投资回收期 = 初始投资额/每年 NCF。如果每年 NCF 不相等，那么，计算回收期要根据每年年末尚未回收的投资额加以确定。

回收期法的决策法则：运用回收期法进行互斥项目投资决策时，应优先选择回收期短的方案；若进行单个项目选择是否投资决策时，则必须设置基准投资回收期 T_C。当计算的回收期小于等于 T_C，则项目可以接受；当计算的回收期大于 T_C，则应予以拒绝。

10. 独立项目(independent project)

答：具体内容参见本章复习笔记。

11. 盈利指数(profitability index)

答：具体内容参见本章复习笔记。

12. 内部收益率(internal rate of return)[中南财经政法大学 2016 金融硕士；对外经贸大学 2013 金融硕士；中央财经大学 2010 研]

答：内部收益率(IRR)是指能够使未来现金流入量现值等于未来现金流出量现值的贴现率，或者说是使投资方案净现值为零的贴现率。内部收益率用公式表示为：

$$NPV = \sum_{t=1}^{n} \frac{NCF_t}{(1 + IRR)^t} - C = 0$$

内部收益法的基本法则是：若内部收益率大于资本成本或基准贴现率，项目可以接受；若内部收益率小于资本成本或基准贴现率，项目不能接受。

13. 价值可加性(value - additivity)

答：价值的可加性是指计算出个别投资计划所创造的价值后，不同投资计划的组合所创造的总价值(以 V 表示)等于个别投资计划所创造价值的加总。用公式可以表示为：

$$V = \sum_{j=1}^{n} V_j$$

其中，V_j 为个别计划 j 所创造的价值，$j \geqslant 1$。

如果投资计划评估法不满足价值可加性，表示互斥型投资计划的评估结果受到其它独立型投资计划评估结果的影响，两者无法分开独立评估。如果投资计划评估法符合价值可加性，当投资决策者评估不同的计划组合时，不需重新计算不同组合所创造的总价值，而仅对这个组合中个别计划所创造出来的价值加总即可。

二、复习题

1. 计算投资回收期 一项投资可以在未来 8 年内带来每年 790 美元的现金流入。如果初始投资为 3200 美元，那么该项目的投资回收期应为多少？当初始投资为 4800 美元时呢？为 7300 美元时呢？

答：为计算回收期，需要找到项目的现金流覆盖初始投资所需要的期数。初始投资为 3200 美元时，回收期为：

$$回收期 = 4 + 40/790 = 4.05(年)$$

本题中项目的现金流为年金形式，对于年金形式的现金流，一种比较简单的计算方法是将初始投资除以每年的现金流就可以得到回收期。初始投资为 3200 美元时回收期为 3200/790 = 4.05(年)。

初始投资为 4800 美元时，项目的回收期为：4800/790 = 6.08(年)。

初始投资为 7300 美元时，由于项目的现金流仅持续 8 年，因此总的现金流为 790 × 8 = 6320(美元)，小于初始投资，因此项目无法收回。注意到如果此时将初始投资除以每年现金流结果将为 9.24 年，由于项目仅持续 8 年，因此 9.24 年的回收期没有意义。

2. 计算内部收益率(*IRR*) 请计算以下两个项目的内部收益率：

年	现金流(美元)	
	项目 A	项目 B
0	-5700	-3450
1	2750	1380
2	2800	1800
3	1600	1200

答：内部收益率是使项目的净现值为零的贴现率。项目 A 和 B 都是 3 年，所以内部收益率的计算公式为：

$$0 = C_0 + \frac{C_1}{1 + IRR} + \frac{C_2}{(1 + IRR)^2} + \frac{C_3}{(1 + IRR)^3}$$

对于项目 A：

$$0 = -5700 + \frac{2750}{1 + IRR} + \frac{2800}{(1 + IRR)^2} + \frac{1600}{(1 + IRR)^3}$$

解得：$IRR = 13.40\%$。

对于项目 B：

$$0 = -3450 + \frac{1380}{1 + IRR} + \frac{1800}{(1 + IRR)^2} + \frac{1200}{(1 + IRR)^3}$$

解得：$IRR = 13.22\%$。

3. 有关内部收益率的问题 假设你今天获得了 9400 美元的收入，但是之后需要按下表进行偿付：

年	现金流(美元)
0	9400
1	-4500
2	-3100
3	-2400
4	-1800

a. 这笔贷款的内部收益率为多少?

b. 如果折现率为10%，你是否应该接受这笔贷款?

c. 如果折现率为20%，你是否应该接受这笔贷款?

d. 当折现率为10%时，该贷款的净现值为多少? 折现率为20%时呢?

e. d中根据净现值法则得到的结论是否与内部收益率法得到的结论相一致?

答：a. 内部收益率是使贷款的净现值为零的贴现率。持续期为4年，则用于计算IRR的方程为：

$$0 = C_0 + \frac{C_1}{1+IRR} + \frac{C_2}{(1+IRR)^2} + \frac{C_3}{(1+IRR)^3} + \frac{C_4}{(1+IRR)^4}$$

代入数据：

$$0 = 9400 + \frac{-4500}{1+IRR} + \frac{-3100}{(1+IRR)^2} + \frac{-2400}{(1+IRR)^3} + \frac{-1800}{(1+IRR)^4}$$

解得：$IRR = 11.65\%$。

b. 本题的特殊性在于初始的现金流为正而后续现金流为负，这相当于一个融资问题。在融资问题中，当内部收益率小于折现率时应当接受项目，当内部收益率大于折现率时应当拒绝项目。贷款的内部收益率为11.65%，如果折现率为10%应当拒绝这笔贷款。

c. 内部收益率为11.65%，折现率为20%时内部收益率小于折现率，应当接受这笔贷款。

d. 净现值等于所有现金流现值的总和。因此当折现率为10%时：

$$NPV = 9400 - \frac{4500}{1.1} - \frac{3100}{1.1^2} - \frac{2400}{1.1^3} - \frac{1800}{1.1^4} = -285.47(\text{美元})$$

当折现率为20%时：

$$NPV = 9400 - \frac{4500}{1.2} - \frac{3100}{1.2^2} - \frac{2400}{1.2^3} - \frac{1800}{1.2^4} = 1240.28(\text{美元})$$

e. 根据净现值法得到的结论与根据内部收益率法得到的结论是一致的。这是因为本题中现金流的方向只变化了一次，即没有出现非正常现金流。

4. 比较投资标准 wii兄弟公司是一家游戏制作公司，有一个冒险类游戏的新想法。其可以将该游戏设计成传统的桌面游戏，也可以设计成互动的DVD形式，但是只能选择其中一种。两种游戏开发方式的现金流如下表所示。假设折现率为10%。

年	桌面游戏(美元)	DVD(美元)
0	-950	-2100
1	700	1500
2	550	1050
3	130	450

a. 根据回收期法则，应该接受哪个项目?

b. 根据净现值法则，应该接受哪个项目?

c. 根据内部收益率法则，应该接受哪个项目?

d. 根据增量内部收益率法则，应该接受哪个项目?

答：a. 回收期指使项目的累积未折现的现金流入额等于初始投资所需要的时间。下面分别计算两个项目下的回收期：

桌面游戏：

第1年累计现金流为：700美元；

第2年累计现金流为：700 + 550 = 1250(美元)；

回收期 = 1 + (950 - 700)/550 = 1.45(年)。

DVD：

第1年累计现金流为：1500美元；

第2年累计现金流为：1500 + 1050 = 2550(美元)；

回收期 = 1 + (2100 - 1500)/1050 = 1.57(年)。

由于桌面游戏项目比DVD项目的回收期短，因此公司应接受桌面游戏项目。

b. 项目净现值是该项目现金流量的现值之和。每个项目的NPV如下：

桌面游戏：$NPV = -950 + \frac{700}{1.1} + \frac{550}{1.1^2} + \frac{130}{1.1^3} = 238.58$(美元)

DVD：$NPV = -2100 + \frac{1500}{1.1} + \frac{1050}{1.1^2} + \frac{450}{1.1^3} = 469.50$(美元)

因为DVD的净现值比桌面游戏大，因此接受DVD项目。

c. 内部收益率是使得项目净现值等于0的贴现率，每个项目的内部收益率计算如下：

桌面游戏：$0 = -950 + \frac{700}{1 + IRR} + \frac{550}{(1 + IRR)^2} + \frac{130}{(1 + IRR)^3}$

使用电子表格、金融计算器或反复试错法解该等式，得：$IRR = 27.51\%$。

DVD项目：$0 = -2100 + \frac{1500}{1 + IRR} + \frac{1050}{(1 + IRR)^2} + \frac{450}{(1 + IRR)^3}$

使用电子表格、金融计算器或反复试错法解该等式，得：$IRR = 25.09\%$。

由于桌面游戏的内部收益率比DVD更大，因此应该接受桌面游戏项目。

注：这仅仅是单独评估每个项目的内部收益率时的选择。内部收益率的缺陷是没有考虑到项目的规模问题。也就是说DVD比棋盘游戏的初始投资更大。这个问题可以通过计算增量现金流的内部收益率或者评估每个项目的净现值来解决。

d. 为了计算增量内部收益率，应将小项目中的现金流从大项目中减去。在这个例子中，从DVD项目中减去桌面游戏的现金流，则增量内部收益率就是增量现金流的内部收益率，如下表所示。

(单位：美元)

	第0年	第1年	第2年	第3年
DVD	-2100	1500	1050	450
桌面游戏	-950	700	550	130
DVD - 桌面游戏	-1150	800	500	320

使增量现金流的现值总和为0，可以得到增量内部收益率为：

$$0 = -1150 + \frac{800}{1+IRR} + \frac{500}{(1+IRR)^2} + \frac{320}{(1+IRR)^3}$$

使用电子表格、金融计算器或反复试错法解该等式，得：增量 $IRR = 23.19\%$。

对于投资类型项目而言，当增量内部收益率比折现率更高时，接受大项目。本题中，由于增量内部收益率23.19%比必要收益率10%更高，因此接受DVD项目。

5. 比较投资标准 东京橡胶公司的两个互斥项目如下所示。假设折现率为8%。

年	Dry Prepreg(美元)	Solvent Prepreg(美元)
0	-1700000	-750000
1	1100000	375000
2	900000	600000
3	750000	390000

a. 根据回收期法则，应该接受哪个项目？

b. 根据净现值法则，应该接受哪个项目？

c. 根据内部收益率法则，应该接受哪个项目？

d. 在此项分析中，增量内部收益率法是必需的吗？如果是，请进行分析。

答：a. 回收期指使项目的累积未折现的现金流入额等于初始投资所需要的时间。两个项目的回收期分别计算如下。

Dry Prepreg：

第一年累计现金流为：1100000美元

第二年累计现金流为：1100000 + 900000 = 2000000(美元)

回收期 = 1 + (1700000 - 1100000)/900000 = 1.67(年)

Solvent Prepreg：

第一年累计现金流为：375000美元

第二年累计现金流为：375000 + 600000 = 975000(美元)

回收期为：1 + (750000 - 375000)/600000 = 1.63(年)

由于Solvent Prepreg项目比Dry Prepreg项目的回收期短，因此公司应接受Solvent Prepreg项目。

b. 项目净现值是该项目现金流量的现值之和。每个项目的 NPV 如下：

Dry Prepreg：

$$NPV = -1700000 + \frac{1100000}{1.08} + \frac{900000}{1.08^2} + \frac{750000}{1.08^3} = 685497.64(\text{美元})$$

Solvent Prepreg：

$$NPV = -750000 + \frac{375000}{1.08} + \frac{600000}{1.08^2} + \frac{390000}{1.08^3} = 421220.09(\text{美元})$$

因为Dry Prepreg的净现值比Solvent Prepreg大，因此接受Dry Prepreg项目。

c. 内部收益率是使得项目净现值等于0的贴现率，每个项目的内部收益率如下：

Dry Prepreg：$0 = -1700000 + \frac{1100000}{1+IRR} + \frac{900000}{(1+IRR)^2} + \frac{750000}{(1+IRR)^3}$

使用电子表格、金融计算器或反复试错法解该等式，得：$IRR = 30.90\%$。

Solvent Prepreg：$0=-750000+\frac{375000}{1+IRR}+\frac{600000}{(1+IRR)^2}+\frac{390000}{(1+IRR)^3}$

使用电子表格、金融计算器或反复试错法解该等式，得：$IRR=36.51\%$。

由于 Solvent Prepreg 的内部收益率比 Dry Prepreg 更大，因此应该接受 Solvent Prepreg 项目。但是需要注意，*IRR* 忽略了项目规模，因此对项目的排序并不一定是正确的。

d. 本题中，Solvent Prepreg 拥有较高的内部收益率，但是在项目的规模和净现值上都较小。因此增量内部收益率法是必需的。为了计算增量内部收益率，应将小项目中的现金流从大项目中减去。在本题中，从 Dry Prepreg 项目中减去 Solvent Prepreg 的现金流，则增量内部收益率就是增量现金流的内部收益率，如下表所示。

（单位：美元）

	第0年	第1年	第2年	第3年
Dry Prepreg	-1700000	1100000	900000	750000
Solvent Prepreg	-750000	375000	600000	390000
Dry Prepreg - Solvent Prepreg	-950000	725000	300000	360000

使增量现金流的现值总和为0，可以得到增量内部收益率为：

$$0=-950000+\frac{725000}{1+IRR}+\frac{300000}{(1+IRR)^2}+\frac{360000}{(1+IRR)^3}$$

使用电子表格、金融计算器或反复试错法解该等式，得：增量 $IRR=25.52\%$

对于投资类型项目而言，当增量内部收益率比折现率更高时，接受大项目。本题中，由于增量内部收益率25.52%比必要收益率8%更高，因此应接受 Dry Prepreg 项目。

6. 多个内部收益率 考虑以下现金流，有多少项不同的内部收益率？（提示：20% ~ 70%。）我们何时应该接受该项目？

年	现金流(美元)
0	-2016
1	11448
2	-24280
3	22800
4	-8000

答：项目的内部收益率公式为：

$$0=-2016+\frac{11448}{1+IRR}-\frac{24280}{(1+IRR)^2}+\frac{22800}{(1+IRR)^3}-\frac{8000}{(1+IRR)^4}$$

运用笛卡尔符号法则，从这些现金流中，可以得知该项目有四个内部收益率。即使运用电脑的电子表格，也不得不反复试错。经过反复试错，得到四个内部收益率：25%，33.33%，42.86%，66.67%。

应当接受净现值大于零的项目。必要收益率在25%和33.33%之间或者在42.86%和66.67%之间的时候，就可以计算得出大于零的净现值。

第6章　投资决策

6.1　复习笔记

企业为了达到利润最大化的目标，需要将有限的资源投入生产。如何分配和利用资源就是资本预算。资本预算包括确定投资项目的相关现金流量，比如初始投资、营运资本的需求和经营现金流量，以及运用贴现现金流量法和净现值法等投资标准作出资本预算的决策。本章主要学习如何在资本预算决策过程中应用贴现现金流量分析法(*DCF*)和净现值法(*NPV*)。

1. 增量现金流量

无论是运用贴现现金流量分析法还是净现值法，都需要首先预计出未来发生的现金流量。而预计现金流量进行项目决策必须只考虑由该项目产生的增量现金流量。也就是说，需要考察的是公司投资该项目和不投资该项目引起的现金流量的差别。这点十分容易出错，因此需要注意以下几个问题：

(1)现金流量而非会计利润。公司理财强调现金流量，而不是财务会计强调的收入和利润。由于折旧和各种应收应付款项的存在，现金流量和会计利润有很大不同。

(2)沉没成本。沉没成本是已经发生的成本。由于已经发生，不会再受到是否接受某个项目的决策的影响，因而不属于增量现金流量。

(3)机会成本。机会成本是指一旦一项资产用于某个新项目，就丧失了其他使用方式所能带来的潜在收入。这在进行项目决策考虑增量现金流量时必须包括在内。

(4)副效应。新项目会对公司原有的其他项目产生副效应，如侵蚀其他业务，将原有客户和公司其他产品销售的现金流量转移到新项目上。这一效应也必须考虑。

(5)成本分摊。在投资预算中，成本分摊只有当该现金流出作为一个项目的增量现金流时，才能计入该项目。

【例6.1】在决定接受项目时，(　　)对投资决策方案无影响。[对外经贸大学2016金融硕士]

A. 沉没成本　　B. 相关成本　　C. 机会成本　　D. 重置成本

【答案】A

【解析】沉没成本是指已经发生的成本。由于沉没成本是在过去发生的，它不因接受或摒弃某个项目的决策而改变。影响增量现金流的因素有机会成本、成本分摊、相关成本、重置成本等。

【例6.2】在做资本预算的时候，我们只关注相关税后增量现金流量，由于折旧是非付现费用，所以在做预算的时候可以忽略折旧。(　　)[对外经贸大学2015金融硕士]

【答案】×

【解析】折旧具有抵税的作用，虽然折旧本身为非付现费用，但其可以通过税费来影响现金流量。

【例6.3】大型购物商场地下新建一块停车场的机会成本是(　　)。[北京航空航天大学2014金融硕士]

A. 由以后所带来的所有停车费用总和来决定

B. 由用于其他用途产生的最大价值决定

C. 由用于建造停车场的机器设备的折旧大小决定

D. 由在停车场停车的服务费用来决定

【答案】B

【解析】生产一单位的某种商品的机会成本是指生产者所放弃的使用相同的生产要素在其他生产用途中所能得到的最高收入。当购物商城地下资源用来新建停车场时，就意味着该商场不能将地下资源用于其他用途，损失的潜在最大价值就是新建停车场的机会成本。

2. 项目分析

项目分析包括以下方面的内容：①投资，具体包括初始投资、机会成本和营运资本投资；②利润和所得税；③残值，对市场价值和账面价值的差额计算税额或税收抵免后的现金流入；④现金流量，经营性现金流量等于销售收入减去经营成本和所得税，来自经营活动的现金流量加上投资的总现金流量等于项目的总现金流量；⑤净现值。

3. 通货膨胀的影响

(1)利率与通货膨胀

由于通货膨胀，利率可以分为名义利率和实际利率。利率与通货膨胀的关系可以通过名义利率、实际利率和通货膨胀率三者之间的关系来表示。用公式可写成：实际利率 = $\frac{1+\text{名义利率}}{1+\text{通货膨胀率}}-1$，或者在通胀率较低时近似写成：实际利率≈名义利率 - 通货膨胀率。

(2)现金流量与通货膨胀

现金流既可以是名义的，也可以是实际的。如果现金流是以实际收到或支出的美元表示，那么该现金流是名义现金流；如果是以第0期的实际购买力表示，那么该现金流则是实际现金流。

名义的现金流量应该以名义利率折现，实际的现金流量应该以实际利率折现。采用两种方法的结果是相同的。

(3)折现过程与通货膨胀

计算 *NPV* 或折现时，现金流量与折现率之间要保持一致。

(4)存货计价与通货膨胀

在通货膨胀期间，先进的物资价格较低，后进的物资价格较高。使用同一批物资，按先进先出法，则成本较低，利润较高，纳税较多，企业实际流入现金较少；按后进先出法，成本较高，利润较低，纳税较少，流入企业的现金流较大。实际中企业关注的是现金流的大小。

4. 经营性现金流(*OCF*)的不同算法

(1)自上而下法

$$OCF = \text{销售收入} - \text{现金成本} - \text{税收} = EBIT + \text{折旧} - \text{税金}$$

(2)自下而上法

$$\text{净利润} = \text{税前利润} - \text{税款}$$

$$OCF = \text{净利润} + \text{折旧} = (\text{销售收入} - \text{现金成本} - \text{折旧}) \times (1 - \text{税率}) + \text{折旧}$$

(3)税盾法

$$OCF = (\text{销售收入} - \text{现金成本}) \times (1 - \text{税率}) + \text{折旧} \times \text{税率}$$

折旧是一项非现金支出，对现金流产生的唯一影响就是减少税款。

5. 不同生命周期的投资决策

设备投资中的重要问题就是在两种不同生命周期的机器设备中作出选择。由于设备的使用期限不同，简单运用 NPV 法则是无效的，必须在相同的生命周期内进行评价。

对此可以采用重置链的方法。一种方法称为周期匹配法，即使用两种设备的使用期限的最小公倍数比较两者成本的现值，这种方法对周期短的情况比较适用。另一种方法称为约当年均成本法。将设备在周期内的成本贴现到现在，再除以相应的年金现值系数，得到平均每年的成本，也称为约当年均成本。约当年均成本由于各年相等，所以无论设备周期多长，也能够进行比较。这两种方法殊途同归。约当年均成本法也可以用于设备重置的一般性决策，即决定在什么时候更新设备。

6.2 课后习题详解

一、概念题

1. 分摊成本(allocated cost)

答：分摊成本是指在企业经营过程中，一项投入往往会让许多项目受益，在确定收益时，企业财会人员将该成本在这些项目之间进行合理分摊而形成的成本。在资本预算决策中，如果这一成本只是某个具体项目的增量现金流时，那么应该只视为该项目的现金流出。

2. 机会成本(opportunity cost)[中山大学 2023 金融硕士；西南科技大学 2016 金融硕士]

答：机会成本是指一旦一项资产用于某个新项目，就丧失了其他使用方式所能带来的潜在利益，这种潜在利益等于被放弃机会的可计量的价值，但它并不构成用于该项目的实际支出。在决策分析过程中，存在多个互斥方案可供选择来实现决策目标，则机会成本必然存在，决策者必须要把已放弃方案可能获得的潜在收益，作为被选用方案的成本，才能对该方案的经济效益作出全面的、合理的评价，并判断选用的方案是否真正最优。机会成本是进行项目决策考虑增量现金流量时的重要因素。

3. 侵蚀(erosion)

答：侵蚀是指由于引入一个新项目或新产品引起企业原有其他项目销售额下降，从而减少现有项目的现金流(或挤占现有项目的现金流)。由于侵蚀的存在，公司原有客户和公司其他产品销售的现金流量转移到新项目上。在计算增量现金流量时，应将侵蚀这一副效应考虑在内。

4. 实际现金流(real cash flow)

答：实际现金流是指按照实际购买力(物价水平)进行表示的现金流入与现金流出。也就是说，实际现金流量以第 0 期的实际购买力表示，是在名义现金流量的基础上扣除通货膨胀因素影响后的结果。

名义现金流量应该以名义利率折现，实际现金流量应该以实际利率折现。采用两种方法的结果是相同的。

5. 净营运资本(net working capital)[厦门大学 2019 金融硕士]

答：净营运资本是指流动资产与流动负债之差。从盈利性看，基于流动资产与固定资产盈利能力上的差别，以及短期资金与长期资金筹资成本上的差别，净营运资本越多，意味着企业是将更大份额的筹资成本较高的长期资金运用于盈利能力较低的流动资产上，从而使企业整体的盈利水平相应地降低；反之亦然。从风险性看，企业的净营运资本越多，意味着流动资产与流动负债之间的差额越大，则陷入无力清偿的可能性也就越小；反之亦然。因此，企业必须在盈利性和流动性之间加以权衡，并根据企业自身的特点，做出相应的选择，以保证企业盈利性和流动性的适度平衡，从而确保企业价值的实现。

6. 实际利率(real interest rate)

答：实际利率是指名义利率扣除物价上涨因素，以实际物价水平为标准表示的利率。实际利率为正值时有利于吸收储蓄，降低通货膨胀；实际利率为负值时，则会减少储蓄，刺激金融投机，恶化通货膨胀。其计算公式为：$实际利率=\frac{1+名义利率}{1+通货膨胀率}-1$。在通胀率较低时，可以近似写成：实际利率≈名义利率－通货膨胀率。

7. 名义现金流(nominal cash flow)

答：名义现金流量是指以实际收到或支出的货币来表示的现金流入和现金流出。名义现金流没有考虑实际购买力(物价水平)因素，是区别于“实际现金流”的概念。

8. 沉没成本(sunk cost)［天津大学2019金融硕士］

答：沉没成本是指由于过去的决策所引起，并已实际支付了款项而发生的成本。由于这类成本过去已经发生，现在和将来的决定都不能改变这一已经实际支出的事实，因而在决策分析时通常不需要考虑这类成本。一个典型的沉没成本的例子就是项目决策之前发生的前期市场调查费用。

9. 名义利率(nominal interest rate)

答：名义利率是指包括了补偿通货膨胀风险的利率，是与实际利率相对的概念。名义利率和实际利率之间的关系如下：实际利率＝(1＋名义利率)÷(1＋通货膨胀率)－1。在通货膨胀的条件下，市场的各种利率都是名义利率，而实际利率往往不能直接观察到。一般而言，名义利率大于通货膨胀率，实际利率≈名义利率－通货膨胀率。

10. 协同效应(synergy)

答：协同效应是指由于新产品的营业，销售额上升，从而增加(或充实)现有产品的现金流。也就是说，新产品或新项目的投资，增加了企业的净营运资本，从而可以对原有产品进行更大的投资，充实其现金流。协同效应是和“侵蚀”相对的概念，在计算增量现金流时，也需要考虑这一因素。

二、复习题

1. 计算项目净现值 Best制造公司正在考虑一项新的投资项目，关于该项目的财务预测如下所示。公司税率为34%。假定所有的销售收入都是现金收入，所有的运营成本和所得税也以现金支出，且所有的现金流都发生在年末。所有的净营运资本在项目结束时都收回了。

(单位：美元)

	第0年	第1年	第2年	第3年	第4年
投资	27400				
销售收入		12900	14000	15200	11200
运营成本		2700	2800	2900	2100
折旧		6850	6850	6850	6850
净营运资本支出	300	200	225	150	?

a. 计算该投资项目每年的增量净利润。

b. 计算该投资项目每年的增量现金流。

c. 假定恰当的折现率为 12%，请问该投资项目的净现值为多少？

答：可以运用倒推法计算每一年的经营性现金流，其中应包括净营运资本的现金流，净利润和总的现金流如下：

（单位：美元）

	第 0 年	第 1 年	第 2 年	第 3 年	第 4 年
销售收入		12900	14000	15200	11200
成本		2700	2800	2900	2100
折旧		6850	6850	6850	6850
EBIT		3350	4350	5450	2250
税收		1139	1479	1853	765
净利润		2211	2871	3597	1485
OCF	0	9061	9721	10447	8335
资本性支出	-27400	0	0	0	0
净营运资本	-300	-200	-225	-150	875
增量现金流	-27700	8861	9496	10297	9210

根据上表中的数据，可得：

$$NPV = -27700 + 8861/1.12 + 9496/1.12^2 + 10297/1.12^3 + 9210/1.12^4 = 964.08(\text{美元})$$

2. 项目估值 你所在的公司正考虑以 530000 美元的价格购进新的计算机支持的订购系统。该系统在 5 年的使用期内折旧至账面价值为 0，采用直线折旧法计提折旧。5 年后，该系统的价值将为 50000 美元。每年你在订购处理成本上可以节约 186000 美元（税前），而且你可以使营运资本减少 85000 美元（这是单次的减少）。如果税率为 35%，请问这个项目的内部收益率为多少？

答：首先，计算新设备的年折旧额。其数值为：

$$\text{年折旧额} = 530000/5 = 106000(\text{美元})$$

该设备的税后残值为：

$$\text{税后残值} = 50000 \times (1 - 0.35) = 32500(\text{美元})$$

应用税盾模型，可以得到营运现金流 *OCF*：

$$OCF = 186000 \times (1 - 0.35) + 0.35 \times 106000 = 158000(\text{美元})$$

现在可以得到项目的内部收益率 *IRR*。该项目特点是，接受该项目将会减少净营运资本。净营运资本的减少量为第 0 年的现金流入量，而且净营运资本的减少意味着当项目结束时，将不得不增加净营运资本。所以，在项目结束时，为了使净营运资本恢复到项目前的水平，将会有现金流出。而且在项目结束时必须加上它的税后残值，故有：

$$NPV = 0 = -530000 + 85000 + 158000 \times PVIFA(IRR, 4) + [(158000 + 32500 - 85000)/(1 + IRR)^5]$$

解得：$IRR = 20.68\%$。

3. 计算约当年均成本 你正在评估两台不同的硅晶片采矿机。Techron Ⅰ 的成本为 245000 美元，使用期限为 3 年，每年税前运营成本为 39000 美元。Techron Ⅱ 的成本为 315000 美元，使用期限为 5 年，每年税前运营成本为 48000 美元。这两台采矿机都采用直线折旧法计提折旧，在使用期限内折旧至账面价值为0，同时假定其残值为20000美元。如果你的税率为35%，折现率为9%。计算两台机器的约当年均成本。你更倾向于哪台机器？为什么？

答：需要用设备的税后残值来计算*EAC*，尽管设备的初始投资不一样，但是有一样的税后残值，这个残值是：

$$税后残值 = 20000 \times (1 - 0.35) = 13000(美元)$$

计算*EAC*需要每个方案的*OCF*和*NPV*：

Techron Ⅰ：

$OCF = -39000 \times (1 - 0.35) + 0.35 \times (245000/3) = 3233.33$(美元)；

$NPV = -245000 + 3233.33 \times PVIFA(0.09,\ 3) + (13000/1.09^3) = -226777.10$(美元)；

$EAC = -226777.10/PVIFA(0.09,\ 3) = -89589.37$(美元)。

Techron Ⅱ：

$OCF = -48000 \times (1 - 0.35) + 0.35 \times (315000/5) = -9150$(美元)；

$NPV = -315000 - 9150 \times PVIFA(0.09,\ 5) + 13000/1.09^5 = -342141.20$(美元)；

$EAC = -342141.20/PVIFA(0.09,\ 5) = -87961.62$(美元)。

两种机器有着不同的寿命，因此必须将两种设备的约当年均成本进行比较，这就是EAC法的内容。所以选择Techron Ⅱ，因为*EAC*较小。

4. 通货膨胀与公司价值 Sparkling饮用水公司预计能永远保持每年270万瓶的饮用水销售量。今年每瓶饮用水的售价为1.35美元，成本为0.85美元。销售利润与成本在年末发生。收入将以1.3%的实际年利率增长，而实际成本也将以0.8%的实际年利率增长。实际折现率为6%，公司税率为34%。请问Sparkling公司今天的价值是多少？

答：为了得到公司的价值，只需计算出公司未来现金流的现值。由于没有给出折旧，所以假设折旧为0。运用税盾模型，可以得到税后收入的现值以及税后成本的现值。必要收益率、增长率、价格、成本都以实际值给出。从收入中减去成本将得到公司的现金流的价值。必须单独计算现值，因为它们增长率不同。首先，要求出收入的现值。第一年的收入等于卖出的饮用水瓶数乘以每瓶的价格，有：

$$第1年的税后实际收入 = (2700000 \times 1.35)(1 - 0.34) = 2405700(美元)$$

实际收入将以每年1.3%的增长率增长，应用永续年金增长方程，可以得到收入的现值：

$$收入现值 = C_1/(R - g) = 2405700/(0.06 - 0.013) = 51185106(美元)$$

$$第1年的税后实际成本 = (2700000 \times 0.85)(1 - 0.34) = 1514700(美元)$$

实际成本将以每年0.8%的增长率永续增长，运用永续年金增长方程，可以得到成本的现值：

$$成本现值 = C_1/(R - g) = 1514700/(0.06 - 0.008) = 29128846(美元)$$

现在就可以计算公司的价值：

$$公司价值 = 收入现值 - 成本现值 = 51185106 - 29128846 = 22056260(美元)$$

5. 现金流估计 飞利浦集团公司正在运营一个小项目。最新一个会计年度预计将带来235000美元的实际净现金流入。由于是正在进行的项目，预计未来的竞争将会永续地对实际净现金流入带来每年3%的侵蚀。该公司的折现率为4%。所有的净现金流都将在年末获得。那么该公司的运营带来的现金流现值应该是多少？

答：公司现在的价值等于未来产生的现金流的现值。本题实际现金流、实际折现率以及现金流的实际增长率已知。公司的现金流是一个永续增长年金形式，增长率为负数。使用永续增长年金公式，现金流的现值为：

$$PV = C_1/(R-g) = 235000/(0.04+0.03) = 3357142.86(\text{美元})$$

6. 项目分析与通货膨胀 Sanders 有限公司正考虑购买一台新的制造机器，价格为 750000 美元。该机器的使用期限为 7 年，将采用直线折旧法完全折旧。该机器生产带来的名义收入预计为第 1 年 635000 美元，而后以每年 5% 的速率增加。第 1 年年末的名义生产成本为 395000 美元，而后以每年 4% 的速率增加。实际折现率为 7%。公司税率为 34%。该公司是否应该接受该项目？

答：可以通过名义现金流或者实际现金流计算该项目的 NPV，两种方法计算出的 NPV 应该相同。本题中我们使用名义现金流和实际现金流两种方法进行计算。两种方法下初始投资均为 750000 美元。使用名义现金流，该机器生产带来的名义收入随每年 5% 的通货膨胀率增加，成本以每年 4% 的速率增加。因此项目每年的名义现金流如下：

（单位：美元）

	第 1 年	第 2 年	第 3 年	第 4 年	第 5 年	第 6 年	第 7 年
收入	635000	666750	700088	735092	771846	810439	850961
成本	395000	410800	427232	444321	462094	480578	499801
折旧	107143	107143	107143	107143	107143	107143	107143
EBIT	132857	148807	165713	183628	202609	222718	244017
税收	45171	50594	56342	62434	68887	75724	82966
净利润	87686	98213	109371	121194	133722	146994	161051
OCF	194829	205356	216514	228337	240865	254137	268194

由于没有净营运资本投入，项目结束后无残值，因此每年的增量现金流等于 *OCF*。现金流为名义形式，应当使用名义折现率进行折现。公司的实际折现率为 7%，通货膨胀率为 5%，根据费雪方程得到名义折现率为：

$$(1+R) = (1+r)(1+h) = (1+0.07)\times(1+0.05)$$

解得：$R = 0.1235 = 12.35\%$。

项目的净现值为：

$$NPV = -750000 + 194829/(1+0.1235) + 205356/(1+0.1235)^2 + 216514/(1+0.1235)^3 + 228337/(1+0.1235)^4 + 240865/(1+0.1235)^5 + 254137/(1+0.1235)^6 + 268194/(1+0.1235)^7 = 261708.30(\text{美元})$$

也可以使用项目的实际现金流计算净现值，由于每年的收入与成本以名义值给出，因此需要计算它们的实际值，即：

$$\text{实际收入} = 635000/(1+0.05) = 604762(\text{美元})$$

$$\text{实际成本} = 395000/(1+0.05) = 376190(\text{美元})$$

同样的，由于成本的名义增长率不同于通货膨胀率，因此必须计算实际的成本增长率，即：

$$\text{实际成本增长率} = (1+0.04)/(1+0.05) - 1 = -0.0095 = -0.95\%$$

在实际形式下，成本事实上每年下降 0.95%。因此每年的实际现金流如下：

（单位：美元）

	第1年	第2年	第3年	第4年	第5年	第6年	第7年
收入	604762	604762	604762	604762	604762	604762	604762
成本	376190	372608	369059	365544	362063	358615	355199
折旧	102041	97182	92554	88147	83949	79952	76144
EBIT	126531	134972	143149	151071	158750	166195	173419
税收	43021	45890	48671	51364	53975	56506	58962
净利润	83510	89082	94478	99707	104775	109689	114457
OCF	185551	186264	187032	187854	188724	189641	190601

因此，使用实际现金流计算的项目净现值为：

$$NPV = -750000 + 185551/1.07 + 186264/1.07^2 + 187032/1.07^3 + 187854/1.07^4 + 188724/1.07^5 + 189641/1.07^6 + 190601/1.07^7 = 261708.30\text{(美元)}$$

由于项目的净现值为正，因此该公司应该接受该项目。

7. 项目评估 Aday 音响公司计划一个新的八度声音仿真模拟器的单位产品销售量如下：

年	单位产品销售量
1	81000
2	89000
3	97000
4	92000
5	77000

该模拟器的生产需要的初始净营运资本投入为1500000美元，而后每年额外的净营运资本投入为下一年预计销售增长的15%。每年的固定成本为1850000美元，变动成本为每单位产品190美元。而产品的单位定价为345美元。生产设备的初始安装费用为19500000美元。该模拟器是为专业歌手准备的，因此被认为是工业产品，符合7年期修订快速成本回收制度(MACRS)条件。在5年后该生产设备可以以购置成本的20%售出。公司税为35%，要求项目回报率为18%。基于上述描述，请问该项目的净现值为多少？内部收益率为多少？

答：项目每年的销售收入为销售量乘以售价，单位变动成本可以用于计算总变动成本。该模拟器被归于7年期类MACRS资产，因此每年的折旧可以用初始的成本乘以每年相应的折旧率得到，利润表的其他项目可以根据这些信息进行计算。因此构建出项目的利润表并计算增量现金流如下：

（单位：美元）

	第0年	第1年	第2年	第3年	第4年	第5年
收入		27945000	30705000	33465000	31740000	26565000
变动成本		15390000	16910000	18430000	17480000	14630000
固定成本		1850000	1850000	1850000	1850000	1850000

续表

	第0年	第1年	第2年	第3年	第4年	第5年
折旧		2786550	4775550	3410550	2435550	1741350
EBIT		7918450	7169450	9774450	9974450	8343650
税收		2771458	2509308	3421058	3491058	2920278
净利润		5146993	4660143	6353393	6483393	5423373
OCF		7933543	9435693	9763943	8918943	7164723
资本性支出	-19500000	0	0	0	0	4057658
净营运资本	-1500000	-414000	-414000	258750	776250	1293000
增量现金流	-21000000	7519543	9021693	10022693	9695193	12515381

其中，每年增加的净营运资本为下一年销售增加量的15%，负号代表销售额增加值需要投入更多的净营运资本，第5年末净营运资本现金流为收回项目中尚存的净营运资本的数值。为计算模拟器在第5年末的税后残值，首先需要计算第5年末的账面价值。第5年末的账面价值等于设备购买价值减去累计折旧，即：

$$第5年末账面价值 = 19500000 - (2786550 + 4775550 + 3410550 + 2435550 + 1741350) = 4350450(美元)$$

第5年末设备的市场价值为购买价值的20%，即：

$$第5年末市场价值 = 19500000 \times 0.2 = 3900000(美元)$$

因此第5年末设备的税后残值为：

$$第5年末税后残值 = 3900000 + (4350450 - 3900000) \times 0.35 = 4057658(美元)$$

在计算出项目的所有现金流后，便可以计算项目的净现值以及内部收益率：

$$NPV = -21000000 + 7519543/(1+0.18) + 9021693/(1+0.18)^2 + 10022693/(1+0.18)^3 + 9695193/(1+0.18)^4 + 12515381/(1+0.18)^5 = 8423113.19(美元)$$

$$NPV = 0 = -21000000 + 7519543/(1+IRR) + 9021693/(1+IRR)^2 + 10022693/(1+IRR)^3 + 9695193/(1+IRR)^4 + 12515381/(1+IRR)^5$$

解得：$IRR = 33.29\%$。

由于该项目净现值为正，内部收益率为33.29%，大于必要报酬率，因此应该接受该项目。

8. 计算竞标价 你的公司正在为年采购量为15000个的声音识别计算机键盘设备(共4年)订单进行竞标。由于技术的更新，该设备在4年后将不会有更多的销售量。该产品的生产设备的购置成本为340万美元，同时将直线折旧至残值为0。净营运资本的投入为75000美元，将在项目期末回收。而生产设备在生产期末可以以200000美元的价格出售。每年的固定成本为700000美元，变动成本为每单位产品48美元。在合同以外，你认为该产品还可以在未来4年内销售到其他国家，预计销售量分别为4000、12000、14000、7000，定价为145美元。税率为40%，必要报酬率为13%。同时公司的董事长在净现值为100000美元以下时将不会接受该项目。那么竞标价应该设定为多少呢？

答：我们需要计算项目的竞标价，但项目存在额外的现金流。由于公司目前没有生产声音识别计算机键盘，因此这些额外的现金流属于项目的增量现金流。由于额外销售的数量和价格已知，因此可以计算这些销售的现金流。订单外的销售产生的现金流如下：

	第1年	第2年	第3年	第4年
销售额	580000	1740000	2030000	1015000
成本	192000	576000	672000	336000
EBIT	388000	1164000	1358000	679000
税收	155200	465600	543200	271600
净利润	232800	698400	814800	407400

因此，这些市场销售增加的净现值为：

$$\text{市场销售的}NPV = 232800/1.13 + 698400/1.13^2 + 814800/1.13^3 + 407400/1.13^4 = 1567530.66(\text{美元})$$

上述净现值的计算中并未包括购置成本、折旧和固定成本，原因在于是否考虑它们是不相关的。记住我们不仅仅是要计算竞标价格，并且也要决定项目是否是可接受的。换言之，我们要计算的是项目的净现值而不仅仅是竞标价格的净现值。我们将在竞标价格的计算过程中包含购置成本、折旧和固定成本。

接下来，需要计算生产设备的税后残值，即：

$$\text{税后残值} = 200000 \times (1 - 0.40) = 120000(\text{美元})$$

不同于通常情况下设定拍卖价时设定净现值为0，本题中应该将净现值设定在公司董事长要求的净现值水平上，即100000美元。包括了期初的*NWC*投入和期末的*NWC*收回之后，这个项目的净现值方程为：

$$NPV = 100000 = -3400000 - 75000 + 1576530.66 + OCF \times PVIFA(0.13, 4) + [(120000 + 75000)/1.13^4]$$

解得：$OCF = 1887872.18/PVIFA(0.13, 4) = 634691.67$(美元)。

因此可以计算竞标价为：

$$OCF = 634691.67 = [(P - v)Q - FC](1 - T_C) + T_C D = [(P - 48) \times 15000 - 700000] \times (1 - 0.40) + 0.40 \times (3400000/4)$$

解得：$P = 127.41$(美元)。

第 7 章　风险分析、实物期权和资本预算

7.1　复习笔记

从某种意义上来说，公司的战略分析可以看作“寻找净现值为正值的投资项目”的过程。分析正 NPV 来源的过程通常被称作公司的战略分析。在实际操作中，可以使用决策树、场景分析、敏感性分析和盈亏平衡分析等分析工具来评估不确定性对项目增量现金流量的影响。

1. 敏感性分析

(1)定义

敏感性分析是指它在确定性分析的基础上，进一步分析不确定性因素对投资项目的最终经济效果指标的影响及影响程度。敏感性因素一般可选择主要参数(如销售收入、经营成本、生产能力、初始投资、寿命期、建设期、达产期等)进行分析。若某参数的小幅度变化能导致经济效果指标的较大变化，则称此参数为敏感性因素，反之则称其为非敏感性因素。

(2)优点

①敏感性分析可以表明 NPV 分析是否值得信赖。如果在所有变量的正常估计中，出现一个错误就将大大改变 *NPV*，那么人们就有理由对净现值法进行怀疑。

②敏感性分析可以指出在哪些方面需要搜集更多的信息。

(3)缺点

①敏感性分析可能会导致过于乐观地估计悲观状态值。

②敏感性分析孤立地处理每个变量，忽视变量相关性。

【例 7.1】敏感性分析评价净现值通过(　　)。[清华大学 2017 金融硕士]

A. 改变计算净现值假设　　　　B. 改变一个变量同时其他变量不变

C. 考虑不同的经济形势　　　　D. 以上全部

【答案】B

【解析】敏感性分析是用来检测某一特定净现值计算对特定假设条件变化的敏感度的一种分析方法。标准的敏感性分析，是假定其他变量处于正常估计值，计算某一变量的三种不同状态下可能估计出的 *NPV*。

2. 场景分析

场景分析经常被用来消除敏感性分析的缺点造成的影响。场景分析包含各种变量在某种场景下的综合影响。

3. 盈亏平衡分析

盈亏平衡分析是指根据成本、销售收入、利润等因素之间的函数关系，确定企业实现盈亏平衡时所需达到的销售量，它是敏感性分析方法的有效补充。

(1)损益方程式

$$利润 = 销售收入 - 总成本 = 销售收入 - (固定成本 + 变动成本)$$
$$= (销售单价 - 单位变动成本) \times 销售量 - 固定成本$$

变动成本是指随产量变动而变动的成本，如直接人工、直接材料成本。

固定成本是指与一定时期的产量或服务的数量无关的相对稳定的成本，常用每一单位时间的成本衡量，如每月的租金或年薪等。

(2)边际贡献、贡献毛益方程式

$$边际贡献 = 销售收入 - 变动成本总额$$
$$单位边际贡献 = 单价 - 单位变动成本$$
$$利润 = 单位贡献毛益 \times 销售量 - 固定成本$$

(3)会计利润的盈亏平衡点

会计利润的盈亏平衡点的计算公式为：

$$会计利润的盈亏平衡点 = \frac{固定成本 + 折旧}{销售单价 - 单位变动成本}$$

(4)现值的盈亏平衡点

现值的盈亏平衡点的计算公式为：

$$现值的盈亏平衡点 = \frac{EAC + 固定成本 \times (1 - t_c) - 折旧 \times t_c}{(销售单价 - 单位变动成本) \times (1 - t_c)}$$

其中，*EAC* 代表约当年均成本；t_c代表公司所得税税率。

4. 蒙特卡罗模拟

(1)定义

蒙特卡罗模拟是指在投资测算基本财务模型的基础上，考虑风险变量因素的动态变化(即不确定性)，将风险变量(或子变量)原有的静态取值通过随机抽样实现动态取值，得到可以计算动态经济评价指标的模拟试验。利用风险评估模型，可以模拟计算经济指标的 N 个值，用来反映经济指标的变化规律，并对此规律加以评价。

(2)步骤

①构建基本模型；

②确定模型中每个变量的分布；

③通过计算机抽取一个结果；

④重复上述过程；

⑤计算 *NPV*。

(3)优缺点

蒙特卡罗模拟能够比较好地解决项目投资中现金流的随机性和不确定性，它能将财务分析人员和项目决策人员从繁琐的数学计算中解脱出来，还能够在比较短的时间内由计算机进行多次数值模拟实验，提高决策人员的决策效率。但是由于蒙特卡罗模拟要求变量服从一定的概率分布，但是由于实际概率的分布不一定是完全拟合某一分布律。这就要求市场调研人员在进行市场调查时能够获得尽量多、尽量准确的初始数据。

5. 实物期权

NPV 法忽略了企业在接受项目之后还可以进行适当调整，这一调整被称为实物期权。从这一角度看，NPV 分析低估了项目的真实价值，具有保守性。

(1)拓展期权

项目进行一年或初始周期后，会对未来有影响。成功则进行拓展，不成功则放弃。因为成功之后进行拓展会有很大的收益规模，而不仅仅是第一个周期内的收益，所以不能仅凭第一个周期内的 *NPV* 作出决策，还得考虑后续的可能收益。而不成功则仅仅损失当期投入的资本，往后不会再有资本损失。

(2)放弃期权

成功后能带来后续无限期收益，或很高的收益，而失败仅能造成当期损失。放弃期权保住了企业大量的资金，可以增加项目的潜在价值，并且对于某些项目而言，可能经历很多年之后才放弃，残值也随项目放弃产生。

(3)择机期权

择机期权是选择项目开始时机的期权，由于择机期权的存在，闲置的资产也具有价值。

6. 决策树

决策树是指将概率论有逻辑地应用于决策选择中的一种图解方法，是在存在风险或不确定性的情况下进行决策的重要分析方法之一。在具体应用时，要将实现某一目标的各种方案，实现每一方案可能发生的各种状态，以及出现每种状态的概率及产生的后果，按树枝、树干的关系绘制成图形，通过简单的计算和分析，淘汰经济效益差的方案，保留经济效益好的方案，直至选出最优方案。

作为一种新近发展起来的决策工具，决策树分析简洁、形象，不仅能显示不同投资项目或不同自然状态的结果，而且还能显示整个决策过程；既考虑了投资风险，又兼顾了未来现金流的时间特性；在处理复杂决策问题时，思路比较清晰。因此，决策树分析在经营管理、投资决策、规模决策等方面得到了广泛应用。

7.2 课后习题详解

一、概念题

1. 盈亏平衡分析(break－even analysis)

答：参见本章复习笔记。

2. 实物期权(real options)

答：实物期权是指标的物为非证券资产的期权。

相对于“金融期权”，实物期权具有以下四个特性：

(1)非交易性。实物期权与金融期权最本质的区别在于非交易性。不仅作为实物期权标的物的实物资产一般不存在交易市场，而且实物期权本身也不大可能进行市场交易；

(2)非独占性。许多实物期权不具备所有权的独占性，即它可能被多个竞争者共同拥有，是可以共享的。对于共享实物期权来说，其价值不仅取决于影响期权价值的一般参数，而且还与竞争者可能的策略选择有关；

(3)先占性。先占性是由非独占性所导致的，它是指抢先执行实物期权可获得的先发制人的效应，结果表现为取得战略主动权和实现实物期权的最大价值；

(4)复合性。在大多数场合，各种实物期权存在着一定的相关性，这种相关性不仅表现在同一项目内部各子项目之间的前后相关，而且表现在多个投资项目之间的横向相关。

实物期权包括扩张期权(the option to expand)、放弃期权(the option to abandon)、延期期权(timing options)和修正期权(options to alter operating scale)等。

在投资决策中，实物期权给投资者一种决策的弹性，使其可以灵活适应市场的各种变化，在最大限度控制风险的同时，又不丧失获得可能出现的有利机会。

3. 边际贡献（margin contribution）

答：边际贡献又称税后价差，即每多销售一单位产品对企业税后利润所起的贡献。其计算公式为：边际贡献 =（销售单价 - 单位变动成本）×（$1 - T_C$）。它是衡量企业盈利能力的重要指标。

4. 场景分析（scenario analysis）

答：场景分析是指分析人员在因素基数值的基础上，分别确定一组"差"的情况（比如销售低、售价低、成本高等）和一组"好"的情况（比如销售高、售价高、成本低等），然后分别计算"差"和"好"两种情况下的净现值，并将计算结果与基数净现值进行比较的一种分析方法。简单地说，场景分析是一种变异的敏感性分析，它考察一些可能出现的不同场景，每种场景综合考虑了各种变量的影响。在实务中，这种方法一般是通过计算机模拟计算完成的。

场景分析可为估算项目风险提供数据，但这种方法只考虑项目的几个离散情况，其分析结果有时不能完全反映项目的风险程度。

5. 决策树（decision trees）

答：参见本章复习笔记。

6. 敏感性分析（sensitivity analysis）［对外经贸大学 2014 金融硕士］

答：敏感性分析，是指在确定性分析的基础上，通过进一步分析，预测项目主要不确定因素的变化对项目评价指标（如会计内部收益率、净现值等）的影响，从中找出敏感因素，确定评价指标对该因素的敏感程度和项目对其变化的承受能力的一种财务分析方法。

在本书中特指检测某一特定 *NPV* 计算对特定假设条件变化的敏感度的投资分析方法。

敏感性分析有单因素敏感性分析和多因素敏感性分析两种。

单因素敏感性分析是对单一不确定因素变化的影响进行分析，即假设各个不确定性因素之间相互独立，每次只考察一个因素，其他因素保持不变，以分析这个可变因素对经济评价指标的影响程度和敏感程度。单因素敏感性分析是敏感性分析的基本方法。

多因素敏感性分析是假设两个或两个以上互相独立的不确定因素同时变化时，分析这些变化的因素对经济评价指标的影响程度和敏感程度。

7. 固定成本（fixed costs）

答：固定成本是指总额在一定的期间和业务量范围内不受业务量变动的影响，保持固定不变的成本。例如行政管理人员的工资、办公费、财产保险费、不动产税、按直线法计提的固定资产折旧费、职工教育培训费等等，均属固定成本。当然，固定成本并非永远固定不变，只是在某一特定时期内是固定的。

固定成本总额虽不受业务总量变动的影响，但从单位业务量所负担固定成本多寡的角度来考察，固定成本又是一个变量。

8. 变动成本（variable costs）

答：变动成本是指在一定的期间和业务量范围内其总额随业务量的变动而成正比例变动的成本。如直接材料费、产品包装费、按件计酬的职工薪金、推销佣金以及按加工量计算的固定资产折旧费等等，均属于变动成本。

与固定成本形成鲜明对照的是，变动成本的总量随业务量的变化呈正比例变动关系，但单位业务量的变动成本则是一个定量。

9. 蒙特卡罗模拟(Monte Carlo simulation)

答: 蒙特卡罗模拟是指在投资测算基本财务模型的基础上，考虑风险变量因素的动态变化(即不确定性)，将风险变量(或子变量)原有的静态取值通过随机抽样实现动态取值，得到可以计算动态经济评价指标的模拟试验。利用风险评估模型，可以模拟计算经济指标的 N 个值，用来反映经济指标的变化规律，并对此规律加以评价。

二、复习题

1. 敏感性分析和盈亏平衡 我们正在评估一项须花费 588000 美元的项目，期限为 8 年，无残值。计提折旧采用直线折旧法，折旧年限为 8 年，无残值。假设每年的销售量为 70000 件，每件的价格为 36 美元，变动成本为每件 20 美元，固定成本为每年 695000 美元。税率为 35%，并且我们要求这个项目的投资回报率为 15%。假设项目所给定的价格、数量、变动成本以及固定成本都在 ±10% 浮动。估计最优与最差的 *NPV* 值。

答: 项目每年的折旧为 588000/8 = 73500。首先用税盾的方法来计算最优和最差情况下的营运现金流。

在最优的情况下，价格和数量都增长 10%，所以用基本情况下的数值乘以 1.1。可变成本和固定成本分别降低 10% 时，用基本情况下的数值乘以 0.9。可得:

$$OCF_{最优} = [(36 \times 1.1 - 20 \times 0.9) \times 70000 \times 1.1 - 695000 \times 0.90] \times 0.65 + 0.35 \times 73500$$
$$= 700230(美元)$$

最优情况下的 *NPV* 值:

$$NPV_{最优} = -588000 + 700230 \times PVIFA(0.15, 8) = 2554157.14(美元)$$

对于最差的情况，价格和数量下降 10%，用基本情况下的数值乘以 0.9。可变成本和固定成本分别上涨 10%，所以用基本情况下的数值乘以 1.1。可得:

$$OCF_{最差} = [(36 \times 0.9 - 20 \times 1.1) \times 70000 \times 0.9 - 695000 \times 1.1] \times 0.65 + 0.35 \times 73500$$
$$= -45320(美元)$$

最坏情况下的 *NPV*:

$$NPV_{最差} = -588000 - 45320 \times PVIFA(0.15, 8) = -791365.41(美元)$$

2. 决策树 Ang Electronics 公司研发了一种新型 DVDR。如果 DVDR 可以成功，产品投放市场盈利的 *NPV* 为 2700 万美元。反之如果失败，项目的 *NPV* 为 -900 万美元。产品进入市场，成功的概率为 50%。Ang 可以推迟 1 年推出产品，而花费 130 万美元对 DVDR 产品进行市场测试。市场测试允许企业改善产品，并将成功概率上升到 80%。恰当的折现率为 11%。企业需要进行市场测试吗?

答: 需要计算这两种选择的净现值，即直接推向市场和先进行市场测试。直接推向市场的净现值为:

$$NPV = C_{成功} \times P_{成功} + C_{失败} \times P_{失败} = 27000000 \times 0.5 - 9000000 \times 0.5 = 9000000(美元)$$

接下来计算先进行市场测试的净现值。市场测试需要 1300000 美元的现金花费。选择市场测试会使得产品上市推迟一年。因此预期收益被推迟了一年，也就必须折现到现在。

$$NPV = C_0 + (C_{成功} \times P_{成功} + C_{失败} \times P_{失败})/(1 + R)^t$$
$$= -1300000 + [27000000 \times 0.8 - 9000000 \times 0.2]/1.11$$
$$= 16537837.84(美元)$$

因为该选择有较高的净现值，公司应该先对产品进行市场测试。

3. 盈亏平衡点 Niko 购买一台品牌机器用来生产它的 High Flight 品牌系列鞋。机器采用直线折旧法计提折旧，折旧期限为 5 年，无残值。机器成本为 575000 美元。这种鞋子每双的售价为 50 美元，变动成本为 14 美元，机器每年的固定成本为 195000 美元。假设所得税税率为 34%，适当的折现率为 8%。那么企业要实现多少销售才能盈亏平衡？

答：本题应该考虑的是财务盈亏平衡点。当计算财务盈亏平衡点时，用约当年均成本（EAC）来表示初始投资。用初始投资除以 5 计提每年的折旧，折现率为 8%，初始投资的约当年均成本为：

$$EAC = 初始投资/PVIFA(0.08, 5) = 144012.46(美元)$$

注：该计算方法以初始投资作为年金的现值来计算每年的年金支付。即：

$$PVA = C \times \{1 - [1/(1+R)]^t\}/R$$

代入数据：

$$575000 = C \times [1 - (1/1.08)^5]/0.08$$

解得：$C = 144012.46$（美元）。

财务盈亏平衡点为：

$$Q_F = [EAC + 固定成本 \times (1 - t_c) - 折旧 \times t_c]/[(销售单价 - 单位可变成本) \times (1 - t_c)]$$

$$= [144012.46 + 195000 \times 0.66 - (575000/5) \times 0.34]/[(50 - 14) \times 0.66]$$

$$= 9832.17 \approx 9832(双)$$

4. 项目分析 McGilla Golf 决定出售新系列高尔夫球杆。球杆每根售价 850 美元，变动成本为 430 美元。公司花费 150000 美元进行市场调研，并估计在 7 年中每年销售 60000 根。市场调研还估计在高价位球杆上公司将少销售 12000 根。高价位球杆售价 1100 美元，变动成本为 620 美元。公司也将增加 15000 根低价球杆的销售。低价球杆的售价为 400 美元，变动成本为 210 美元。每年的固定成本为 9300000 美元。公司研发新球杆的花费为 1000000 美元。固定资产成本为 28700000 美元，并采用直线折旧法计提折旧。新球杆将扩大净营运资本 1400000 美元，在项目结束时收回。公司所得税税率为 40%，资本成本为 14%。估计投资回收期、NPV 和 IRR。

答：市场调研及研发新球杆的花费均为沉没成本，因此不列入考虑。首先计算销售额以及变动成本。由于公司在高价位球杆上将减少销售，低价位球杆上将增加销售，因此这将作为侵蚀加以考虑。新项目的销售额为：

新球杆：$850 \times 60000 = 51000000$（美元）

高价位球杆：$1100 \times (-12000) = -13200000$（美元）

低价位球杆：$400 \times 15000 = 6000000$（美元）

总销售：43800000 美元

计算变动成本时，必须包括生产现有球杆的成本增加或减少。需注意项目带来的高价位球杆销售减少会带来变动成本减少，节省的变动成本为现金流入，因此项目的变动成本：

新球杆：$-430 \times 60000 = -25800000$（美元）

高价位球杆：$-620 \times (-12000) = 7440000$（美元）

低价位球杆：$-210 \times 15000 = -3150000$（美元）

总变动成本：-21510000 美元

因此项目的预估现金流量表为：

（单位：美元）

销售额	43800000
变动成本	21510000
固定成本	9300000
折旧	4100000
EBIT	8890000
税收	3556000
净利润	5334000
OCF	9434000

因此，投资回收期为：

$$投资回收期 = 3 + 1798000/9434000 = 3.191（年）$$

项目的净现值为：

$$NPV = -28700000 - 1400000 + 9434000 \times PVIFA(0.14，7) + 1400000/1.14^7 = 10915360.10（美元）$$

项目的内部收益率为：

$$NPV = 0 = -28700000 - 1400000 + 9434000 \times PVIFA(IRR，7) + 1400000/(1 + IRR)^7$$

解得：$IRR = 25.02\%$。

5. 盈亏平衡点分析 你的好朋友跑来告诉你有一个一定会成功的赚快钱的项目，能够帮你还清助学贷款。他的主意是售卖印有“I get”字样的T恤。“你知道为什么吗?”他说，“你看到那些保险杠贴纸和T恤上写着的‘got milk’或者‘got surf’字样了吗？我们的T恤上写着‘I get’，有趣极了！我们要做的只是花6500美元买一个二手孔板印刷机，就可以开始做自己的生意了。”假设没有固定成本，并且在第1期就将6500美元计提折旧。税率是30%。

a. 如果每件T恤的成本为4.8美元，售价为11美元，那么会计盈亏平衡点应为多少?

现在假设1年过去了，你卖出了5000件T恤！Dairy Farmers of America公司拥有“got milk”的商标权，要求你交付20000美元才能继续使用这一标语。你预计这种T恤的流行还将持续3年，而你的折现率为12%。

b. 现在你这个项目的财务盈亏平衡点应该是多少?

答： a. 会计盈亏平衡点是固定成本与折旧的税后之和除以税后边际贡献（销售价格减去可变成本）得来的。所以，会计盈亏平衡水平下的销售为：

$$Q_A = [（固定成本 + 折旧）\times(1 - t_c)]/[（销售单价 - 单位可变成本）\times(1 - t_c)]$$
$$= [6500 \times (1 - 0.30)]/[(11 - 4.8) \times (1 - 0.30)]$$
$$= 1048.39 \approx 1048（件）$$

b. 计算财务盈亏平衡点时，用约当年均成本（*EAC*）来表示初始投资。初始投资为继续使用标语而付出的20000美元。初始投资除以折现率为12%的三年期年金现值系数得到初始投资的*EAC*为：

$$EAC = 20000/PVIFA(0.12，3) = 8326.98（美元）$$

由于没有固定成本和折旧，这一项目的财务盈亏平衡点为：

$$Q_F = [EAC + 固定成本 \times (1 - t_c) - 折旧 \times t_c]/[（销售单价 - 单位变动成本）\times(1 - t_c)]$$
$$= (8326.98 + 0 - 0)/[(11 - 4.8) \times 0.70]$$
$$= 1918.66 \approx 1919（件）$$

第8章 利率和债券估值

8.1 复习笔记

1. 债券的票面要素

(1)票面价值(面值)：是债券票面标明的货币价值，是债券发行人承诺在债券到期日偿还给债券持有人的金额。

(2)息票利率(票面利率)：也称名义利率，是债券年利息与债券票面价值的比率，通常年利率用百分数表示。

(3)到期期限：是指债券从发行之日起至偿清本息之日止的时间，也是债券发行人承诺履行合同义务的全部时间。

(4)发行者名称：指明了该债券的债务主体，既明确了债券发行人应履行对债权人偿还本息的义务，也为债权人到期追索本金和利息提供了依据。

2. 债券的种类

零息债券：不支付任何利息，售价远低于其票面价值的债券。

平息债券：利息是固定的，而且每年支付的债券。

平价债券：以面值出售的债券。

折价债券：以按照低于面值的价格出售的债券。

溢价债券：以按照高于面值的价格出售的债券。

息票利率：每年的利息除以面值。

【例8.1】债券到期收益率小于票面利率，该债券将按照______发行后随到期时间临近，该债券______。(　　)[清华大学2017金融硕士]

A. 折价发行，减少折价　　B. 折价发行，增加折价

C. 溢价发行，减少溢价　　D. 溢价发行，增加溢价

【答案】C

【解析】票面利率高于到期收益率的债券是溢价债券，随着时间的推移，债券的价值在周期性的波动中总体上向面值回归。如果是溢价购入的债券，从总体来看债券价值逐渐下降，在到期日价值等于面值；如果是折价购入的债券，从总体来看债券价值逐渐升高，在到期日价值等于面值；平价债券价值从总体来看始终等于面值。

【例8.2】债券发行可能采取溢价、平价和折价发行，当市场利率高于票面利率时，折价发行；当市场利率低于票面利率时，溢价发行；当市场利率等于票面利率时，平价发行。(　　)[中央财经大学2016研]

【答案】√

【解析】如果债券的票面利息率高于同类债券的市场利息率，则债券的价格高于其票面价值，债券溢价发行；如果债券的票面利息率等于同类债券的市场利息率，则债券的价格等于其票面价值，债券平价发行；如果债券的票面利息率低于同类债券的市场利息率，则债券的价格低于其票面价值，债券折价发行。

【例 8.3】30 年期限，10% 票面利率的债券面值是 100 元，目前该债券售价是 98 元，那么该债券的收益率应该(　　)。[清华大学 2015 金融硕士]

A. 大于 10%　　B. 小于 10%　　C. 等于 10%　　D. 无法判断

【答案】A

【解析】由题知债券目前售价是 98 元，低于票面价值 100 元，因而该债券是折价发行。折价发行的债券到期收益率大于票面利率。

3. 债券的利率风险

对于债券的持有者来说，利率的浮动所带来的风险被称为利率风险。债券的利率风险表现在两方面：价格风险(债券的价格随市场利率的变化而变化)；再投资风险(债券利息收益进行再投资的收益率不确定的风险)。

评估利率风险的要点：

①在其他条件都相同的情况下，距到期日的时间越长，利率风险越大；

②在其他条件都相同的情况下，票面利率越低，利率风险越大；

③市场利率下跌引起债券价格升高的百分比要大于市场利率上升同样幅度所引起的债券价格下跌的百分比；

④随着债券到期日的临近，债券价格会逐渐趋近于面值。

【例 8.4】一个固定收益基金经理希望持有价格波动率最大的债券，其应该持有(　　)。[清华大学 2015 金融硕士]

A. 短期，高息票债券　　B. 长期，低息票债券

C. 长期，零息票债券　　D. 短期，低息票债券

【答案】C

【解析】价格的利率敏感性与债券的到期时间长短具有正向关系，其他因素相同时，长期债券比短期债券价格的利率敏感性更强；价格的利率敏感性与债券的票面利率具有反向关系，其他因素相同时，低票面利率债券比高票面利率债券价格的利率敏感性更强。

4. 政府债券与公司债券

(1)政府债券

①国债：美国国债收益率一般被视为无风险利率。

②市政债：存在违约风险。

(2)公司债券

①承诺收益率与期望收益率

承诺收益率是忽略违约风险，持有债券到期的收益率。期望收益率是考虑违约风险，持有债券到期的收益率，此时必须估计违约概率的大小才能计算得出期望收益率。

②债券评级

债券评级是对发行债券的公司的信誉所进行的评估，穆迪和标准普尔所采用的信誉的定义是基于公司有多大可能性违约以及违约后债权人所受到的保护。债券评级只考虑了违约的概率，并没有考虑利率风险，因此较高评级的债券其价格也可能具有很大的波动性。建议投资级别的债券都是评级至少达到 BBB(标准普尔)或是 Bbb(穆迪)。当债券的发行公司的财务实力增强或减弱时，债券的信用评级也会相应调整。由原先投资级别落入垃圾债券级别的债券被称为“堕落天使”。

5. 通货膨胀与利率

(1)实际利率与名义利率

名义利率、实际利率与通货膨胀率之间的关系归纳为以下等式：

$$1+R=(1+r)\times(1+h)$$

式中，R 是名义利率；r 是实际利率；h 是通货膨胀率。

(2)通货膨胀联结债券

通货膨胀会侵蚀支付额的实际值，导致实际购买力减少，由此产生了通货膨胀保护债券，其所承诺的支付额都是实际数额而不是名义数额。

(3)费雪效应

由费雪方程式得出，实际利率等于名义利率减去通货膨胀率，因此，当通货膨胀率上升时，名义利率也会进行相同幅度的上升使得实际利率不会受通货膨胀波动影响。

【例 8.5】实际利率为 3%，预期通货膨胀率为 6%，则名义利率水平应该近似地等于(　　)。［暨南大学 2016 金融硕士］

A. 2%　　B. 3%　　C. 9%　　D. 6%

【答案】C

【解析】利率与通货膨胀的关系可以通过名义利率、实际利率和通货膨胀率三者之间的关系来表示，用公式表示为：$1+R=(1+r)\times(1+h)$。则 $R=(1+r)(1+h)-1=(1+3\%)\times(1+6\%)-1\approx 9\%$。

【例 8.6】一个债券的年收益率为 7.25%，同期通货膨胀率为 3.5%，那么这个债券的实际收益率是(　　)。［清华大学 2014 金融硕士］

A. 3.5%　　B. 3.57%　　C. 3.75%　　D. 3.62%

【答案】D

【解析】利率与通货膨胀的关系可以通过名义利率、实际利率和通货膨胀率三者之间的关系来表示，用公式表示为：$1+R=(1+r)\times(1+h)$。实际利率 $r=(1+R)/(1+h)-1=(1+7.25\%)/(1+3.5\%)-1=3.62\%$。

6. 债券收益率的决定因子

(1)利率期限结构

利率期限结构是指短期利率与长期利率之间的关系。利率期限结构包括三种情况：向上倾斜、向下倾斜和驼峰形状。最常见的形状是向上倾斜的，但陡峭程度的差异相当大。

利率期限结构的决定因素：实际利率、通货膨胀率和利率风险。

①实际利率。实际利率主要由一国经济增长率决定，同时也受许多因素影响，但长期来看变化不大，因此实际利率对于期限结构的形状仅有微小影响。

②通货膨胀率。期限结构的形状受未来的通货膨胀影响非常大。资金的到期期限越长，未来可收回的货币受通货膨胀影响越大。因此，对于长期资金，投资者会要求更高的利率来补偿这部分损失，而这额外的补偿就被称作通货膨胀溢价。

③利率风险。债券的价值在利率上升时遭受损失，债券的期限越长，利率上升的可能性越大。因此，与短期债券相比，长期债券的利率风险更大，投资者会要求更高的利率来补偿，这份额外的补偿被称作利率风险溢价。

(2)其他影响债券收益率的因素

①违约风险。不同于国债，公司债券的发行人存在不按时向投资者全额支付承诺的收益

的可能性，因此存在违约风险的债券的投资者会要求更高的收益率作为补偿。这种额外的补偿称为违约风险溢价。

②缴税。作为不利的税收政策的补偿，应税债券的必要收益率高于免税债券，高出的部分就是应税溢价。

③流动性。由于投资者偏好流动性好的资产，相比于流动性好的债券，他们对流动性差的债券会要求更高的收益率，高出的部分被称为流动性溢价。流动性溢价高于以上讨论的所有的溢价种类。

(3)结论：债券估值因素

债券的收益率至少受六个因素的综合作用：实际利率、预期的未来通货膨胀率、利率风险、违约风险、缴税以及缺乏流动性的补偿。

8.2 课后习题详解

一、概念题

1. 票面利息(coupons)[华南农业大学 2021 金融硕士]

答：票面利息是指附息债券(息票债券)到期之前，以标注在息票上的利率为依据，发行者支付给投资者的一系列金额。票面利息一般等于票面利率与面值的乘积。息票债券均为无记名债券，无论持票人是谁，只要息票提交给付款代理机构或债券发行者就付给利息。曾被广泛使用的息票债券已经逐渐被记名债券所替代，有些记名债券通过电子划拨系统支付利息。

2. 面值(face value)

答：面值是指在债券、票据、抵押债券或其他证券票面上标明的价值，或在票面上未标明时由证券发行公司规定的价值。债券的面值通常为 1000 美元。只有在票面利率与市场利率相等的时候，即平价发行，债券的实际价格才等于面值。

3. 到期日(maturity date)

答：到期日是指债券或其他债务工具到期支付本金的日期，也指分期偿还贷款必须全部清偿的最后日期。换句话说，它是指偿还本金的日期。债务一般都规定到期日，以便到期时归还本金。

4. 折价(discount)

答：折价是指发行有价证券时，发行价格低于有价证券面值的情形。这是因为票面利率低于市场利率。折价可以看作是发行者因为投资者只获得低于市场利率的债券而给予投资者的返还。

折价又可以理解为贴现、折扣、贴水。贴现指票据的持有人在票据承兑后未到期之前，经银行同意，将票据背书转让给银行，由银行将票面金额扣除一定贴现利息之余额交付给持票人的行为。贴现是商业银行的放款形式之一。贴水指在外汇市场上远期汇率低于即期汇率的差额。采用间接标价法时，应在即期汇率数字上加上贴水，得出远期汇率的实际价格，而采用直接标价法时，则从即期汇率数字上减去此贴水数字，得出远期汇率的实际价格。

5. 溢价(premium)

答：溢价是指发行有价证券时，发行价格高于有价证券面值的情形。这是因为票面利率要高于市场利率。溢价可以看作是投资者因为获得高于市场利率的债券而向发行者的返还。也指在某债券被提前清偿时，其清偿价格超过该债券面值的金额。

溢价又可以理解为升水或期权费。其期权含义指在购买期权合约时，看涨期权或看跌期权的购买者所支付的价格。这种价格是由市场的供求关系决定的。股票含义指：①在借用股票进行卖空交易的交割时，卖空者所支付的费用；②某股票价格超过其他可比股票价格的部分；③在新证券发行中，该证券的交易价格超过发行价格的部分；④在要约收购中，收购者支付超过市场价值的部分。

6. 到期收益率(yield to maturity)[厦门大学 2023 金融硕士；对外经贸大学 2017 金融硕士；中山大学 2016 金融硕士]

答：到期收益率是指使债券的价格等于本金与利息现值之和的贴现率。对于息票债券来说，到期收益率是使未来各年息票利息支付额的现值与最后偿还的债券面值的现值之和，等于债券当前价值(即债券价格)的利率。到期收益率是事前评价债券收益的重要指标。

7. 费雪效应(Fisher effect)[华东师范大学 2021 金融硕士]

答：费雪效应是指通货膨胀预期导致利率上升的现象。费雪方程将名义利率与预期通胀联系起来，用来分析实际利率的长期行为，并导出一个关于货币增长、通货膨胀与利率的重要关系：长期中当所有的调整都发生后，通货膨胀的增加完全反映到名义利率上，即要求名义利率对通货膨胀的一对一的调整，这种长期效应被称之为“费雪效应”。

二、复习题

1. 债券估值 Microhard 已经发行了带有以下特征的一只债券：

面值：1000 美元

到期期限：20 年

息票率：7%

半年支付一次息票

在下列到期收益率下，该债券的价格是多少？

a. 7%。

b. 9%。

c. 5%。

答：任何债券的价格都是利息的现值，再加上面值的现值。注意，这个问题中的息票是半年息票。这只债券在不同到期收益率下的价格为：

a. $P=35\times\{1-[1/(1+0.035)]^{40}\}/0.035+1000\times[1/(1+0.035)^{40}]=1000.00$(美元)

当到期收益率和票面利率相等时，债券将平价发行。

b. $P=35\times\{1-[1/(1+0.045)]^{40}\}/0.045+1000\times[1/(1+0.045)^{40}]=815.98$(美元)

当到期收益率高于票面利率时，债券将折价发行。

c. $P=35\times\{1-[1/(1+0.025)]^{40}\}/0.025+1000\times[1/(1+0.025)^{40}]=1251.03$(美元)

当到期收益率低于票面利率时，债券将溢价发行。

首先在这里介绍一个简单的方程，以便在以后的计算中不用写下整个现值的计算公式，这是个很常见的缩写方程：

$$PVIF(r,\ t)=1/(1+r)^t$$

它代表现值系数。

$$PVIFA(r,\ t)=\{1-[1/(1+r)]^t\}/r$$

它代表年金现值系数。

这个公式是一个简便的计算公式，把利率和持续时期数代入方程求解。在以后的计算中将更多的使用这个更加简便的公式。

2. 债券收益率 一家日本公司拥有一只发行在外的债券，面值100000日元，价格为其面值的106%。该债券的票面利率为2.8%，按年支付，到期期限为21年。请问该债券的到期收益率为多少？

答：本题要计算年付息债券的到期收益率，这与债券以日元计价无关。债券的定价方程为：

$$P=106000=2800\times PVIFA(R,\ 21)+100000\times PVIF(R,\ 21)$$

不能直接计算出 R，利用表格程序、金融计算器或者试错法，可得：$R=2.43\%$。

由于债券为年付息债券，故该利率即为到期收益率。

3. 计算实际收益率 如果短期国库券当前的息票率为3.9%，通货膨胀率为2.1%，那么其实际利率大概为多少？准确值应该为多少？

答：名义利率 R、实际利率 r 以及通货膨胀率 h 之间的近似关系为：

$$R\approx r+h$$

故近似的实际利率为：$r=3.9\%-2.1\%=1.8\%$。

费雪方程表明了名义利率、实际利率与通货膨胀率之间的准确关系，如下：

$$(1+R)=(1+r)(1+h)$$

$$(1+0.039)=(1+r)(1+0.021)$$

解得准确的实际利率为：$r=(1+0.039)/(1+0.021)-1=1.76\%$。

4. 名义和实际收益率 一项投资项目预计在未来1年提供高达13%的收益率。但是艾伦认为该项目的实际总收益率只有8%。请问艾伦认为未来1年的通货膨胀率应为多少？

答：费雪方程表明了名义利率、实际利率以及通货膨胀率之间的关系，如下：

$$(1+R)=(1+r)(1+h)$$

故该通货膨胀率为：$h=(1+0.13)/(1+0.08)-1=4.63\%$

5. 利率风险 Laurel公司以和Hardy公司各自拥有发行在外的息票率为6.5%的债券。两只债券都按照半年付息，以面值计价。Laurel公司的到期期限为3年，而Hardy公司的到期期限为20年。如果利率突然升高2个百分点，那么这两只债券价格的变动百分比为多少？当利率突然降低2个百分点呢？做出债券价格与到期收益率的走势关系图来证明你的答案。请问你从这个问题中学到了关于长期债券利率风险的什么知识？

答：任何以面值出售的债券的到期收益率都等于其票面利率。因为两家公司的债券都以面值出售，所以它们的初始到期收益率相同，都为6.5%。

如果到期收益率升至8.5%：

$$P_{Laurel}=32.50\times PVIFA(0.0425,\ 6)+1000\times PVIF(0.0425,\ 6)=948.00(\text{美元})$$

$$P_{Hardy}=32.50\times PVIFA(0.0425,\ 40)+1000\times PVIF(0.0425,\ 40)=809.23(\text{美元})$$

两者的价格变化率可以用下式计算：

$$\Delta P=(\text{变化后价格}-\text{原价格})/\text{原价格}$$

故有：

$$\Delta P_{Laurel}=(948.00-1000)/1000=-5.20\%$$

$$\Delta P_{Hardy}=(809.23-1000)/1000=-19.08\%$$

如果到期收益率降为4.5%：

$P_{Laurel} = 32.50 \times PVIFA(0.0225, 6) + 1000 \times PVIF(0.0225, 6) = 1055.54$(美元)

$P_{Hardy} = 32.50 \times PVIFA(0.0225, 40) + 1000 \times PVIF(0.0225, 40) = 1261.94$(美元)

价格的变化率为：

$$\Delta P_{Laurel} = (1055.54 - 1000)/1000 = 5.55\%$$

$$\Delta P_{Hardy} = (1261.94 - 1000)/1000 = 26.19\%$$

债券价格－到期收益率图如下所示：

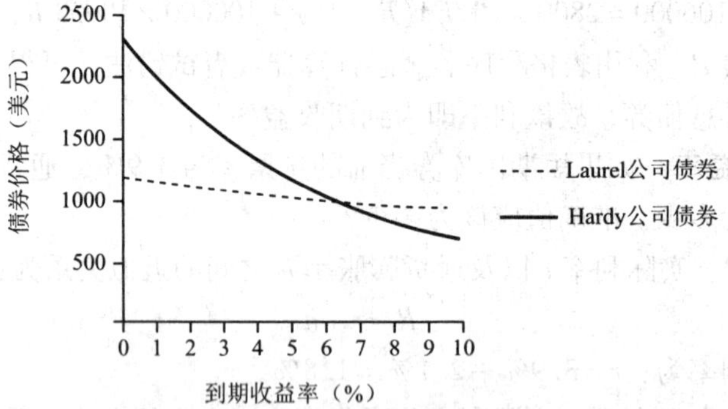

图 8－1　债券价格－到期收益率图

在其他条件相同的情况下，债券的期限越长，其价格对利率的变化越敏感。对于相同的利率变动额，由利率下降所带来的收益大于利率上升相同幅度带来的损失。这一点对于普通债券总是成立的。

第9章　股票估值

9.1　复习笔记

1. 普通股估值

(1)股利与资本利得

①股票价格等于下期股利与下期股价的折现值之和。

②股票价格等于所有未来股利的折现值之和。

(2)不同类型股票的估值

①零增长股利

股利不变时，股票的价格由下式给出：

$$P_0=\frac{Div_1}{1+R}+\frac{Div_2}{(1+R)^2}+\cdots=\frac{Div}{R}$$

在这里假定 $Div_1=Div_2=\cdots=Div$。

②固定增长率股利

如果股利以恒定的速率增长，那么一股股票的价格就为：

$$P_0=\frac{Div}{1+R}+\frac{Div(1+g)}{(1+R)^2}+\frac{Div(1+g)^2}{(1+R)^3}+\frac{Div(1+g)^3}{(1+R)^4}+\cdots=\frac{Div}{R-g}$$

式中，g 是增长率；Div 是第一期期末的股利。

③变动增长率股利

分阶段进行折现，注意折现的时间点。

【例9.1】假设某企业每年净利润固定是4400万元，并且该企业每年将所有净利润都作为股息发放给投资者，该企业共发行了1100万股的股票，假设该企业股息对应的折现率是10%，并且股息从一年后开始第一次发放，那么该企业股票今天的价格是多少？(　　)［清华大学2015金融硕士］

A. 4元　　B. 44元　　C. 400元　　D. 40元

【答案】D

【解析】该企业每年发放的固定股息为：4400÷1100=4(元/股)，利用零增长股利模型，该企业股票今天的价格为：4÷10%=40(元)。

【例9.2】A公司普通股刚刚支付了每股2元的红利，股票价格当前为100元每股，可持续增长率为6%，则该公司普通股的资本成本为(　　)。［中央财经大学2015金融硕士］

A. 6.4%　　B. 7.3%　　C. 8.1%　　D. 8.8%

【答案】C

【解析】根据固定增长股票的价值模型：$P_0=\frac{D_1}{R-g}$，则该公司普通股的资本成本为：

$$R=\frac{D_1}{P_0}+g=\frac{2\times(1+6\%)}{100}+6\%=8.12\%$$

【**例 9.3**】今年年底，D 公司预期红利为 2.12 元，红利会以每年 10% 的速度增长，如果该公司的必要收益率为每年 14.2%，其股票现价 = 内在价值，下一年预期价格为(　　)元。[上海财经大学 2014 金融硕士]

A. 55.52　　B. 50.32　　C. 38.75　　D. 30.83

【**答案**】A

【**解析**】根据股息贴现的不变增长模型，股票的价值 $P=\frac{D_0(1+g)}{R-g}=\frac{2.12\times(1+10\%)}{14.2\%-10\%}\approx$ 55.52(元)，即该公司股票的预期价格为 55.52 元。

【**例 9.4**】AAA 公司今年支付了 0.5 元现金股利，并预计股利明年开始会以 10% 每年的速度一直增长下去，该公司的 beta 为 2，无风险回报率为 5%，市场组合的回报率为 10%，该公司的股价应最接近于(　　)元。[对外经贸大学 2013 金融硕士]

A. 10　　B. 11　　C. 8.25　　D. 7.5

【**答案**】B

【**解析**】公司股利以一定比率增长的股票估价方法为：$P=D_1/(R-g)$。根据资本资产定价模型，$R=R_F+\beta(R_M-R_F)=5\%+2\times(10\%-5\%)=15\%$。根据股利折现公式的推导过程，股利折现公式中的股利为第一年年末的股利，而题目中给出的今年支付的股利为第 0 年的股利，所以要先计算 D_1，$D_1=0.5\times(1+10\%)=0.55$(元/股)。故该公司股价为：$P=0.55/(15\%-10\%)=11$(元)。

【**例 9.5**】L 公司刚支付了 2.25 元的股利，并预计股利会以 5% 每年的速度增长，该公司的风险水平对应的折现率为 11%，该公司的股价应与以下哪个数值最接近？(　　)[对外经贸大学 2012 金融硕士]

A. 20.45 元　　B. 21.48 元　　C. 37.50 元　　D. 39.38 元

【**答案**】D

【**解析**】根据固定增长股票的价值的公式，第一期期末的股利 $D_1=2.25\times(1+5\%)=2.3625$(元)，所以公司的股票价格为：$P=D_1/(R-g)=2.3625/(11\%-5\%)=39.375\approx 39.38$(元)。

【**例 9.6**】ABC 企业计划进行长期股票投资，企业管理层从股票市场上选择了两种股票：甲公司股票和乙公司股票，ABC 企业只准备投资一家公司的股票。已知甲公司股票现行市价为每股 6 元，上年每股股利为 0.2 元，预计以后每年以 5% 的增长率增长。乙公司股票现行市价为每股 8 元，每年发放的固定股利为每股 0.6 元。当前市场上无风险收益率为 3%，风险收益率为 5%。要求：

(1)利用股票估价模型，分别计算甲、乙公司股票价值并为该企业作出股票投资决策。

(2)计算如果该公司按照当前的市价购入(1)中选择的股票的持有期收益率。[南京大学 2015 金融硕士]

解：(1)折现率 R = 无风险收益率 + 风险收益率 = 3% + 5% = 8%。

甲公司的股票价值为：$P_0=\frac{D_1}{R-g}=\frac{0.2\times(1+5\%)}{8\%-5\%}=7$(元)；

乙公司的股票价值为：$P_0=\frac{D}{R}=\frac{0.6}{8\%}=7.5$(元)。

甲公司的股票价值高于甲公司股票的市价，乙公司股票价值低于股票市价，说明甲公司股票还有盈利机会，该企业应该投资甲公司股票。

(2)设持有期收益率为 y，则根据固定增长股利贴现模型：

$$6=\frac{0.2\times(1+5\%)}{y-5\%}$$

解得：$y=8.5\%$，因此甲股票的持有期收益率为 8.5%。

【例 9.7】某股票当前支付的红利为每股 2 元。市场上的无风险利率为 6%，这只股票的风险溢价为 4%。

(1)如果分析师预测该股票年分红将维持每股 2 元不变，那么这只股票的估值为多少？

(2)如果分析师预测该股票的年分红将以常数 2% 增长，那么这只股票的估值为多少？

(3)如果分析师预测该股票分红的稳定增长率略高于 2%，那么将会如何影响分析师对于股票的估值？[北京航空航天大学 2014 金融硕士]

解：该股票的内部报酬率 $E(r)=6\%+4\%=10\%$。

(1)根据零增长股利模型，这只股票的价值为：$P=2/10\%=20$(元)。

(2)根据固定增长股利模型，这只股票的价值为：$P=2\times(1+2\%)/(10\%-2\%)=25.5$(元)。

(3)根据固定增长股利模型，股票价值为：$P=D_0(1+g)/(R-g)$，当其他条件不变时，股票价值 P 与股利增长率 g 同方向变动。所以，若分析师预测该股票分红的稳定增长率略高于 2%，则股票价值将高于 25.5 元。

【例 9.8】康泰成长公司发展非常迅速。股利在今后 3 年预期将以每年 25% 的速率增长，其后增长率下降到每年 7%。假如要求收益率是 11% 而且公司当前支付每股 2.25 元的股利，当前的价格是(　　)。[对外经贸大学 2017 金融硕士]

A. 94.55 元　　B. 8.6 元　　C. 109 元　　D. 126.15 元

【答案】A

【解析】根据股利折现模型的两阶段增长模型，首先计算第一阶段，见下表：

未来年份	增长率	预计股利	现值
1	25%	2.8125	2.5338
2	25%	3.5156	2.8533
3	25%	4.3945	3.2132

计算第二阶段，首先计算第三年末的现值为：

$P_3=D_4/(R-g)=2.25\times(1+25\%)^3(1+7\%)/(11\%-7\%)=117.5537$(元)；

P_3在今天的现值 $=117.5537/(1+11\%)^3=85.9543$(元)；

则当前的价格 $=85.9543+2.5338+2.8533+3.2132\approx94.55$(元)。

2. 股利折现模型中的参数估计

(1)对增长率 g 的估计

有效估计增长率的方法是：

$$g=\text{留存收益比率}\times\text{留存收益的回报率}$$

留存收益比率等于 1－股利发放率，股利发放率由公司股利分配计划决定。基于投资项目的回报率不会改变的假设，留存收益的回报率由历史权益资本回报率(ROE)确定。当公司保持其股利支付率不变时，g 可以表示公司的股利增长率以及盈利增长率。

(2) 对折现率 R 的估计

对于折现率 R 的估计为：

$$R = Div/P_0 + g$$

该式表明总收益率 R 由两部分组成。其中，第一部分被称为股利收益率，是预期的现金股利与当前的价格之比。总收益率的第二部分是预期增长率 g，股利增长率同样也是股票价格的增长率，因此该增长率可以被诠释为资本利得收益率，即投资价值的增长率。

(3) 对 R 和 g 估计中存在的问题

我们仅能估计 g，但无法准确测定 g，而 R 在很大程度上依赖于 g，因此对待 R 值，我们需要保持理性的怀疑态度。

对于单只股票，估计 R 时应注意：①当一家公司之前没有支付股利，但在某个时点支付了股利，在这一时间段内股利增长率就是一个无穷大的数；②当 $R = g$ 时，股票的价格将会变为无穷大。最有可能的原因是，成长型公司在未来几年的 g 值估计值很高，但当公司成长为价值型公司后，g 值会变小，如果错误的 g 的短期估计值作为永续增长率代入计算公式会导致以上情况。③使用公式对固定股利增长率的股票估值时，要求 $R > g$，否则公式不适用。

3. 增长机会

(1) 考虑增长机会的股价

现金牛公司通常是指公司的每股盈利是固定且永续的，并且公司将所有盈利都以股利形式发放给股东。但现实中将全部盈利都发放给股东而放弃某些具有盈利机会的项目是不明智的。当公司保留了所有股利以投资于某项特定的资本预算项目时，每股股价可以写做：

$$\frac{EPS}{R} + NPVGO$$

该式表明，每股股价可以看做两部分的加和。第一部分 (EPS/R) 是当公司满足于现状，而将其盈利全部发放给投资者时的价值；第二部分是当公司将盈利留存并用于投资新项目时的新增价值。

(2) 盈利增长、股利和增长机会

如果新投资的项目的收益率与公司原项目的收益率相同，则 $NPVGO = 0$，如果新项目收益率低于原项目收益率，则 $NPVGO < 0$。为提高公司价值，必须满足以下两个条件：一是保留盈余以满足项目的资金需求；二是项目必须要有正的 NPV。

当公司投资于正 $NPVGO$ 的增长机会时，公司价值增加。反之，当公司选择负 $NPVGO$ 的投资机会时，公司价值降低。但是，只要收益率为正，不管项目的 NPV 是正的还是负的，盈利和股利都是增长的。

(3) 高留存比率对股东的影响

基于固定增长模型：

$$P = \frac{Div}{R - g} = \frac{(1 - b) \times EPS}{R - ROE \times b}$$

其中，P 为股票价格；Div 为每股股利；R 为折现率；g 为增长率；EPS 为每股收益；b 为留存比率。

当 $ROE > R$ 时，再投资收益率高于其资本成本，$NPV > 0$，$NPVGO > 0$，当留存比率 b 上升时，股票价格 P 上升。

当 $ROE < R$ 时，再投资收益率低于其资本成本，$NPV<0$，$NPVGO<0$，当留存比率 b 上升时，股票价格 P 下降。

(4)无股利公司

有部分公司不支付股利，其股价却在上升，这是因为理性投资者相信他们在未来某个时候会得到股利或是其他一些类似的收益，例如公司被并购时他们会获得相应的现金或股份。这类公司不适用股利折现模型。一般高增长公司倾向于支付低股利。

4. 市盈率

$$\text{市盈率}=\frac{\text{每股价格}}{EPS}=\frac{1}{R}+\frac{NPVGO}{EPS}$$

即股票的市盈率是三个因素的函数：

(1)增长机会。增长机会越大，$NPVGO$ 越大，公司的市盈率越高。

(2)风险。风险越低的股票，投资者要求的必要收益率 R 越小，股票的市盈率越高。

(3)会计方法。保守的会计方法倾向低估 EPS，使得公司的市盈率更高。

5. 公司价值比率

公司价值比率是指公司价值(EV)与息税折旧摊销前利润($EBITDA$)的比率，其中公司价值为买下整个公司所需要的投资，公司的现金可以用来支付投资，计算公式为：公司权益的市场价值 + 负债的市场价值 − 现金。

6. 股票市场

股票市场 $\begin{cases}\text{一级市场：股票首先进入市场，而后销售给投资者。}\\\text{二级市场：已有的股票在投资者之间进行买卖。}\end{cases}$

交易商：持有股票存货，与投资者进行买卖，买卖差价为利润。

经纪人：只负责撮合买卖双方，不与投资者进行买卖，收取一定的中介费用。

7. 指令

市价委托买入(卖出)指令，是指客户委托经纪人以市价买入(卖出)股票的指令。

限价委托买入指令，是指客户委托经纪人在股价等于或低于其要求的价格时买入股票的指令；限价委托卖出指令，是指经纪人在股价等于或高于客户要求的价格时卖出股票的指令。

止损委托买入(卖出)指令，是指客户要求经纪人当股价上升(下降)到某一价格时买入(卖出)股票的指令。

9.2 课后习题详解

一、概念题

1. 股利支付率(payout ratio)

答：股利支付率一般指公司发放给普通股股东的现金股利占总利润的比例。也即在同一报告期内公司现金股利除以公司利润。股利支付率又称“股利发放率”，支付比率值与留存收益比率之和为1。

2. 留存收益比率(retention ratio)

答：留存收益比率是指留存收益与盈利的比率，即每年公司有多大比例的盈利留在公司用于扩大再生产。其计算公式为：留存收益比率 $=\frac{\text{留存收益}}{\text{净利润}}$。留存收益比率与股利支付比率之和为1。

3. 资本回报率(return on equity，ROE)

答：资本回报率是指一个企业的税后净利润与股东权益的比率，表示的是股权投资所获得的回报，它是用来计量股东投资的收益情况的一个重要指标，也是投资者评价管理层业绩的重要标准，是投资决策的重要参考依据。

二、复习题

1. 股票价格 ECY公司的下一次股息支付为2.90美元/股。该股息预计将以5.5%的增长率永久增长。如果该股票当前价格为53.10美元/股，请问必要收益率为多少?

答：题目要求计算股票的必要收益率。运用固定增长模型，可以通过公式得到R：

$$R = D_1/P_0 + g = 2.90/53.10 + 0.055 = 10.96\%$$

2. 股票估值 你知道有一只股票当前的价格为67美元/股，必要收益率为10.8%，而且你知道总回报在资本利得和股息收入之间平均分配。如果该公司的政策是保持股息支付的固定增长率，请问当前每股的股息为多少?

答：股票必要收益率为10.8%，并且股利收益率和资本利得率相等，所以：

$$\text{股利收益率} = 1/2 \times 0.108 = 0.054 = \text{资本利得率}$$

股利是股票价格和股利收益率的简单相乘，所以：

$$D_1 = 0.054 \times 67 = 3.62(\text{美元})$$

这是下一年度的股利，问题问的是今年的股利。运用今年股利和下一年股利之间的关系：

$$D_1 = D_0(1 + g)$$
$$3.62 = D_0(1 + 0.054)$$

解得：$D_0 = 3.43$(美元)。

3. 优先股股票估值 Ayden公司有一部分发行在外的优先股股份，每年支付每股4.50美元的股息直到永远。如果该优先股当前价格为87美元/股，那么必要收益率应为多少?

答：每股优先股的价格等于股利除以必要收益率。这和股利增长率为零的固定增长模型的公式一样。大部分优先股发放固定股利，所以，增长率为零。运用这个等式，可以得到每股优先股的必要收益率：

$$R = D/P_0 = 4.50/87 = 5.17\%$$

4. 不固定的股息支付 Bucksnort公司的股息支付政策比较奇怪。该公司刚刚支付了9美元/股的股息，又宣布将在未来5年每年增加4美元/股的股息支付，之后就不再支付股息。如果你要求12%的收益率，你今天应该用什么价格购买该公司股票?

答：股票的价格是未来股利的现值之和。该股票发放5期股利，所以该股票的价格就是这些股利用必要收益率折现过来的现值之和。该股票的价格为：

$$P_0 = 13/1.12 + 17/1.12^2 + 21/1.12^3 + 25/1.12^4 + 29/1.12^5 = 72.45(\text{美元})$$

5. 计算股息 Mau公司的股票当前价格为每股64.87美元。市场要求该公司的股票收益率为10.5%。如果该公司维持5%的股息支付增长率，那么该公司股票未来最近一次的每股股息支付应为多少?

答：已知股票价格、股息支付增长率以及必要收益率。使用固定增长模型，得到：

$$P_0 = 64.87 = D_0(1 + g)/(R - g) = D_0(1 + 0.05)/(0.105 - 0.05)$$

解得：$D_0 = 3.40$(美元)。

6. 计算股息 Briley 公司计划在未来两年年底各支付相等的股息，而之后支付的股息每年增长 4% 直到永远。当前股票价格为 53 美元/股。如果必要收益率为 11%，请问下一年的股息支付应该是多少？

答：本题需要求股息不规则增长股票下一年应支付的股息。已知股票价格，股息增长率以及必要收益率。股票价格的方程为固定股息支付的现值加上未来股票价格的现值，即：

$$P_0 = 53 = D/1.11 + D/1.11^2 + D[1.04/(0.11 - 0.04)]/1.11^2$$

将 D 提取出来得到：

$$53 = D\{1/1.11 + 1/1.11^2 + [1.04/(0.11 - 0.04)]/1.11^2\}$$

解得：$D = 3.85$(美元)。

7. 资本利得和收入 我们来考虑 4 种股票，它们的必要收益率都为 14%，同时最近一次的股息支付都为 3.5 美元/股。其中 W、X、Y 三家公司决定在未来以每年恒定的增长率进行股息支付，分别为 7%、0 和 −5%。Z 公司股票是成长股，计划在未来两年的股息支付增长 30%，之后以 8% 的恒定增长率增长。请问这 4 家公司股票的股息收益率各为多少？预计资本利得率为多少？请讨论你计算出来的不同收益率之间的关系。

答：题目要求计算每一种股票的股利收益率和资本利得率。所有的股票都有 14% 的必要收益率，即股利收益率与资本利得率之和。为了得到总收益的构成，需要得到每种股票的价格。利用股价和股利支付，能够计算出股利收益率。股票的资本利得率就是总收益率(必要收益率)减去股利收益率。

W：$P_0 = D_0(1+g)/(R-g) = 3.50 \times 1.07/(0.14 - 0.07) = 53.50$(美元)

股利收益率 $= D_1/P_0 = 3.50 \times 1.07/53.50 = 7\%$

资本利得率 $= 0.14 - 0.07 = 7\%$

X：$P_0 = D_0(1+g)/(R-g) = 3.50/(0.14 - 0) = 25.00$(美元)

股利收益率 $= D_1/P_0 = 3.50/25.00 = 14\%$

资本利得率 $= 0.14 - 0.14 = 0\%$

Y：$P_0 = D_0(1+g)/(R-g) = 3.50 \times (1 - 0.05)/(0.14 + 0.05) = 17.50$(美元)

股利收益率 $= D_1/P_0 = 3.50 \times 0.95/17.50 = 19\%$

资本利得率 $= 0.14 - 0.19 = -5\%$

Z：$P_2 = D_2(1+g)/(R-g) = D_0(1+g_1)^2(1+g_2)/(R-g_2) = 3.50 \times 1.3^2 \times 1.08/(0.14 - 0.08) = 106.47$(美元)

$P_0 = 3.50 \times 1.3/1.14 + 3.50 \times 1.3^2/1.14^2 + 106.47/1.14^2 = 90.47$(美元)

股利收益率 $= D_1/P_0 = 3.50 \times 1.30/90.47 = 5.03\%$

资本利得率 $= 0.14 - 0.0503 = 8.97\%$

在四种情况下，必要收益率都为 14%，但是收益在当前股利收入和资本利得之间的分配不同。高增长股票有可观的资本利得，但是当前股利收入的收益率相对较低；相反，成熟、负增长的股票可提供很高的当前股利收入，但其价格随着时间贬值。

第10章 收益和风险：从市场历史得到的经验

10.1 复习笔记

投资获得的现金流要按照适当贴现率贴现。贴现率必须要与现金流的风险相匹配，无风险的现金流用无风险利率贴现，风险越大，贴现率越高。而资本市场正是准确衡量风险以及适当运用贴现率的地方。长期均衡下的资本市场能够很好地为各种资产定价，以使得资产的收益与风险相匹配。

本章开始讨论确定风险型投资项目的贴现率。以便为资本市场理论作铺垫，本章将介绍单个资产的收益、收益率和风险的概念及衡量方法。在以后会扩展到资产组合的收益和风险，研究收益和风险的关系。

1. 收益

(1)收益值

①投资股票的总收益由股利收入和资本利得(或资本损失)组成，用公式表示为：

$$总收益=股利收入+资本利得(或资本损失)$$

②现金总收入的公式为：

$$现金总收入=初始投资+总收益=出售股票的收入+股利收入$$

(2)收益率

收益率的公式可以表示为：

$$收益率=股利收益率+资本利得收益率=\frac{Div_{t+1}}{P_t}+\frac{P_{t+1}-P_t}{P_t}$$

①股利收益率为当年股利除以年初股价，用公式表示为：

$$股利收益率=\frac{Div_{t+1}}{P_t}$$

式中，Div_{t+1}为当年股利；P_t为年初股价。该指标不可能为负值。

②资本利得收益率是当年股价变动额除以年初股价，用公式表示为：

$$资本利得收益率=\frac{P_{t+1}-P_t}{P_t}$$

式中，$P_{t+1}-P_t$表示当年股价变动额。

③收益率为股利收益率与资本利得收益率的和，可用公式表达为：

$$收益率=\frac{Div_{t+1}}{P_t}+\frac{P_{t+1}-P_t}{P_t}$$

2. 持有期收益率

设R_t表示第t年的收益率，则从第一年到第T年年末的持有期收益率为：

$$(1+R_1)\times(1+R_2)\times\cdots\times(1+R_t)\times\cdots(1+R_T)-1$$

3. 平均收益率

(1)算术平均收益率

算术平均收益率是将所有的收益率相加，然后除以收益率的个数(T)。用公式可以表示为：

$$\overline{R}=\frac{(R_1+R_2+\cdots+R_T)}{T}$$

(2)几何平均收益率

几何平均收益率是计算某一特定时期按复利计算的每年平均收益率。表达式为：

$$几何平均收益率=[(1+R_1)\times(1+R_2)\times\cdots\times(1+R_T)]^{\frac{1}{T}}-1$$

只要不是所有收益率都相同，则几何平均收益率<算术平均收益率。

算数平均收益率未考虑复利的影响，未考虑再投资收益，是某一代表性年份中所实现的收益率，是真实均值的无偏估计。通常用于未来收益率的估计，但必须保证预测的时间区间与历史的时间区间相等。

4. 投资风险的衡量

(1)方差和标准差

方差和标准差是度量变动程度或离散程度的指标。标准差是方差的平方根。通常用 Var 或 σ^2 表示方差，用 SD 或 σ 表示标准差。样本的方差计算如下：

$$Var=\frac{1}{T-1}[(R_1-\overline{R})^2+(R_2-\overline{R})^2+\cdots+(R_t-\overline{R})^2+\cdots+(R_T-\overline{R})^2]$$

$$SD=\sqrt{Var}$$

一般情况下，两种收益率相同的证券，方差(或标准差)越大，说明收益的变动幅度越大，风险越大；方差(或标准差)越小，说明收益的变动幅度越小，风险越小。

(2)标准误差(SE)

$$SE=SD(\overline{R})=\frac{SD(R)}{\sqrt{观测值的数量}}$$

(3)夏普比率

夏普指数等于证券组合的风险溢价除以标准差，即：

$$S_P=\frac{R_P-R_F}{\sigma_P}$$

式中，S_P为夏普指数；R_P为证券组合 P 的实际平均收益率；R_F为考察期内无风险收益率；σ_P为组合的标准差。

【例 10.1】你管理的股票基金的预期风险溢价为 10%，标准差为 14%，短期国库券利率为 6%，你的委托人决定将 60000 美元投资于你的股票基金，将 40000 美元投资于货币市场的短期国库券基金，委托人投资组合的夏普比率是多少？(　　)[清华大学 2016 金融硕士]

A. 0.71　　B. 1.00　　C. 1.19　　D. 1.91

【答案】A

【解析】股票基金的权重 $w_1=60000/(60000+40000)=60\%$，所以，投资组合的风险溢价为：$10\%\times w_1=6\%$，投资组合的标准差为：$\sigma=14\%\times w_1=8.4\%$，代入公式得到投资组合的夏普比率为：

$$\text{夏普比率(对于投资组合而言)}=\frac{\text{风险溢价}}{\text{超额收益的标准差}}=\frac{6\%}{8.4\%}\approx 0.71$$

【例 10.2】夏普比率等于资产的收益率除以其标准差，是一个度量收益相对于所承担风险的指标。(　　)[中国人民大学 2015 金融硕士]

【答案】×

【解析】夏普比率等于资产的收益率减去无风险收益率再除以其标准差，是衡量超额报酬相对于所承担总体风险的指标。

【例 10.3】一只股票的年化期望收益率是 10%，该股票的标准差是 40%，年化无风险利率是 2%，那么该股票的夏普比率是多少？(　　)[清华大学 2015 金融硕士]

A. 0.25　　B. 0.2　　C. 0.33　　D. 0.5

【答案】B

【解析】夏普比率等于股票的期望收益率减去无风险利率再除以股票的标准差。代入数据，该股票的夏普比率是：(10% -2%)/40% =0.2。

10.2　课后习题详解

一、概念题

1. 平均数(均值)[average(mean)]

答：平均数是指同类现象的总体内各单位所达到的一般水平或某一数量标志值的代表水平，即总体标志总量除以总体单位总数之商数。它具有两个特征：①用一个代表性的数值说明被研究总体某种数量特征的一般水平；②把被研究总体某一数量标志值在总体各个单位之间的差异给抽象化了。

要计算分布的算术平均数，首先将所有的数值相加，然后除以数值个数(T)。用公式可以表示为：

$$\overline{R}=\frac{(R_1+R_2+\cdots+R_T)}{T}$$

2. 正态分布(normal distribution)

答：正态分布是具有两个参数 μ 和 σ^2 的连续型随机变量的分布，第一个参数 μ 是遵从正态分布的随机变量的均值，第二个参数 σ^2 是此随机变量的方差，所以正态分布记作 $N(\mu,\sigma^2)$。遵从正态分布的随机变量的概率规律为：取 μ 邻近的值的概率大，而取离 μ 越远的值的概率越小；σ 越小，分布越集中在 μ 附近，σ 越大，分布越分散。正态分布的密度函数的特点是：关于 μ 对称，在 μ 处达到最大值，在正(负)无穷远处取值为 0，在 $\mu\pm\sigma$ 处有拐点。它的形状是中间高两边低，图像是一条位于 x 轴上方的钟形曲线。当 $\mu=0$，$\sigma^2=1$ 时，称为标准正态分布，记为 $N(0,1)$。在正常情况下，这种量可以看作由许多微小的、独立的随机因素作用的总后果，而每一种因素都不能起到压倒一切的主导作用。具有这种特点的随机变量，一般都可以认为服从正态分布，股票收益率的分布也常被认为接近正态分布。

3. 资本利得(capital gain)

答：资本利得是指资产价格上升而引起的原有资产的实际价值增加，与“资本损失”相对应。资本利得的大小为资产的现行价格与购买价格之差。例如，某一资产购买时价格为 0.7 万美元，现行价格为 1 万美元，则资本利得为 0.3 万美元。资本价值的这种变化是由于该资产的价格水平上升而引起的。因此，在通货膨胀时，价格呈上升趋势的资产具有保值或升值的功能。

4．风险溢价(risk premium)［南开大学 2023 金融硕士；天津大学 2016 金融硕士］

答：风险溢价是指高出无风险收益率的回报。在有效市场假设下，投资者要求的收益率与其所承担的风险是正相关的。由于承担了比较高的风险，市场必然给予较高的回报。无风险的资产存在一个基准收益率，市场接受的收益率高于无风险收益率的差就是市场要求相应风险水平所应有的风险溢价。

5．频数(率)分布(frequency distribution)

答：频数分布是指将观测数据进行分组，每组作为一个单元，看样本中的数据在各组的分布情况。同一组的数据看成是相同的，它们都等于组两端值的平均数——组中值。分组时一般采取等区间分组。区间长度称组距。为使分组数据的统计图、表能反映出分布的趋势，分组多少应与样本容量相适应，以突出样本分布的特点并冲淡样本的随机波动为原则。

组频率是组频数除以观察数据的个数(总频数 N)所得的比值。频率直方图与频数直方图有完全相同的图形。只不过把相应频数直方图纵坐标的单位缩小为原单位长的 $1/N$。

对于股票市场的收益率，常以横轴表示年收益率，纵轴表示落在某收益区间的年份数进行频数分析。

6．标准差(standard deviation)

答：参见本章复习笔记。

7．持有期收益(holding - period return)

答：参见本章复习笔记。

8．方差(variance)

答：参见本章复习笔记。

二、复习题

1．计算收益率 假设一只股票的初始价格是每股 64 美元，在这一年中支付了每股 1.20 美元的股利，而且期末价格是每股 73 美元。计算一下以百分比形式表示的总收益是多少？

答：资产的收益率可以通过资产价格的上升与股利或者现金流之和除以初始的价格来计算。该股票的收益率为：

$$R=[(73-64)+1.20]/64=15.94\%$$

2．计算回报 第 1 题中的股利收益率是多少？资本利得收益率是多少？

答：股利收益率等于股利除以初始价格，因此：

$$\text{股利收益率}=1.20/64=1.88\%$$

资本利得收益率是价格增加额除以初始价格，因此：

$$\text{资本利得收益率}=(73-64)/64=14.06\%$$

3．计算收益 假设期末价格是每股 57 美元，重新计算第 1～2 题。

答：应用计算总收益率的公式，得：

$$R=[(57-64)+1.20]/64=-9.06\%$$

股利收益率和资本利得收益率为：

$$\text{股利收益率}=1.20/64=1.88\%$$

$$\text{资本利得收益率}=(57-64)/64=-10.94\%$$

问：股利收益率可能是负的吗？不可能，因为那样意味着你将因为拥有公司股票这一特权而向公司支付利益。债券收益率可能为负。

4. 计算收益 假设你一年前以 1030 美元的价格购买了票面利息 5.8% 的债券，债券今天的价格是 1059 美元。

a. 假定面值是 1000 美元，过去一年你在这项投资上的总收益是多少？

b. 过去一年你在这项投资上的名义收益率是多少？

c. 如果去年的通货膨胀率是 3%，你在这项投资上的实际收益率是多少？

答： a. 总收益等于价格的变化加上获得的息票支付。因此：

$$总收益 = 1059 - 1030 + 58 = 87(美元)$$

b. 名义收益率为：

$$R = [(1059 - 1030) + 58]/1030 = 8.45\%$$

c. 运用费雪方程：

$$(1 + R) = (1 + r)(1 + h)$$

则实际收益率为：$r = (1.0845/1.030) - 1 = 5.29\%$。

5. 名义收益率对比实际收益率 参考教材表 10-2 中的数据大公司股票 1926～2014 年的算术平均收益率是多少？

a. 名义收益率是多少？

b. 实际收益率是多少？

答： a. 名义收益率即列示出的收益率，使用名义收益率计算出的算术平均收益率为 12.1%。

b. 运用费雪方程：

$$(1 + R) = (1 + r)(1 + h)$$

则实际收益率为：$r = (1.121/1.03) - 1 = 8.83\%$。

6. 债券收益率 长期政府债券的历史实际收益率是多少？长期公司债券是多少？

答： 运用费雪方程：

$$(1 + R) = (1 + r)(1 + h)$$

长期政府债券的历史实际收益率为：$r_G = 1.061/1.030 - 1 = 3.01\%$。

同理，可得长期公司债券的历史实际收益率为：$r_C = 1.064/1.030 - 1 = 3.30\%$。

7. 计算收益率和波动率 用以下数据计算 X 和 Y 的平均收益率、方差和标准差：

收益率(%)

年	X	Y
1	9	12
2	21	27
3	-27	-32
4	15	14
5	23	36

答： 平均收益率等于收益率之和除以收益的期数。每只股票的平均收益率为：

$$\bar{x} = \left[\sum_{i=1}^{N} x_i\right]/N = \frac{0.09 + 0.21 - 0.27 + 0.15 + 0.23}{5} = 8.20\%$$

$$\bar{y} = \left[\sum_{i=1}^{N} y_i\right]/N = \frac{0.12 + 0.27 - 0.32 + 0.14 + 0.36}{5} = 11.40\%$$

每种股票的方差为：

$$\sigma_X^2 = [\sum_{i=1}^{N}(x_i - \bar{x})^2]/(N-1)$$

$$= \frac{1}{5-1}[(0.09-0.082)^2 + (0.21-0.082)^2 + (-0.27-0.082)^2 + (0.15-0.082)^2 + (0.23-0.082)^2]$$

$$= 0.04172$$

$$\sigma_Y^2 = [\sum_{i=1}^{N}(y_i - \bar{y})^2]/(N-1)$$

$$= \frac{1}{5-1}[(0.12-0.114)^2 + (0.27-0.114)^2 + (-0.32-0.114)^2 + (0.14-0.114)^2 + (0.36-0.114)^2]$$

$$= 0.06848$$

标准差是方差的平方根，所以每只股票的标准差为：

$$\sigma_X = \sqrt{0.04172} = 20.43\%$$

$$\sigma_Y = \sqrt{0.06848} = 26.17\%$$

8. 风险溢价 参考教材表 10 - 1 中 1973 ~ 1978 年的数据。

a. 分别计算大公司股票组合和国库券组合在这段时间的算术平均收益率。

b. 分别计算大公司股票组合和国库券组合在这段时间的标准差。

c. 计算大公司股票组合相对于国库券组合每年观察到的风险溢价。这段时间的算术平均风险溢价是多少？这段时间风险溢价的标准差是多少？

答：首先计算各个资产的收益率总和及观察到的风险溢价总和：

年份	大公司股票收益率(%)	国库券收益率(%)	风险溢价(%)
1973	-14.69	7.29	-21.98
1974	-26.47	7.99	-34.46
1975	37.23	5.87	31.36
1976	23.93	5.07	18.86
1977	-7.16	5.45	-12.61
1978	6.57	7.64	-1.07
总和	19.41	39.31	-19.90

a. 大公司股票组合在这段时间内的平均收益率为：

$$\text{大公司股票组合平均收益率} = 19.41\%/6 = 3.24\%$$

国库券组合在这段时间内的平均收益率为：

$$\text{国库券组合平均收益率} = 39.31\%/6 = 6.55\%$$

b. 使用方差公式，大公司股票组合在这段时间内的方差为：

$$\text{大公司股票组合方差} = 1/5 \times [(-0.1469-0.0324)^2 + (-0.2647-0.0324)^2 + (0.3723-0.0324)^2 + (0.2393-0.0324)^2 + (-0.0716-0.0324)^2 + (0.0657-0.0324)^2]$$

$$= 0.058136$$

因此大公司股票组合在这段时间内的标准差为：

$$大公司股票组合标准差 = (0.058136)^{1/2} = 24.11\%$$

国库券组合在这段时间内的方差为：

$$国库券组合方差 = 1/5 \times [(0.0729 - 0.0655)^2 + (0.0799 - 0.0655)^2 + (0.0587 - 0.0655)^2 + (0.0507 - 0.0655)^2 + (0.0545 - 0.0655)^2 + (0.0764 - 0.0655)^2] = 0.000153$$

$$国库券组合标准差 = (0.000153)^{1/2} = 1.24\%$$

c. 算术平均风险溢价 = −19.90%/6 = −3.32%

$$风险溢价的方差 = 1/5 \times \{[-0.2198 - (-0.0332)]^2 + [-0.3446 - (-0.0332)]^2 + [0.3136 - (-0.0332)]^2 + [0.1886 - (-0.0332)]^2 + [-0.1261 - (-0.0332)]^2 + [-0.0107 - (-0.0332)]^2\} = 0.062078$$

$$风险溢价的标准差 = (0.062078)^{1/2} = 24.92\%$$

9. 计算收益率和变异性 你已经观测到 SkyNet Data Corporation 的股票在过去 5 年的收益是：21%、17%、26%、−7%和4%。

a. 公司股票在这段时间的算术平均收益是多少？

b. 公司股票收益在这段时间的方差是多少？标准差是多少？

答： a. 为了得到平均收益率，应把所有收益率相加，再除以收益的期数，所以：

$$算术平均收益率 = (0.21 + 0.17 + 0.26 - 0.07 + 0.04)/5 = 12.20\%$$

b. 应用公式计算方差，得：

$$方差 = 1/4 \times [(0.21 - 0.122)^2 + (0.17 - 0.122)^2 + (0.26 - 0.122)^2 + (-0.07 - 0.122)^2 + (0.04 - 0.122)^2] = 0.01817$$

$$标准差 = (0.01817)^{1/2} = 13.48\%$$

10. 计算实际收益率和风险溢价 假设第 9 题中这段时间的平均通货膨胀率是 4.2%，并且这段时间国库券的平均收益率为 5.1%。

a. 公司股票的平均实际收益率是多少？

b. 公司股票的平均名义风险溢价是多少？

答： a. 为了计算平均实际收益率，结合平均资产收益率和平均通货膨胀率，运用费雪方程式：

$$(1 + R) = (1 + r)(1 + h)$$

可得：

$$\bar{r} = (1.122/1.042) - 1 = 7.68\%$$

b. 平均名义风险溢价是平均名义资产收益率减去平均名义无风险利率，该资产的平均名义风险溢价为：

$$\overline{R}_P = \overline{R} - \overline{R}_F = 0.1220 - 0.0510 = 7.10\%$$

11. 计算实际收益率 根据第 10 题的信息，这段时间的平均实际无风险收益率是多少？平均实际风险溢价是多少？

答： 通过费雪方程式得到平均实际无风险利率，则：

$$\bar{r}_F = (1.051/1.042) - 1 = 0.86\%$$

为了计算平均实际风险溢价，可以从平均实际收益率中减去平均实际无风险利率得到。如下：

$$\bar{r}_P = \bar{r} - \bar{r}_F = 7.68\% - 0.86\% = 6.82\%$$

12. 持有期收益率 一只股票在过去 5 年的收益率分别是 14.38%、8.43%、11.97%、25.83% 以及 −9.17%。这只股票的持有期收益率是多少？

答： 应用 5 年期持有期收益率公式来计算 5 年持有期股票总收益率，如下：

$$\begin{aligned}5\text{ 年期持有期收益率} &= [(1+R_1)(1+R_2)(1+R_3)(1+R_4)(1+R_5)]-1\\ &= [(1+0.1438)\times(1+0.0843)\times(1+0.1197)\\ &\quad\times(1+0.2583)\times(1-0.0917)]-1\\ &= 58.71\%\end{aligned}$$

13. 计算收益率 你一年前以 160.53 美元的价格购买了一份零息债券。现在的市场利率是 7.5%。如果当你最初购买的时候，债券的到期时间是 25 年，你在过去一年的收益率是多少？

答： 在实务中，美国发行的债券通常一年支付两次利息，使用半年复利。为了得到零息债券的收益率，首先需要得到债券当前的价格。由于已经过去了一年，债券目前还有 24 年到期，债券当前的价格为：

$$P_1 = 1000/1.0375^{48} = 170.83\text{（美元）}$$

零息债券没有期间现金流，所以其收益就是资本利得：

$$R = (170.83 - 160.53)/160.53 = 6.42\%$$

14. 计算收益率 你去年以每股 92.07 美元的价格购买了一份票息率为 3.5% 的优先股。你的股票现在的市场价格是 96.12 美元，你过去 1 年的收益率是多少？

答： 任何资产的收益率都是价格的增加额与股利或者现金流的和，除以初始价格。该优先股发放 3.50 美元的股利，因此收益率为：

$$R = (96.12 - 92.07 + 3.50)/92.07 = 8.20\%$$

15. 计算收益率 你 3 个月前以每股 62.18 美元的价格购买了一只股票。该股票没有支付股利。当前的股票价格是每股 65.37 美元。你这项投资的 *APR* 是多少？*EAR* 是多少？

答： 任何资产的收益率都是价格的增加额与股利或者现金流的和，除以初始价格。该股票没有股利支付，所以收益率为：

$$R = (65.37 - 62.18)/62.18 = 5.13\%$$

这是三个月的收益率，所以名义年收益率 *APR* 为：

$$APR = 4 \times 5.13\% = 20.52\%$$

实际年利率 *EAR* 为：

$$EAR = (1 + 0.0513)^4 - 1 = 22.15\%$$

16. 计算实际收益率 参考教材表 10－1，国库券组合 1926～1932 年的平均实际收益率是多少？

答： 使用费雪方程式：$(1+R)=(1+r)(1+h)$，可以得到每年的实际收益率为：

年份	国库券收益率	通货膨胀率	实际收益率
1926	0.0330	−0.0112	0.0447
1927	0.0315	−0.0226	0.0554
1928	0.0405	−0.0116	0.0527

续表

年份	国库券收益率	通货膨胀率	实际收益率
1929	0.0447	0.0058	0.0387
1930	0.0227	-0.0640	0.0926
1931	0.0115	-0.0932	0.1155
1932	0.0088	-0.1027	0.1243

根据上表中的数据，可得：

平均实际收益率 = (0.0447 + 0.0554 + 0.0527 + 0.0387 + 0.0926 + 0.1155 + 0.1243)/7 = 7.48%

注意到由于通货膨胀率为负，这一时期内实际收益率高于名义收益率。

17. 收益率分布 参考教材表10-2，你认为长期公司债券的收益率68%的可能会落在哪个范围？如果是95%的可能呢？

答：由教材表10-2中长期公司债券的历史收益，可知其平均收益率是6.4%，标准差为8.4%。在68%的置信区间内，可能看到的收益率分布是平均值加上或者减去一个标准差，即：

$$R \in \mu \pm 1\sigma = 6.4\% \pm 8.4\% = -2.00\% \sim 14.80\%$$

在95%的置信区间内，可能看到的收益率分布是平均值加上或者减去两个标准差，即：

$$R \in \mu \pm 2\sigma = 6.4\% \pm 2 \times 8.4\% = -10.4\% \sim 23.20\%$$

18. 收益率分布 参考教材表10-2，你认为大公司股票的收益率68%的可能会落在哪个范围？如果是95%的可能呢？

答：由教材表10-2中大公司股票的历史收益，可知其平均收益率为12.1%，标准差为20.1%。在68%的置信区间内，可能看到的收益率分布是平均值加上或者减去一个标准差，即：

$$R \in \mu \pm 1\sigma = 12.1\% \pm 20.1\% = -8\% \sim 32.20\%$$

在95%的置信区间内，可能看到的收益率分布是平均值加上或者减去两个标准差，即：

$$R \in \mu \pm 2\sigma = 12.1\% \pm 2 \times 20.1\% = -28.10\% \sim 52.30\%$$

19. 计算收益率和变异性 你发现某一只股票在近5年中的4年的收益率分别是12%、-15%、13%和27%。如果该股票在这段时间的平均收益率是10.5%，缺少的那年的收益率是多少？股票收益率的标准差是多少？

答：已知平均收益率和5年中的4年的收益率，可以通过反推平均收益率公式求出缺少的那年的收益率，即：$5 \times 10.5\% = 12\% - 15\% + 13\% + 27\% + R$，解得：$R = 15.50\%$，即缺失年份的收益率为15.50%。

接下来利用方差公式求收益率的方差：

$$\begin{aligned}方差 &= 1/4 \times [(0.12-0.105)^2 + (-0.15-0.105)^2 + (0.13-0.105)^2 \\ &\quad + (0.27-0.105)^2 + (0.155-0.105)^2] \\ &= 0.02390\end{aligned}$$

因此股票收益率的标准差为：标准差 = $(0.02390)^{1/2} = 0.1546$，即15.46%。

20. 算术平均和几何平均 一只股票在过去6年的收益率分别是24%、12%、38%、-2%、21%和-16%。这只股票的算术平均收益率和几何平均收益率分别是多少？

答：算术平均收益率为已知收益率的总和除以收益率总数。这只股票的算术平均收益率为：算术平均收益率 = (24% + 12% + 38% − 2% + 21% − 16%)/6 = 12.83%。

使用几何平均收益率公式，可得：几何平均收益率 = $[(1+R_1)\times(1+R_2)\times\cdots\times(1+R_T)]^{1/T}-1=[(1+0.24)\times(1+0.12)\times(1+0.38)\times(1-0.02)\times(1+0.21)\times(1-0.16)]^{1/6}-1=0.1138=11.38\%$。

当投资收益率存在变动时，几何平均收益率总是小于算术平均收益率。

21. 算术平均和几何平均 某只股票在年末的股票价格和股利如下所示：

年	价格(美元)	股利(美元)
1	73.18	—
2	77.98	1.15
3	69.13	1.25
4	84.65	1.36
5	91.37	1.47
6	103.66	1.60

这只股票的算术平均收益率和几何平均收益率分别是多少？

答：为了计算算术平均收益率和几何平均收益率，必须首先计算出每一年的收益率。如下：

$$R_1=(77.98-73.18+1.15)/73.18=8.13\%$$

$$R_2=(69.13-77.98+1.25)/77.98=-9.75\%$$

$$R_3=(84.65-69.13+1.36)/69.13=24.42\%$$

$$R_4=(91.37-84.65+1.47)/84.65=9.68\%$$

$$R_5=(103.66-91.37+1.60)/91.37=15.20\%$$

算术平均收益率为：

$$R_A=[0.0813+(-0.0975)+0.2442+0.0968+0.1520]/5=9.54\%$$

几何平均收益率为：

$$R_G=[(1+0.0813)\times(1-0.0975)\times(1+0.2442)\times(1+0.0968)\times(1+0.1520)]^{1/5}-1=8.94\%$$

22. 计算收益率 参考教材表 10 − 1 中的 1973 ~ 1980 年的数据。

a. 计算国库券在这段时间的平均收益率和平均通货膨胀率(消费品价格指数)。

b. 计算这段时间国库券收益率和通货膨胀率的标准差。

c. 计算每年的实际收益率。国库券的平均实际收益率是多少？

d. 许多人认为国库券是无风险的，就国库券潜在的风险而言，这些计算结果告诉你什么？

答：为计算实际收益率需要使用费雪方程式。对费雪方程式进行变形得到：

$$r=[(1+R)/(1+h)]-1$$

因此，每年的实际收益率为：

年份	国库券收益率	通货膨胀率	实际收益率
1973	0.0729	0.0871	−0.0131
1974	0.0799	0.1234	−0.0387
1975	0.0587	0.0694	−0.0100

续表

年份	国库券收益率	通货膨胀率	实际收益率
1976	0.0507	0.0486	0.0020
1977	0.0545	0.0670	-0.0117
1978	0.0764	0.0902	-0.0127
1979	0.1056	0.1329	-0.0241
1980	0.1210	0.1252	-0.0037
加总	0.6197	0.7438	-0.1120

a. 国库券在这段时间：

平均收益率 =0.6197/8 =0.0775 =7.75%。

平均通货膨胀率 =0.7438/8 =0.0930 =9.30%。

b. 这段时间内收益率的方差和标准差为：

$$国库券收益率方差 = 1/7 \times [(0.0729-0.0775)^2+(0.0799-0.0775)^2+(0.0587-0.0775)^2 +(0.0507-0.0775)^2+(0.0545-0.0775)^2+(0.0764-0.0775)^2 +(0.1056-0.0775)^2+(0.1210-0.0775)^2] = 0.000616$$

$$国库券收益率标准差 = (0.000616)^{1/2} = 0.0248 = 2.48\%$$

这段时间内通货膨胀率的方差和标准差为：

$$通货膨胀率方差 = 1/7 \times [(0.0871-0.0930)^2+(0.1234-0.0930)^2+(0.0694-0.0930)^2 +(0.0486-0.0930)^2+(0.0670-0.0930)^2+(0.0902-0.0930)^2 +(0.1329-0.0930)^2+(0.1252-0.0930)^2] = 0.000971$$

$$通货膨胀率标准差 = (0.000971)^{1/2} = 0.0312 = 3.12\%$$

c. 国库券每年的实际收益率如上表所示，这段时间内国库券的平均实际收益率为：平均实际收益率 = -0.1120/8 = -0.0140 = -1.40%。

d. 认为国库券是无风险的观点主要是针对违约风险而言的，即仅存在一个极端小的政府违约概率，可以认为国库券没有违约风险。并且由于国库券是短期债券，其面临的利率风险也是非常小的。然而，正如这个例子展示出来的，购买国库券依然面临着通货膨胀风险，即使投资者通过投资国库券获得了正的收益，这项投资的实际购买力依然有可能下降。

23. 计算投资收益率 你一年前以每份 1032.50 美元的价格购买了 Bergen Manufacturing Co. 票面利率为 6.4% 的债券。这些债券按年支付利息，现在算起 6 年之后到期。假设当债券的必要收益率是 5.5% 的时候你决定卖掉这个债券。如果去年的通货膨胀率是 3.2%，你该项投资的实际总收益率是多少?

答：为了得到息票债券的收益，首先需要得到债券的现价。由于已经过去了一年，该债券现在还有六年到期，所以当前价格为：

$$P_1 = 64 \times PVIFA(0.055,\ 6) + 1000/1.055^6 = 1044.96(美元)$$

已经得到一年利息支付，所以名义收益为：

$$R = (1044.96 - 1032.50 + 64)/1032.50 = 7.41\%$$

应用费雪方程式得到实际收益率：

$$r=(1.0741/1.032)-1=4.08\%$$

24. 使用收益率分布 假设长期政府债券收益率呈正态分布。根据历史数据，某一年你在这些债券的收益率小于 -3.7% 的可能性大概是多少？95% 的情况下你将看到收益率落在哪个区间？

答：观察教材表 10-2 中长期政府债券的历史收益，看到平均收益率为 6.1%，标准差为 10%。

利用 Z 统计量和标准正态分布表，可得：

$$Z=(X-\mu)/\sigma=(-3.7\%-6.1\%)/10\%=-0.98$$

查看 Z 统计表，它给出了一个 16.35% 的概率，即：

$$Pr(R<-3.7\%)\approx 16.35\%$$

在 95% 的置信区间下，可能看到的收益率分布就在均值加减两个标准差的区间内，即：

$$R\in\mu\pm 2\sigma=6.1\%\pm 2\times 10\%=-13.90\%\sim 26.10\%$$

25. 使用收益率分布 假设持有小公司投资组合的收益率呈正态分布。你的钱一年后翻倍的大约概率是多少？增至 3 倍的概率是多少？

答：小公司投资组合的平均收益率为 16.7%，标准差为 32.1%。一年后翻倍即投资收益为 100%，利用 Z 统计量，可得：

$$Z=(X-\mu)/\sigma=(100\%-16.7\%)/32.1\%=2.595$$

它给出了一个 0.473% 的概率，或者每 200 年发生一次。

增至三倍即投资收益为 200%，Z 统计量为：

$$Z=(X-\mu)/\sigma=(200\%-16.7\%)/32.1\%=5.710$$

相应的概率值大约为 0.00000056395%，或者每 1 亿 7 千 7 百万年发生一次。

26. 分布 在前面一个问题中，收益小于 -100% 的概率是多少？(思考)收益分布的含义是什么？

答：损失超过投资金额的 100% 是不可能的，因此，收益率分布的下方在 -100% 处截尾。

27. 使用概率分布 假设大公司股票的收益服从正态分布。根据历史记录，使用 Excel 的 NORMDIST 函数来确定你在任何给定年份投资普通股亏本的概率。

答：亏本即收益率小于等于 0，使用 Z 统计量，可得：

$$Z=(X-\mu)/\sigma=(0\%-12.1\%)/20.1\%=-0.602$$

$$Pr(R\leqslant 0)\approx 27.36\%$$

28. 使用概率分布 假设长期公司债券和国库券的收益呈正态分布。根据历史记录，使用 Excel 的 NORMDIST 函数来回答下列问题。

a. 长期公司债券收益在任意年份大于 10% 的概率是多少？小于 0 的概率是多少？

b. 国库券收益率在任意年份大于 10% 的概率是多少？小于 0 的概率是多少？

c. 长期公司债券 1979 年的收益率是 -4.18%。这么低的收益率未来再次出现的可能性是多大？国库券同年的收益率是 10.56%，这么高的国库券收益率未来再次出现的可能性是多大？

答：本题中所有小问都需要用到 Z 统计量：$Z=(X-\mu)/\sigma$。

a. $Z_1=(X-\mu)/\sigma=(10\%-6.4\%)/8.4\%=0.4286$，这一统计量给出了收益率小于等于 10% 的概率，由于总概率为 1，收益率大于 10% 的概率为：

$$Pr(R>10\%)=1-Pr(R\leqslant 10\%)=33.41\%$$

对于小于 0 的收益率：

$$Z_2=(X-\mu)/\sigma=(0\%-6.4\%)/8.4\%=-0.7619$$

$$Pr(R<0\%)=22.31\%$$

b. 国库券收益大于 10% 的概率为：

$$Z_3=(X-\mu)/\sigma=(10\%-3.5\%)/3.1\%=2.0968$$

$$Pr(R>10\%)=1-Pr(R\leqslant 10\%)\approx 1.80\%$$

国库券收益小于 0 的概率为：

$$Z_4=(X-\mu)/\sigma=(0\%-3.5\%)/3.1\%=-1.129$$

$$Pr(R<0\%)=12.94\%$$

c. 长期公司债券收益率低于 −4.18% 的概率为：

$$Z_5=(X-\mu)/\sigma=(-4.18\%-6.4\%)/8.4\%=-1.2595$$

$$Pr(R\leqslant 4.18\%)\approx 10.39\%$$

国库券收益率高于 10.56% 的概率为：

$$Z_6=(X-\mu)/\sigma=(10.56\%-3.5\%)/3.1\%=2.2774$$

$$Pr(R\geqslant 10.56\%)=1-Pr(R<10.56\%)\approx 1.14\%$$

第 11 章　收益和风险：资本资产定价模型

11.1　复习笔记

期望收益常用来度量单个证券的收益，而标准差或方差则是度量单一证券风险程度的合适指标。持有证券组合的投资者关注投资组合中每一种证券对组合的期望收益和风险的影响。每一种证券的期望收益度量的就是其对投资组合的期望收益的贡献。但是，不是每一种证券的标准差和方差都能恰当地度量其对投资组合的风险，只有贝塔系数才能充当这一角色。

1. 单个证券收益评价

期望收益是持有单一证券的投资者期望在下一个时期所能获得的收益，以过去一段时期的平均收益来表示。

评价证券收益变动的方法最为常用的是方差和标准差。方差是证券的实际收益与其平均收益的离差的平方和的平均数。标准差是方差的平方根。

2. 协方差

协方差是指度量两个变量之间相互关系的统计指标。具体计算方法是求出两个证券可能的收益率与其期望收益率之间离差的乘积之和，然后除以观测点个数或观测值个数，就可得出协方差。协方差的数学公式可以写作：

$$\sigma_{AB}=Cov(R_A,\ R_B)=(R_A-\overline{R}_A)(R_B-\overline{R}_B)\text{的期望值}$$

$$=\sum(R_{At}-\overline{R}_A)(R_{Bt}-\overline{R}_B)\times\text{两个离差同时发生的概率}$$

其中 R_A、R_B 表示两种证券的实际收益率，$\overline{R}_A$、$\overline{R}_B$ 表示两种证券的预期收益率或平均收益率，R_{At}、R_{Bt}表示在某种经济状况下的收益率。

3. 相关系数

相关系数 ρ 用以衡量两个变量之间的相互关系，在公司理财中等于两个公司股票收益的协方差除以两个公司股票收益的标准差的乘积。其计算公式为：

$$\rho_{AB}=\rho_{BA}=Corr(R_A,\ R_B)=Corr(R_B,\ R_A)=\frac{Cov(R_A,\ R_B)}{\sigma_A\times\sigma_B}$$

其中 R_A、R_B 表示两种证券的收益率，相关系数 ρ 的取值总是介于 -1 和 1 之间。ρ 的值为正，表明两种证券的收益有同向变动倾向；ρ 的值为负，表明两种证券的收益有反向变动的趋向；ρ 的值为零，表明两种证券之间没有联动趋向。$\rho=1$ 和 $\rho=-1$ 是两种极端情形：前者表明两种证券间存在完全正向的联动关系；后者表明存在完全反向的联动关系。随着 ρ 的绝对值的下降，两种证券间的联动关系也逐渐减弱。

【例 11.1】当其他条件相同，分散化投资在哪种情况下最有效？(　　)［中山大学 2016 金融硕士］

A. 组成证券的收益不相关　　　　B. 组成证券的收益正相关

C. 组成证券的收益很高　　　　　D. 组成证券的收益负相关

【答案】D

【解析】因为多种资产的收益率之间可能存在不同的相关关系：可能是正相关，可能是负相关，也可能是不相关。正相关关系越强，相关程度越高，通过分散化投资降低风险的程度就越低；负相关关系越强，相关程度越高，通过分散化投资降低风险的程度就越高。

【例 11.2】只有投资组合中的证券相关系数小于 1 时，投资组合多元化效应才存在。(　　)[中国人民大学 2015 金融硕士]

【答案】√

【解析】当投资组合中的证券相关系数为 1 时，说明证券完全正相关，由非系统因素引起的风险变化相同，不能消除或抵消。只有当相关系数小于 1 时投资组合的多元化效应才存在。

【例 11.3】两种证券的收益率完全相关，则相关系数为 1；两种证券的收益率完全不相关，则相关系数为 -1。(　　)[中国人民大学 2014 金融硕士]

【答案】×

【解析】两种证券的收益率完全不相关，则相关系数为 0。如果两种证券收益率完全负相关，则相关系数为 -1。

【例 11.4】A、B、C、D 四只股票之间的相关系数如下：$Corr(R_A, R_B)=0.85$，$Corr(R_A, R_C)=0.60$，$Corr(R_A, R_D)=0.45$，每只股票的期望收益率均为 8%，标准差均为 20%，如果此前投资者只持有了股票 A，目前只被允许选取另一只股票组成货币资产组合，那么投资者选择哪只股票才能使得投资组合最优？(　　)[清华大学 2015 金融硕士]

A. 选择 B 股票　　B. 选择 C 股票　　C. 选择 D 股票　　D. 需要更多的信息

【答案】C

【解析】其他三只股票的期望收益率均为 8%，标准差均为 20%，说明单只股票的收益和风险都相同，所以应选择与 A 股票相关系数最小的股票，更好地分散组合的非系统风险。

4. 投资组合的收益和风险

组合的期望收益是构成组合的各个证券的期望收益的简单加权平均。其计算公式为：

$$组合的期望收益 = \overline{R}_P = X_A \times \overline{R}_A + X_B \times \overline{R}_B$$

由 A 和 B 两种证券构成的投资组合的方差是：

$$Var(R_P) = X_A^2\sigma_A^2 + 2X_AX_B\sigma_{AB} + X_B^2\sigma_B^2$$

投资组合的标准差，即 $\sigma_P = SD(R_P) = \sqrt{Var(R_P)}$。

其中 $\overline{R}_A$、$\overline{R}_B$ 分别表示两种证券的预期收益率；X_A、X_B 分别表示组合中两种证券各自所占的比例或权重；σ_A、σ_B 分别表示两种证券收益的标准差。

投资组合具有多元化的效应，当由两种证券构成投资组合时，只要 $\rho_{AB}<1$，组合的标准差就小于这两种证券各自的标准差的加权平均数。这种组合的效应可以推广到多种资产构成的组合的情况。

【例 11.5】假设股票 A 和 B 的一年期收益率遵从下述指数模型：

$$R_A = 2\% + 0.5R_M + e_A$$

$$R_B = -2\% + 2.0R_M + e_B$$

投资者甲预测 $\sigma(R_M)=20\%$（标准差），$\sigma(e_A)=30\%$，$\sigma(e_B)=10\%$，$E(R_M)=8\%$（期望）。

拥有10万元人民币预算的甲计划做一年期的投资，并打算按照1:1的比例将部分资金投资于A、B股票(风险资产组合)，其余资金购买年利率为5%的国库券(无风险资产)。

(1)计算甲的风险资产组合的均值与方差。

(2)最优投资策略在风险资产组合和无风险资产之间选取。假设甲的效用函数为$E(R_P)-2.5\sigma^2(R_P)$，计算甲在风险资产组合上的最优投资比例。

(3)甲的最优投资组合的系统风险和非系统风险各为多少？[中山大学2015金融硕士]

答：(1)风险资产组合的均值为：

$$E(R_P)=0.5E(R_A)+0.5E(R_B)=0.5\times(0.5+2.0)E(R_M)=10\%$$

风险资产组合的方差为：

$$\begin{aligned}\sigma_P^2&=0.5^2\sigma_A^2+0.5^2\sigma_B^2+2\times0.5^2\sigma_{AB}^2\\&=0.25\times(0.25\times0.2^2+0.3^2)+0.25\times(4\times0.2^2+0.1^2)+0.5\times0.5\times2\times0.2^2\\&=0.0875\end{aligned}$$

(2)设甲在风险资产组合的投资比例为w。

$$U=w\times10\%+(1-w)\times5\%-2.5\times0.0875w^2$$

当$w=0.1143$时，效用函数最大，即甲在风险资产组合上的最优的投资比例为0.1143。

(3)总风险为：

$$0.0875w^2=11.431\times10^{-4}$$

非系统风险为：

$$w^2[0.5^2\sigma^2(e_A)+0.5^2\sigma^2(e_B)]=0.025w^2=3.27\times10^{-4}$$

$$系统风险=总风险-非系统风险=11.431\times10^{-4}-3.27\times10^{-4}=8.161\times10^{-4}$$

【例11.6】根据下表，在下列权益情况下，资产组合的预期收益是多少？(　　)[清华大学2014金融硕士]

名称	熊市	正常	牛市
概率	0.2	0.3	0.5
收益率	-25%	10%	24%

A. 4%　　B. 10%　　C. 20%　　D. 25%

【答案】B

【解析】根据公式，预期收益$=0.2\times(-25\%)+0.3\times10\%+0.5\times24\%=10\%$。

【例11.7】考虑你管理的风险资产组合期望收益为11%，标准差为15%，假设无风险利率为5%。

(1)你的委托人要把他的总投资预算的多大一部分投资于你的风险资产组合中，才能使他的总投资预期回报率等于8%？

(2)他的投资回报率的标准差是多少？

(3)另一委托人要求标准差不得大于12%，那他能得到的最大的预期回报是多少？[清华大学2014金融硕士]

答：(1)假设投资于风险资产的比例为x：

$$11\%x+5\%(1-x)=8\%$$

解得：$x=50\%$，即要投资50%在风险资产组合中。

(2)他的投资回报率的标准差$=0.5\times15\%=7.5\%$。

(3)标准差不大于12%时，风险资产组合的比重最大为：12%/15% =0.8，最大预期回报为：0.8×11% +0.2×5% =9.8%。

【例11.8】股票A和股票B的期望收益率分别为20%和12%，用方差衡量的风险，股票A是股票B的3倍，如果两个股票的相关系数为0，则股票A、B最小方差组合时的期望收益率为(　　)。[中山大学2014金融硕士]

A. 12.8%　　　B. 14%　　　C. 16%　　　D. 18%

【答案】B

【解析】两种资产构成的投资组合的方差：

$$\sigma_P^2 = X_A^2\sigma_A^2 + X_B^2\sigma_B^2 + 2X_AX_BCov(R_A, R_B)$$

因为两种资产的权重之和必定为1，可以把组合的方差改写为：

$$\sigma_P^2 = X_A^2\sigma_A^2 + (1-X_A)^2\sigma_B^2 + 2X_A(1-X_A)Cov(R_A, R_B)$$

最小方差组合时：

$$X_A = [\sigma_B^2 - Cov(R_A, R_B)]/[\sigma_A^2 + \sigma_B^2 - 2Cov(R_A, R_B)]$$

又因为：$Cov(R_A, R_B) = \rho_{AB}\sigma_A\sigma_B$，$\sigma_A^2 = 3\sigma_B^2$，$\rho_{AB} = 0$，则：$X_A = 0.25$，即最小方差组合中股票A的投资比例为25%，股票B的投资比例为75%。

组合的期望收益率为：

$$\overline{R}_P = X_A \times \overline{R}_A + X_B \times \overline{R}_B = 0.25 \times 20\% + 0.75 \times 12\% = 14\%$$

5. 有效集

有效边界又称为有效集(efficient set)，是可行集(feasible set)的一个子集。具体来说，有效边界是指在(σ_P, $E(R_P)$)平面上，由全部有效证券组合(efficient portfolio)所对应的点连接而成的曲线。有效边界包括了整个可行集中所有风险一定时期望收益率最高，或者期望收益率一定时风险最低的证券组合。

投资者根据马柯威茨均值—方差筛选原则，“在给定相同期望收益率水平的组合中选择方差最小的组合；在给定相同方差水平的组合中选择期望收益率最高的组合”。从可行域中筛选出的组合构成可行域的左边界的顶部，这个顶部被称为有效边界。有效边界以外的所有证券组合均不是有效的，投资者在进行证券组合选择(portfolio selection)时可以不予考虑，也就是说，投资者在进行证券组合选择时，只需考虑有效边界上的证券组合即可。

【例11.9】按照马柯威茨的描述，下面的(　　)资产组合不会落在有效边界上。[对外经贸大学2014金融硕士]

资产组合	期望收益率(%)	标准差(%)
W	12	15
X	5	7
Y	15	36
Z	9	21

A. W　　　B. X　　　C. Y　　　D. Z

【答案】D

【解析】根据马柯威茨的描述，落在有效边界上的资产组合当期望收益率相等时，标准差一定是最小的；当标准差相等时，期望收益率一定是最大的。且期望收益率与标准差是正相关关系，Z组合的期望收益率低于W组合，标准差却大于W组合，所以不会落在有效边界上。

6. 证券风险

证券风险又称证券投资的风险，指由于未来的不确定性而使本金和预期收益减少或遭到损失的一种可能性。证券风险可以分解为：

$$某证券的总风险 = 组合风险 + 非系统性或可分散风险$$

其中，总风险是持有一种证券的投资者所承受的风险；组合风险，又称系统性风险、市场风险或不可分散的风险，是投资者在持有一个完全分散的投资组合之后仍需承受的风险，这种因素会以同样的方式对所有证券的收益产生影响；可分散风险，又称非系统性风险或特有风险，是通过投资组合可以化解的风险，依定义，它等于总风险与组合风险之差。

【例 11.10】投资者选择持有多只股票而并非单一股票的理论基础是多元化可以降低系统风险。(　　)［中国人民大学 2017 金融硕士］

【答案】×

【解析】投资者选择持有多只股票而非单一股票的理论基础是多元化可以降低非系统风险。系统性风险不能通过多元化分散掉，在一个均衡市场中投资者获得风险补偿仅是系统性风险的补偿，因为非系统性风险能够通过多元化分散掉，市场不会给予任何补偿。

【例 11.11】投资组合的系统性风险可以通过持有更多股票进行分散。(　　)［对外经贸大学 2016 金融硕士］

【答案】×

【解析】系统性风险即市场风险，是指由整体政治、经济、社会等环境因素对证券价格所造成的影响。系统性风险包括政策风险、经济周期性波动风险、利率风险、购买力风险、汇率风险等。这种风险不能通过分散投资加以消除，因此又被称为不可分散风险。投资组合只能分散非系统性风险。

【例 11.12】以下哪一个是系统风险？(　　)［清华大学 2015 金融硕士］

A. 木材价格剧烈下降　　B. 航空公司飞行员罢工

C. 中国人民银行提高基准利率　　D. 人们抵制快餐店

【答案】C

【解析】系统风险，也称不可分散风险，是影响所有资产、不能通过资产组合而消除的风险。这部分风险由那些影响整个市场的风险因素引起，包括宏观经济形势的变动、国家经济政策的变动和税制改革等。

【例 11.13】当我们把一个股票加入一个投资组合时，以下哪项会降低？(　　)［清华大学 2014 金融硕士］

A. 总风险　　B. 系统风险

C. 非系统性风险　　D. 经济风险

【答案】C

【解析】组合的非系统风险随着资产组合中股票种类的变多而变小，总风险随着股票种类的增多而逐渐接近系统性风险，系统性风险无法通过股票组合的配置来分散，从而总风险的变化会随系统性风险变化而变化，情况不定。经济风险类似于总风险，组合中股票种类的增加并不必然造成经济风险降低。

【例 11.14】分散化可以充分降低风险，一个分散化的组合剩下的风险是(　　)。［对外经贸大学 2011 金融硕士］

A. 单个证券的风险　　B. 与整个市场组合相关的风险

C. 无风险证券的风险　　D. 总体方差

【答案】B

【解析】风险包括系统风险和非系统风险，系统风险是不同程度地影响大量资产的风险；非系统风险是专门影响一种资产或一小群资产的风险。在充分分散的投资组合中，公司的非系统风险互相抵消，因此剩下的风险是系统性风险，即与整个市场组合相关的风险。

7. 贝塔系数

贝塔系数(β)是指一种测定证券的均衡收益率对证券市场平均收益率变化敏感程度的指标，用来测算某种证券或资产组合的系统风险大小。其计算公式为：$\beta_i = \dfrac{Cov(R_i, R_M)}{\sigma^2(R_M)}$。

其中，$Cov(R_i, R_M)$是第 i 种证券的收益与市场组合收益之间的协方差；$\sigma^2(R_M)$是市场组合收益的方差。

一般地说：①市场证券组合的β系数等于1；②如果某种证券或资产组合的β系数也为1，那么说明该种证券或资产组合的系统风险与整个市场的系统风险相当；③如果某种证券或资产组合的β系数大于1，说明该种证券或资产组合的系统风险高于整个市场的系统风险；④如果某种证券或资产组合的β系数小于1，说明该种证券或资产组合的系统风险低于整个市场的系统风险。

【例 11.15】测度分散化资产组合中某一证券风险用(　　)。[清华大学 2017 金融硕士]

A. 特有风险　　B. 收益的标准差

C. 再投资风险　　D. 贝塔值

【答案】D

【解析】β系数是衡量某一证券收益率相对于市场组合的总体波动性的指标，用于衡量系统性风险。分散化投资组合中单一证券的特有风险已经被有效分散，此时应当考虑证券的系统性风险。

【例 11.16】Beta 可用以测度(　　)。[中山大学 2014 金融硕士]

A. 公司特殊的风险　　B. 可分散化的风险

C. 市场风险　　D. 个别风险

【答案】C

【解析】Beta 是一种评估证券系统性风险的工具，用以度量一种证券或一个投资证券组合相对总体市场的波动性。系统性风险即市场风险，指由整体政治、经济、社会等环境因素对证券价格所造成的影响。

【例 11.17】两种证券的贝塔系数相同，则风险相同。(　　)[中国人民大学 2014 金融硕士]

【答案】×

【解析】贝塔系数反映了证券的系统性风险。两种证券的贝塔系数相同说明这两种证券的系统性风险相同，但这两只证券的非系统性风险不一定相同。若两种证券的标准差相同，则这两种证券的总风险相同。

8. 资本资产定价模型

资本资产定价模型是一种风险资产的均衡定价理论，最早是由夏普(Sharpe)、林特(Lintner)和莫森(Mossin)根据马柯威茨(Markowitz)最优资产组合选择的思想分别独立地提出的，经过几十年的发展，已经产生了多种多样的资本资产定价模型，有些学者还创新出套利定价理论，从而形成了资本市场均衡理论体系。所有这些模型要解决的问题是共同的，即在资本市场中，当投资者都采用马柯威茨资产组合理论选择最优资产组合时，资产的均衡价格是如何在收益与风险的权衡中形成的。或者说，在市场均衡状态下，资产的价格是如何依风险而确定的。收益与风险的关系仍是问题的核心。

该模型认为，当市场处于均衡状态时，某种资产（或资产组合）的期望收益率是其贝塔值（β 值）的线性函数，即：$E(R_i)=R_F+\beta_i[E(R_M)-R_F]$。式中，$E(R_i)$表示当市场处于均衡状态时，第 i 种资产（或资产组合）的期望收益率；R_F 表示市场无风险利率；$E(R_M)$表示当市场处于均衡状态时，市场证券组合（market portfolio）的期望收益率，一般可以某种市场指数（如标准普尔 500 指数等）的收益率来表示；β_i 表示第 i 种资产（或资产组合）的贝塔系数，它反映了资产（或资产组合）系统风险（systematic risk）的大小。

【例 11.18】零贝塔证券的预期收益率是（　　）。［对外经贸大学 2017 金融硕士］

A. 市场收益率　　B. 零收益率　　C. 负收益率　　D. 无风险收益率

【答案】D

【解析】根据资本资产定价模型，证券的预期收益率 = 无风险资产收益率 + 证券的贝塔系数 × 风险溢价，当贝塔为零，证券的预期收益率 = 无风险收益率。

【例 11.19】根据资本资产定价模型，当某证券资产的贝塔增加 1 时，该资产的要求报酬率增加值等于市场回报率。（　　）［对外经贸大学 2017 金融硕士］

【答案】×

【解析】根据 CAPM 公式，$E(R_i)=R_F+\beta_i[E(R_M)-R_F]$，当某证券资产的贝塔增加 1 时，该资产的要求报酬率增加值等于市场回报率与无风险报酬率之差。

【例 11.20】一家全权益公司正考虑以下项目：

项　目	贝塔值	预期收益率（%）
W	0.75	10.0
X	0.90	10.2
Y	1.20	12.0
Z	1.50	15.0

国库券的利率为 5%，市场的预期收益率为 11%。

（1）请问哪个项目的预期收益率高于公司 11% 的资本成本？

（2）请问应该接受哪个项目？

（3）请问如果以公司整体的资本成本作为最低收益率，哪个项目将会被错误地接受或是拒绝？［上海交通大学 2017 金融硕士］

答：（1）Y 项目和 Z 项目。

（2）用 CAPM 模型来计算每个项目在给定风险水平下的预期收益率，然后与表中给定的预期收益率进行比较。如果 CAPM 模型下的预期收益率低于表中给出的预期收益率，就接受这个项目，否则，就拒绝这个项目。

$R_W=0.05+0.75\times(0.11-0.05)=0.0950<0.10$，因此接受 W 项目；

$R_X=0.05+0.90\times(0.11-0.05)=0.1040>0.102$，因此拒绝 X 项目；

$R_Y=0.05+1.20\times(0.11-0.05)=0.1220>0.12$，因此拒绝 Y 项目；

$R_Z = 0.05 + 1.50 \times (0.11 - 0.05) = 0.1400 < 0.15$，因此接受 Z 项目。

(3) W 项目会被错误地拒绝，Y 项目会被错误地接受。

【例 11.21】假设市场组合的波动率是 10%，期望回报率为 12%，无风险利率为 4%。请根据下表的信息回答问题。

公司	占投资组合的比重	波动率	与市场组合的相关系数
A	0.25	14%	0.7
B	0.35	18%	0.6
C	0.40	15%	0.5

(1) A、B 和 C 公司的系统性风险 β(贝塔系数)分别是多少？

(2) 这个包含 A、B、C 公司的投资组合的 β(贝塔系数)和期望回报率分别是多少？[中山大学 2017 金融硕士]

解：(1) 根据系统性风险的公式：

$$\beta_i = \frac{Cov(R_i, R_M)}{\sigma^2(R_M)} = \frac{\rho_{iM} \times \sigma(R_i) \times \sigma(R_M)}{\sigma^2(R_M)} = \frac{\rho_{iM} \times \sigma(R_i)}{\sigma(R_M)}$$

因此：

$$\beta_A = \frac{0.7 \times 0.14}{0.1} = 0.98$$

$$\beta_B = \frac{0.6 \times 0.18}{0.1} = 1.08$$

$$\beta_C = \frac{0.5 \times 0.15}{0.1} = 0.75$$

(2) 投资组合的 β 为：

$$\beta_P = 0.25 \times 0.98 + 0.35 \times 1.08 + 0.4 \times 0.75 = 0.923$$

根据资本资产定价模型，投资组合的预期收益率为：

$$E(R_P) = R_F + \beta_P[E(R_M) - R_F] = 4\% + 0.923 \times (12\% - 4\%) = 11.384\%$$

【例 11.22】按照 CAPM 模型，假定：市场预期收益率 = 15%，无风险利率 = 8%；X 证券的预期收益率 = 17%，X 的贝塔值 = 1.25；以下哪种说法正确？(　　)[清华大学 2016 金融硕士]

A. X 被高估　　B. X 是公平定价

C. X 的阿尔法值为 −0.25%　　D. X 的阿尔法值为 0.25%

【答案】D

【解析】根据 CAPM，$E(R_X) = R_F + \beta_X[E(R_M) - R_F] = 8\% + 1.25 \times (15\% - 8\%) = 16.75\% < 17\%$。这说明 X 证券被低估，建议买入。

【例 11.23】某股票每年支付一次固定红利，直至永远，其市场价格为 50 元、年化预期收益率为 14%，市场组合的年化风险溢价为 5%，年化无风险利率为 6%。

(1) 假设 CAPM 模型成立，求此股票的贝塔值。

(2) 该股票每年每股支付多少固定红利？

(3) 如果该股票收益率与市场组合收益率的协方差变为原来的两倍(其他条件不变)，该股票的市场价格应为多少？[对外经贸大学 2016 金融硕士]

解：(1) 根据 CAPM 模型：$E(R_i) = R_F + \beta_i[E(R_M) - R_F]$，代入数据：$14\% = 6\% + \beta \times$

5%，解得：$\beta=1.6$。

(2)根据股利贴现定价模型：$P=D\div E(R_i)$，代入数据：$50=D\div 14\%$，解得：$D=7$(元)。

(3)根据β系数的计算公式：$\beta_i=\dfrac{Cov(R_i,\ R_M)}{\sigma^2(R_M)}$，若协方差变为原来的二倍，其他条件不变，则$\beta'=2\times\beta=3.2$。

根据 CAPM 模型：

$$E(R')=R_F+\beta'[E(R_M)-R_F]=6\%+3.2\times 5\%=22\%$$

根据股利贴现定价模型：

$$P'=D\div E(R')=7\div 22\%=31.82(\text{元})$$

【例 11.24】已知：现行国库券的利率为5%，证券市场组合平均收益率为12%，市场上A、B、C、D四种股票的β系数分别为0.9、1.15、1.7和0.48；B、C、D股票的预期收益率分别为16.5%、23%和10.2%。要求：

(1)采用资本资产定价模型计算A股票的预期收益率。

(2)计算B股票价值，为拟投资该股票的投资者做出是否投资的决策，并说明理由。假定B股票当前每股市价为15元，最近一期发放的每股股利为1.8元，预计年股利增长率为4%。

(3)计算A、B、C投资组合的β系数和预期收益率。假定投资者购买A、B、C三种股票的比例为1∶3∶6。

(4)已知按3∶5∶2的比例购买A、B、D三种股票，如果不考虑风险大小，请在A、B、C和A、B、D两种投资组合中做出投资决策，并说明理由。[中山大学2016金融硕士]

解：(1)A股票的预期收益率为：

$$E(R_A)=R_F+\beta_A[E(R_M)-R_F]=5\%+0.9\times(12\%-5\%)=11.3\%$$

(2)B股票的价值为：

$$P_B=\frac{D_0(1+g)}{R-g}=\frac{1.8\times 1.04}{0.165-0.04}=14.98(\text{元})$$

14.98元小于当前每股市价15元，该股票价格被高估，所以不应该投资。

(3)投资组合的β系数为：

$$\beta=0.1\times 0.9+0.3\times 1.15+0.6\times 1.7=1.455$$

投资组合的预期收益率为：

$$R_P=0.1\times 11.3\%+0.3\times 16.5\%+0.6\times 23\%=19.88\%$$

(4)A、B、D三种股票组合的预期收益率为：

$$R_P=0.3\times 11.3\%+0.5\times 16.5\%+0.2\times 10.2\%=13.68\%$$

不考虑风险的大小，A、B、C组合的收益率更大，应该投资A、B、C组合。

【例 11.25】某股票的市场价格为60元，其β系数为0，预计该股票1年后支付2元的红利，期末除权价格为62元，如果CAPM成立，市场上无风险利率为5%，市场风险溢价为5%，则该股票目前的价格被高估。(　　)[中央财经大学2014金融硕士]

【答案】×

【解析】根据CAPM模型可知，该股票的期望报酬率为：$E(R_i)=R_F+\beta_i[E(R_M)-R_F]=5\%$。所以该股票的当前价格应为$P=(D_1+P_1)/(1+R)=(2+62)/(1+5\%)=60.95$(元)，而市场价格为60元，所以该股票被低估了。

【**例 11.26**】市场预期收益率为 12%，无风险利率为 6%，一只股票的贝塔值为 0.9，这只股票的预期收益率是(　　)。[北京航空航天大学 2014 金融硕士]

A. 10.8%　　B. 11.4%　　C. 13%　　D. 16.2%

【**答案**】B

【**解析**】根据 CAPM 模型，该股票的预期收益率为：$E(R_i)=R_F+\beta_i[E(R_M)-R_F]=6\%+0.9\times(12\%-6\%)=11.4\%$。

【**例 11.27**】无风险收益率为 0.07，市场期望收益率为 0.15，证券 X 期望收益率为 0.12，β 值为 1.3，那么你应该(　　)。[华东师范大学 2013 金融硕士]

A. 买入 X，因为它被高估了　　B. 买入 X，因为它被低估了

C. 卖出 X，因为它被低估了　　D. 卖出 X，因为它被高估了

【**答案**】D

【**解析**】按照 CAPM 模型的公式，X 的预期收益率为：$E(R_i)=R_F+\beta_i[E(R_M)-R_F]=0.07+1.3\times(0.15-0.07)=0.174$，$0.174>0.12$，因此证券 X 被高估了，应该卖出 X。

【**例 11.28**】下面对资本资产定价模型的描述中错误的是(　　)。[中央财经大学 2012 金融硕士]

A. 单个证券的期望收益率由两部分组成，无风险利率以及风险溢价

B. 风险溢价的大小取决于 β 值的大小

C. β 越大，单个证券的风险越高，得到的风险补偿也越高

D. β 度量的是单个证券的全部风险，包括系统性风险和非系统性风险

【**答案**】D

【**解析**】根据 CAPM 模型，股票的期望收益率为：$E(R_i)=R_F+\beta_i[E(R_M)-R_F]$。上式表明：单个证券的期望收益率由两部分组成，一是资金的时间价值，即无风险利率；二是投资者因承担系统风险而得到的风险报酬，即风险溢价。其中风险溢价的大小取决于 β 值的大小，是用来度量系统风险的，β 越大，单个证券的风险越高，得到的风险补偿也越高。

【**例 11.29**】某公司持有由甲、乙、丙、丁四种股票构成的投资组合，它们的 β 系数分别为 2.0、1.5、0.5、1.0；它们在证券组合中所占比重分别为 40%、30%、10%、20%，市场上所有股票的平均收益率为 12%，无风险收益率为 8%。要求：

(1) 计算各股票的必要收益率；

(2) 计算投资组合的 β 系数；

(3) 计算投资组合的必要收益率。[南京大学 2015 金融硕士]

解：(1) 由资本资产定价模型(CAPM)：

$$E(R_i)=R_F+\beta_i[E(R_M)-R_F]$$

可知各股票的必要收益率为：

$$R_1=8\%+2.0\times(12\%-8\%)=16\%$$

$$R_2=8\%+1.5\times(12\%-8\%)=14\%$$

$$R_3=8\%+0.5\times(12\%-8\%)=10\%$$

$$R_4=8\%+1.0\times(12\%-8\%)=12\%$$

(2) 投资组合的 β 值等于组合内各项资产 β 系数的加权平均数，即投资组合的 β 系数为：

$$\beta_P=40\%\times2.0+30\%\times1.5+10\%\times0.5+20\%\times1.0=1.5$$

(3)投资组合的必要收益率也可以根据资本资产定价模型(CAPM)计算，其中β为投资组合的β值，则：

$$R_P=8\%+1.5\times(12\%-8\%)=14\%$$

【例 11.30】X 公司与 Y 公司股票的收益风险特征如下：

	期望收益(%)	标准差(%)	β值
股票 X	14.0	36	0.8
股票 Y	17.0	25	1.5
市场指数	14.0	15	1.0
无风险利率	5.0		

(1)计算每只股票的期望收益率和α值；

(2)识别并判断哪只股票能够更好地满足投资者的如下需求：

①将该股票加入一个风险被充分分散的资产组合；

②将该股票作为单一股票组合来持有。[复旦大学 2013 金融硕士]

解：(1)根据 CAPM 模型，股票期望收益率的计算公式为：$E(R_i)=R_F+\beta_i[E(R_M)-R_F]$。

股票 X 的期望收益率：$R_X=5\%+0.8\times(14\%-5\%)=12.2\%$；

股票 X 的α值：$\alpha=14\%-12.2\%=1.8\%$。

股票 Y 的期望收益率：$R_Y=5\%+1.5\times(14\%-5\%)=18.5\%$；

股票 Y 的α值：$\alpha=17\%-18.5\%=-1.5\%$。

(2)①在风险被充分分散的投资组合中，没有非系统风险，仅有系统风险，可以运用特雷纳指数的思想，计算公式为：$T_P=\dfrac{R_P-R_F}{\beta_P}$。

股票 X 每单位β值对应的期望收益$=(14\%-5\%)/0.8=11.25\%$；

股票 Y 每单位β值对应的期望收益$=(17\%-5\%)/1.5=8\%$。

因此，在将该股票加入一个风险被充分分散的资产组合的情况下，投资者应选择股票 X。

②作为单一股票组合来持有，有系统风险和非系统风险，可以运用夏普指数的思想，计算公式为：$S_P=\dfrac{R_P-R_F}{\sigma_P}$。

股票 X 每单位标准差对应的期望收益$=(14\%-5\%)/0.36=0.25$；

股票 Y 每单位标准差对应的期望收益$=(17\%-5\%)/0.25=0.48$。

因此，将该股票作为单一股票组合来持有时，投资者应选择股票 Y。

11.2 课后习题详解

一、概念题

1. 贝塔(beta)

答：参见本章复习笔记。

2. 共同期望(homogeneous expectations)

答：共同期望假设认为世界上所有的投资者对期望收益、方差和协方差的估计完全相同，是金融经济学家使用的假设。虽然这确实是不可能的，但是可以认为这是一个简化的假设：全世界的投资者可以获得相似的信息源。

这一假设被用在资本资产定价模型中，即如果所有投资者具有相同的期望，所有的投资者都将绘制出相同的风险资产有效集。因为相同的无风险利率适用于每个投资者，所以所有的投资者都认同从无风险利率出发的直线与风险资产有效集相切的点作为他们持有的风险资产组合。那些风险厌恶程度高的投资者可以在该切点与无风险资产之间进行组合，其他风险厌恶程度低的投资者可以通过以无风险利率借钱，增加对风险资产组合（切点）的投资。但是无论投资者的风险厌恶程度高低，在一个具有共同期望的世界中，所有的投资者都会持有该切点所代表的风险资产组合。

3. 资本资产定价模型（capital-asset-pricing model）[上海对外经贸大学 2017 金融硕士；青岛大学 2016 金融硕士；华南理工大学 2014 金融硕士；南京大学 2003 研]

答：参见本章复习笔记。

4. 市场组合（market portfolio）

答：市场组合是指个人或机构投资者所持有的各种与整个资本市场的构成完全相同的有价证券组合的总称，通常包括各种类型的债券、股票及存款单等。证券组合的分类通常以组合的投资目标为标准。证券组合按不同标准可以分为避税型、收入型、增长型、收入和增长混合型、货币市场型、国际型及指数化型等。

投资者构建证券组合的原因主要有：(1)降低风险。资产组合理论证明，证券组合的风险随着组合所包含证券数量的增加而降低，资产间关联性极低的多元化证券组合可以有效地降低非系统风险。(2)实现收益最大化。理性投资者的基本行为特征是厌恶风险和追求收益最大化。投资者力求在风险和收益中达到可能的最佳平衡。如果投资者仅投资于单个资产，他只有有限的选择。当投资者将各种资产按不同比例进行组合时，其选择就会有无限多种。这为投资者在给定风险水平下获取更高收益提供了机会。当投资者构造证券组合来平衡风险和收益时，他能够得到比投资单个资产更令人满意的收益与风险的平衡。具体来说，市场证券组合具有如下特点：(1)市场证券组合包含了资本市场上全部种类的上市证券；(2)每一种证券在市场证券组合中所占的比重，与该种证券的总市值占整个资本市场总市值的比重相等。在“共同期望”假设的条件下，所有的投资者都持有市场组合。

5. 资本市场线（capital market line）[中山大学 2022 金融硕士；天津大学 2019 金融硕士]

答：资本市场线是指在以预期收益和标准差为坐标轴的平面上，表示风险资产的有效组合与一种无风险资产再组合的有效组合线。如果用 E 和 σ 分别表示证券或组合的期望收益率和方差，F、M 和 P 分别表示无风险证券、市场组合和任意有效组合，资本市场线所代表的方程是：$E(R_P)=R_F+\frac{E(R_M)-R_F}{\sigma_M}\cdot\sigma_P$。资本市场线反映有效组合的期望收益率和标准差之间的一种简单的线性关系。

资本市场线对有效组合的期望收益率和风险之间的均衡关系提供了十分完整的阐述。有效组合的期望收益率由两部分构成：一部分是无风险利率 R_F，它是由时间创造的，是对放弃即期消费的补偿；另一部分则是对承担风险 σ_P 的补偿，通常称为风险溢价，它与承担的风险 σ_P 的大小成正比，其中的系数（也就是资本市场线的斜率）代表了对单位风险的补偿，通常称之为风险的价格。如图 11－1 所示。

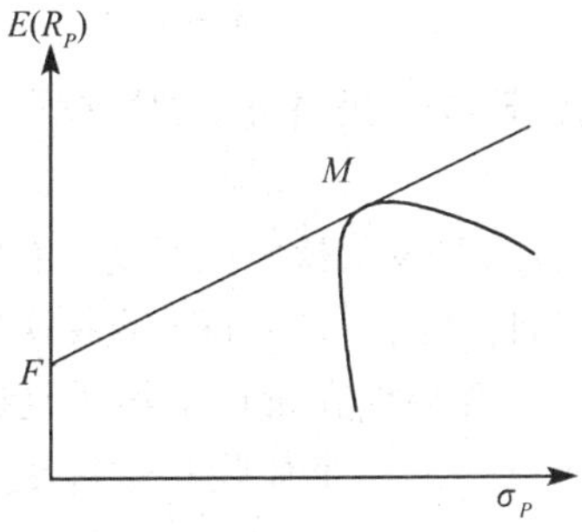

图 11－1　资本市场线

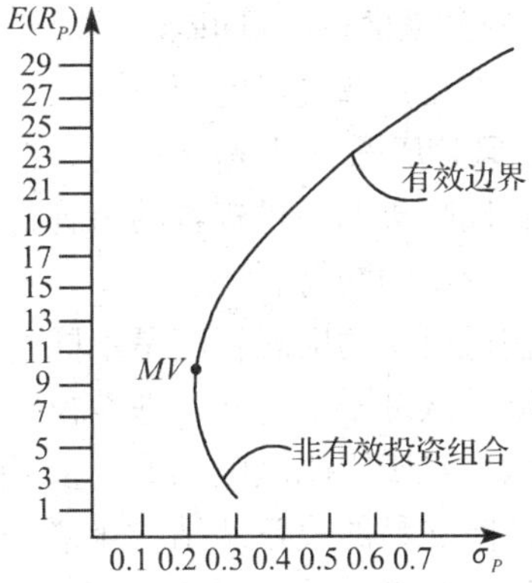

图 11－2　机会集(可行集)

6. 机会集(可行集)(opportunity or feasible set)

答： 机会集(可行集)是在以标准差为横轴、期望值 $E(R_P)$ 为纵轴的平面上，期望值在各种风险水平上均为最大点的运行轨迹。在此边界线内任何一点上投资，均有希望获得最大的期望值；超过此边界线的投资组合，即为期望值过小、不可取的或期望值过大、不可能实现的非有效证券投资组合。如图 11－2 所示。

在图 11－2 中，点 MV 代表最小方差组合，在 MV 以上的有效边界上的任何一点都属于有效证券投资组合。

7. 特征线(characteristic line)

答： 特征线是指某种特定证券的收益率与市场证券组合的收益率之间的回归直线。具体来说该特征线的表达式为：$R_i - R_F = \beta_i(R_M - R_F)$，式中：$R_i$表示第 i 种特定证券的实际收益率，它是一个随机变量。R_F表示无风险利率，在特征线中，它是一个常数。R_M表示市场证券组合的实际收益率，它也是一个随机变量。β_i 是一个待估系数(即贝塔系数)，其含义是表示证券的市场价格是否适中。特征线没有截距，也就是说，某一证券的超额收益是市场组合的超额收益与该证券系统风险(β 值)的严格关系，如果某一证券与市场组合相互独立，即 $\beta_{iM}=0$，那么 $R_i - R_F = 0$，即 $R_i = R_F$。如果 $\beta_{iM}>0$，那么该资产将得到风险溢价。

8. 投资组合(portfolio)

答： 投资组合是指为提高投资收益水平，弱化投资风险，而将各种证券有机地结合在一起的过程。

证券投资组合具有以下特点：(1)投资组合的目的是为了提高投资总额的收益水平，弱化投资总额的投资风险；(2)投资组合是根据各种证券风险和收益上的关联关系而有机结合在一起，不是总投资额的简单切割或比例分割；(3)投资组合表现为一个动态的过程，由于各种证券投资会随时间跟从市场而变动，其风险和收益也会发生变化。

证券组合风险的大小，并不直接等于组合中各个证券风险的加权平均，它除了与单个证券的风险有关外，还取决于各个证券收益间的相关程度，即协方差的大小。只要证券之间的收益变动不具有完全正相关关系，证券组合的风险就一定小于单个证券风险的加权平均值。因此，降低组合风险的有效途径是选择那些收益只有互补作用的负相关的证券进行组合。具体的组合方式有：①不同风险等级的证券投资组合；②不同弹性的证券投资组合；③不同投资方式的组合。

9. 相关系数(correlation)

答：参见本章复习笔记。

10. 风险厌恶(risk averse)

答：风险厌恶是投资者的一种行为倾向或特征，指当预期收益相当时，理性投资者总是偏好风险较小的交易。

人们对风险的厌恶程度是不同的，有的强，有的弱，有的对风险持中性态度，有的甚至偏好风险。从理论上定义，理性投资者一般是以厌恶风险为特征的，这一特征直接决定着价格的结构。对于厌恶风险的人，要使之接受交易中的风险，就必须在价格上给予足够的补偿，有风险交易的收益从结构上看应该是无风险交易的收益加上一个风险补偿额。风险越大，风险补偿额也就越高。

11. 协方差 (covariance)

答：参见本章复习笔记。

12. 证券市场线(security market line)[厦门大学 2019 金融硕士；南京大学 2019 金融硕士]

答：证券市场线是以 $E(R_i)$ 为纵坐标、β 为横坐标的坐标系中的一条直线。传统 CAPM 的公式 $E(R_i)=R_F+\beta_i[E(R_M)-R_F]$ 显示，风险资产的预期收益与其所承担的市场风险 β 值之间呈线性关系，如果把这一线性关系表示在以预期收益和 β 值为坐标轴的坐标平面上，就是一条以 R_F 为起点的射线(见图 11－3)，这条射线被称为证券市场线(Security Market Line, SML)。由于 β 值是资产的市场风险度，所以 SML 反映的是资产的市场风险与其预期收益之间的关系，斜率为 $[E(R_M)-R_F]$，这一线性关系适合于所有风险资产的收益—风险关系的说明。

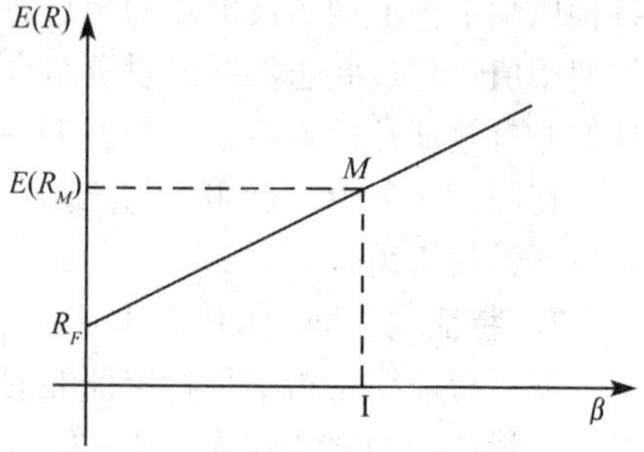

图 11－3 证券市场线

任一证券或组合的期望收益率由两部分构成：一部分是无风险利率 R_F，它是由时间创造的，是对放弃即期消费的补偿；另一部分则是对承担由 β 系数测定的风险 β_i 的补偿，通常称为风险溢价，它与承担的风险 β_i 的大小成正比。

13. 可化解风险(非系统性风险)(diversifiable, unique; unsystematic risk)[厦门大学 2023 金融硕士]

答：非系统性风险，亦称“可分散风险”或“特别风险”，是指那些通过资产组合的风险分散就可以消除掉的风险，是公司的特有风险。非系统性风险只与个别企业或少数企业相联系，是由每个企业自身的经营状况和财务状况所决定的，并不对大多数企业产生普遍的影响。非系统性风险由经营风险和财务风险等因素组成。例如某些因素对个别证券造成经济损失的可能性，这种风险可通过证券持有的多样化来抵消，因此，非系统性风险是通过多样化投资可被分散的风险。多样化投资之所以可分散风险，是因为在市场经济条件下，投资的收益现值随着收益风险和收益折现率的变化而变化。从事多样化投资时，一种投资的收益现值减少可由另一种投资的收益现值增加来弥补。但是，应当注意：多样化投资分散风险的程度与证券的相关性有关。

14. 分离定理(separation principle)[对外经贸大学 2017 金融硕士]

答：分离定理是在资本资产定价模型中所应用的一个定理，主要内容是：在任何情况下，公司投资决策的选择点只能是纯粹权益流量的资本化比率，它完全不受为投资提供融资的证券类型的影响。

一般来说，投资者的投资选择分为两步：①构建风险资产组合，这时不考虑自身的风险偏好；②据自身的风险偏好在自己的投资组合中选择风险资产组合与无风险资产的比例。这是因为如果所有投资者具有相同的期望，所有的投资者都将绘制出相同的风险资产有效集。又因为相同的无风险利率适用于每个投资者，所以所有的投资者都认同从无风险利率出发的直线与风险资产有效集相切的点作为他们持有的风险资产组合。那些风险厌恶程度高的投资者可以在该切点与无风险资产之间进行组合，其他风险厌恶程度低的投资者可以通过以无风险利率借钱，增加对风险资产组合（切点）的投资。但是无论投资者的风险厌恶程度高低，在一个具有共同期望的世界中，所有的投资者都会持有该切点所代表的风险资产组合，即投资者对风险和收益的偏好状况与该投资者风险资产组合的最优构成是无关的。

15. 有效集（有效边界）（efficient set，efficient frontier）

答：参见本章复习笔记。

16. 市场风险（系统性风险）（systematic or market risk）[首都经贸大学2018金融硕士；中山大学2016金融硕士；厦门大学2015金融硕士；华南理工大学2011金融硕士；南京大学2004研]

答：系统性风险亦称“不可分散风险”或“市场风险”，是非系统性风险的对称，指由于某些因素给市场上所有的证券都带来经济损失的可能性，如经济衰退、通货膨胀和需求变化给投资带来的风险。这种风险影响到所有证券，不可能通过证券组合分散掉。即使投资者持有的是收益水平及变动情况相当分散的证券组合，也将遭受这种风险。对于投资者来说，这种风险是无法消除的。

二、复习题

1. 可分散与不可分散风险　一般地说，为什么有些风险是可分散的？为什么有些风险是不可分散的？因此能断定投资者可以控制的是投资组合的非系统性风险的水平，而不是系统性风险的水平吗？

答：不管持有何种资产，有一些风险是所持资产的特有风险。通过投资的多元化，就可以以很低的成本来消除总风险中的这部分风险。另一方面，有一些风险影响所有的投资，总风险中的这部分风险就不能不费成本地被消除掉。换句话说，系统性风险可以控制，但只能通过大幅降低预期收益率来实现。

2. 系统性与非系统性风险　把下面的事件分为系统性风险和非系统性风险。每种情况下的区别都很清楚吗？

a. 短期利率意外上升。

b. 银行提高了公司偿还短期贷款的利率。

c. 油价意外下跌。

d. 一艘油轮破裂，发生大量原油泄漏。

e. 制造商在一个价值几百万美元的产品责任诉讼中败诉。

f. 最高法院的决定显著扩大了生产商对产品使用者受伤害的责任。

答：a. 系统性；

b. 非系统性；

c. 两者都有，可能大部分是系统性；

d. 非系统性;

e. 非系统性;

f. 系统性。

3. 期望组合收益 如果一个组合对每种资产都进行投资,组合的期望收益可能比组合中每种资产的收益高吗?可能比组合中每种资产的收益低吗?如果你对这一个或者两个问题的回答是"是",举例说明你的回答。

答:两个问题的答案都是否定的。投资组合的预期收益率是各个资产收益率的加权平均,所以它必须介于最大的资产收益率和最小的资产收益率之间。

4. 多元化 判断对错:决定多元化组合的期望收益最重要的特性是组合中单个资产的方差。解释你的回答。

答:错误。单个资产的方差是总风险的一个测量工具。一个多元化的投资组合的方差只是系统风险的度量。

5. 组合风险 如果一个组合对每种资产都进行投资,组合的标准差可能比组合中每种资产的标准差小吗?组合的贝塔系数呢?

答:组合的标准差可能比组合中每种资产的标准差都小,但是组合的贝塔系数不可能小于组合中最小的贝塔系数值,这是因为组合的贝塔系数是组合中单个资产的贝塔系数的加权平均值。

6. 贝塔系数和资本资产定价模型 风险资产的贝塔系数有可能为零吗?解释一下。根据资本资产定价模型,这种资产的期望收益是多少?风险资产的贝塔系数可能为负吗?资本资产定价模型对这种资产期望收益的预测是什么?为什么?

答:理论上说,构建一个贝塔系数为零的风险资产的投资组合是可能的,其收益率就等于无风险收益率。风险资产的贝塔系数为负也是可能的,这时的收益率会低于无风险利率。由于其具有充当分散化工具的价值,因此贝塔系数为负的资产有负的风险溢价。

7. 协方差 简要解释为什么一种证券与很多元化的组合中其他证券的协方差比该证券的方差更适合度量证券的风险?

答:在多元化组合中,协方差更适合作为度量证券风险的工具,因为协方差反映了证券对组合的方差的影响。投资者更关心的是组合的方差而不是单个证券的方差。由于协方差测度了单个证券对组合方差的影响,所以它更适合测量风险。

8. 贝塔系数 考虑一个投资经理如下的话:"Southern Co. 的股票在过去 3 年的大多数时间都在 12 美元附近交易。既然 Southern 显示了非常小的价格变动,该股票的贝塔系数就很低。另外,Texas Instruments 的交易价格高的时候达到 150 美元,低的时候像现在的 75 美元。既然 Texas Instruments 的股票显示了非常大的价格变动,该股票的贝塔系数非常高。"你同意这个分析吗?解释原因。

答:如果假设市场在过去的 3 年里并不是固定不变的,那么 Southern Co. 的股票价格变动小只能说明该股票要么标准差接近 0,要么是贝塔系数接近 0。Texas Instruments 的交易价格变动很大并不能说明该股票的贝塔系数就非常高,因为总的价格波动是系统性风险和非系统性风险的函数,贝塔系数仅仅反映了系统性风险。通过观察价格变动的标准差并不能说明价格变化是由系统因素引起的还是由特有因素引起的,因此,当你观察到像 Texas Instruments 那样有大幅度股票价格波动时,你不能说它的贝塔系数很高,只能得到它的总风险很高的结论。

9. 风险 经纪人建议你不要投资于原油工业的股票，因为它们的标准差高。对于风险规避的投资者，比如你自己，经纪人的建议合理吗？为什么？

答：原油工业股票价格的大幅度波动并不表明这些股票是一个不好的投资。如果购买原油工业的股票作为多元化产品组合的一部分，那么其对整个组合风险的贡献才是最要紧的。这个贡献可以用系统性风险或贝塔系数来度量。由于原油工业股票价格的波动反映的是可分散风险加上不可分散风险，观察价格变动的标准差不能充分地衡量将原油工业的股票加入到组合中的合理性。

10. 证券选择 如何在风险资产的有效集中确定最优的投资组合？

答：投资者的投资决策包括两个不相关的决策。在估计各种证券的期望收益的方差以及证券之间收益的协方差之后，投资者就可以得到风险资产的有效集。在得到有效集之后，投资者总是会选择持有无风险资产收益率与风险资产有效集切点位置代表的风险资产组合，因为这一组合给投资者提供了最好的投资机会。接下来，投资者必须根据自己的风险偏好决定如何将风险组合（切点）与无风险资产结合起来进行投资。

11. 决定组合的权重 对于一个有 165 股股票、每股卖 43 美元的股票 A 和 120 股股票、每股卖 74 美元的股票 B 的投资组合，它的组合权重是多少？

答：一种资产在组合中的权重等于该资产的投资总额除以投资组合的总价值。

$$\text{组合的总价值} = 165 \times 43 + 120 \times 74 = 15975（\text{美元}）$$

组合的权重分别是：

$$\text{股票 A 的权重} = 165 \times 43/15975 = 0.4441$$

$$\text{股票 B 的权重} = 120 \times 74/15975 = 0.5559$$

12. 组合的期望收益 假设你拥有一个 2700 美元投资于股票 A、3800 美元投资于股票 B 的投资组合。如果这些股票的期望收益分别是 9.5% 和 14%，组合的期望收益是多少？

答：组合的期望收益率是每种资产的权重乘以其期望收益率的和，即为每种资产期望收益率的加权平均。

$$\text{组合的总价值} = 2700 + 3800 = 6500（\text{美元}）$$

$$\text{组合的期望收益} = (2700/6500) \times 0.095 + (3800/6500) \times 0.14 = 0.1213 = 12.13\%$$

13. 组合的期望收益 假设你拥有一个 20% 投资于股票 X、45% 投资于股票 Y 和 35% 投资于股票 Z 的投资组合。这 3 只股票的期望收益分别是 11%、17% 和 14%。这个组合的期望收益是多少？

答：组合的期望收益是每种资产的权重乘以其预期收益之和，所以该组合的期望收益为：$E(R_P) = 0.2 \times 0.11 + 0.45 \times 0.17 + 0.35 \times 0.14 = 0.1475 = 14.75\%$。

14. 组合的期望收益 假设你投资 10000 美元于一个股票组合。你的选择有期望收益为 13% 的股票 X 和期望收益为 8.5% 的股票 Y。如果你的目标是创造一个期望收益为 11.9% 的组合，你对股票 X 的投资是多少，对股票 Y 的投资是多少？

答：题中给出了投资组合的期望收益和每种资产的期望收益，要求由此求出每种资产的投资额，可以根据组合期望收益等式解决这个问题。因为组合中所有资产的权重总和为 1，因此股票 Y 的权重一定等于 1 减去股票 X 的权重，从数学上来说，这意味着：

$$E(R_P) = 0.119 = 0.13w_X + 0.085 \times (1 - w_X)$$

解得：$w_X = 0.7556$。

所以，对 X 的投资为 $0.7556 \times 10000 = 7556$（美元）；对 Y 的投资为 $(1-0.7556) \times 10000 = 2444$（美元）。

15. 计算收益和标准差 根据如下信息，计算两只股票的期望收益和标准差。

经济状况	状况发生的概率	状况发生的收益	
		股票 A	股票 B
衰退	0.30	0.06	-0.20
正常	0.55	0.07	0.13
繁荣	0.15	0.11	0.33

答：一种资产的期望收益率等于所有可能的收益率乘以其相应发生的概率的总和。所以，资产的预期收益率为：

$$E(R_A) = 0.30 \times 0.06 + 0.55 \times 0.07 + 0.15 \times 0.11 = 0.0730 = 7.30\%$$

$$E(R_B) = 0.30 \times (-0.20) + 0.55 \times 0.13 + 0.15 \times 0.33 = 0.0610 = 6.10\%$$

为了计算标准差，首先需要计算方差。计算方差需要计算各种情况下的离差平方，将离差平方乘以相应的发生概率后加总即可得到方差。因此，两种证券的方差和标准差分别为：

$$\sigma_A^2 = 0.30 \times (0.06 - 0.0730)^2 + 0.55 \times (0.07 - 0.0730)^2 + 0.15 \times (0.11 - 0.0730)^2 = 0.00026$$

$$\sigma_A = (0.00026)^{1/2} = 0.0162 = 1.62\%$$

$$\sigma_B^2 = 0.30 \times (-0.20 - 0.0610)^2 + 0.55 \times (0.13 - 0.0610)^2 + 0.15 \times (0.33 - 0.0610)^2 = 0.03391$$

$$\sigma_B = (0.03391)^{1/2} = 0.1841 = 18.41\%$$

16. 计算收益和标准差 根据如下信息，计算期望收益和标准差。

经济状况	状况发生的概率	状况发生的收益
衰退	0.15	-0.105
萧条	0.30	0.059
正常	0.45	0.130
繁荣	0.10	0.211

答：一种资产的期望收益率等于所有可能的收益率乘以其相应发生的概率的总和，因此预期收益为：

$$E(R) = 0.15 \times (-0.105) + 0.30 \times 0.059 + 0.45 \times 0.130 + 0.10 \times 0.211 = 0.0816 = 8.16\%$$

为了计算标准差，首先得计算方差。要求方差，得从预期收益中得到离差平方。接着，把每个可能的离差平方乘以其相应的概率，再把这些加总就得到了方差。因此，资产的方差及标准差如下：

$$\sigma^2 = 0.15 \times (-0.105 - 0.0816)^2 + 0.30 \times (0.059 - 0.0816)^2 + 0.45 \times (0.13 - 0.0816)^2 + 0.10 \times (0.211 - 0.0816)^2 = 0.00810$$

所以：$\sigma = (0.00810)^{1/2} = 0.0900 = 9.00\%$。

17. 计算期望收益 一个组合 20% 投资于股票 G、55% 投资于股票 J、25% 投资于股票 K。这些股票的期望收益分别是 9%、11% 和 14%。该组合的期望收益是多少？你是怎么理解你的答案的？

答：根据期望收益率的定义可知，该组合的预期收益为：

$$E(R_P)=0.20\times0.09+0.55\times0.11+0.25\times0.14=0.1135=11.35\%$$

如果我们持有这个组合，我们预期会获得 11.35% 的收益。

18. 收益和标准差 考虑如下信息。

经济状况	状况发生的概率	状况发生的收益		
		股票 A	股票 B	股票 C
繁荣	0.65	0.06	0.16	0.33
萧条	0.35	0.14	0.02	-0.06

a. 一个平均投资于这 3 只股票的组合的期望收益是多少？

b. 各投资 20% 于股票 A 和股票 B、60% 于股票 C 的组合的方差是多少？

答：a. 为了得到组合的期望收益，可以首先计算组合在两种不同的经济状态下分别的收益。这个组合是一个特例，因为三种资产的权重相等。在计算等权重组合的收益率时，可以将各个资产的收益率加总再除以资产总数。在两种不同的经济状态下，组合的期望收益分别为：

繁荣：$R_P=(0.06+0.16+0.33)/3=0.1833=18.33\%$；

萧条：$R_P=(0.14+0.02-0.06)/3=0.0333=3.33\%$。

为了得到组合的期望收益，将组合在两种经济状态下的期望收益乘以状态发生的概率，然后将它们加总，得到：

$$E(R_P)=0.65\times0.1833+0.35\times0.0333=0.1308=13.08\%$$

b. 为得到组合期望收益，依然需要计算组合在两种经济状态下分别的收益。由于组合权重不再相等，需要将资产的收益乘以资产的权重再加总得到组合的收益。两种状态下组合的期望收益分别为：

繁荣：$R_P=0.20\times0.06+0.20\times0.16+0.60\times0.33=0.2420=24.20\%$；

萧条：$R_P=0.20\times0.14+0.20\times0.02+0.60\times(-0.06)=-0.0040=-0.40\%$。

组合的期望收益为：

$$E(R_P)=0.65\times0.2420+0.35\times(-0.004)=0.1559=15.59\%$$

为计算方差，需要计算各种情况下的离差平方，将离差平方乘以相应的发生概率后加总即可得到方差。本题中组合的方差为：

$$\sigma_P^2=0.65\times(0.2420-0.1559)^2+0.35\times(-0.0040-0.1559)^2=0.013767$$

19. 收益和标准差 考虑如下信息。

经济状况	状况发生的概率	状况发生的收益		
		股票 A	股票 B	股票 C
繁荣	0.25	0.24	0.45	0.33
良好	0.40	0.09	0.10	0.15
不佳	0.30	0.03	-0.10	-0.05
萧条	0.05	-0.05	-0.25	-0.09

a. 假设你的组合各 30% 投资于股票 A 和股票 C、40% 投资于股票 B。这个组合的期望收益是多少？

b. 这个组合的方差是多少？标准差是多少？

答： a. 这种组合中每种资产的权重并不相同。仍然需要找到每种经济状况下的期望收益。为此，需要用每种资产的收益乘以其在组合中相应的权重，再加总就得到了投资组合在不同的经济状况下的收益。

经济繁荣时：$R_P = 0.30 \times 0.24 + 0.40 \times 0.45 + 0.30 \times 0.33 = 0.3510 = 35.10\%$；

经济良好时：$R_P = 0.30 \times 0.09 + 0.40 \times 0.10 + 0.30 \times 0.15 = 0.1120 = 11.20\%$；

经济不佳时：$R_P = 0.30 \times 0.03 + 0.40 \times (-0.10) + 0.30 \times (-0.05) = -0.0460 = -4.60\%$；

经济萧条时：$R_P = 0.30 \times (-0.05) + 0.40 \times (-0.25) + 0.30 \times (-0.09) = -0.1420 = -14.20\%$。

所以该组合的期望收益为：

$$E(R_P) = 0.25 \times 0.3510 + 0.40 \times 0.1120 + 0.30 \times (-0.0460) + 0.05 \times (-0.1420) = 0.1117 = 11.17\%$$

b. 与前面同样的道理，组合的方差为：

$$\sigma_P^2 = 0.25 \times (0.3510 - 0.1117)^2 + 0.40 \times (0.1120 - 0.1117)^2 + 0.30 \times (-0.0460 - 0.1117)^2 + 0.05 \times (-0.1420 - 0.1117)^2 = 0.0250$$

所以，标准差 $\sigma_P = (0.0250)^{1/2} = 0.1581 = 15.81\%$。

20. 计算组合的贝塔系数 假设你有一个 15% 投资于股票 Q、35% 投资于股票 R、30% 投资于股票 S，还有 20% 投资于股票 T 的股票组合。这 4 只股票的贝塔系数分别是 0.75、1.90、1.38 和 1.16。这个组合的贝塔系数是多少？

答： 组合的贝塔系数等于各资产权重乘以其相应的贝塔系数，再加总。因此，组合的贝塔系数为：

$$\beta_P = 0.15 \times 0.75 + 0.35 \times 1.90 + 0.30 \times 1.38 + 0.20 \times 1.16 = 1.42$$

21. 计算组合的贝塔系数 假设你有一个股票组合均等地投资于无风险资产和两只股票。如果其中的一只股票的贝塔系数是 1.73，并且整个组合和市场的风险水平一样，那么组合中另外一个股票的贝塔系数是多少？

答： 组合的贝塔系数等于各资产权重乘以其相应的贝塔系数，再加总。如果组合的风险跟市场风险一样，那么该组合的贝塔系数一定与市场的贝塔系数相同。因为市场的贝塔系数是 1，所以该组合的贝塔系数也是 1。还要记住无风险资产的贝塔系数为零。如果资产本身没有风险，那么其贝塔系数就是零。建立方程求解组合的贝塔系数可得：

$$\beta_P = 1.0 = 1/3 \times 0 + 1/3 \times 1.73 + 1/3 \times \beta_X$$

解得：$\beta_X = 1.27$。

22. 运用 CAPM 一只股票的贝塔系数是 1.15，市场的期望收益是 10.6%，而且无风险利率是 4.5%。这只股票的期望收益必须是多少？

答： CAPM 描述了资产风险和其期望收益之间的关系，将数据带入 CAPM 模型：

$$E(R_i) = R_F + [E(R_M) - R_F] \times \beta_i = 0.045 + (0.106 - 0.045) \times 1.15 = 0.1152 = 11.52\%$$

23. 运用 CAPM 一只股票的期望收益是 13.4%，无风险利率是 3.8%，而且市场风险溢价是 7%。这只股票的贝塔系数必须是多少？

答： 题中给出了 CAPM 模型中除了 β 以外的所有值，只需要将这些值代入到 CAPM 方程中就可以求出 β。其中，需要注意的一个重要事项就是题中给出了市场风险溢价。市场风险溢价等于市场预期收益率减去无风险利率。不能把市场风险溢价当做市场预期收益率。将数据代入 CAPM 模型，有：

$$E(R_i)=0.134=0.038+0.07\beta_i$$

解得：$\beta_i=1.37$。

24. 运用 CAPM 一只股票的期望收益是 13.4%，它的贝塔系数是 1.20，而且无风险利率是 4.4%。市场的期望收益必须是多少？

答：本题中运用 CAPM，代入数据有：

$$E(R_i)=0.134=0.044+[E(R_M)-0.044]\times1.20$$

解得：$E(R_M)=0.1190=11.90\%$。

25. 运用 CAPM 一只股票的期望收益是 11.2%，它的贝塔系数是 1.15，而且市场的期望收益是 10.4%。无风险收益必须是多少？

答：本题中运用 CAPM，代入数据有：

$$E(R_i)=0.112=R_F+(0.104-R_F)\times1.15$$

解得：$R_F=0.0507=5.07\%$。

26. 运用 CAPM 一只股票的贝塔系数是 1.13，它的期望收益是 12.1%，无风险资产目前的收益是 3.6%。

a. 均等投资于两个资产的组合的期望收益是多少？

b. 如果两个资产组合的贝塔系数是 0.5，组合的投资比重是多少？

c. 如果两个资产组合的期望收益是 10%，它的贝塔系数是多少？

d. 如果两个资产组合的贝塔系数是 2.26，组合的投资比重是多少？你是如何理解本例中两个资产的比重？

答：a. 因为是均等投资于两种资产，因此组合的期望收益为：

$$E(R_P)=(0.121+0.036)/2=0.0785=7.85\%$$

b. 已知资产组合的贝塔系数是 0.5，要求出产生这一结果的资产组合的投资比重。已知无风险资产的 β 系数为零，无风险资产的权重等于 1 减去股票的权重，因为组合的权重总和必须为 1，所以有：

$$\beta_P=0.5=w_S\times1.13+(1-w_S)\times0$$

解得：$w_S=0.4425$。

无风险资产的权重为：

$$w_{RF}=1-w_S=1-0.4425=0.5575$$

c. 已知资产组合的期望收益为 10%，需要求出相应的权重。同理可得：

$$E(R_P)=0.10=0.121w_S+0.036\times(1-w_S)$$

解得：$w_S=0.7529$。

所以，组合的贝塔系数为：

$$\beta_P=0.7529\times1.13+(1-0.7529)\times0=0.851$$

d. 因为资产组合的贝塔系数为：

$$\beta_P=2.26=w_S\times1.13+(1-w_S)\times0$$

解得：$w_S=2$。

无风险资产的权重为：

$$w_{RF}=1-w_S=1-2=-1$$

即该组合投资200%于股票，投资-100%于无风险资产。这表示以无风险利率借入资金以购买更多的股票。

27. 运用SML 资产W的期望收益是11.9%，它的贝塔系数是1.2。如果无风险利率是4%，完成下面资产W和无风险资产的表格。通过画图揭示组合的期望收益和组合的贝塔系数之间的关系。那样得到的直线的斜率是多少？

组合中资产W的百分比(%)	组合的期望收益	组合的贝塔系数
0		
25		
50		
75		
100		
125		
150		

答：首先，需要找到组合的贝塔系数。无风险资产的贝塔系数为0，无风险资产的权重等于1减去股票的权重，所以组合的贝塔系数为：

$$\beta_P = w_W \times 1.2 + (1 - w_W) \times 0 = 1.2w_W$$

为了算出不同股票权重对应的组合的β值，只需要用股票的权重乘以其对应的β值即可。

尽管正在求解β和一个由所占权重不同的一只股票和无风险资产组成的投资组合的预期收益，实际上是在求解证券市场线。因此，由任何股票和无风险资产组成的一个投资组合，或者只含有股票的任何投资组合都落在证券市场线上。

已知SML的斜率是市场风险溢价，所以利用CAPM和这只股票的相关信息，可得到市场风险溢价，即：

$$E(R_W) = 0.119 = 0.04 + MRP \times 1.20$$

解得：$MRP = 0.0658 = 6.58\%$。

现在，可以得到适用于任意股票的CAPM等式了：

$$E(R_P) = 0.04 + 0.0658\beta_P$$

知道上面的等式以及SML斜率值为6.58%，可以求得下表数据：

组合中资产W的百分比(%)	组合的期望收益率	组合的贝塔系数
0	0.0400	0
25	0.0598	0.3
50	0.0795	0.6
75	0.0993	0.9
100	0.1190	1.2
125	0.1388	1.5
150	0.1585	1.8

28. 风险回报比率 股票Y的贝塔系数是1.20，它的期望收益是12.7%。股票Z的贝塔系数是0.90，它的期望收益是11.1%。如果无风险利率是4.5%，并且市场风险溢价是

7.1%，这些股票是否正确定价？

答：有两种方法可以解决这个问题。

方法一：利用 CAPM。将题目中给出的每种股票的数据代入等式中有：

$$E(R_Y)=0.045+0.071\times1.20=0.1302=13.02\%$$

题目中 Y 的期望收益是 12.7%，而根据 CAPM，基于其风险水平、预期收益算出的 Y 的期望收益为 13.02%，这说明在此风险下该股票的收益过低。Y 所在的点在 SML 曲线的下方，该股票被高估，换句话说，该股票应该降价以使得其期望收益升至 13.02%。

对于股票 Z，可得：

$$E(R_Z)=0.045+0.071\times0.90=0.1089=10.89\%$$

题中 Z 的期望收益是 11.1%，而根据 CAPM，基于其风险水平算出的 Z 的期望收益为 10.89%，即 Z 所在的点位于 SML 曲线的上方，该股票被低估，换句话说，它的价格应上升以使得其期望收益降至 10.89%。

方法二：利用风险回报率。所有的资产应该有相同的风险回报率，也就是说，每个资产的风险溢价和它的 β 值的比率是相同的，这是依据 SML 曲线的线性性质得到的。风险回报率等于资产的风险溢价除以其贝塔系数，这个比值还被称为 Treynor 比率或 Treynor 指数。知道市场的风险溢价以及市场的贝塔系数为 1，所以市场的风险回报率就是 0.071。计算 Y 的风险回报率，进而得到：

$$Y\text{的风险回报率}=(0.127-0.045)/1.20=0.0683$$

股票 Y 的风险回报率低于市场的风险回报率，说明该股票位于 SML 曲线的下方，股票被高估，其价格应该下降直到其风险回报率等于市场的风险回报率。

对于股票 Z，其风险回报率 $=(0.111-0.045)/0.90=0.0733$，高于市场的风险回报率，说明股票被低估，其价格应该上升直至其风险回报率等于市场风险报酬率为止。

29. 组合收益 在之前的问题中，两只股票正确定价的无风险利率会是多少？

答：令两资产的风险回报比率相等，有：

$$(0.127-R_F)/1.20=(0.111-R_F)/0.90$$

解得：$R_F=0.0630=6.30\%$。

30. 组合收益 运用前一章有关资本市场历史的信息，得出均等投资于大公司股票和长期政府债券的组合的收益。均等投资于小公司股票和国库券的组合的收益是多少？

答：均等投资于大公司股票和长期政府债券的组合的收益 $=(12.1\%+6.1\%)/2=9.10\%$；均等投资于小公司股票和国库券的组合的收益 $=(16.7\%+3.5\%)/2=10.10\%$。

31. CAPM 运用 CAPM，证明两资产风险溢价的比例等于它们贝塔系数的比例。

答：根据每种资产的风险回报比率相等有：

$$[E(R_A)-R_F]/\beta_A=[E(R_B)-R_F]/\beta_B$$

等式两边的分子是资产的风险溢价：

$$RP_A/\beta_A=RP_B/\beta_B$$

重新调整此方程可得：

$$\beta_A/\beta_B=RP_A/RP_B$$

如果风险回报比率相等，两资产贝塔系数的比例等于它们风险溢价的比例。

32. 组合收益和离差 考虑如下关于 3 只股票的信息。

经济状况	状况发生的概率	状况发生的收益		
		股票 A	股票 B	股票 C
繁荣	0.25	0.20	0.25	0.60
正常	0.55	0.15	0.11	0.05
萧条	0.20	0.01	-0.15	-0.50

a. 如果你的组合各 40% 投资于股票 A 和股票 B、20% 投资于股票 C，组合的期望收益是多少？方差是多少？标准差是多少？

b. 如果国库券的期望收益是 3.80%，组合的预期风险溢价是多少？

c. 如果预期的通货膨胀率是 3.50%，组合实际收益的近似值和准确值是多少？预期组合的实际风险溢价的近似值和准确值是多少？

答： a. 首先求得在各种经济状况下的组合的期望收益。

经济繁荣时：$R_P = 0.4 \times 0.20 + 0.4 \times 0.25 + 0.2 \times 0.60 = 0.3000 = 30.00\%$；

经济正常时：$R_P = 0.4 \times 0.15 + 0.4 \times 0.11 + 0.2 \times 0.05 = 0.1140 = 11.40\%$；

经济萧条时：$R_P = 0.4 \times 0.01 + 0.4 \times (-0.15) + 0.2 \times (-0.50) = -0.1560 = -15.60\%$。

所以，该组合的期望收益：$E(R_P) = 0.25 \times 0.30 + 0.55 \times 0.114 + 0.20 \times (-0.156) = 0.1065 = 10.65\%$。

为了得到标准差，首先计算总方差。要计算总方差需计算每只股票在期望收益下的离差平方，然后分别乘以经济在繁荣、正常、萧条三种情况下的概率，最后加总即总方差。所以组合的方差和标准差如下：

方差：$\sigma_P^2 = 0.25 \times (0.30 - 0.1065)^2 + 0.55 \times (0.114 - 0.1065)^2 + 0.20 \times (-0.156 - 0.1065)^2 = 0.02317$；

标准差：$\sigma_P = (0.02317)^{1/2} = 0.1522 = 15.22\%$。

b. 风险溢价等于风险资产收益率减去无风险利率，通常国库券的收益率被视为无风险利率，所以组合的预期风险溢价：

$$RP_i = E(R_P) - R_F = 0.1065 - 0.038 = 0.0685 = 6.85\%$$

c. 预期组合的实际收益的近似值等于预期名义收益减去通货膨胀率，所以组合的实际收益的近似值 $= 0.1065 - 0.035 = 0.0715 = 7.15\%$。

利用费雪方程式可以求出预期组合的实际收益的准确值。

$$1 + E(R_i) = (1 + h)[1 + e(r_i)]$$

代入数据可得：

$$1.1065 = 1.0350 \times [1 + e(r_i)]$$

解得：$e(r_i) = 1.1065/1.035 - 1 = 0.0691 = 6.91\%$。

实际无风险收益率的近似值等于名义无风险利率减去通货膨胀率，因此实际无风险利率的近似值为 $0.038 - 0.035 = 0.003 = 0.3\%$。

利用费雪方程式可以求出实际无风险利率的准确值。代入数据可得：

$$1.038 = 1.035 \times [1 + e(r_i)]$$

解得：$e(r_i) = 1.038/1.035 - 1 = 0.0029 = 0.29\%$。

实际风险溢价的近似值等于实际收益率的近似值减去实际无风险利率的近似值，所以组合的实际风险溢价近似值 $=0.0715-0.003=0.0685=6.85\%$。

实际风险溢价的准确值等于实际收益率的准确值减去实际无风险利率的准确值，所以组合的实际风险溢价准确值 $=0.0691-0.0029=0.0662=6.62\%$。

33. 分析组合 你想创造一个和市场一样的风险组合，并且你有1000000美元进行投资。根据这些信息，把下面表格的其他部分填满。

资产	投资额（美元）	贝塔系数
股票A	180000	0.75
股票B	290000	1.25
股票C		1.45
无风险资产		

答： 已知投资组合总的价值和组合中两只股票的投资额，据此可以得到这两只股票在组合中的权重。

股票A的权重：$w_A=180000/1000000=0.18$；

股票B的权重：$w_B=290000/1000000=0.29$。

投资组合风险与市场风险相同，则组合的贝塔系数必然为1，已知无风险资产的贝塔系数为0，由此可以利用组合的 β 系数的计算等式算出第三种股票的权重：

$$\beta_P=1.0=w_A\times0.75+w_B\times1.25+w_C\times1.45+w_{RF}\times0$$

股票C的权重：$w_C=0.34655172$。

所以，用在股票C上的投资 $=0.34655172\times1000000=346551.72$（美元）。

又因为所有资产的权重之和为1，那么无风险资产的权重必然等于1减去已知的三种资产的权重：

$$1=w_A+w_B+w_C+w_{RF}$$

$$1=0.18+0.29+0.34655172+w_{RF}$$

解得：$w_{RF}=0.18344828$。

用在无风险资产上的投资 $=0.18344828\times1000000=183448.28$（美元）。

34. 分析组合 你有1000000美元，要投资于一个包含股票X、股票Y的组合。你的目标是创造一个期望收益为12.9%的资产组合，如果股票X的期望收益是11.2%、贝塔系数是1.3，股票Y的期望收益是7.7%、贝塔系数是0.8，你会投资多少钱买股票Y？如何理解你的回答？你的资产组合的贝塔系数是多少？

答： 题中给出了组合的预期收益率，以及组合中各资产的预期收益率和 β 值。各种资产在组合中的权重之和等于1。利用这种关系，组合的预期收益率可以写成：

$$E(R_P)=0.129=w_X\times0.112+(1-w_X)\times0.077$$

解得：$w_X=1.48571$；$w_Y=1-w_X=-0.48571$。

所以，用于股票Y的投资 $=-0.48571\times1000000=-485710$（美元）。

投资组合中负的权重说明卖空该股票，卖空股票是指当前借入该股票并卖出，但是必须在将来的某个时间再买入该股票以偿还之前的借入，如果这个股票价值下跌，则获利。

资产组合的贝塔系数等于组合中各个资产贝塔系数的加权平均，权数为资产在组合中所占的权重。因此资产组合的贝塔系数为：

$$\beta_P=w_X\times1.3+w_Y\times0.8=1.48571\times1.3+(-0.48571)\times0.8=1.5429$$

35. 协方差和相关系数 根据下面的信息，计算下面每一个股票的期望收益和标准差。假设每个状况发生的可能性是相同的。两个股票收益的协方差和相关系数是多少？

经济状况	股票A的收益	股票B的收益
熊市	0.108	-0.067
正常	0.126	0.113
牛市	0.064	0.276

答：资产的预期收益率等于各种可能的收益率乘以其相应发生的概率，再加总。依题意股票A的期望收益：

$$E(R_A)=1/3\times0.108+1/3\times0.126+1/3\times0.064=0.0993=9.93\%$$

股票B的期望收益：

$$E(R_B)=1/3\times(-0.067)+1/3\times0.113+1/3\times0.276=0.1073=10.73\%$$

依据前面同样的方法，可得各种资产的方差和标准差：

股票A的方差：

$$\sigma_A^2=1/3\times(0.108-0.0993)^2+1/3\times(0.126-0.0993)^2+1/3\times(0.064-0.0993)^2=0.00068$$

股票A的标准差：

$$\sigma_A=(0.00068)^{1/2}=0.0260=2.60\%$$

股票B的方差：

$$\sigma_B^2=1/3\times(-0.067-0.1073)^2+1/3\times(0.113-0.1073)^2+1/3\times(0.276-0.1073)^2=0.01962$$

股票B的标准差：

$$\sigma_B=(0.01962)^{1/2}=0.1401=14.01\%$$

根据协方差的计算公式，两只股票的协方差：

$$\begin{aligned}Cov(R_A,\ R_B)&=1/3\times(0.108-0.0993)\times(-0.067-0.1073)+1/3\times(0.126-0.0993)\\&\quad\times(0.113-0.1073)+1/3\times(0.064-0.0993)\times(0.276-0.1073)\\&=-0.00244\end{aligned}$$

相关系数：

$$\rho_{A,B}=Cov(R_A,\ R_B)/(\sigma_A\sigma_B)=-0.00244/(0.0260\times0.1401)=-0.66985$$

36. 协方差和相关系数 根据下面的信息，计算下面每一个股票的期望收益和标准差。假设每个状况发生的可能性是相同的。两个股票收益的协方差和相关系数是多少？

经济状况	经济状况发生的概率	股票A的收益	股票B的收益
熊市	0.30	-0.020	0.034
正常	0.55	0.138	0.062
牛市	0.15	0.218	0.092

答：本题所有方法同上题，可得：

股票A的期望收益：

$$E(R_A)=0.30\times(-0.020)+0.55\times0.138+0.15\times0.218=0.1026=10.26\%$$

股票B的期望收益：

$$E(R_B)=0.30\times0.034+0.55\times0.062+0.15\times0.092=0.0581=5.81\%$$

股票A的方差：

$$\sigma_A^2 = 0.3 \times (-0.020 - 0.1026)^2 + 0.55 \times (0.138 - 0.1026)^2 + 0.15 \times (0.218 - 0.1026)^2 = 0.00720$$

股票 A 的标准差：

$$\sigma_A = (0.00720)^{1/2} = 0.0848 = 8.48\%$$

股票 B 的方差：

$$\sigma_B^2 = 0.3 \times (0.034 - 0.0581)^2 + 0.55 \times (0.062 - 0.0581)^2 + 0.15 \times (0.092 - 0.0581)^2 = 0.00035$$

股票 B 的标准差：

$$\sigma_B = (0.00035)^{1/2} = 0.0188 = 1.88\%$$

两只股票的协方差：

$$\begin{aligned} Cov(R_A,\ R_B) &= 0.30 \times (-0.020 - 0.1026) \times (0.034 - 0.0581) + 0.55 \times (0.138 - 0.1026) \\ &\quad \times (0.062 - 0.0581) + 0.15 \times (0.218 - 0.1026) \times (0.092 - 0.0581) \\ &= 0.001549 \end{aligned}$$

所以相关系数：

$$\rho_{A,B} = Cov(R_A,\ R_B)/(\sigma_A \sigma_B) = 0.001549/(0.0848 \times 0.0188) = 0.9716$$

37. 组合的标准差 证券 F 每年的期望收益是 10%、标准差是 49%。证券 G 每年的期望收益是 14%、标准差是 73%。

a. 30% 证券 F 和 70% 证券 G 构成的组合的期望收益是多少？

b. 如果证券 F 和证券 G 的相关系数是 0.25，那么 a 中描述的组合的标准差是多少？

答：a. 组合的预期收益率等于组合中各资产预期收益率的加权平均：

$$E(R_P) = w_F E(R_F) + w_G E(R_G)$$

即：$E(R_P) = 0.30 \times 0.10 + 0.70 \times 0.14 = 0.1280 = 12.80\%$。

b. 投资组合的方差为：

$$\sigma_P^2 = w_F^2 \sigma_F^2 + w_G^2 \sigma_G^2 + 2 w_F w_G \sigma_F \sigma_G \rho_{F,G}$$

即：$\sigma_P^2 = 0.30^2 \times 0.49^2 + 0.70^2 \times 0.73^2 + 2 \times 0.30 \times 0.70 \times 0.49 \times 0.73 \times 0.25 = 0.32029$。

所以，标准差 $\sigma = (0.32029)^{1/2} = 0.5659 = 56.59\%$。

38. 组合的标准差 假设股票 A 和股票 B 的期望收益和标准差分别是：$E(R_A) = 0.11$，$E(R_B) = 0.13$，$\sigma_A = 0.39$，$\sigma_B = 0.76$。

a. 当 A 收益和 B 收益之间的相关系数为 0.5 时，计算由 35% 股票 A 和 65% 股票 B 组成的投资组合的期望收益和标准差。

b. 当 A 收益和 B 收益之间的相关系数为 −0.5 时，计算由 35% 股票 A 和 65% 股票 B 组成的投资组合的期望收益和标准差。

c. A 收益和 B 收益的相关系数是如何影响投资组合的标准差的？

答：a. 投资组合的期望收益：

$$E(R_P) = w_A E(R_A) + w_B E(R_B) = 0.35 \times 0.11 + 0.65 \times 0.13 = 0.1230 = 12.30\%$$

投资组合的方差：

$$\begin{aligned} \sigma_P^2 &= w_A^2 \sigma_A^2 + w_B^2 \sigma_B^2 + 2 w_A w_B \sigma_A \sigma_B \rho_{A,B} \\ &= 0.35^2 \times 0.39^2 + 0.65^2 \times 0.76^2 + 2 \times 0.35 \times 0.65 \times 0.39 \times 0.76 \times 0.50 \\ &= 0.33010 \end{aligned}$$

所以标准差：$\sigma_P = (0.33010)^{1/2} = 0.5745 = 57.45\%$。

b. 投资组合的期望收益：

$$E(R_P)=w_AE(R_A)+w_BE(R_B)=0.35\times0.11+0.65\times0.13=0.1230=12.30\%$$

投资组合的方差：

$$\sigma_P^2=w_A^2\sigma_A^2+w_B^2\sigma_B^2+2w_Aw_B\sigma_A\sigma_B\rho_{A,B}$$
$$=0.35^2\times0.39^2+0.65^2\times0.76^2+2\times0.35\times0.65\times0.39\times0.76\times(-0.50)$$
$$=0.19524$$

所以标准差：$\sigma_P=(0.19524)^{1/2}=0.4419=44.19\%$。

c. 随着股票 A、B 相关性的减弱，组合的标准差下降。

39. 相关系数和贝塔系数 你有如下有关 3 个公司证券、市场组合和无风险资产的数据：

证券	期望收益	标准差	相关系数①	贝塔系数
公司 A	0.10	0.31	(i)	0.85
公司 B	0.14	(ii)	0.50	1.40
公司 C	0.16	0.65	0.35	(iii)
市场组合	0.12	0.20	(iv)	(v)
无风险资产	0.05	(vi)	(vii)	(viii)

①和市场组合的相关系数。

a. 填写表中缺失的数值。

b. 公司 A 的股票是否根据资本资产定价模型被正确定价？公司 B 的股票呢？公司 C 呢？如果这些股票没有被正确定价，你对一个拥有相当多元化投资组合的投资者的投资建议是什么？

答： a. 利用下面的等式计算贝塔系数：

(i)$\beta_A=(\rho_{A,M})(\sigma_A)/\sigma_M$，代入数据可得：$0.85=\rho_{A,M}\times0.31/0.20$，解得：$\rho_{A,M}=0.55$；

(ii)$\beta_B=(\rho_{B,M})(\sigma_B)/\sigma_M$，代入数据可得：$1.40=0.50\times\sigma_B/0.20$，解得：$\sigma_B=0.56$；

(iii)$\beta_C=(\rho_{C,M})(\sigma_C)/\sigma_M$，代入数据可得：$\beta_C=0.35\times0.65/0.20$，解得：$\beta_C=1.14$；

(iv)市场组合和它本身的相关性为 1；

(v)市场组合的贝塔系数为 1；

(vi)无风险资产的标准差为 0；

(vii)无风险资产和市场组合的相关性为 0；

(viii)无风险资产的贝塔系数为 0。

b. 利用 CAPM 计算股票的期望收益。

①对于公司 A：

$$E(R_A)=R_F+\beta_A[E(R_M)-R_F]=0.05+0.85\times(0.12-0.05)=0.1095=10.95\%$$

根据 CAPM 得到的公司 A 的期望收益应该是 10.95%，但是表中给出的却是 10%，所以公司 A 股票被高估，应该卖出。

②对于公司 B：

$$E(R_B)=R_F+\beta_B[E(R_M)-R_F]=0.05+1.4\times(0.12-0.05)=0.1480=14.80\%$$

根据 CAPM 得到的公司 B 股票的期望收益为 14.80%，但是表中给出的却是 14%，所以公司 B 股票被高估，应该卖出。

③对于公司 C：

$$E(R_C)=R_F+\beta_C[E(R_M)-R_F]=0.05+1.14\times(0.12-0.05)=0.1298=12.98\%$$

根据CAPM算出的公司C股票的期望收益是12.98%，但是表中给出的数值是16%，因此股票C的价值被低估，应该买进。

40. CML 市场组合的期望收益是11%、标准差是19%、无风险利率是4.3%。

a. 一个标准差为9%、相当多元化的组合的期望收益是多少？

b. 一个期望收益为20%、相当多元化的组合的标准差是多少？

答：因为充分多元化的组合没有非系统性风险，该组合应该在CML曲线上。CML的斜率：

$$Slope_{CML}=[E(R_M)-R_F]/\sigma_{ML}=(0.11-0.043)/0.19=0.35263$$

a. 组合的期望收益：

$$E(R_P)=R_F+Slope_{CML}\times\sigma_P=0.043+0.35263\times0.09=0.0747=7.47\%$$

b. 已知组合的期望收益为20%，代入数据：

$$0.20=0.043+0.35263\sigma_P$$

解得：$\sigma_P=0.4452=44.52\%$。

41. 贝塔系数和CAPM 一个由无风险资产和市场组合构成的投资组合的期望收益是8%、标准差是17%、无风险利率是4.3%，且市场组合的期望收益是11%。假定资本资产定价模型有效。如果一个证券与市场组合的相关系数是0.45、标准差是60%，这个证券的期望收益是多少？

答：首先利用CML计算出市场组合的标准差。已知无风险资产的收益率4.3%，标准差为0，投资组合的收益率为8%，标准差为17%，这两点都在CML曲线上。因此，可以求得CML曲线的斜率：

CML曲线的斜率 = 收益率的增量/标准差的增量 = (0.08 − 0.043)/(0.17 − 0) = 0.2176

根据CML曲线有：

$$E(R_I)=R_F+\text{CML曲线的斜率}\times\sigma_I$$

已知市场组合的预期收益率、无风险利率、资本市场线的斜率，就可以求解市场组合的标准差了。

$$E(R_M)=R_F+\text{CML曲线的斜率}\times\sigma_M$$

代入数据：$0.11=0.043+0.2176\sigma_M$，解得：$\sigma_M=0.3078=30.78\%$。

然后利用已经求出的市场组合的标准差和贝塔系数方程就可以算出证券的贝塔系数了：

$$\beta_I=\rho_{I,M}\sigma_I/\sigma_M$$

代入数据：$\beta_I=0.45\times0.60/0.3078$，解得：$\beta_I=0.88$。

再利用证券的贝塔系数和CAPM算出期望收益：

$$E(R_I)=R_F+\beta_I[E(R_M)-R_F]=0.043+0.88\times(0.11-0.043)=0.1020=10.20\%$$

42. 贝塔系数和CAPM 假设无风险利率是4.7%，且市场组合的期望收益是11.2%、方差是0.0382。组合Z与市场组合的相关系数是0.28，它的方差是0.3285。根据资本资产定价模型，组合Z的期望收益是多少？

答：首先算出市场以及投资组合的标准差：

$$\sigma_M=(0.0382)^{1/2}=0.1954=19.54\%$$

$$\sigma_Z=(0.3285)^{1/2}=0.5731=57.31\%$$

再计算组合的贝塔系数：

$$\beta_Z=\rho_{Z,M}\sigma_Z/\sigma_M=0.28\times0.5731/0.1954=0.82$$

利用 CAPM 算出组合的期望收益：

$E(R_Z)=R_F+\beta_Z[E(R_M)-R_F]=0.047+0.82\times(0.112-0.047)=0.1003=10.03\%$

43. 系统性和非系统性风险 考虑如下关于股票Ⅰ和股票Ⅱ的信息：

经济状况	状况发生的概率	状况发生的收益	
		股票Ⅰ	股票Ⅱ
衰退	0.15	0.11	-0.25
正常	0.55	0.18	0.11
非理性繁荣	0.30	0.08	0.31

市场的风险溢价是 7.5%，无风险利率是 4%。哪只股票的系统性风险最大？哪只股票的非系统性风险最大？哪只股票的风险大一些？解释你的回答。

答：系统风险可以由资产的 β 衡量。在已知市场风险溢价和无风险利率的条件下，如果知道了资产的期望收益，就可以用 CAPM 算出 β。股票Ⅰ的期望收益：

$$E(R_{\mathrm{I}})=0.15\times0.11+0.55\times0.18+0.30\times0.08=0.1395=13.95\%$$

利用 CAPM 有：

$$0.1395=0.04+0.075\beta_I$$

解得：$\beta_{\mathrm{I}}=1.33$。

资产的总风险是由它的标准差度量的，因此需要算出股票Ⅰ的标准差，先计算其方差。

股票Ⅰ的方差为：

$$\sigma_{\mathrm{I}}^2=0.15\times(0.11-0.1395)^2+0.55\times(0.18-0.1395)^2+0.30\times(0.08-0.1395)^2=0.00209$$

所以标准差：

$$\sigma_{\mathrm{I}}=(0.00209)^{1/2}=0.0458=4.58\%$$

同理，对股票Ⅱ，期望收益：

$$E(R_{\mathrm{II}})=0.15\times(-0.25)+0.55\times0.11+0.30\times0.31=0.1160=11.60\%$$

利用 CAPM 有：

$$0.1160=0.04+0.075\beta_{\mathrm{II}}$$

解得：$\beta_{\mathrm{II}}=1.01$。

股票Ⅱ的方差：

$$\sigma_{\mathrm{II}}^2=0.15\times(-0.25-0.1160)^2+0.55\times(0.11-0.1160)^2+0.30\times(0.31-0.1160)^2=0.03140$$

所以标准差：

$$\sigma_{\mathrm{II}}=(0.03140)^{1/2}=0.1772=17.72\%$$

虽然股票Ⅱ的总风险比Ⅰ的大，但由于其贝塔系数比Ⅰ小，所以其系统性风险比Ⅰ小。因此，股票Ⅰ系统性风险更大，而股票Ⅱ非系统性风险和总风险更大些。由于非系统风险可被分散，所以尽管股票Ⅰ的收益率波动性较小，它的风险反而更高些。股票Ⅰ会有更高的风险溢价和更高的期望收益。

44. SML 假设你观察到如下情况：

证券	贝塔系数	期望收益(%)
Pete Corp.	1.35	12.28
Repete Co.	0.80	8.54

假设这些证券定价都正确。根据资本资产定价模型，市场的期望收益是多少？无风险利率是多少？

答： 题中给出了两种资产的期望收益和贝塔系数，可以用 CAPM 模型表达两个证券的收益。如果 CAPM 成立，则证券市场线也成立，这意味着所有的证券拥有同样的风险溢价。令两个证券的收益—风险比率相等可以解出无风险利率：

$$(0.1228 - R_F)/1.35 = (0.0854 - R_F)/0.80$$

解得：$R_F = 0.031 = 3.10\%$。

利用 CAPM 可以求出市场的期望收益：

$$E(R_{Pete}) = 0.1228 = 0.0310 + 1.35(R_M - 0.0310)$$

$$E(R_{Repete}) = 0.0854 = 0.0310 + 0.80(R_M - 0.0310)$$

解得：$R_M = 0.0990 = 9.90\%$。

45. 协方差和组合的标准差 这些是市场上的 3 种证券，下表显示了它们可能的回报。

状态	出现可能	证券 1 的收益	证券 2 的收益	证券 3 的收益
1	0.15	0.20	0.20	0.05
2	0.35	0.15	0.10	0.10
3	0.35	0.10	0.15	0.15
4	0.15	0.05	0.05	0.20

a. 每只证券的期望收益和标准差是多少？

b. 每对证券之间的相关系数和协方差是多少？

c. 资金一半投资于证券 1、另一半投资于证券 2 的投资组合的期望收益和标准差是多少？

d. 资金一半投资于证券 1、另一半投资于证券 3 的投资组合的期望收益和标准差是多少？

e. 资金一半投资于证券 2、另一半投资于证券 3 的投资组合的期望收益和标准差是多少？

f. 你在 a、c、d 和 e 的回答就多元化来说意味着什么？

答： a. 根据期望收益和方差的计算公式，可得：

①证券 1 的期望收益：$E(R_1) = 0.15 \times 0.20 + 0.35 \times 0.15 + 0.35 \times 0.10 + 0.15 \times 0.05 = 0.1250 = 12.50\%$。

方差：$\sigma_1^2 = 0.15 \times (0.20 - 0.1250)^2 + 0.35 \times (0.15 - 0.1250)^2 + 0.35 \times (0.10 - 0.1250)^2 + 0.15 \times (0.05 - 0.1250)^2 = 0.00213$。

标准差：$\sigma_1 = (0.00213)^{1/2} = 0.0461 = 4.61\%$。

②证券 2 的期望收益：$E(R_2) = 0.15 \times 0.20 + 0.35 \times 0.10 + 0.35 \times 0.15 + 0.15 \times 0.05 = 0.1250 = 12.50\%$。

方差：$\sigma_2^2 = 0.15 \times (0.20 - 0.1250)^2 + 0.35 \times (0.10 - 0.1250)^2 + 0.35 \times (0.15 - 0.1250)^2 + 0.15 \times (0.05 - 0.1250)^2 = 0.00213$。

标准差：$\sigma_2 = (0.00213)^{1/2} = 0.0461 = 4.61\%$。

③证券 3 的期望收益：$E(R_3) = 0.15 \times 0.05 + 0.35 \times 0.10 + 0.35 \times 0.15 + 0.15 \times 0.20 = 0.1250 = 12.50\%$。

方差：$\sigma_3^2 = 0.15 \times (0.05 - 0.1250)^2 + 0.35 \times (0.10 - 0.1250)^2 + 0.35 \times (0.15 - 0.1250)^2 + 0.15 \times (0.20 - 0.1250)^2 = 0.00213$。

标准差：$\sigma_3 = (0.00213)^{1/2} = 0.0461 = 4.61\%$。

b. 根据协方差和相关系数的计算公式，可得：

①证券 1 和证券 2 的协方差：$Cov(R_1, R_2) = 0.15 \times (0.20 - 0.1250) \times (0.20 - 0.1250) + 0.35 \times (0.15 - 0.1250) \times (0.10 - 0.1250) + 0.35 \times (0.10 - 0.1250) \times (0.15 - 0.1250) + 0.15 \times (0.05 - 0.1250) \times (0.05 - 0.1250) = 0.00125$。

相关系数：$\rho_{1,2} = Cov(R_1, R_2)/\sigma_1\sigma_2 = 0.00125/(0.0461 \times 0.0461) = 0.5882$。

②证券 1 和证券 3 的协方差：$Cov(R_1, R_3) = 0.15 \times (0.20 - 0.1250) \times (0.05 - 0.1250) + 0.35 \times (0.15 - 0.1250) \times (0.10 - 0.1250) + 0.35 \times (0.10 - 0.1250) \times (0.15 - 0.1250) + 0.15 \times (0.05 - 0.1250) \times (0.20 - 0.1250) = -0.002125$。

相关系数：$\rho_{1,3} = Cov(R_1, R_3)/\sigma_1\sigma_3 = -0.002125/(0.0461 \times 0.0461) = -1$。

③证券 2 和证券 3 的协方差：$Cov(R_2, R_3) = 0.15 \times (0.20 - 0.1250) \times (0.05 - 0.1250) + 0.35 \times (0.10 - 0.1250) \times (0.10 - 0.1250) + 0.35 \times (0.15 - 0.1250) \times (0.15 - 0.1250) + 0.15 \times (0.05 - 0.1250) \times (0.20 - 0.1250) = -0.00125$。

相关系数：$\rho_{2,3} = Cov(R_2, R_3)/\sigma_2\sigma_3 = -0.00125/(0.0461 \times 0.0461) = -0.5882$。

c. 证券 1 和证券 2 构成的投资组合的期望收益：

$$E(R_P) = w_1E(R_1) + w_2E(R_2) = 0.50 \times 0.1250 + 0.50 \times 0.1250 = 0.1250 = 12.50\%$$

投资组合的方差：

$$\begin{aligned}\sigma_P^2 &= w_1^2\sigma_1^2 + w_2^2\sigma_2^2 + 2w_1w_2\sigma_1\sigma_2\rho_{1,2}\\ &= 0.50^2 \times 0.0461^2 + 0.50^2 \times 0.0461^2 + 2 \times 0.50 \times 0.50 \times 0.0461 \times 0.0461 \times 0.5882\\ &= 0.001688\end{aligned}$$

所以标准差：$\sigma_P = (0.001688)^{1/2} = 0.0411 = 4.11\%$

d. 证券 1 和证券 3 构成的投资组合的期望收益：

$$E(R_P) = w_1E(R_1) + w_3E(R_3) = 0.50 \times 0.1250 + 0.50 \times 0.1250 = 0.1250$$

投资组合的方差：

$$\begin{aligned}\sigma_P^2 &= w_1^2\sigma_1^2 + w_3^2\sigma_3^2 + 2w_1w_3\sigma_1\sigma_3\rho_{1,3}\\ &= 0.50^2 \times 0.0461^2 + 0.50^2 \times 0.0461^2 + 2 \times 0.50 \times 0.50 \times 0.0461 \times 0.0461 \times (-1)\\ &= 0\end{aligned}$$

方差为 0 所以标准差也为 0。

e. 证券 2 和证券 3 构成的投资组合的期望收益：

$$E(R_P) = w_2E(R_2) + w_3E(R_3) = 0.50 \times 0.1250 + 0.50 \times 0.1250 = 0.1250$$

投资组合的方差：

$$\begin{aligned}\sigma_P^2 &= w_2^2\sigma_2^2 + w_3^2\sigma_3^2 + 2w_2w_3\sigma_2\sigma_3\rho_{2,3}\\ &= 0.50^2 \times 0.0461^2 + 0.50^2 \times 0.0461^2 + 2 \times 0.50 \times 0.50 \times 0.0461 \times 0.0461 \times (-0.5882)\\ &= 0.000438\end{aligned}$$

所以标准差：$\sigma_P = (0.000438)^{1/2} = 0.0209 = 2.09\%$。

f. 只要两种证券收益率的相关系数小于 1，实行多元化总是有利的。在保持每只证券的期望收益率不变的情况下，由负相关证券构成的投资组合，其风险下降的幅度要高于由正相关证券构成的投资组合。对于完全负相关的证券，通过赋予各个证券适当的权重，可以把组合的方差降为零。

46. SML 假设你观察到如下情况。

经济状况	状况发生的概率	状况发生的收益	
		股票 A	股票 B
萧条	0.15	-0.10	-0.08
正常	0.60	0.09	0.08
繁荣	0.25	0.32	0.26

a. 计算每只股票的期望收益。

b. 假定资本资产定价模型有效，且股票 A 的贝塔系数比股票 B 的贝塔系数大 0.25，预期的市场风险溢价是多少？

答： a. 根据前面提到的期望收益的计算方法，可得：

股票 A 的期望收益：

$$E(R_A)=0.15\times(-0.10)+0.60\times0.09+0.25\times0.32=0.1190=11.90\%$$

股票 B 的期望收益：

$$E(R_B)=0.15\times(-0.08)+0.60\times0.08+0.25\times0.26=0.1010=10.10\%$$

b. 可以利用求出的期望收益来计算证券市场线的斜率。已知股票 A 的贝塔系数比股票 B 的大 0.25，因此，当贝塔系数增加 0.25 时，股票的期望收益增加 0.018（=0.1190－0.1010）。

证券市场线的斜率＝期望收益的增加/贝塔系数的增加＝(0.1190－0.1010)/0.25＝0.0720＝7.20%

因为市场的贝塔系数为 1，无风险利率的贝塔系数为 0，SML 曲线斜率等于预期的市场风险溢价，所以预期的市场风险溢价为 7.2%。

还可以用 CAPM 模型来解答该题，两只股票的期望收益率方程为：

$$0.119=R_F+(\beta_B+0.25)\times MRP$$

$$0.101=R_F+\beta_B\times MRP$$

股票 A 的 CAPM 方程还可以写做：$0.119=R_F+\beta_B\times MRP+0.25\times MRP$，解得：$MRP=7.20\%$。

这两种方法的计算结果是相同的。

47. 标准差和贝塔系数 市场有两只股票，股票 A 和股票 B。股票 A 今天的价格是 75 美元/股。如果经济不景气，股票 A 明年的价格将会是 64 美元/股；如果经济正常，将会是 87 美元/股；如果经济持续发展，将会是 97 美元/股。经济不景气、正常、持续发展的可能性分别是 0.2、0.6 和 0.2。股票 A 不支付股利，和市场组合的相关系数是 0.7。股票 B 的期望收益是 14%，标准差是 34%，和市场组合的相关系数是 0.24，和股票 A 的相关系数是 0.36。市场组合的标准差是 18%。假设资本资产定价模型有效。

a. 如果你是一个持有相当多元化的投资组合、风险规避的典型投资者，你更喜欢哪一只股票，为什么？

b. 一个 70% 股票 A、30% 的股票 B 构成的投资组合的期望收益和标准差是多少？

c. b 中投资组合的贝塔系数是多少？

答： a. 一个典型的风险规避的投资者希望找到高收益低风险的投资。对于一个持有充分多元化的投资组合的风险规避型投资者来说，贝塔系数是度量单只股票风险程度的合适工具。为了评估这两只股票，需要找到它们各自的期望收益和贝塔系数。

对于股票 A：因为它不支付股利，所以它的收益率就等于$(P_1-P_0)/P_0$。

在经济不景气时，收益率$=(64-75)/75=-0.147=-14.70\%$；

在经济正常时，收益率$=(87-75)/75=0.160=16.00\%$；

在经济持续发展时，收益率$=(97-75)/75=0.293=29.30\%$。

所以股票 A 的期望收益：$E(R_A)=0.20\times(-0.147)+0.60\times0.160+0.20\times0.293=0.1253=12.53\%$；

方差：$\sigma_A^2=0.20\times(-0.147-0.1253)^2+0.60\times(0.160-0.1253)^2+0.20\times(0.293-0.1253)^2=0.0212$；

标准差：$\sigma_A=(0.0212)^{1/2}=0.1455=14.55\%$；

贝塔系数：$\beta_A=\rho_{A,M}\sigma_A/\sigma_M=0.70\times0.1455/0.18=0.566$。

对于股票 B，可以根据题中给出的信息直接算出贝塔系数：

$$\beta_B=\rho_{B,M}\sigma_B/\sigma_M=0.24\times0.34/0.18=0.453$$

由于股票 B 的期望收益高于股票 A，而由贝塔系数测度的风险小于 A，所以一个持有充分多元化的投资组合的风险规避型投资者会选择股票 B。注意，这种情况表明至少有一只股票被错误定价了，因为有较高风险的股票的收益率却低于有较低风险的股票的收益率。

b. 投资组合的期望收益：

$E(R_P)=w_AE(R_A)+w_BE(R_B)=0.70\times0.1253+0.30\times0.14=0.1297=12.97\%$；

方差：

$\sigma_P^2=w_A^2\sigma_A^2+w_B^2\sigma_B^2+2w_Aw_B\sigma_A\sigma_B\rho_{A,B}=0.70^2\times0.1455^2+0.30^2\times0.34^2+2\times0.70\times0.30\times0.1455\times0.34\times0.36=0.02825$；

标准差：$\sigma_P=(0.02825)^{1/2}=0.1681=16.81\%$。

c. 组合的贝塔系数：$\beta_P=0.70\times0.566+0.30\times0.453=0.532$。

48. 最小方差组合 假设股票 A 和股票 B 的特征如下所示。

股票	期望收益(%)	标准差(%)
A	9	33
B	15	62

两只股票收益的协方差是 0.001。

a. 假设一个投资者持有仅仅由股票 A 和股票 B 构成的投资组合。求使得该组合的方差最小化的投资比重 X_A 和 X_B。（提示：两个比重之和必须等于 1。）

b. 最小方差组合的期望收益是多少？

c. 如果两只股票收益的协方差是 −0.05，最小方差组合的投资比重又是多少？

d. c 中的组合的方差是多少？

答： a. 两种资产构成的投资组合的方差：

$$\sigma_P^2=X_A^2\sigma_A^2+X_B^2\sigma_B^2+2X_AX_BCov(R_A,R_B)$$

因为两种资产的权重之和必定为 1，可以把组合的方差改写为：

$$\sigma_P^2=X_A^2\sigma_A^2+(1-X_A)^2\sigma_B^2+2X_A(1-X_A)Cov(R_A,R_B)$$

经过适当变形可得：

$$X_A = [\sigma_B^2 - Cov(R_A, R_B)]/[\sigma_A^2 + \sigma_B^2 - 2Cov(R_A, R_B)]$$

运用这一表达式，股票 A 的权重为：

$$X_A = [0.62^2 - 0.001]/[0.33^2 + 0.62^2 - 2 \times 0.001] = 0.7804$$

$$X_B = 1 - X_A = 1 - 0.7804 = 0.2196$$

b. 组合期望收益：

$$E(R_P) = X_A E(R_A) + X_B E(R_B) = 0.7804 \times 0.09 + 0.2196 \times 0.15 = 0.1032 = 10.32\%$$

c. 两只股票收益的协方差是 -0.05 时，最小方差组合的投资比重为：

$$X_A = (0.62^2 + 0.05)/[0.33^2 + 0.62^2 - 2 \times (-0.05)] = 0.7322$$

$$X_B = 1 - X_A = 1 - 0.7322 = 0.2678$$

d. 组合方差：

$$\begin{aligned}\sigma_P^2 &= X_A^2\sigma_A^2 + X_B^2\sigma_B^2 + 2X_A X_B Cov(R_A, R_B) \\ &= 0.7322^2 \times 0.33^2 + 0.2678^2 \times 0.62^2 + 2 \times 0.7322 \times 0.2678 \times (-0.05) \\ &= 0.0663\end{aligned}$$

所以组合的标准差：$\sigma_P = (0.0663)^{1/2} = 25.76\%$。

第 12 章　看待风险与收益的另一种观点：套利定价理论

12.1　复习笔记

美国金融经济学家罗斯于 1976 年首先提出套利定价理论（Arbitrage Pricing Theory，APT），APT 建立在比资本资产定价模型更少且更合理的假设之上，而其导出的均衡模型与资本资产定价模型有很多相似之处。当市场上收益与风险不匹配，使投资者能构造一个产生安全利润的零投资证券组合时，套利机会就出现了。套利是指利用一个或多个市场上存在的各种价格差异，在不冒任何风险或冒很小风险的情况下赚取大于零的收益的行为，套利行为需要同时进行等量证券的买卖，以便从其价格关系的差异中获取利润。套利作为一种广泛使用的投资策略，最具有代表性的是以较高的价格出售证券同时以较低价格购入相同的证券。

1. 系统性风险与贝塔系数

单只股票的风险可以分为系统性风险和非系统性风险。非系统性风险可以通过投资组合的多元化投资来消除，但系统性风险却难以消除。因此只有单只证券的系统性风险才是值得关注的。同时系统性风险的最优度量标准是贝塔系数。CAPM 公式表明单只证券的期望收益率与贝塔系数是线性相关关系。

贝塔系数可以用于衡量单只股票收益对某一系统性风险的反应程度，也可以度量市场组合的收益对某一特定风险的反应程度。贝塔系数的大小描述了系统性风险对单只证券或证券组合收益的影响有多大。股票收益的定义式是：

$$R = \overline{R} + U = \overline{R} + m + \varepsilon$$

其中，R 是下个月的实际总收益；$\overline{R}$ 是实际总收益中期望收益部分；U 表示实际总收益中的非期望收益部分；m 表示收益的系统性风险，有时又称作“市场风险”，在不同程度上 m 影响着市场上所有资产的价格；ε 表示收益的非系统性风险。

2. 因素模型

可以用一个或一些因素代表系统风险，应用 β 系数可以衡量股票收益对系统风险的反应程度。因此可以推出另一种资产定价模型——因素模型。该模型认为各种证券的收益率均受某个或某几个共同因素影响。各种证券收益率之所以相关主要是因为它们都会对这些共同的因素起反应。因素模型的主要目的就是找出这些因素并确定证券收益率对这些因素变动的敏感度。根据其模型中所含的因素个数，可分为单因素模型和多因素模型。多因素模型认为，证券 i 的收益率取决于 K 个因素，其表达式为：

$$R = \overline{R} + \beta_1 F_1 + \beta_2 F_2 + \cdots + \beta_K F_K + \varepsilon$$

其中，F = 实际值 - 预测值。

单因素模型认为，证券收益率只受一种因素的影响。单因素模型中，以股票市场组合的收益为系统风险因素或系统风险源，也称为市场模型，其公式是：

$$R = \overline{R} + \beta(R_M - \overline{R}_M) + \varepsilon$$

其中，R_M是市场组合的实际收益；$\overline{R}_M$ 是市场组合的期望收益；β 是贝塔系数。

3．投资组合与因素模型

前面讨论的是单只股票的单因素模型，下面考查包含 N 种股票的组合。每种股票的价值占投资组合总价值的比例为 X_i，则有 $X_1+X_2+\cdots+X_N=1$。第 i 种股票的收益为：$R_i=\overline{R}_i+\beta_iF+\varepsilon_i$。投资组合的收益等于：

$$\begin{aligned}R_P=&(X_1\overline{R}_1+X_2\overline{R}_2+\cdots+X_N\overline{R}_N)\\&+(X_1\beta_1+X_2\beta_2+\cdots+X_N\beta_N)\times F\\&+(X_1\varepsilon_1+X_2\varepsilon_2+\cdots+X_N\varepsilon_N)\end{aligned}$$

可以看出：R_P = 组合中各种证券期望收益加权平均值 + 组合中各种证券 β 系数的加权平均值 × F + 组合中各种证券非系统风险的加权平均值。

公式的第一行是组合中各种证券期望收益的加权平均值，没有不确定性；第二行括号中的是组合中各种证券 β 系数的加权平均值，然后把这个加权平均值与因素 F 相乘，不确定性仅仅反应在 F 上；第三行是组合中各种证券非系统性风险的加权平均值，不确定性表现为每种证券的非系统性风险 ε。

在大型多元化投资组合中第三行完全消失，但一、二两行不会消失，原因在于：第一行不存在不确定性，因此第一行不会因为组合的多元化消失；第二行括号中是 β 系数的加权平均值，当证券个数增加时它们不会消失，并且因素 F 不受组合中所包含的证券个数的影响，因此第二行也不会消失；第三行中每种证券都有其非系统性风险，各种证券的非系统性风险之间相互独立，可以通过投资组合的多元化将其降至接近 0。

【例 12.1】考虑有两个因素的多因素 APT 模型，股票 A 期望收益率 16.4%，对因素 1 的贝塔值为 1.4，对因素 2 的贝塔值为 0.8。因素 1 的风险溢价 3%，无风险利率 6%，如果不存在无套利机会，因素 2 的风险溢价是(　　)。[清华大学 2017 金融硕士]

A．2%　　　B．3%　　　C．4%　　　D．7.75%

【答案】D

【解析】因素 2 的风险溢价为 x，若不存在无套利机会，则 $1.4\times3\%+0.8x+6\%=16.4\%$，则，$x=7.75\%$。

【例 12.2】多因素的套利定价理论对单一因素的模型进行了拓展，囊括了许多系统风险的来源。(　　)[对外经贸大学 2016 金融硕士]

【答案】√

【解析】多因素模型是指由影响公司价值及其股票价格的多个重要的基础因素构成的估价模型，它对单因素模型进行了拓展，并将许多系统风险的来源囊括其中。

4．证券市场线

证券市场线的公式：$\overline{R}=R_F+\beta(\overline{R}_P-R_F)$。

其中，$\overline{R}$ 实际上就是位于证券市场线上的某一证券或组合的期望收益；β 就是这种证券或组合的系统风险系数或贝塔系数。

12.2　课后习题详解

一、概念题

1．投资基准(bench mark)

答： 投资基准是指在评价投资组合的管理者的业绩中所使用的基准。

基于投资组合收益情况进行业绩评价的各种方法，事实上都是通过将投资组合的表现与事先设定的某个基准投资组合进行比较，从而得到评价结果的。由于选取不同的投资组合评价基准会导致投资组合业绩评价结果的差异，因此投资组合评价的基准投资组合的选取是非常重要的。在评价投资组合时，所选用的评价基准通常需要与投资组合的管理人进行讨论，并对实际投资组合进行分析，确定资产组合的投资风格和选股标准，选取与其相适应的基准投资组合，这样才能更为准确地衡量投资组合的业绩。在进行投资组合业绩评价的过程中，可以选取单一的基准投资组合，也可以选取多个基准投资组合，而这取决于采取的评价方法的不同要求。

2．成长型投资组合(growth stock portfolios)

答： 成长型投资组合，也叫高市盈率的投资组合，是指由一批市盈率高于市场平均市盈率的股票构成的组合。

该种投资组合以资本升值(即未来价格上升带来的价差收益)为目标，尽可能多选择一些成长性较好的股票，而少选择低风险低报酬的股票，这样就可以使投资组合的收益高于证券市场的平均收益。这种投资组合的收益较高，风险也高于证券市场的平均风险。所以，采取这种投资组合，如果做得好，可以取得远远高于市场平均报酬的投资收益；但如果失败，会造成较大的损失。采用这种投资组合，不仅要求投资者具备较好的证券投资知识，还要对企业进行深入细致的分析，如行业发展前景、产品的市场需求状况、竞争情况、企业的经营状况、财务状况等。这种组合具有高风险高收益的特性，因此也称为冒险型投资组合，对风险厌恶程度较低的投资者通常会选择这种投资组合。

3．贝塔系数(beta coefficient)

答： 贝塔系数(β)是一种测定证券的均衡收益率对证券市场平均收益率变化敏感程度的指标，用来测度某种证券或资产组合的系统风险大小。其计算公式为：$\beta_i = \dfrac{Cov(R_i,\ R_M)}{\sigma^2(R_M)}$。其中，$Cov(R_i,\ R_M)$是第 i 种证券的收益与市场组合收益之间的协方差；$\sigma^2(R_M)$是市场组合收益的方差。

一般地说：①市场证券组合的β系数等于1；②如果某种证券或资产组合的β系数也为1，那么则说明该种证券或资产组合的系统风险与整个市场的系统风险相当；③如果某种证券或资产组合的β系数大于1，那么说明该种证券或资产组合的系统风险高于整个市场的系统风险；④如果某种证券或资产组合的β系数小于1，说明该种证券或资产组合的系统风险低于整个市场的系统风险。

4．市场模型(market model)

答： 市场模型是把市场收益的变动作为系统风险因素或系统风险源的单因素收益模型。其公式是

$$R = \overline{R} + \beta(R_M - \overline{R}_M) + \varepsilon$$

其中，R_M是市场组合的实际收益；$\overline{R}_M$ 是市场组合的期望收益；β是贝塔系数。此外，市场模型也可以写作另一种形式，即

$$R = \alpha + \beta R_M + \varepsilon$$

其中，$\alpha = \overline{R} - \beta\overline{R}_M$。

5．实证研究模型(empirical model)

答： 实证研究模型是指运用历史数据来描述所研究的经济事物的有关经济变量之间相互

关系的一种理论结构。“实证研究”一词意指研究的方法较少基于有关金融市场如何运行的理论，但重视根据市场历史数据研究出的金融市场运行规律和关系。通过这些研究方法，研究人员确认与所研究证券相关的某些参数或特征，然后直接观察数据，从而总结归纳出这些特征与期望收益之间的关系。

6. 价值型投资组合(value portfolios)

答：价值型投资组合是指由一批市盈率低于市场平均市盈率的股票构成的组合，也称为低市盈率的股票组合，或收入型投资组合。

这种投资组合以追求低风险和稳定的收益为主要目标。价值型投资组合通常选择一些风险不大、效益较好的公司的股票。这些股票虽然不是高成长的股票，但能够给投资者带来稳定的股利收益。因此，价值型投资组合的风险较低，但收益却比较稳定，它比较适合于老年投资者、需要负担生活费用或子女教育费用的投资者以及有定期支出的机构投资者，如养老基金。选择这种投资组合的投资者通常认为，股票的价格主要是由企业的经营业绩所决定的，只要企业的经济效益好，股票的价格终究会体现其优良的业绩，所以在进行股票投资时，要全面深入地进行证券投资分析，选择一些品质优良的股票组成证券投资组合。这样既可以获得较高的投资效益，又不会承担太大的投资风险。

7. 因素模型(factor model)

答：因素模型是指认为各种证券的收益率均受某个因素或某几个共同因素影响的一种资产定价模型。各种证券收益率之所以相关主要是因为它们都会对这些共同的因素起反应。因素模型的主要目的就是找出这些因素并确定证券收益率对这些因素变动的敏感度。

根据其模型中所含的因素个数，可分为单因素模型和多因素模型。单因素模型认为，证券收益率只受一种因素的影响。多因素模型认为，证券 i 的收益率取决于 K 个因素，其表达式为：$R=\overline{R}+\beta_1F_1+\beta_2F_2+\beta_3F_3+\cdots+\beta_KF_K+\varepsilon$。

二、复习题

1. 系统和非系统风险 描述系统风险和非系统风险的差别。

答：系统风险是不能通过多样化的投资组合消除的风险。一般来说，系统风险是指影响市场中大量企业的风险，然而，这些风险对所有企业的影响并不均等。非系统风险是可以通过多元化投资组合消除的风险。非系统风险是公司或行业特有的风险。这些因素出乎意料的变动会影响到你感兴趣的公司收益，但不会影响其他行业的企业收益，甚至对同行业的其他企业也几乎没有影响。

2. 套利定价模型 考虑如下说法：要使得套利定价模型有用，系统风险的个数必须很少。你同意这个说法吗？为什么？

答：同意。任何收益都可以由足够多的系统性风险因素解释。然而，要让单因素套利定价模型有用，系统风险的个数必须很少。

3. 套利定价模型 Ultra Bread 的财务总监 David McClemore 决定使用套利定价模型来估计公司股票的期望收益。他打算使用的风险因素是股票市场的风险溢价、通货膨胀率和小麦的价格。因为小麦是 Ultra Bread 所面临的最大成本，他觉得这对于 Ultra Bread 来说是一个重要的风险因素。你如何评价他选择的这些风险因素？有没有其他你可以建议的风险因素？

答：市场风险溢价、通货膨胀率可能是不错的选择。作为 Ultra 公司产品的一个风险因素，小麦的价格并不属于市场风险因素，不可能将其视为存在于所有股票中的风险因素。在这种情况下，小麦只是该企业的特定风险因素，而不是一个市场风险因素。如果能采用宏观经济风险因素，如利率、国内生产总值(GDP)、能源价格、工业生产等等，这个模型就更完善了。

4. 系统和非系统风险 你拥有 Lewis－Striden 药品公司的股票。假设你已经预计到下列事情会在上个月发生：

a. 政府将宣布实际国民生产总值在过去的一个季度增长了 1.2%。Lewis－Striden 的收益和实际国民生产总值正相关。

b. 政府将宣布通货膨胀在过去的一个季度增长了 3.7%。Lewis－Striden 的收益和通货膨胀率负相关。

c. 利率将会上升 2.5%。Lewis－Striden 的收益和利率负相关。

d. 公司董事长将宣布他退休。退休将在声明发表的 6 个月之后生效。董事长非常受爱戴，总的来说，他被当作公司的一个资产。

e. 研究数据将最后证明试验药品的功效。功效测试的完成意味着药品将很快进入市场。

假设下列事件是实际发生的：

a. 政府宣布实际国民生产总值在过去的一个季度增长了 2.3%。

b. 政府将宣布通货膨胀在过去的一个季度增长了 3.7%。

c. 利率将会上升 2.1%。

d. 公司董事长突然死于心脏病。

e. 功效测试的研究结果并没有预期的那么好。药品必须进行另外 6 个月的测试，而且功效必须再次上报食品和药物管理局。

f. 实验室在另一种药品上有了突破。

g. 竞争者宣布将开始销售和 Lewis－Striden 最畅销的药品正面竞争的药品。

讨论每件实际发生的事件对 Lewis－Striden 股票回报率的影响。哪些事件代表了系统性风险，哪些事件代表了非系统性风险？

答： a. 实际国民生产总值比预期的高。因为实际 GNP 与公司收益呈正相关，所以实际国民生产总值增长，公司股票收益将上升。

b. 通货膨胀与预期的水平相同，并没有出乎意料的波动，所以它不会对 Lewis－Striden 的收益产生影响。

c. 利率比预期的水平低。因为利率与公司收益呈负相关，所以比预期水平还低的利率是一个好消息，公司股票收益会上升。

d. 总裁的突然去世对公司来说是一个坏消息。尽管总裁已宣布退休，但是还有六个月他退休的决定才能生效。在这六个月中，他仍然可以对公司做出贡献。他的突然去世意味着这些贡献将没法完成。他被当作公司的一种资产，他的去世将导致收益下降。但是，他的离开很快就被预期到了，所以公司收益的下降幅度不会很大。

e. 药效试验失败是一个坏消息。因为 Lewis－Striden 需要继续试验该药品，这将使得产品不能在预期的日期进入生产，生产的延迟将影响未来的预期收益，这使得股票收益下降。

f. 另一种药品的研究突破对 Lewis－Striden 而言是一个好消息，由于它并没有被预期，因此将会提高公司股票的收益。

g. 竞争者的宣布也没有被预期到，但这不是一个好消息。这个宣布将会降低 Lewis－Striden 的股票收益率。

上述列出的事件中系统风险有实际国民生产总值、通货膨胀和利率。非系统风险包括：总裁对公司做出贡献的能力、药效试验结果、另一种药品研究取得突破以及竞争者的宣布。

5. 市场模型和套利定价模型 k 因素模型和市场模型的区别是什么？

答： 两者主要的区别是，市场模型假设只有一个因素，通常是股票市场总收益，足以解释股票收益，而 k 因素模型依靠 k 个因素来解释股票的回报。

6. 套利定价模型 和资本资产定价模型相比，套利定价模型并没有指出决定资产风险溢价的因素有哪些？我们该如何确定应该包含哪些因素？比如，一个指明的风险因素是公司规模。为什么这可能是套利定价模型中的一个重要因素？

答： 套利定价模型没有指出影响股票收益的因素有哪些，这一点是对该模型的一个常常被人们引用的批评。然而，在选择因素时，应该选择那些在经济学上有确凿理由的可能影响股票收益的因素。例如，一个较小的公司比一个大公司有更多的风险。因此，公司的规模会影响公司股票的收益。

7. 资本资产定价模型和套利定价模型 单因素模型和资本资产定价模型之间的关系是什么？

答： 假定市场组合规模适当，那么单因素模型和资本资产定价模型相同。

8. 因素模型 如何把投资组合的收益以单因素模型表示出来？

答： 投资组合的收益等于期望收益的加权平均值加上每个证券的 β 值的加权平均值乘以系数 F 再加上各个证券非系统风险的加权平均值。

9. 数据挖掘 数据挖掘是什么意思？为什么这可能夸大某些股票特征和收益之间的关系？

答： 数据挖掘指选择那些已经显示出和收益相关的变量。某些股票特征和收益之间的关系可能是偶然的，把这种偶然性误认为相关变量就会夸大两者之间的关系。例如，晒伤的发生和冰淇淋的消费是有关的；但是晒伤的发生不一定导致冰淇淋的消费，反之亦然。对于一个真正与资产收益相关的因素，这种相关性应该有合理的经济推理，而不只是一个统计数据。

10. 因素选择 以英国股票为基准衡量一个美国价值型股票管理者的业绩有什么不妥？

答： 以英国股票为基准来衡量是错误的，因为这些股票和美国价值型股票不属于同一类型。

11. 因素模型 研究人员测定，两因素模型适于确定股票收益。两个因素是国民生产总值的变化和利率。GNP 预计将增长 3.6%，利率为 3.1%。某股票国民生产总值变化的贝塔系数是 1.4，利率的贝塔系数是 −0.53。如果股票的期望收益是 11.5%，国民生产总值的变化是 3.2%，利率是 3.4%，修正后的股票期望收益是多少？

答： 已知股票的期望收益，可以利用风险因素的超出预期的变动来确定修正后的股票预期收益，修正后的股票期望收益为：

$$R = 11.5\% + 1.4 \times (3.2\% - 3.6\%) - 0.53 \times (3.4\% - 3.1\%) = 10.78\%$$

12. 因素模型 假设一个三因素模型适于描述股票的收益。关于三因素的信息如下表所示。

因素	β	期望值	实际值
国民生产总值(美元)	0.0000734	17034	17863
通货膨胀(%)	−0.90	2.80	2.6
利率(%)	−0.32	3.70	3.5

a. 股票收益的系统风险是什么？

b. 假设宣布有关公司未预期的坏消息而导致股票价格下跌 1.1%。如果股票的期望收益是 11.7%，那么股票的总收益是多少？

答： a. 如果用 m 表示股票收益的系统风险，则：

$$m = \beta_{GNP}F_{GNP} + \beta_I F_I + \beta_r F_r$$

$$= 0.0000734 \times (17863 - 17034) - 0.90 \times (2.60\% - 2.80\%) - 0.32 \times (3.50\% - 3.70\%)$$

$$= 6.33\%$$

b. 非系统收益是指由于公司特有的因素，如关于公司的坏消息等导致的收益。本题中，股票的非系统收益是 -1.1%。

股票的总收益是期望收益加上由两部分构成的非预期收益，这两部分分别是由系统风险和非系统风险带来的收益。因此，股票的总收益是：

$$R = \bar{R} + m + \varepsilon = 11.70\% + 6.33\% - 1.1\% = 16.93\%$$

13. 因素模型 假设一个单因素模型适于描述股票的收益。目前股票的期望收益是 10.5%。关于因素的信息如下表所示。

因素	β	期望值(%)	实际值(%)
国民生产总值的增长	1.67	2.1	2.6
通货膨胀	-1.09	4.3	4.8

a. 股票收益的系统风险是什么？

b. 公司宣布它的市场份额出人意料地从 11% 增加到 15%。投资者从过去的经验知道市场份额每增长 1%，股票收益增长 0.58%。股票的非系统风险是什么？

c. 股票的总收益是多少？

答： a. 如果用 m 表示股票收益的系统风险，则：

$$m = \beta_{GNP}F_{GNP} + \beta_I F_I = 1.67 \times (2.6\% - 2.1\%) - 1.09 \times (4.8\% - 4.3\%) = 0.29\%$$

b. 非系统收益是指由于公司特有的因素，如公司市场份额的增长等带来的收益。如果用 ε 表示收益的非系统性风险，则：

$$\varepsilon = 0.58 \times (15\% - 11\%) = 2.32\%$$

c. 股票的总收益是期望收益加上由两部分构成的非预期收益，这两部分分别是由系统风险和非系统风险带来的收益。因此，股票的总收益是：

$$R = \bar{R} + m + \varepsilon = 10.50\% + 0.29\% + 2.32\% = 13.11\%$$

14. 多因素模型 假设股票收益可以用下面的三因素模型解释：

$$R_i = R_F + \beta_1 F_1 + \beta_2 F_2 + \beta_3 F_3$$

假定没有公司特有风险，每只股票的信息如下表所示。

	β_1	β_2	β_3
股票 A	1.55	0.80	0.05
股票 B	0.81	1.25	-0.20
股票 C	0.73	-0.14	1.24

因素的风险溢价分别是 4.9%、3.8% 和 5.3%。如果你建立一个 20% 投资于股票 A、20% 投资于股票 B、其余投资于股票 C 的投资组合，你的投资组合收益的表达式是什么？如果无风险利率是 3.2%，你的组合的期望收益是多少？

答：一个组合中某个特定的风险因素的贝塔系数是该组合所有资产 β 系数的加权平均，这一点无论是单因素模型还是多因素模型都是成立的。组合的各种贝塔值：

$$\beta_{1ABC}=0.20\times1.55+0.20\times0.81+0.60\times0.73=0.91$$

$$\beta_{2ABC}=0.20\times0.80+0.20\times1.25+0.60\times(-0.14)=0.326$$

$$\beta_{3ABC}=0.20\times0.05+0.20\times(-0.20)+0.60\times1.24=0.714$$

因此，组合期望收益为：

$$R_i=3.2\%+0.91\times F_1+0.326\times F_2+0.714\times F_3$$

因此组合的期望收益为：

$$R_i=3.2\%+0.91\times4.90\%+0.326\times3.80\%+0.714\times5.30\%=12.682\%$$

15. 多因素模型 假设股票收益可以用两因素模型解释。所有股票的公司特有风险是独立的。两个多元化的投资组合的信息如下表所示。

	β_1	β_2	$E(R)(\%)$
组合 A	0.85	1.15	16
组合 B	1.45	−0.25	12

如果无风险利率是 4%，那么模型中各个股票的风险溢价是多少？

答：投资组合的多因素模型可以表示为：

$$E(R_P)=R_F+\beta_1F_1+\beta_2F_2$$

其中 F_1 和 F_2 表示每种资产的风险溢价，因此，这个投资组合的收益方程为：

$$16\%=4\%+0.85F_1+1.15F_2$$

$$12\%=4\%+1.45F_1-0.25F_2$$

解上述方程组，得 $F_1=6.49\%$，$F_2=5.64\%$。

16. 市场模型 市场上有如下 3 种股票。

	$E(R)(\%)$	β
股票 A	10.5	1.20
股票 B	13.0	0.98
股票 C	15.7	1.37
市场	14.2	1.00

假定市场模型是有效的。

a. 写出每只股票的市场模型公式。

b. 30% 为股票 A、45% 为股票 B 和 25% 为股票 C 的组合的收益是多少？

c. 假设市场收益是 15%，收益没有非系统的意外。每只股票的收益是多少？组合的收益是多少？

答：a. 股票 A：

$$R_A=\overline{R}_A+\beta_A(R_M-\overline{R}_M)+\varepsilon_A=10.5\%+1.2\times(R_M-14.2\%)+\varepsilon_A$$

股票 B：

$$R_B=\overline{R}_B+\beta_B(R_M-\overline{R}_M)+\varepsilon_B=13.0\%+0.98\times(R_M-14.2\%)+\varepsilon_B$$

股票 C：

$$R_C=\overline{R}_C+\beta_C(R_M-\overline{R}_M)+\varepsilon_C=15.7\%+1.37\times(R_M-14.2\%)+\varepsilon_C$$

b. 该投资组合的收益为：

$$R_P = 0.30R_A + 0.45R_B + 0.25R_C$$
$$= 0.30\times[10.5\% + 1.2\times(R_M - 14.2\%) + \varepsilon_A] + 0.45\times[13.0\% + 0.98\times(R_M - 14.2\%) + \varepsilon_B]$$
$$+ 0.25\times[15.7\% + 1.37\times(R_M - 14.2\%) + \varepsilon_C]$$
$$= 12.925\% + 1.1435\times(R_M - 14.2\%) + 0.30\varepsilon_A + 0.45\varepsilon_B + 0.25\varepsilon_C$$

c. 利用市场模型，如果市场收益是15%，非系统风险为0，那么每只股票的收益是：

①股票 A、B、C 的收益分别为：

$$R_A = 10.5\% + 1.2\times(15\% - 14.2\%) = 11.46\%$$
$$R_B = 13\% + 0.98\times(15\% - 14.2\%) = 13.78\%$$
$$R_C = 15.7\% + 1.37\times(15\% - 14.2\%) = 16.8\%$$

②上述投资组合的收益为：

$$R_P = 12.925\% + 1.1435\times(15\% - 14.2\%) = 13.84\%$$

或者，为得到组合的收益，可以使用各个资产的收益及它们在组合中的权重：

$$R_P = 0.30R_A + 0.45R_B + 0.25R_C = 0.30\times11.46\% + 0.45\times13.78\% + 0.25\times16.80\% = 13.84\%$$

17. 组合风险 你正在构造一个等权股票组合。许多股票的第 1 个风险因素的贝塔系数是0.84，第 2 个风险因素的贝塔系数是1.69。所有的股票的期望收益都是11%。假设两因素模型可以描述这些股票的收益。

a. 如果你的组合有 5 只股票，写出组合收益的公式。

b. 如果你的组合有非常多的股票，它们都有相同的期望收益和贝塔系数，写出组合收益的公式。

答： a. 由于五只股票的预期收益率和贝塔值都相等，因此，此投资组合也有相同的预期收益率和贝塔值。但是，这 5 只股票的非系统性风险或许会有所不同，所以此投资组合的预期收益为：

$$\bar{R}_P = 11\% + 0.84F_1 + 1.69F_2 + \frac{1}{5}(\varepsilon_1 + \varepsilon_2 + \varepsilon_3 + \varepsilon_4 + \varepsilon_5)$$

b. 由(a)知，当组合中有 5 支股票时，组合收益为：

$$\bar{R}_P = 11\% + 0.84F_1 + 1.69F_2 + \frac{1}{5}(\varepsilon_1 + \varepsilon_2 + \varepsilon_3 + \varepsilon_4 + \varepsilon_5)$$

当组合有非常多的股票时，组合收益为：

$$\bar{R}_P = 11\% + 0.84F_1 + 1.69F_2 + \frac{1}{N}(\varepsilon_1 + \varepsilon_2 + \varepsilon_3 + \varepsilon_4 + \cdots + \varepsilon_N)$$

当 $N\to\infty$ 时，$\frac{1}{N}\to0$，则$\frac{1}{N}(\varepsilon_1 + \varepsilon_2 + \varepsilon_3 + \varepsilon_4 + \cdots + \varepsilon_N)\to0$

因此，$\bar{R}_p = 11\% + 0.84F_1 + 1.69F_2$。

18. 套利定价模型 有两个股票市场，均受到相同的力量 F 的驱使，期望收益为0，标准差是10%。每个股市都有许多股票，因此，任意你可以投资于很多股票。但是由于某些限制，你只能投资于两个股市中的一个。两个股市每只股票的期望收益是10%。第 1 个市场股票 i 的收益是由下面的关系决定的：

$$R_{1i} = 0.10 + 1.5F + \varepsilon_{1i}$$

式中，ε_{1i}是第 1 个市场股票 i 的意外收益。这些意外按正态分布，期望值为0。第 2 个

市场股票 j 的收益是由下面的关系决定的：

$$R_{2j}=0.10+0.5F+\varepsilon_{2j}$$

式中，ε_{2j}是第 2 个市场股票 j 的意外收益。这些意外按正态分布，期望值为 0。两只股票的 ε_{1i}和 ε_{2j}的标准差是 20%。

a. 如果第 1 个市场两只股票意外收益的相关系数是 0，且第 2 个市场两只股票意外收益的相关系数是 0，风险规避的投资者会更喜欢投资哪一个市场？（注意：对于任何 i 和 j，ε_{1i}和 ε_{1j}的相关系数是 0；对于任何 i 和 j，ε_{2i}和 ε_{2j}的相关系数是 0。）

b. 如果 ε_{1i}和 ε_{1j}在第 1 个市场的相关系数是 0.9，ε_{2i}和 ε_{2j}在第 2 个市场的相关系数是 0，风险规避的投资者会更喜欢投资于哪个市场？

c. 如果 ε_{1i}和 ε_{1j}在第 1 个市场的相关系数是 0，ε_{2i}和 ε_{2j}在第 2 个市场的相关系数是 0.5，风险规避的投资者会更喜欢投资于哪个市场？

d. 大体上说，使风险规避的投资者同样愿意投资于两个市场中任何一个的、两个市场的扰动项的相关系数之间的关系是什么？

答：为了决定厌恶风险的投资者将偏好在哪一个市场上投资，必须计算两个市场上由众多股票构造的组合的方差。（提示：因为已知分散化投资是有利的，所以假设一旦一个投资者选择了其所投资的市场，那么该投资者将在这个市场上购买许多股票是合理的。）

已知：$E_F=0$，$\sigma=0.1$，$E_\varepsilon=0$，对任意 i 来说，$\sigma_{\varepsilon i}=0.2$。

假设：每个股票的权重是 $1/N$；即对所有的股票 i 来说 $X_i=1/N$。

如果一个组合中包含 N 个股票，每个股票构成该组合的 $1/N$，那么，该组合的收益即为这 N 个股票收益总和的 $1/N$ 倍。又已知每股收益是 $0.1+\beta F+\varepsilon$，因此有：

$$R_P=\frac{1}{N}\sum R_i=\frac{1}{N}\sum(0.1+\beta F+\varepsilon_i)=0.1+\beta F+\frac{1}{N}\sum\varepsilon_i$$

$$E(R_P)=E\left(0.1+\beta F+\frac{1}{N}\sum\varepsilon_i\right)=0.1+\beta E(F)+\frac{1}{N}\sum E(\varepsilon_i)=0.1$$

$$\begin{aligned}Var(R_P)&=E[R_P-E(R_P)]^2\\&=E[0.1+\beta F+\frac{1}{N}\sum\varepsilon_i-0.1]^2\\&=\beta^2\cdot\sigma^2+\frac{1}{N}\sigma^2\varepsilon+\left(1-\frac{1}{N}\right)Cov(\varepsilon_i,\varepsilon_j)\end{aligned}$$

由于在每个市场都能拥有足够多的股票，因此有，$N\to\infty$，$\frac{1}{N}\to0$，此时，

$$Var(R_P)=\beta^2\sigma^2+Cov(\varepsilon_i,\ \varepsilon_j)=0.01\beta^2+0.04\rho(\varepsilon_i,\ \varepsilon_j)$$

将以上所得的进行总结，即有：

$$R_{1i}=0.10+1.5F+\varepsilon_{1i}$$
$$R_{2i}=0.10+0.5F+\varepsilon_{2i}$$
$$E(R_{1P})=E(R_{2P})=0.1$$
$$Var(R_{1P})=0.0225+0.04\rho(\varepsilon_{1i},\ \varepsilon_{1j})$$
$$Var(R_{2P})=0.0025+0.04\rho(\varepsilon_{2i},\ \varepsilon_{2j})$$

a. 由于 $\rho(\varepsilon_{1i},\ \varepsilon_{1j})=\rho(\varepsilon_{2i},\ \varepsilon_{2j})=0$，代入可得：

$$Var(R_{1P})=0.0225$$
$$Var(R_{2P})=0.0025$$

因为 $Var(R_{1P}) > Var(R_{2P})$，且期望收益相等，此时风险规避的投资者将偏好在第2个市场上投资。

b. 由于 $\rho(\varepsilon_{1i}, \varepsilon_{1j}) = 0.9$，且 $\rho(\varepsilon_{2i}, \varepsilon_{2j}) = 0$，所以有：

$$Var(R_{1P}) = 0.0225 + 0.04 \times 0.9 = 0.0585$$

$$Var(R_{2P}) = 0.0025 + 0.04 \times 0 = 0.0025$$

因为 $Var(R_{1P}) > Var(R_{2P})$，且期望收益相等，此时风险规避的投资者将偏好在第2个市场上投资。

c. 由于 $\rho(\varepsilon_{1i}, \varepsilon_{1j}) = 0$，且 $\rho(\varepsilon_{2i}, \varepsilon_{2j}) = 0.5$，所以有：

$$Var(R_{1P}) = 0.0225 + 0.04 \times 0 = 0.0225$$

$$Var(R_{2P}) = 0.0025 + 0.04 \times 0.5 = 0.0225$$

因为 $Var(R_{1P}) = Var(R_{2P})$，且期望收益相等，此时风险规避的投资者对两个市场具有同样的偏好。

d. 由于期望收益相等，对两个市场具有同样的偏好意味着在两个市场的投资组合的方差相等，即：

$$Var(R_{1P}) = Var(R_{2P})$$

$$0.0225 + 0.04\rho(\varepsilon_{1i}, \varepsilon_{1j}) = 0.0025 + 0.04\rho(\varepsilon_{2i}, \varepsilon_{2j})$$

$$\rho(\varepsilon_{2i}, \varepsilon_{2j}) = \rho(\varepsilon_{1i}, \varepsilon_{1j}) + 0.5$$

因此，对于任何其扰动项具有这种相关关系（如问题c中所示）的相关系数的市场，风险厌恶投资者在两个市场上将是无差异的。

19. 套利定价模型 假设下面的市场模型充分描述了风险资产收益产生的方式：

$$R_{it} = \alpha_i + \beta_i R_{Mt} + \varepsilon_{it}$$

式中，R_{it}是第 i 种资产在时间 t 的收益；R_{Mt}是一个以某种比例包括了所有资产的投资组合在时间 t 的收益。R_{Mt}和 ε_{it}在统计上是独立的。

市场允许卖空（即持有量为负）。你所拥有的信息如下：

资产	β_i	$E(R_i)$ (%)	$Var(\varepsilon_i)$
A	0.7	8.41	0.0100
B	1.2	12.06	0.0144
C	1.5	13.95	0.0225

市场的方差是0.0121，且没有交易成本。

a. 计算每个资产收益的标准差。

b. 计算各种包含无数资产A、B和C的3个投资组合的收益的标准差。

c. 假定无风险利率是3.3%，市场的期望收益是10.6%。理性投资者不会持有的资产是哪个？

d. 无套利机会出现的均衡状态是怎样的？为什么？

答： a. 将所求的标准差记为 s，由于 $s = \sqrt{Var}$，因此必须先计算方差。根据题意可知，资产的收益－产出可由以下等式描述：

$$R_{it} = \alpha_i + \beta_i R_M + \varepsilon$$

由于 R、R_M 与 ε 均为随机变量，α_i 与 β_i 为常量，因此有：

$$Var(R_i) = \beta_i^2 Var(R_M) + Var(\varepsilon_i)$$

于是可得到每种资产的方差及标准差：

$s_A^2 = 0.7^2 \times 0.0121 + 0.01 = 0.015929$，$s_A = \sqrt{0.015929} = 12.62\%$；

$s_B^2 = 1.2^2 \times 0.0121 + 0.0144 = 0.031824$，$s_B = \sqrt{0.031824} = 17.84\%$；

$s_C^2 = 1.5^2 \times 0.0121 + 0.0225 = 0.049725$，$s_C = \sqrt{0.049725} = 22.30\%$。

b. 由于 $N \to \infty$，$Var(\varepsilon_i)/N \to 0$，则有：$Var(R_i) = \beta_i^2 Var(R_M)$。所以，包含 A、B、C 的每种资产组合的收益的标准差为：

$s_A^2 = 0.7^2 \times 0.0121 = 0.005929$，$s_A = \sqrt{0.005929} = 7.70\%$；

$s_B^2 = 1.2^2 \times 0.0121 = 0.017424$，$s_B = \sqrt{0.017424} = 13.20\%$；

$s_C^2 = 1.5^2 \times 0.0121 = 0.027225$，$s_C = \sqrt{0.027225} = 16.50\%$。

c. 利用市场组合为单个因素时的套利定价模型（APT）：$\bar{R}_i = R_F + (\bar{R}_M - R_F)\beta_i$，可知：

$\bar{R}_A = 3.3\% + (10.6\% - 3.3\%) \times 0.7 = 8.41\%$；

$\bar{R}_B = 3.3\% + (10.6\% - 3.3\%) \times 1.2 = 12.06\%$；

$\bar{R}_C = 3.3\% + (10.6\% - 3.3\%) \times 1.5 = 14.25\%$。

将以上预期资产收益结果与原题表格中的预期收益相比较可知，以上结果说明资产 A 与 B 的定价是正确的，而资产 C 的定价过高，因此理性投资者将放弃对资产 C 的持有。

d. 如果允许卖空，理性投资者将卖空资产 C，这样资产 C 的价格将下降到没有套利空间存在为止。也就是说，资产 C 的价格应该下降到收益为 14.25% 的水平。

20. 套利定价模型 假定单只股票的收益是由如下两因素模型产生的：

$$R_{it} = E(R_{it}) + \beta_{i1}F_{1t} + \beta_{i2}F_{2t}$$

式中，R_{it}是第 i 个资产在时间 t 的收益；F_{1t}和 F_{2t}是期望值为 0、方差为 0 的市场因素。

此外，假设有一个 4 种资产的资本市场。因为没有交易成本、卖空（持有量为负）是允许的，所以资本市场是完美的。4 种证券的特征如下。

资产	β_1	β_2	$E(R_i)$（%）
1	1.0	1.50	20
2	0.5	2.00	20
3	1.0	0.50	10
4	1.5	0.75	10

a. 建立一个收益无论以任何方式都不取决于市场因素 F_{1t}包括（持有量可为正也可为负）证券 1 和证券 2 的投资组合。（对于这样的投资组合 $\beta_1 = 0$。）计算这个投资组合的期望收益和 β_2。

b. 按 a 的步骤，建立一个收益不取决于市场因素 F_{1t}、包括证券 3 和证券 4 的投资组合。计算这个投资组合的期望收益和 β_2。

c. 有一个无风险资产，期望收益等于 5%，$\beta_1 = 0$，$\beta_2 = 0$。仔细描述一种投资者可以实现的可能的套利机会。

d. 这些套利机会的存在对资本市场的这些证券从短期和长期来看有什么作用？用图表示你的分析。

答： a. 令 X 表示证券 1 在投资组合中的比例，则 $(1 - X)$ 表示证券 2 在投资组合中的比例。

$$R_{Pt}=XR_{1t}+(1-X)R_{2t}$$
$$=X[E(R_{1t})+\beta_{11}F_{1t}+\beta_{12}F_{2t}]+(1-X)[E(R_{2t})+\beta_{21}F_{1t}+\beta_{22}F_{2t}]$$

投资组合的收益与市场因素 F_{1t}无关的条件意味着：

$$X\beta_{11}+(1-X)\beta_{21}=0$$
$$X+(1-X)0.5=0$$
$$X=-1$$

其中 X 表示证券 1 在组合中的比例。因此，卖空证券 1，买入证券 2。

$$E(R_P)=(-1)\times20\%+2\times20\%=20\%$$
$$\beta_{P1}=(-1)\times1+2\times0.5=0$$

b. 与问题 a 同理，可得：

$$X\beta_{31}+(1-X)\beta_{41}=0$$
$$X+(1-X)1.5=0$$
$$X=3$$

其中 X 代表证券 3 在组合中的比例。因此，卖空证券 4，买入证券 3。

$$E(R_P)=3\times10\%+(-2)\times10\%=10\%$$
$$\beta_{P2}=3\times0.5-2\times0.75=0$$

由于 $\beta_{P1}=\beta_{P2}=0$，这是一个无风险的投资组合。

c. 问题 b 中的投资组合提供了一个无风险的 10% 的回报率，该组合的收益率高于无风险证券的 5% 的回报率。为了利用这个套利机会，以 5% 的无风险收益率借入资金，然后投资于由卖空证券 4 和买入证券 3 构造的组合，权重是(3，－2)。

d. 假设无风险证券不变，在短期，证券 4 的价格(每个人都想卖空)将下降，而证券 3 的价格(每个人都想买入)将升高。因此证券 4 的收益率将上升，证券 3 的收益率将下降。或者是证券 3 和证券 4 的价格将保持不变，无风险证券的价格将下降直到其收益率为 10%。最终，所有证券价格都可能发生联合波动。证券 4 和无风险证券的价格将下降，而证券 3 的价格将上升直到该套利机会消失。如图 12－1 所示。

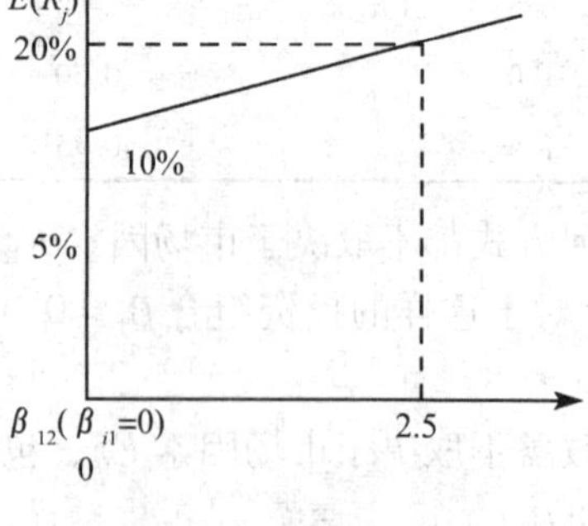

图 12－1　套利模型

第13章　风险、资本成本和估值

13.1　复习笔记

1. 权益资本成本及其估计

(1)权益资本成本

权益资本成本是指企业放弃投资该项目转而投资相同风险的金融资产的期望收益率。

从企业的角度来看，权益资本成本就是其期望收益率，若用CAPM模型，股票的期望收益率为：

$$\overline{R}=R_F+\beta\times(\overline{R}_M-R_F)$$

其中，R_F是无风险利率，$\overline{R}_M-R_F$是市场组合的期望收益率与无风险利率之差，也称为期望超额市场收益率或市场风险溢价。

股利和资本利得都代表了公司的成本。公司的股票价值的增长实际上是公司所有股东共同享有的。如果资本利得中的一部分流向新股东，只有剩下的部分才能被原股东获得。

要估计企业权益资本成本，需要知道以下三个变量：①无风险利率；②市场风险溢价；③公司的贝塔系数。

根据权益资本成本计算企业项目的贴现率需要有两个重要假设：①新项目的贝塔风险与企业风险相同；②企业无债务融资。

(2)无风险利率R_F的估计

①计算期限溢价R_T，即用t年期债券平均收益率减去1年期国债平均收益率；

②选择最近t年期的国债平均收益率R_t'，则$R_F=R_t'-R_T$。

(3)对市场风险溢价的估计

方法1：运用历史数据进行估计(基于过去)；

方法2：运用股利折现模型DDM进行估计(基于未来)。

在DDM模型中，一只股票的收益率就是其下一年的股利收益率与股利的年增长率之和。这可以用于估计一只股票的收益率，也可以用来估计市场整体的收益率。

方法1运用的是历史数据，较为客观，几乎无个人主观操作空间；而方法2则因对未来股利增长的估计而具有很大的主观性。因此，学者们运用DDM方法时往往会采用一个低于历史风险溢价水平的数值。

(4)贝塔的估计

估算公司贝塔值的基本方法是利用T个观测值按照如下公式估计：

$$\beta=\frac{Cov(R_{it},\ R_m)}{Var(R_m)}(t=1,\ 2,\ \cdots\cdots,\ T)$$

估算贝塔值可能存在以下问题：①样本容量不足；②贝塔受时间的影响；③贝塔受经营杠杆和财务杠杆的影响。

可以通过如下途径解决上述问题：①问题1、2可通过统计技术解决；②问题3可根据经营风险和财务风险对贝塔进行调整；③参考所在行业其他企业的β值。

有关贝塔系数估计的几个要点：

①现实中对贝塔的估计。现实中可以将股票月收益率与标准普尔500指数收益率画在一张图上。使用标准回归方法可以画出一条回归直线，这条直线被称为是证券特征线。特征线的斜率就是公司的贝塔值。

②贝塔系数的稳定性。一般情况下，当企业不改变业务时，其贝塔系数保持稳定。但产品系列的变化、技术的变迁或市场的变化都有可能影响贝塔系数。

③行业贝塔系数的运用。如果企业经营状况与行业内其他企业类似，则可以使用行业贝塔或参照行业贝塔进行调整；如果企业经营状况存在根本差别，则使用企业贝塔。

2. 贝塔、协方差及相关系数之间的关系

(1)贝塔与协方差

贝塔与协方差之间的关系可用下式表示：

$$\beta_i = \frac{Cov(R_i,\ R_M)}{Var(R_M)} = \frac{\sigma_{iM}}{\sigma_M^2}$$

其中，β_i是股票 i 的贝塔系数，$Cov(R_i,\ R_M)$ 和 σ_{iM} 是股票 i 与市场组合的协方差，$Var(R_M)$ 和 σ_M^2 是市场组合的方差。

协方差较高的股票，贝塔值也较高；协方差较低的股票，贝塔值也较低。贝塔度量的是证券收益率对市场收益率的反应程度。在使用中，贝塔值较易使用，但协方差没有明确的含义，不易解读。

(2)贝塔与相关系数

贝塔值度量的是单只股票对市场组合的活动所做出的反应，由特征线的斜率表示。相关系数度量的是拟合回归线的紧密程度。

贝塔与相关系数之间的关系可用下式表示：

$$\beta_i = \frac{\rho_{iM}\sigma_i\sigma_M}{\sigma_M^2} = \rho_{iM}\frac{\sigma_i}{\sigma_M}$$

其中，β_i是股票 i 的贝塔系数，ρ_{iM}是股票 i 与市场组合的相关系数，σ_i是股票 i 的标准差，σ_M是市场组合的标准差。

σ_M相同，若股票 i 的收益率分布越紧密，σ_i越小，在β_i不变的情况下，则ρ_{iM}越大。贝塔为正数则相关系数也为正数，贝塔为负数则相关系数也为负数。

【例 13.1】假设股票 X 收益率的标准差是 50%，股票市场收益率的标准差是 20%，股票 X 收益率与股票市场收益率的相关性是 0.8，那么股票 X 的贝塔系数是多少？(　　)[清华大学 2015 金融硕士]

A. 0　　B. 2　　C. 0.8　　D. 无法判断

【答案】B

【解析】根据计算公式，股票 X 的贝塔系数为：

$$\beta = \frac{Cov(R_i,\ R_M)}{Var(R_M)} = \frac{\rho\sigma_i\sigma_M}{\sigma_M^2} = \frac{\rho\sigma_i}{\sigma_M} = \frac{0.8\times 50\%}{20\%} = 2$$

3. 贝塔的确定

贝塔反映的是公司股票收益率对市场收益率变动的敏感程度的指标。收入的周期性会影响贝塔，收入的周期性又会被经营杠杆和财务杠杆放大。总的来说贝塔取决于以下三个因素：

(1)收入的周期性。公司销售的周期是影响贝塔值的一个重要因素。一般来说，经济增长时股票价格上升，经济衰退时股票价格下降。因为贝塔值是评价市场变动对某一证券收益变动的影响程度，所以，公司收益受市场状况影响较大的股票贝塔值较周期性弱的股票要高。

(2)经营杠杆。经营杠杆是息税前利润($EBIT$)变动率与销售收入变动率的比值。高固定成本和低变动成本的企业拥有高经营杠杆；低固定成本和高变动成本的企业拥有低经营杠杆。经营杠杆较高的企业收入的波动幅度比经营杠杆低的企业收入波动幅度大，因此，其贝塔值也较高。

(3)财务杠杆。财务杠杆反映企业对债务融资的依赖程度。因为负债利息应在股票股利前支付，因此财务杠杆越高，公司股票的风险也越大。企业资产的贝塔系数可以通过以下公式计算得出：

$$\beta_{资产}=\frac{负债}{负债+权益}\times\beta_{负债}+\frac{权益}{负债+权益}\times\beta_{权益}$$

在全权益公司，权益贝塔就等于资产贝塔。在有负债的情况下，由于在实际中，负债的贝塔很低，一般假设为零。则有：$\beta_{资产}=\frac{权益}{负债+权益}\times\beta_{权益}$。所以有财务杠杆的情况下，权益贝塔一定大于资产贝塔。

【例 13.2】经营杠杆会抵消收入周期性对贝塔的影响。(　　)[中国人民大学 2014 金融硕士]

【答案】×

【解析】贝塔反映的是单个证券收益率对市场整体收益率波动的敏感程度。收入的周期性对贝塔有正向影响，经营杠杆会放大收入的周期性对贝塔的影响。

4. 股利折现模型(DDM)

(1)股票折现率的估计

股利折现模型可用下式表示：

$$R=\frac{Div}{P}+g$$

其中，R 是折现率；Div 是每股股利；P 是股票价格；g 是股利增长率。

股利收益率相对比较容易预测，股利增长率 g 的预测方法主要有以下三种：

①根据历史数据计算出公司的历史股利增长率；

②g = 留存比率 × ROE；

③证券分析师对未来增长率的预测。

(2)DDM 模型与 CAPM 模型的比较

DDM 模型和 CAPM 模型是内在一致的，但 DDM 模型比 CAPM 模型包含更多的度量误差，特别是在估计单个公司增长率时 DDM 误差更大，当度量对象从单个公司转向市场整体时，大部分的度量误差就被消除了。CAPM 从整体上估计，误差要小得多。

(3)低股利与高资本成本

股利和资本利得都是公司的资本成本。从资本利得角度来看，资本成本并非当前股利收益率。即使对于低股利或零股利公司的股东最终还是希望能够收到股利或是公司被收购。同时，对于一家事后成功的公司来说，股票的发行对于原有股东来说事后成本是非常高的。

5. 部门和项目的资本成本

每个项目、每个部门都应按其自身风险相当的利率折现，而不是使用公司的折现率。如果项目部门的风险与公司风险水平相当，则可以按公司的折现率折现。

在资本预算中，所有项目都按同一个折现率折现，就会出现偏差，企业会因此接受过多的高风险项目而拒绝过多的低风险项目。

运用与项目现金流风险相当的折现率进行折现时应注意：

①必须选对行业对比公司。

②即使在某个行业中的所有公司都经营单一项目，新项目的贝塔值也可能会高于现有公司的贝塔值，因为新项目可能对经济层面波动的反应较大。需对新成立公司设定一个较高的贝塔值，以反映附加风险。

③当一项罕见的项目形成了其独特的行业时，也难以确定贝塔。但可以从收入的周期性、经营杠杆以及财务杠杆做大致的估计。

6. 固定收益证券的成本

(1)债券资本成本

债券资本成本等同于借款成本，也就是当前债券的收益率。票面利率是一个历史数值，称为债券的内嵌成本，与今天没有关联性。考虑到利息支付是可以抵税的，税后债务资本成本为：税后债务资本成本 =(1 - 税率) × 借款利率。

(2)优先股资本成本

优先股资本成本为每期支付的股利除以股票现在的价格。优先股资本成本不进行税收调整，因为优先股股利不能抵税，只能在税后列支。

【例 13.3】公司对外发行面值为 100 元的优先股，发行价格为 120 元，股息率为 10%，发行费率为 5%，则该优先股的资本成本为(　　)。[中央财经大学 2017 金融硕士]

A. 5.00%　　B. 8.77%　　C. 10.53%　　D. 12.00%

【答案】B

【解析】优先股资本成本为每期支付的股利除以股票现在的价格，公式为：$R_P = C/PV = (100 \times 10\%)/(120 - 120 \times 5\%) = 8.77\%$。

7. 加权平均资本成本

加权平均资本成本(R_{WACC})是指以各种资本在企业全部资本中所占比例为权数，对各种长期资金的资本成本加权平均计算出来的资本总成本。即权益资本成本是 R_S，债务资本成本是借款利率 R_B，平均资本成本是权益资本成本和债务资本成本的加权平均，所以，通常称之为加权平均资本成本，R_{WACC}，其计算如下：

$$R_{WACC} = \left(\frac{S}{S+B}\right) \times R_S + \left(\frac{B}{S+B}\right) \times R_B$$

式中的权数分别是权益占总价值的比重，即 $\left(\frac{S}{S+B}\right)$；负债占总价值的比重，即 $\left(\frac{B}{S+B}\right)$。显然，若企业无负债，即是一个 100% 权益企业，其平均资本成本就等于权益资本成本 R_S。若企业负债特别多而权益几乎为 0，即是一个 100% 负债的企业，其平均资本成本就等于债务资本成本 R_B。需要注意的是，无论是负债还是权益，公司理财关心的是市场价值而不是账面价值。

此外由于对公司来说利息是可以抵税的，综上所述，可以得到公司的平均资本成本：

$$R_{WACC}=\left(\frac{S}{S+B}\right)\times R_S+\left(\frac{B}{S+B}\right)\times R_B\times(1-T_C)$$

R_S可以用 CAPM 模型进行估计，R_B则依据所有债务成本的加权平均值，权重为对应到期收益率下的债务占总债务的比例。通常市场价值权重比账面价值权重要更合适一些。目标市场权重是企业或项目寿命期内占主导地位的权重，运用目标市场权重是有用的。

【例 13.4】某公司债权成本 7%，普通股股权成本 11%，优先股股权成本 8%，该公司有 104000 股普通股，市场价 20 元每股；40000 股优先股，市场价 34 元每股，该公司的债券面值 500000 元，目前市价为面值的 102%，当税率 34% 时，该公司的加权平均资本成本是多少？(　　)［清华大学 2016 金融硕士］

A. 9.14%　　B. 6.54%　　C. 8.60%　　D. 6.14%

【答案】A

【解析】公司的市场价值为：$104000\times20+40000\times34+500000\times102\%=2080000+1360000+510000=3950000$(元)。该公司的加权平均资本成本 $=(2080000/3950000)\times11\%+(1360000/3950000)\times8\%+(510000/3950000)\times7\%\times(1-34\%)\approx9.14\%$。

【例 13.5】某公司当前的加权资本成本为 13%，财务人员预测公司明年的税后债务成本将上升 3 个百分点，如果现在公司的债务比率为 40%，则明年企业的加权资本成本为(　　)。［中山大学 2016 金融硕士］

A. 13.2%　　B. 13.0%　　C. 14.2%　　D. 14.8%

【答案】C

【解析】由加权资本成本公式知：

$$R_{WACC}=0.6R_S+0.4R_B=13\%,\ \Delta R_B=3\%$$

则明年企业的 $R_{WACC}=0.6R_S+0.4(R_B+3\%)=13\%+1.2\%=14.2\%$。

【例 13.6】X 是一家上市公司，全权益时资产贝塔为 1.1(即 β_U)。公司债务为无风险债务，价值 2500 万，同时发行在外有 5000 万股票。公司每年的税后经营性现金净流量均为 1000 万。无风险利率为 3%，市场风险溢价为 8%，公司税率为 25%。

(1)求公司的市场价值。

(2)求公司的权益贝塔值和负债价值比。

(3)假如公司认为最佳的负债权益比为 2∶1，求在此资本结构下的公司价值和权益贝塔值。［中国人民大学 2016 金融硕士］

解：(1)运用 APV 法可以求公司的市场价值：

X 公司无杠杆的权益资本成本 $R_0=3\%+1.1\times8\%=11.8\%$，

X 公司无负债时的价值 $NPV=1000/11.8\%$，

所以，X 公司的总价值 $=NPV+NPVF=1000/11.8\%+2500\times25\%=9099.58$(万元)。

(2)权益 $S=9099.58-2500=6599.58$(万元)

由题目可知负债无风险，因此可以使用贝塔转换公式：

$$\beta_S=\beta_U\left[1+\frac{B}{S}(1-T_C)\right]=1.1\times\left(1+\frac{2500}{6599.58}\times0.75\right)=1.41$$

X 公司的负债价值比 $=2500/9099.58=0.27$

(3)题目告知了最佳资本结构，因此可以采用 WACC 法计算公司价值。

$$\beta_S = \beta_U\left[1 + \frac{B}{S}(1 - T_C)\right] = 1.1 \times (1 + 2 \times 0.75) = 2.75$$

$$R_S = 3\% + 2.75 \times 8\% = 25\%$$

债务资本成本为无风险债务利率，即 $R_B = 3\%$，则：

$$R_{WACC} = R_S \times \frac{S}{B+S} + R_B \times \frac{B}{B+S} \times (1 - T_C) = 9.83\%$$

所以，公司价值 = 1000/9.83% = 10172.94(万元)。

【例 13.7】假设一个公司的资本结构由 2000 万的股权资本和 3000 万的债权资本构成，该公司股权资本的融资成本是 15%，债权资本的融资成本是 5%，同时假设该公司适用税率是 40%，那么该公司的加权平均资本成本(R_{WACC})是多少？(　　)［清华大学 2015 金融硕士］

A. 7.8%　　B. 9%　　C. 10%　　D. 6%

【答案】A

【解析】根据计算公式，该公司的加权平均资本成本(R_{WACC})为：

$$\begin{aligned} R_{WACC} &= \left(\frac{S}{S+B}\right) \times R_S + \left(\frac{B}{S+B}\right) \times R_B \times (1 - T_C) \\ &= \left(\frac{2000}{2000+3000}\right) \times 15\% + \left(\frac{3000}{2000+3000}\right) \times 5\% \times (1 - 40\%) \\ &= 7.8\% \end{aligned}$$

8. 发行成本与加权平均资本成本

(1) 加权平均发行成本

加权平均发行成本可用下式表示：

$$f_O = \frac{S}{V} \times f_S + \frac{B}{V} \times f_B$$

其中，$\frac{S}{V}$是股票所占的百分比，即权益的目标权重；$\frac{B}{V}$是债券所占的百分比，即债务的目标权重。目标权重是公司提前设定需要达到的目标负债权益比，与实际用股票和债券筹资的比例无关。

(2) 发行成本与净现值

发行成本主要影响初始投资额的成本。不考虑发行成本时，初始投资额成本就是项目需要的资金；考虑发行成本后，初始投资额成本等于项目所需资金加上发行成本。发行成本不改变项目的现值，即现金流和折现率不受发行成本的影响，但会影响 *NPV*。发行成本不会影响项目的风险。

(3) 内部权益和发行成本

使用内部权益融资不存在权益发行成本，因此发行成本为：

$$f_O = \frac{B}{V} \times f_B$$

权益是内源融资还是外源融资对发行成本有重要影响，因为外源融资成本较高。债务只能通过外源融资取得。发行成本是公司投资的一部分，与平时的正常投资一样，分期折旧。发行成本通常不用考虑税收，但实际上考虑发行成本后，每期的折旧会更大，经营性现金流也会变大。

13.2 课后习题详解

一、概念题

1. 资产贝塔(asset beta)

答：资产贝塔是指企业总资产的贝塔系数。除非完全依靠权益融资，否则不能把资产贝塔看作普通股的贝塔系数。其公式为：

$$\beta_{资产}=\frac{负债}{负债+权益}\times\beta_{负债}+\frac{权益}{负债+权益}\times\beta_{权益}$$

其中，$\beta_{权益}$是杠杆企业权益的贝塔。公式包括两部分，即负债的贝塔乘以负债在资本结构中的百分比；权益的贝塔乘以权益在资本结构中的百分比。这个组合包括企业的负债和权益，所以组合贝塔就是资产贝塔。在实际中，负债的贝塔很低，一般假设为零。若假设负债的贝塔为零，则：

$$\beta_{资产}=\frac{权益}{负债+权益}\times\beta_{权益}$$

对于杠杆企业，权益/(负债+权益)一定小于1，所以$\beta_{资产}<\beta_{权益}$，将上式变形，有：

$$\beta_{权益}=\beta_{资产}\left(1+\frac{负债}{权益}\right)$$

有财务杠杆的情况下，权益贝塔一定大于资产贝塔。

2. 经营杠杆(operating leverage)

答：经营杠杆是指由于固定成本的存在而导致息税前利润变动大于产销业务量变动的杠杆效应。对经营杠杆的计量最常用的指标是经营杠杆系数或经营杠杆度。经营杠杆系数，是指息税前利润变动率相当于销售额变动率的倍数。用公式可以表示为：

$$DOL=\frac{息税前利润的变动率}{销售额的变动率}=\frac{EBIT+F}{EBIT}$$

式中，$EBIT$为息税前利润；F为固定成本。

经营杠杆系数不是固定不变的。当企业的固定成本总额、单位产品的变动成本、销售价格、销售数量等因素发生变动时，经营杠杆系数也会发生变动。经营杠杆系数越高，对经营杠杆利益的影响就越强，经营杠杆风险也就越高。经营杠杆越大，企业的贝塔系数就越大。

3. 权益资本成本(cost of equity capital)

答：权益资本成本就是投资股东要求的回报率，用CAPM模型表示股票的期望收益率为：

$$\overline{R}=R_F+\beta\times(\overline{R}_M-R_F)$$

其中，R_F是无风险利率；$\overline{R}_M-R_F$是市场组合的期望收益率与无风险利率之差，也称为期望超额市场收益率或市场风险溢价。

所以要估计企业权益资本成本，需要知道以下三个变量：①无风险利率；②市场风险溢价；③公司权益的贝塔系数。

4. 加权平均资本成本(weighted average cost of capital，R_{WACC})[厦门大学2022金融硕士；中山大学2017金融硕士]

答：平均资本成本是权益资本成本和债务资本成本的加权平均，所以，通常称之为加权平均资本成本，R_{WACC}，其计算公式如下：

$$R_{WACC}=\left(\frac{S}{S+B}\right)\times R_S+\left(\frac{B}{S+B}\right)\times R_B$$

式中的权数分别是权益占总价值的比重，即$\left(\frac{S}{S+B}\right)$和负债占总价值的比重，即$\left(\frac{B}{S+B}\right)$。显然，若企业无负债，即是一个100%权益企业，其平均资本成本就等于权益资本成本R_S。若企业负债特别多而权益几乎为0，即是一个100%负债的企业，其平均资本成本就等于债务资本成本R_B。

考虑税收的条件下，由于债务有税盾作用，资本的平均成本为：

$$R_{WACC}=\left(\frac{S}{S+B}\right)\times R_S+\left(\frac{B}{S+B}\right)\times R_B\times(1-T_C)$$

5. 权益贝塔(equity beta)

答：权益贝塔是指企业股票的贝塔系数。有资产贝塔公式：$\beta_{资产}=\frac{权益}{负债+权益}\times\beta_{权益}$；对于杠杆企业，权益/(负债+权益)一定小于1，所以$\beta_{资产}<\beta_{权益}$，将上式变形，有：

$$\beta_{权益}=\beta_{资产}\left(1+\frac{负债}{权益}\right)$$

有财务杠杆的情况下，权益贝塔一定大于资产贝塔。

二、复习题

1. 计算债务资本成本 Advance公司正在确定公司的债务资本成本。公司有在外发行的13年到期的长期债券，该债券发行时以95%的折价发行。该债券每半年付息一次，其息票利率为每年7%。Advance公司的税前债务资本成本为多少？如果公司税率为35%，则公司的税后债务资本成本为多少？

答：税前债务成本为该公司债券的到期收益率(YTM)，因此：

$$P_0=950=35\times PVIFA(R,\ 26)+1000\times PVIF(R,\ 26)$$

解得：$R=3.806\%$，则$R_B=2\times3.806\%=7.61\%$。

税后债务成本为：

$$税后债务成本=7.61\%\times(1-0.35)=4.95\%$$

2. 计算税收和加权资本成本 Miller制造公司的目标负债-权益比为0.55，其公司的权益资本成本为12.5%，债务资本成本为7%，公司税率为35%。计算Miller公司的加权资本成本。

答：使用债务-权益比来计算公司的加权资本成本，得到：

$$R_{WACC}=0.125\times(1/1.55)+0.07\times(0.55/1.55)\times(1-0.35)=0.0968=9.68\%$$

3. 计算加权资本成本 Kose公司的目标负债-权益比为0.45，其公司的加权资本成本为9.8%，公司税率为35%。

a. 如果公司的权益资本成本为13%，则公司税前债务资本成本为多少？

b. 如果你知道公司的税后债务资本成本为5.9%，则公司的权益资本成本为多少？

答：a. 使用加权资本成本的计算公式，得到：

$$R_{WACC}=0.098=(1/1.45)\times0.13+(0.45/1.45)\times(1-0.35)\times R_B$$

解得：$R_B=0.0414=4.14\%$。

b. 使用加权资本成本的计算公式，得到：

$$R_{WACC}=0.098=(1/1.45)\times R_S+(0.45/1.45)\times0.059$$

解得：$R_S=0.1156=11.56\%$。

4. 计算融资成本 假设你的公司需要为新的装配线融资 3500 万美元。公司的目标负债 - 权益比为 0.75。权益的发行成本为 6%，债务的发行成本则为 2%。你的老板决定使用债务融资，因为相对来说发行成本较低，所需要的融资额也就较小。

a. 你认为选择全负债融资的原理是什么?

b. 假设所有的权益都来自外部，请问公司的加权平均融资成本是多少?

c. 考虑融资成本，建设新的装配线的实际成本应该是多少? 本例中选择的全负债融资是否对结果有影响?

答： a. 负债融资利息计入公司成本费用，在税前扣除，具有税盾效应，能在一定程度上降低资本成本。

b. 加权平均融资成本是权益融资成本和债务融资成本的加权平均，因此：

$$f_O = 0.02 \times (0.75/1.75) + 0.06 \times (1/1.75) = 0.0429 = 4.29\%$$

c. 新装配线的实际总成本(融资总额)为：

$$融资总额 \times (1 - 0.0429) = 35000000$$

解得：融资总额 $= 35000000/(1 - 0.0429) = 36567164$(美元)。

即使项目的资金全部使用负债融资筹得，公司也需要进行额外的权益融资以保持目标负债 - 权益比，因此只要目标负债 - 权益比不变，公司的融资成本不变，进而项目的实际总成本就是一样的。

5. 计算融资成本 Goodbye 公司最近为一个新的电视节目发行了新的证券进行融资。该项目成本为 1900 万美元，公司为此次发行支付了 1150000 美元的融资成本。权益融资的成本为 7%，债务融资的成本为 3%。如果该公司的权益和债务的融资比例和其资本结构比例相同，那么该公司的目标负债 - 权益比是多少?

答： 包含融资成本在内的项目总成本为：

$$总成本 = 19000000 + 1150000 = 20150000(美元)$$

使用包含融资成本在内的总成本的计算公式，得：

$$融资总额 \times (1 - f_O) = 支付融资成本后所需资金总额$$

代入数据：

$$20150000 \times (1 - f_O) = 19000000$$

解得：$f_O = 0.0571 = 5.71\%$。

根据加权融资成本的公式，代入数据可得：

$$f_O = 0.0571 = 0.07 \times (S/V) + 0.03 \times (B/V)$$

公式变形为：

$$0.0571 \times (V/S) = 0.07 + 0.03 \times (B/S)$$

V/S 为权益乘数，$V/S = 1 + B/S$，因此：

$$0.0571 \times (1 + B/S) = 0.07 + 0.03 \times (B/S)$$

解得：$B/S = 0.4775$，即公司的目标负债 - 权益比为 0.4775。

6. 计算融资成本和净现值 Photochronograph Corporation(PC)公司专门制造时间序列摄影器材。它目前的目标负债 - 权益比为 0.55。该公司正在考虑是否建设新的制造设备，其将花费 5000 万美元。这个新的制造设备将永续产生每年 670 万美元的税后现金流。所有的权益融资都来自外部。这里有 3 个融资选择。

(1)发行普通股：普通股的发行成本为 8%。公司新的权益要求回报率为 14%。

(2)发行20年期债券：债券的发行成本为4%。如果公司以8%的年息票率发行债券，则价格为面值。

(3)使用应付账款进行融资：由于这种方法依赖于公司日常业务产生的资金，因此没有融资成本。我们可以认为其成本等同于公司的*WACC*。经理认为应付账款和长期负债的目标比值应为0.2(假设税前和税后应付账款成本没有区别)。

设备的净现值为多少？假设税率为35%。

答：可以使用公司的负债-权益比来计算权益和债务的权重，公司的债务由长期债券和应付账款构成。可以利用应付账款和长期负债的目标比值来计算应付账款和长期负债的权重。两者的权重分别为：

$$\text{应付账款权重}=0.2/1.2=0.17$$

$$\text{长期负债权重}=1/1.2=0.83$$

由于应付账款的成本等于公司的*WACC*，可以写出计算*WACC*的公式为：

$$R_{WACC}=(1/1.55)\times0.14+(0.55/1.55)\times[(0.2/1.2)\times R_{WACC}+(1/1.2)\times0.08\times(1-0.35)]$$

解得：$R_{WACC}=0.1123=11.23\%$。

使用同样的公式来计算加权平均融资成本，但其中使用各种融资方式的融资成本而不是回报率：

$$\text{融资成本}=(1/1.55)\times0.08+(0.55/1.55)\times[(0.2/1.2)\times0+(1/1.2)\times0.04]=0.0634=6.34\%$$

项目所需要的融资总额为：

$$\text{融资总额}=50000000/(1-0.0634)=53384583(\text{美元})$$

项目的收益现金流为永续年金形式，因此可以使用永续年金的现值公式来计算项目的净现值：

$$NPV=-53384583+(6700000/0.1123)=6277038(\text{美元})$$

第4篇 资本结构与股利政策

第14章 有效资本市场和行为挑战

14.1 复习笔记

有效资本市场是指资产的现有市场价格能够充分反映所有有关的可用信息的资本市场。在有效资本市场中，证券的现有市场价格反映了其内在价值，所有与证券有关的信息一经产生就反映在其价格上，不存在通过利用有关可用的信息谋取或赚取超额利润的任何方法。

在有效资本市场中，财务经理无法选择债券和股票的发行时机；增加股票发行不会影响现有公司的股票价格；公司的股票和债券的价格不会因公司选择不同的会计方法而受到影响。

1. 创造价值的方法

公司可以通过以下资本预算决策来创造价值：找到对某种特定的产品或服务占领消费者需求尚未得到满足的地方；建立一些障碍阻止其他公司与之竞争；以比竞争对手更加低廉的成本生产或提供某种产品和服务；率先研发某种新产品。

创造价值的融资机会的基本方法：愚弄投资者；降低成本或提高津贴；创新证券。

2. 有效市场假说(Efficient-Market Hypothesis)

有效市场假说是资本市场研究的一种理论假设，指在一个有效的资本市场中，有关投资品的全部信息都能够迅速、完整和准确地被投资者所获得，投资者可以据此准确判断该投资品的价值并作出正确的决策。反过来说，任何时刻的投资品价格都已充分反映了投资者当时所能得到的一切相关信息，该价格全面反映了该投资品的内在价值。

(1)有效市场假说的主要内容

投资品价格迅速反映未预期的信息；投资品价格随机变动；投资者无法获得超额利润。

(2)有效资本市场成立的充分条件

信息公开的有效性；信息从公开到被接收的有效性；市场价格的独立性；信息接收者对所获得信息作出判断的有效性；信息的接收者依照其判断实施投资的有效性。

(3)有效市场假说对投资者和公司的含义

①对投资者而言，在有效市场中，信息立刻反映在价格里，投资者只能预期获得正常收益率。信息披露后才认识到的信息不能给投资者带来任何好处。价格在投资者交易前已经调整到位。

②对公司而言，公司从它出售的证券中应该预期获得公允价值。“公允”表示公司发行证券所收到的价格是现值。因此，在有效市场中不存在通过愚弄投资者创造价值的融资机会。

(4)市场有效性的基础

①理性。所有投资者都是理性的，当市场发布新信息时，所有投资者都会以理性的方式

调整自己对股价的估计。

②独立的理性偏差。市场上存在非理性的投资者，可以将非理性投资者进行分类，只要各种非理性相互抵消，市场便有效。

③套利。假设只有两类人：非理性的业余投资者以及理性的专业投资者。如果专业投资者套利能够控制业余投资者的投机，市场依然是有效的。

(5)有效市场假说的约束

信息公开的数量、规模和时间的制约；信息传递的时效性；投资者对信息的判断存在个体差异；投资者实施投资决策的有效性受到限制。

3. 有效资本市场的类型

有效市场理论中的市场效率不是指市场的运作效率(如市场中的信息运输、交易指令的执行、交割、清算、记录等功能的质量、速度和成本水平)，而是指市场的信息效率，即资本市场中投资品的价格对信息的敏感程度和反应速度。证券价格作为一种正确的信号反映了一切当前可能获得的信息。根据可获得的有关信息的范围、程度和时效不同，该理论将市场效率划分为弱型有效、半强型有效和强型有效三种类型。

(1)弱型有效市场

如果某一资本市场上证券的价格充分地包含和反映了与其有关的历史信息，那么该资本市场就达到了“弱型有效”，或者说符合“弱型效率假说”。在这一市场上，不仅仅是信息从产生到被公开的有效性受到损害，即存在“内幕信息”，而且，投资者对信息进行价值判断的有效性也受到损害。通常用以下数学公式来表示弱型效率：

$$P_t = P_{t-1} + 期望收益 + 随机误差\ i$$

P_{t-1}是最近预测到的价格，取决于样本空间；期望收益是证券风险的函数；随机误差是由于股票的新信息引起的，可能为正也可能为负，期望值为0。任一时期的随机成分与过去任一时期的随机成分均不相关，这一成分无法根据历史价格预测，如果股票价格遵循上式，我们就说股票价格遵循随机游走。

【例 14.1】股票价格已经反映了所有的历史信息，如价格的变化状况、交易量变化状况等，因此技术分析手段对了解股票价格未来变化没有帮助。这一市场是指(　　)。[中山大学 2017 金融硕士]

A. 强有效市场　　B. 次强有效市场　　C. 弱有效市场　　D. 无效市场

【答案】C

【解析】根据有效市场理论：弱式效率市场是指当前证券价格已经充分反映了全部能从市场交易数据中获得的信息，这些信息包括过去的价格、成交量、未平仓合约等。因为当前市场价格已经反映了过去的交易信息，所以弱式效率市场意味着根据历史交易资料进行交易是无法获取经济利润的。

【例 14.2】以往价格的所有信息已经完全反映在当前的价格之中，这是(　　)有效市场的内容。[中国人民大学 2015 金融硕士]

A. 弱式　　B. 半强　　C. 强式　　D. 半弱

【答案】A

【解析】尤金·法玛根据投资者可以获得的信息种类，将有效市场分成了三个层次：弱式有效市场、半强式有效市场和强式有效市场。弱式有效市场中以往价格的所有信息已经完全反映在当前的价格之中，所以利用技术分析是无效的。

【例 14.3】某投资者采取如下的投资策略：在股票价格下跌 10% 时买入股票，在价格上涨 10% 时卖出股票，如果这种策略在股市中能够获得超额收益，则意味弱有效市场假说不成立。(　　)［对外经贸大学 2014 金融硕士］

【答案】√

【解析】如果弱有效市场假说成立，则投资者将无法从已有的历史信息中判断股票价格的走势从而在股市中获得超额收益。

(2)半强型有效市场

如果某一资本市场上的证券价格充分地反映了所有公开可用的信息，包括如公司公布的财务报表和历史上的价格信息，那么该资本市场就达到了“半强型有效”。在该市场上，一方面，关于资本品的信息在其产生到被公开的过程中受到了某种程度的损害，也就是说信息公开的有效性受到破坏，存在所谓的“内幕信息”。另一方面，在该市场上，所有投资者占有的公开信息都是相同的。也就是说，除了未公开的“内幕信息”之外，只要是被公开的信息，就可以为每一位投资者所占有。同时，不论是什么类型的投资者，其对所有公开信息的判断都是一致的。

【例 14.4】在半强有效性市场中，下列错误的是(　　)。［中国人民大学 2017 金融硕士］

A. 公司不能选择时机以高价发售股票或债券

B. 公司通过盈余管理操纵利润难以提升股价

C. 注重公司基本面分析的投资者不能获取超额利润

D. 投资者可以利用公司刚刚发布的信息赚取超额收益

E. 拥有内幕消息的投资者可以获得超额利益

【答案】D

【解析】半强有效市场指的是金融市场中资产的价格已经反映了所有的公开信息。公司刚刚发布的信息属于公开信息，因此半强有效市场中投资者无法利用公司刚刚发布的信息去赚取超额收益。A 项，由于价格反映了所有的公开信息，因此公司无法通过发行时机选择来高价发售股票或债券；B 项，盈余管理操纵利润会反映在公司的公开财务报表中，因而通过盈余管理提升股价是无效的；C 项，在半强有效市场中，公司的基本面信息已经反映在价格中，注重公司基本面分析的投资者不能获取超额利益；E 项，半强有效市场反映了所有公开信息，但未反映内幕消息，所以拥有内幕消息的投资者可以获得超额利益。

【例 14.5】“半强有效市场假说”认为股票价格(　　)。［清华大学 2015 金融硕士］

A. 反映了已往的全部价格信息

B. 反映了全部的公开可得信息

C. 反映了包括内幕信息在内的全年相关信息

D. 是可以预测的

【答案】B

【解析】根据有效市场理论，弱式有效市场的股票价格反映了已往的全部价格信息；半强式有效市场的股票价格反映了全部的公开可得信息；强式有效市场的股票价格反映了包括内幕信息在内的全部相关信息。

(3)强型有效市场

如果某一资本市场上的证券价格充分地反映了所有的信息，包括公开的和内幕的信息，那么该资本市场就达到了“强型有效”。在该种市场上，信息的产生、公开、处理和反馈几乎是同时的。另外，有关信息的公开是真实的，信息的处理是正确的，反馈也是准确的。

【例 14.6】强式有效市场对应的信息集是(　　)。[南京大学 2014、2013 金融硕士]

A. 全部交易信息

B. 全部公开的信息

C. 所有可获得的信息，包括内幕信息和私人信息

D. 大部分交易信息

【答案】C

【解析】强式有效市场的证券价格完全地反映一切公开的和非公开的信息。投资者即使掌握内幕信息也无法获得额外盈利。任何专业投资者的边际市场价值为零。交易信息也是可获得的信息的一部分。

(4)对有效市场假说的误解

①投掷效率。这种说法基本上是正确的，但不完全准确。

②价格波动。价格波动与市场效率并不矛盾。在有效市场上，股票通过改变价格对新的信息做出调整。

③股东漠不关心。只要有许多有兴趣的交易者使用公开可用信息，股票就可以有效定价。

【例 14.7】简述有效市场假说对于投资者的意义。[兰州大学 2021 金融硕士]

答：有效市场理论由美国芝加哥大学财务教授尤金·法玛在 20 世纪 60 年代提出，又称有效市场假说。该假说认为，在一个有效的资本市场中，证券的价格应该立即对相关信息作出反映，即有利的信息会立即导致证券价格上升，而不利的信息则会使其价格立即下降。因此，任何时刻的证券价格都已经充分地反映了当时所能得到的一切相关信息。在有效市场上，证券价格在任何时候都是证券内在价值的最佳评估。

根据可获得的有关信息的分类不同，可将资本市场划分为弱型有效市场、半强型有效市场和强型有效市场三种类型。这三种市场对投资者的意义如下：

①在弱型有效市场中，证券价格只反映了过去的价格和交易信息，存在信息高度不对称的现象。对于投资者来说，如能提前掌握大量信息或内部信息就可以比别人更准确地识别证券价值，并在价格与价值有较大偏离的情况下，通过买卖交易即可获取超额利润。

②在半强型有效市场中，证券价格反映了包括历史价格和交易信息在内的所有公开发表的信息。此时，如果投资者能提前掌握内幕信息，就可以在价格与价值有偏离的情况下，买卖证券获得超额利润。

③在强型有效市场中，证券价格反映了所有信息，包括公开或未公开信息。因此对于投资者，在强型有效市场中，试图通过掌握和分析信息来发现价值被低估或高估的证券，几乎不可能做到，也就无法获得超额收益。在这种情况下，投资者应与市场同步，按照市场综合价格指数组织投资。

4. 实证研究的证据

(1)弱型有效市场

弱型有效说明历史股票价格和未来股票价格不相关。

序列相关系数也称时间序列的相关系数，是指某只股票现在的收益和同样股票在随后期间收益的相关系数。

①序列相关系数 >0，股价变动趋势一致，市场弱型无效；

②序列相关系数 <0，股价变动趋势相反，市场弱型无效；

③序列相关系数 =0，股价符合随机游走，市场弱型有效。

(2)半强型有效市场

①事件研究。如果某一时间的信息只影响那一期的超常收益，那么市场就是半强型有效。此外，如果累计超额收益 CAR 在公告日之前和之后都较为平坦，只在公告日当天出现大幅上升或下降，那么也可以说明市场是半强型有效的。

②共同基金记录。如果市场是半强型有效的，那么共同基金的平均收益与市场上整体投资者的平均收益应该是相同的，可以通过比较积极管理的共同基金和指数基金的表现来检验证券市场的效率。

(3)强型有效市场

公司内部人士从事本公司股票交易获利是超常的，因此不支持强型有效。

5. 行为理论对有效市场假说的挑战

行为理论对有效市场假说的挑战主要体现在以下几个方面：

①投资者是非理性的。

②不同投资者的非理性可能是相互关联而不是相互抵消的。一是代表性，投资者可能过分重视小样本结果，导致了对股票收益的过度反应。二是保守性，人们根据新信息调整他们信念的速度太慢，导致股价反应不足。

③套利策略可能涉及过多的风险从而不能保证市场效率。只有当业余投资者相对专业投资者的持有量比较少时，股价才会回到一个正常的水平。

6. 经验证据对有效市场假说的挑战

经验证据对有效市场假说的挑战主要体现在以下几个方面：

①套利的局限。风险方面的考虑可能迫使套利者持有过少的头寸，不足以使股价回到正常的价格。

②盈利意外。股价根据盈利公告缓慢调整而非立即调整。

③规模。小盘股的平均回报比大盘股的平均回报高，并且差异不能完全用风险解释。

④价值股的表现好于成长股。

⑤崩溃和泡沫。程度巨大的没有明显原因的下跌与有效市场理论不一致。

7. 有效市场假说对公司理财的意义

(1)会计选择、融资选择和市场有效性

满足以下两个条件时，会计政策的选择就不会影响股票的价格：

①年度财务报告应该提供充分的信息使财务分析师能测算不同会计方法下的盈利；

②市场必须是半强型有效的。

(2)时机选择决策

选择时机的决策是指公司管理层对融资时机的把握和选择，如决定股权融资的合适时机。如果经理们相信本公司的股票价格被高估，他们就可能决定立即发行权益资本。这样，因为他们出售的股票超过其实际价值，从而为老股东创造了价值。反之，如果经理们相信本公司的股票价格被低估，他们就可能决定等待，希望有一天公司股票的价格可以上升到其实际价值的水平。

但是，无论如何，如果市场有效，证券的定价总是准确的。由于有效市场意味着股票总是按照它的实际价值出售，因此选择时机的决策无关紧要。

14.2 课后习题详解

一、概念题

1. 泡沫理论(bubble theory)

答: 泡沫理论是描述经济的虚假繁荣(即泡沫经济)和价格的虚假上涨(即经济泡沫)的一种金融理论。这一理论认为，泡沫的具体表现是证券的价格有时大大高于其真实价值，经济及金融市场过热，形成虚假繁荣，最终价格跌到原有的水平，从而给投资者造成大量损失。17 世纪荷兰的“郁金香狂潮”和 18 世纪英国的“南海泡沫”就是历史上两起最有名的泡沫事件。

泡沫经济常常误导资源配置，造成资源的极大浪费，并引起社会分配严重不公，损害经济长期增长。

2. 半强型效率(semi strong-form efficiency)

答: 半强型效率是指现行证券价格反映了全部已公开的信息，或者说全部已公开的信息对证券价格的变动没有任何影响，这种是证券市场效率的中等程度。具体解释参见本章复习笔记。

3. 有效市场假说(efficient-market hypothesis)[厦门大学 2019 金融硕士]

答: 参见本章复习笔记。

4. 序列相关系数(serial correlation)

答: 参见本章复习笔记。

5. 市场资本化(market capitalization)

答: 市场资本化是指金融市场的资本化程度，可以通过计算每股证券的市场价格乘以公开发行售出的证券数来反映。

通常情况下，市场资本化程度反映了一国资本市场的发达程度。

6. 强型效率(strong-form efficiency)

答: 强型效率是指现行证券价格反映了所有公开或未公开的信息，或者说所有公开或未公开的信息对证券价格的变动没有任何影响，不管是公开发表的信息还是内幕信息，都不能被用来谋取超额利润。显然，强型效率市场是一个极端的假设，是证券市场效率的最高程度。

强型有效市场的状态包含了弱型有效市场和半强型有效市场的状态。强型效率假设理论着重指出，任何与股票价值有关的信息，即使是只有一个投资者知道的信息，实际上都已经充分地反映在股票价格之中。

7. 随机游走(random walk)

答: 随机游走是指股票价格变化是相互独立的，每次价格上升或下降与前一次的价格变化毫无联系，对下一次价格变化也毫无影响，股票价格的变化不存在任何可识别和可利用的规律。证券价格的随机游走一般出现在弱型效率市场。

8. 弱型效率(weak-form efficiency)

答: 弱型效率是指现行证券价格已含证券价格过去变动的所有信息，或者说，过去有关信息对证券价格的变动没有任何影响，是证券市场效率的最低程度。通常用以下数学公式来表示弱型效率：

$$P_t = P_{t-1} + \text{期望收益} + \text{随机误差}_t$$

上式表明：某种证券今天的价格等于“最近的观测价格”加上“证券的期望收益值”，再加上这段时间发生的“随机收益值”。其中，最近的观测价格可以是昨天的价格、上周的价格、上月的价格，取决于所确定的时间区间($t-1$，t)。证券的期望收益是该种证券所承受风险的函数，可以根据有关的模型来确定。随机误差是某种与证券有关的新信息引起的，可能是正数，也可能是负数，因此这一随机项无法根据历史价格来预测。

二、复习题

1. 公司价值 公司做财务决策时应该遵循什么原则？公司如何能创造有价值的财务机会？

答：(1)做财务决策时，企业应遵循的基本原则是：接受净现值为正的融资建议。

(2)公司可以通过以下途径创造有价值的融资机会：

①愚弄投资者。公司可以通过发行比较复杂的证券获取比公平市场价值更多的财富。财务经理往往试图包装证券以获取最大化价值。

②降低成本或提高津贴。公司可以通过包装证券而减少税金，进而增加公司的价值。另外，任何融资都要支付一定费用，如支付给银行、律师、会计师的费用。公司为减少这类费用而包装证券也可以提升公司的价值。

③创新证券。需求在先前没有得到满足的投资者有可能愿意以更高的成本投资那些迎合其需求、量身制作的证券。公司可以从开发和高价发行具有独创性的证券中获取好处。

2. 有效市场假说 定义三种形式的市场有效性。

答：(1)弱型有效市场：如果某一资本市场上证券的价格充分地包含和反映了与其有关的历史信息，那么该资本市场就达到了“弱型有效”，或说符合“弱型效率假说”。在这一市场上，不仅仅是信息从产生到被公开的有效性受到损害，即存在“内幕信息”，而且，投资者对信息进行价值判断的有效性也受到损害。通常用以下数学公式来表示弱型效率：

$$P_t = P_{t-1} + \text{期望收益} + \text{随机误差}_t$$

(2)半强型有效市场：如果某一资本市场上的证券价格充分地反映了所有公开可用的信息，包括如公司公布的财务报表和历史上的价格信息，那么该资本市场就达到了“半强型有效”。在该市场上，一方面，关于资本品的信息在其产生到被公开的过程中受到了某种程度的损害，也就是说信息公开的有效性受到破坏，存在所谓的“内幕信息”。另一方面，在该市场上，所有投资者占有的公开信息都是相同的。也就是说，除了未公开的“内幕信息”之外，只要是被公开的信息，就可以为每一位投资者所占有。同时，不论是什么类型的投资者，其对所有公开信息的判断都是一致的。

(3)强型有效市场：如果某一资本市场上的证券价格充分地反映了所有的信息，包括公开的和内幕的信息，那么该资本市场就达到了“强型有效”。在该种市场上，信息的产生、公开、处理和反馈几乎是同时的。另外，有关信息的公开是真实的，信息的处理是正确的，反馈也是准确的。

3. 有效市场假说 下面哪些关于有效市场假说的说法是正确的？

a. 它意味着完美的预测能力。

b. 它意味着价格反映所有可得到的信息。

c. 它意味着一个非理性的市场。

d. 它意味着价格不会波动。

e. 它导致投资者之间激烈竞争。

答：a. 错误。市场有效说明价格反映所有有用的信息，但不表明投资者一定具备有效利用这些信息的知识。许多有用的、影响价格的信息都是不确定的。市场有效不能评估不确定性的事物，因此并不意味着完美的预测能力。

b. 正确。市场有效发生在价格反映所有有用的信息时。对于弱型有效，市场应充分反映其历史价格的信息。对于半强型有效，市场应充分反映所有公开可用的信息。对于强型有效，市场应充分反映所有公开的和内幕的信息。

c. 错误。市场有效表明市场参与主体都是理性的。理性人可根据新信息做出决策，并根据有关信息调整价格预期。

d. 错误。有效市场的价格反映所有可获取的信息，因此只要有新信息提供，价格就会波动。

e. 正确，投资者之间的竞争使信息快速传播。在有效市场中，当投资者购买股票的价格上升或下降时，价格会立即传递新信息。

4. 市场有效性含义 解释为什么有效市场的特点是投资于该市场的 *NPV* 为 0。

答：通常，有效市场中的唯一收益是必要收益。投资回报率高于必要收益率时（*NPV* 为正），投资者哄抬价格，从而导致投资回报率回跌到必要收益率（*NPV* 为 0）；当投资者出售资产的收益率小于必要收益率时（*NPV* 为负），导致价格降低，从而导致收益率上升到必要收益率（*NPV* 为 0）。

5. 有效市场假说 一个股市分析家能够通过比较过去 10 天和过去 60 天的平均股价来发现被错误定价的股票。如果这是真的，你从这个市场中了解到什么？

答：市场不是弱型有效。

6. 半强有效性 如果一个市场是半强型有效的，它是否也是弱型有效的？请解释。

答：是。历史信息也是公开信息。半强型有效市场包含弱型有效市场。

7. 有效市场假说 对买卖股票试图“战胜市场”的投资者来说，有效市场假说的意义是什么？

答：如果不考虑交易成本的存在，一般来说，这样的投资者只能获得市场收益率，所有的交易的净现值为零。如果交易成本存在，那么这类投资者将损失与交易成本相等的额度。

8. 股票和赌博 批判地评述下列观点：炒股票就像赌博。这种投机性投资除了人们从这种形式的赌博中得到的快乐，并没有任何社会价值。

答：炒股票不像赌博，股票市场是一个总和为正的市场，每个人都可以赢得比赛。同样，投机商增强了市场流动性，从而有助于促进效率。

9. 有效市场假说 我们经常会在金融新闻中看到，几个著名的投资人和选股专家在过去 20 年从他们的投资中获得了大量回报。这些特定投资者的成功违反了市场有效性吗？解释原因。

答：有效资本市场假说建立在大量投资者对信息处理的假设基础之上，由此得出结论资产的价格是公平的。这暗含了一般的市场参与者不能从某一特定的交易策略中赚取超额利润。但是，这并不意味着在某段时间内一些特定的投资者获得的收益率不能超出市场收益率。金融新闻往往会关注那些在一段时间做得好的投资者，而很少关注在同一时间成绩不太好的投资者。

10. 有效市场假说 对于下面每种情形，讨论在下面条件下交易公司股票的获利机会是否存在？①市场不是弱型有效的；②市场是弱型有效的，但不是半强型有效的；③市场是半强型有效的，但不是强型有效的；④市场是强型有效的。

a. 股价在过去30天的每一天稳步上升；

b. 你从公司3天前披露的财务报表中发现公司存货和成本技术控制披露技巧的异象，这些披露技巧导致对公司真实流动性的不完整描述；

c. 你观察到公司高层在过去一周在市场上购买了大量该公司的股票。

答： a. 如果市场不是弱型有效的，那么这个信息可以被利用，通过跟随价格的上升趋势可以获取利润。在②、③、④下，这些信息完全包含于当前的价格，所以没有获利机会的存在。

b. 在条件②下，如果市场是弱型有效，但不是半强型有效的，那么可以利用这个信息在市场其他投资者未发现财务报表异常之前购买“廉价”的股票。由于②比①要求更严，因此两者都意味着获利机会存在；③、④假设下，信息完全包含于当前的价格，没有获利机会的存在。

c. 在条件③下，如果市场是半强型有效的，但不是强型有效的，那么这个信息可以用来作为赢利的交易策略，购买活动作为股票价值被低估或是有好消息要公布的信号。由于①、②要求比③弱，所以三者都意味着获利机会的存在。注意，这是假设仅有一人看到内幕交易。如果有关公司贸易是公共信息的管理，它将使股票价格和获利的可能减小。在④下，并不意味着有任何盈利的机会，因为所有相关信息都完全体现在当前的股价中。

使用下面的信息回答接下来的两个问题：

技术分析在投资实践中是有争议的。技术分析包括一系列的技术手段，所有都用来试图预测某一特定股票或者市场的走向。技术分析人员关注下面两个主要类别的信息：历史股价和投资者情绪。技术分析员认为这两个信息集提供了某一股票和市场总体的未来走向。

11. 技术分析 技术分析师如何看待市场有效性?

答： 技术分析家可能认为，这个市场不是有效的。因为技术分析观察过去的价格，为使技术分析有效，市场不可能是弱有效形式。如果市场不是弱有效形式，它更不可能满足强型有效。

12. 投资者情绪 有时用来预测市场变动的技术分析工具是投资者情绪指数。美国个人投资者协会(American Association of Individual Investors, AAII)基于对其会员的问卷调查，发布了一个投资者情绪指数。你在下表会找到投资在四周期间内上涨、下跌和不变的百分比：

周	上涨(%)	下跌(%)	不变(%)
1	37	25	38
2	52	14	34
3	29	35	36
4	43	26	31

投资者情绪指数想要捕捉什么？它对技术分析可能起到什么样的作用?

答： 投资者情绪指数想要捕捉投资大众的心理。如果投资者总体来说都看跌，这可能导致市场的下跌，因为投资者在未来投资会减少。如果投资者总体看涨，它将被视为市场利好的消息。利用投资者情绪指数，你可能想要构建一个比率，如牛/熊的比例。使用这个比率，简单地和历史数据进行比较，来决定市场是否在一定程度上复苏或衰退。

13. 专业投资者的表现 20 世纪 90 年代中期到末期，专业投资者的表现非常不好——90%的股票型共同基金的表现都不如被动管理的指数基金。这如何与市场有效性问题相关联？

答：表面上看，这一事实表明市场变得更有效率。在网上可得到的信息日益增长导致了这种结果。另一方面，在这个时期，大市值成长性高的股票表现很好，价值指标如标准普尔 500 指数增加了这些股票的权重，这都导致股票型共同基金的表现不如被动管理的指数基金。

14. 有效市场 大约 100 年前，公司不编制年报。即使你持有某一家公司的股票，你也不可能看到公司的资产负债表和利润表。假定市场是半强型有效的，相比现在的情况，当时的市场有效性意味着什么？

答：如果市场是半强型有效的，它可能更好地估计市场股票价格。但是半强型有效只是说投资者无法轻易得益于公开信息。如果财务报表不能被观察到，市场仍可以根据信息判断现有股票价格，但很难检验这些有限的信息。同样的，通过这些信息获得超额回报也很困难。

15. 有效市场假说 航空技术研究公司 Aerotech 今天早上宣布它将聘用世界上最负盛名且成果丰硕的空间研究人员。今天之前 Aerotech 的股价一直是 100 美元。假定在未来一周内没有得到其他信息，同时股市总体也没有变化。

(1)你认为 Aerotech 的股票将会发生什么变化？

(2)考虑下面的情形：

①股价在公告日上涨至 118 美元。在接下来的几天，它涨至 123 美元，然后落回 116 美元。

②股价上涨至 116 美元，并且保持在那个水平。

③股票价格在未来一周渐渐攀升至 116 美元。

哪些情形意味着市场有效性？哪些不是？为什么？

答：(1)这一有利信息公布后，Aerotech 公司的股票会立即上涨。

(2)只有第②种情形(股票上涨至 116 美元，并保持这一水平)符合市场有效。在这种情况下，价格迅速上升至剔除非常规收益后的水平，并对新信息予以充分反映。在情形①中，股票价格对信息过度反应后修正；在情形③中，股票价格对信息延迟反应，因此，存在投资者利用相关信息获得非常规收益的时期。

16. 有效市场假说 当 56 岁的 Gulf&Western Inc. 创始人死于心脏病时，股价立即从 18 美元上涨至 20.25 美元，达到 12.5%的涨幅。这是市场无效的证据，因为有效市场会预计到他的死亡并提前调整价格。假如没有收到其他信息，并且股市整体没有变动，这一关于市场有效性的论断是否正确？请解释。

答：错误。在有效市场条件下，只有当投资者有完备的预测能力时，股票价格才会在创始人死亡之前做出调整。创始人死亡后股票价格突然上涨 12.5%，表明市场没有预测到他的死亡，或者没有完全预测到此事。但是市场对此事及时做出了反应，表明该市场是有效的。在创始人死亡的消息发布后，公司的股价反而上升，这似乎表明，市场将创始人视为公司的一个负担。

17. 有效市场假说 今天，有如下公告发布："今天早些时候，司法部门就 Universal Product Care(UPC)的案件做出一项决定。UPC 被发现在其招聘过程中存在歧视。在未来 5

年，UPC 必须每年支付 200 万美元给一个代表 UPC 政策受害人的基金。”假定市场是有效的，投资者不应该在公告之后购买 UPC 的股票，因为这个诉讼将导致一个异常低的回报率？请解释。

答：投资者不应为此放弃购买 UPC 公司的股票。如果市场至少是半强型有效，那么股票价格应该已经反映了 UPC 公司的股票的价值。也就是说，在信息发布前和信息发布后市场对公司股票的预期收益率依然相同。由于公司的股价在信息发布时下跌，UPC 公司现有的股东承受了由之带来的损失。在信息公布后，公司股票的预期收益率会恢复其初始水平。

18. 有效市场假说 Newtech Corp. 将采用一种能极大提高生产效率的新型芯片检测装置。你认为主工程师在该装置的信息发布之前购买公司股票是否能获利？读了《华尔街日报》上的这一公告，如果市场是有效的，你能从购买这只股票中获得超额回报吗？

答：市场通常被视作半强型有效的。因此，任何人都不能利用公共信息获取额外收益。首席工程师可以在信息发布前购买公司的股票，从而利用这一内幕信息获取额外收益。但当采用新设备的消息刊登在华尔街日报成为公共信息时，没有人能够通过购买该股票获得超常收益，因为股票价格已对这一信息做出及时、相应的反应。

19. 有效市场假说 TransTrust Corp. 改变了它的存货记账方式。税收没有影响，但是本季度披露的利润比在旧的会计系统下增加了 20%。在这份盈利报告中没有其他意外，并且会计处理公开披露过。如果市场是有效的，当市场获悉报告利润变高时，股价是否将更高？

答：根据半强型有效市场假说，股票价格应该保持稳定。会计核算方法变更是公开信息，投资者是理性的，知道公司现在和未来的现金流都没有变化，因此公司的价值并没有增加，相应的股票价格也不应该变动。所以存货核算方法变更导致收益增加这一消息发布后，股票价格并不会变化。

20. 有效市场假说 Durkin Investing Agency 在过去两年之内是国内最好的选股专家。在 Durkin 成名之前，Durkin 的时事通信只有 200 个订阅者。那些人的表现一直优于市场，调整了风险和交易成本后获得了相当高的收益。其订阅量现在已经暴涨至 10000。现在当 Durkin Investment Agency 推荐一只股票时，股价就会立即上升好几个百分点。订阅者目前只能获得正常的收益，因为价格在人们依据信息做出决策之前就上涨了。简要解释这个现象。Durkin 选股的能力与市场有效性一致吗？

答：因为订户的数量大增，信息在价格中得到反映的时间大大缩短，相应地，订户能够更快地做出投资调整，致使不可能利用 Durkin 提供的信息获得超常收益。

如果 Durkin 使用的只是公共信息，它选取股票的能力与有效资本市场假说相悖。在半强型有效市场下，所有可获得的公共信息都在股票价格中得到了反映。正是因为价格中没有充分、及时反映出所有信息，Durkin 选取推荐的股票才会突然价格上涨。另一方面，如果 Durkin 使用的是时事通讯中的内幕信息，它选取股票的能力与有效资本市场假说并不相悖，因为市场是半强型有效的，价格没有反映内幕信息。利用内幕信息达到交易目的是非法的。

21. 有效市场假说 你的经纪人说一个管理得好的公司比一个管理得差的公司更适合投资。作为佐证，你的经纪人引用了最近一个对 8 年前行业杂志罗列的国内最好的 100 家小规模制造商的研究。在后来 8 年，这 100 家罗列的公司并没有获得比正常市场更高的收益。你的经纪人接着说，如果这100家公司管理得好，它们应该获得高于平均的收益。如果市场是有效的话，你同意经纪人说的话吗？

答：不同意经纪人的观点。小型制造企业的收益情况是公开的信息，在市场有效的情况下，股票的价格已经反映了所有有用的信息，这样没有人能获得超常收益。也就是说，在市场有效的情况下，这些公司不能获得高于平均水平的收益。

22. 有效市场假说 一位有名的经济学家刚刚在《华尔街日报》上宣布他的发现，衰退已经结束了，经济将重新进入扩张阶段。假定市场是有效的。在读到这条消息之后，你是否可以通过投资股市获利？

答：华尔街日报已经刊登这一消息，因此股票价格已对此信息作出了反应。所以，在半强型市场有效假说成立的情况下，没有人能从这一公共信息中获益。

23. 有效市场假说 假定市场是半强型有效的。如果你的交易基于以下考虑，你是否可以获得超额收益？

a. 你的经纪人关于某只股票的盈利历史信息。

b. 关于合并某一公司的谣言。

c. 昨天关于新产品测试成功的公告。

答：a. 不可以。盈利的历史信息属于公共信息，已经反映在当前的股票价格中。

b. 有可能。如果传言是公开散布的，那么股票价格已经考虑了合并的可能性。如果传言是内幕信息，可以获得超常收益，但是，利用内幕信息进行交易是违法的。

c. 不可以。这属于公共信息，已经在股票价格中得到反映，因此无法获得超常收益。

24. 有效市场假说 假设影响你公司净利润的某一特定宏观经济变量是序列正相关的。同时假定市场是有效的。你是否预期股票价格的变化也是序列相关的？说明原因。

答：序列相关指某一变量的现在价值和未来价值相关。如果市场是有效的，那么宏观经济变量与其净收益序列相关的信息就已经在股票价格中得到了反映。换言之，尽管在经济变量中存在序列相关，但在股票收益中这一关系并不存在，即股票价格的变动趋势不具有延续性。因此，了解宏观经济变量的序列相关信息并不能给投资者带来超常收益。

25. 有效市场假说 有效市场假说意味着所有的共同基金应该获得同样的风险调整收益。因此我们可以随机挑选共同基金。这种说法对吗？请解释。

答：这种说法是错误的，因为每一个投资者都有不同的风险偏好。尽管多种证券的投资组合进行风险调整后的预期收益相等，但投资者还需要选择他们所能接受的风险水平下的基金进行投资。

26. 有效市场假说 假定市场是有效的。在某一个交易日，American Golf Inc. 宣布它损失了一份先前普遍认为已经确定的大额高尔夫项目合同。如果市场是有效的，没有其他信息，股价应该对该信息做出什么反应？

答：假定市场是有效的，该股票价格会立即下跌，以反映新的信息。在公布时，该股票价格应立即减少，以反映负面信息。

27. 有效市场假说 Prospectors Inc. 是一个公开交易的阿拉斯加黄金勘探公司。尽管公司勘探黄金经常失败，但是 Prospectors 偶尔发现储量丰富的矿石。如果市场是有效的，你将观察到 Prospectors 累积超常收益的什么规律？

答：在一个有效的市场上，勘探公司的累计超常收益（*CAR*）将在金属矿脉被发现的消息被宣布时上涨，在没有新发现公布的日子里将会有轻微下降。但是，任一给定日期中都有新发现的概率是很小的。在没有新发现的日子里，股票价格会轻微下跌，因为没有利好事件发生；在偶尔有新发现公布的日子里，股票的价格会大幅上升，足以抵消没有新发现的日子里股价的下跌，从而在长期内使累积超常收益维持在一个均衡的水平。

28. 市场有效性的证据 有些人认为有效市场假说不能解释1987年的股市崩盘或是20世纪90年代末网络股过高的市盈率。对这两个现象，目前正在使用的其他解释是什么？

答：1987年的股市崩盘和20世纪90年代末网络股过高的市盈率的其中一种解释是泡沫理论。这一理论把这两种现象解释为投资者情绪和心理波动造成的有效市场假说的背离。也就是说，投资者情绪和心理波动导致了价格的不稳定性。具体参见本章概念题。

29. 累积超常收益 达美、联航和美航分别在7月18日、2月12日和10月7日宣布购买飞机。已知以下信息，将这些股票当成一组计算累积超常收益，画出结果并解释。所有股票的β系数为1，没有其他公告发布。

达美			联航			美航		
日　期	市场收益	公司收益	日　期	市场收益	公司收益	日　期	市场收益	公司收益
7/12	-0.3	-0.5	2/8	-0.9	-1.1	10/1	0.5	0.3
7/13	0.0	0.2	2/9	-1.0	-1.1	10/2	0.4	0.6
7/16	0.5	0.7	2/10	0.4	0.2	10/3	1.1	1.1
7/17	-0.5	-0.3	2/11	0.6	0.8	10/6	0.1	-0.3
7/18	-2.2	1.1	2/12	-0.3	-0.1	10/7	-2.2	-0.3
7/19	-0.9	-0.7	2/15	1.1	1.2	10/8	0.5	0.5
7/20	-1.0	-1.1	2/16	0.5	0.5	10/9	-0.3	-0.2
7/23	0.7	0.5	2/17	-0.3	-0.2	10/10	0.3	0.1
7/24	0.2	0.1	2/18	0.3	0.2	10/13	0.0	-0.1

答：由超常收益$(R_i - R_m)$，得：

宣布日起	达美	联航	美航	合计	平均超常收益	累计平均超常收益
-4	-0.2	-0.2	-0.2	-0.6	-0.2	-0.2
-3	0.2	-0.1	0.2	0.3	0.1	-0.1
-2	0.2	-0.2	0.0	0.0	0.0	-0.1
-1	0.2	0.2	-0.4	0.0	0.0	-0.1
0	3.3	0.2	1.9	5.4	1.8	1.7
1	0.2	0.1	0.0	0.3	0.1	1.8
2	-0.1	0.0	0.1	0.0	0.0	1.8
3	-0.2	0.1	-0.2	-0.3	-0.1	1.7
4	-0.1	-0.1	-0.1	-0.3	-0.1	1.6

如图14－1所示，市场对购买新飞机的信息作出了良好的反应。另外，这一信息只在信息宣布的当天产生影响。在这天之前以及这天之后，累计超常收益基本是平坦的，只是在信息宣布的当天迅速上升。因此，累计超常收益的变化规律说明市场是有效的。

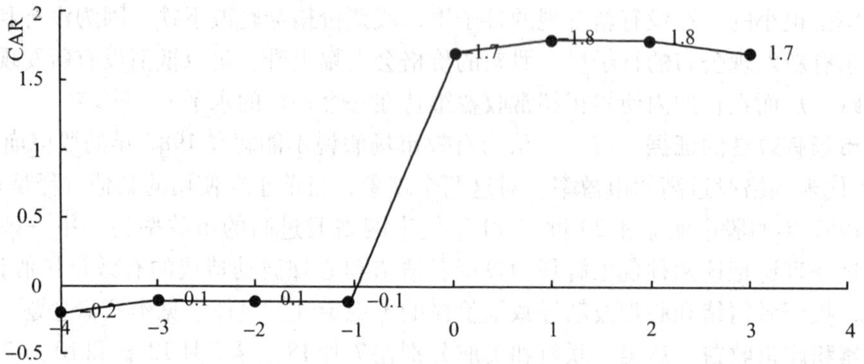

图 14－1　累计超常收益

30. 累积超常收益　下图显示了在 1950～1980 年，386 个石油开采公司宣布发现石油的累积超常收益。第 0 个月是公告月份。假设没有收到其他信息，并且股市整体没有变动。这个图和市场有效性是一致的吗？解释你的回答。

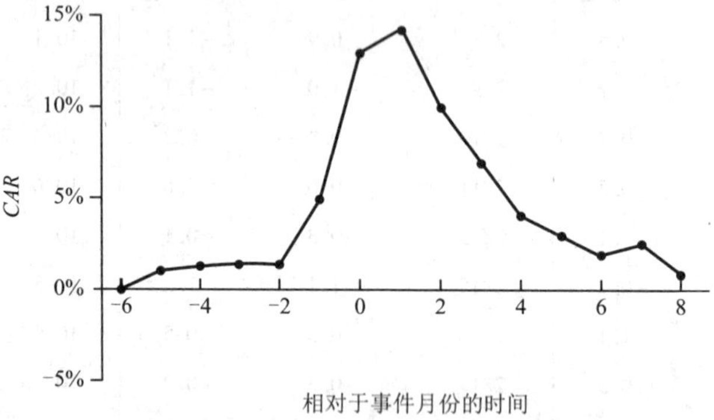

答：在这个图中累计超常收益变化过大，与有效市场假说不符。因为在市场有效的情况下，事件宣布前以及事件宣布后的累计超常收益较为平坦，只有在事件宣布当天累计超常收益才会迅速上升或下降并随后保持相对稳定的水平。

31. 累积超常收益　下面几个图呈现了四种累积超常收益研究的结果，指出每个研究的结果是否支持、拒绝或者无法判断半强型有效市场假说。图中的时间 0 是事件日。

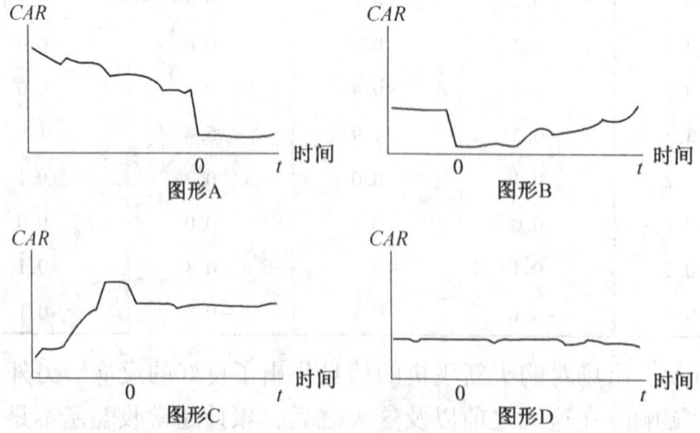

答：图形 A：支持有效市场假说。在时间 0 时，由于负面信息的发布，累计超常收益急速下降。事件发生后累计超常收益平稳，这与有效市场假说吻合，因为价格在新消息发布时会立即做出调整。

图形 B：否定有效市场假说。因为在事件发生后累计超常收益下跌后持续回升，所以可以通过事后购买来获利。这种可能性与有效市场假说不一致。

图形 C：支持有效市场假说。在时间 0 信息发布后，累计超常收益没有发生波动。在事件发生之前累计超常收益上升，说明内幕信息被用来完成有利可图的交易。因此，图形与半强型有效市场一致。

图形 D：支持有效市场假说。由于这一信息是没有价值的，因此累计超常收益没有大幅度波动。

32. 累积超常收益 某研究分析了在反垄断案件中败诉的公司的股价行为。所有初审败诉的公司都包括在图中，即便是那些后来上诉撤销原判的。事件在时间 0 是最初的上诉前的初审判决。假设除了在初审披露的信息外没有其他信息发布。股票价格的贝塔系数都是 1。这个图和市场有效性一致吗？解释你的回答。

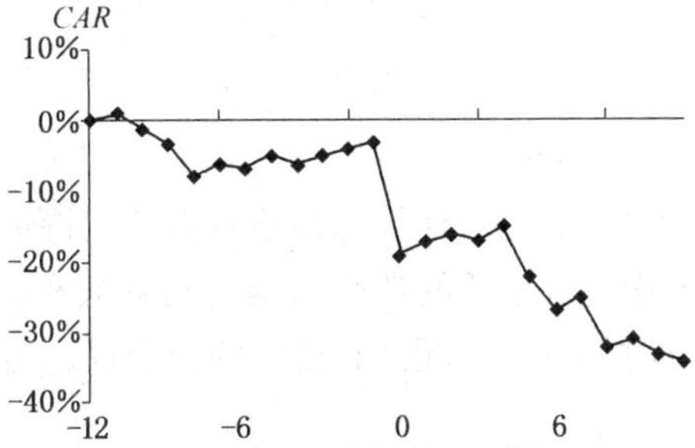

答：这个图不符合有效市场假说。虽然在事件发生时，市场作出了反应；但事件宣布后，累计超常收益下跌可能使投资者获得非正常收益。在这起诉讼中，收益可能波动；但诉讼结束，价格波动应该停止在一个比较平稳的水平上。也就是说，按照有效市场假说，即便还可能起诉，但在一审判决结束后，累计超常收益应该保持相对稳定。因此，该图表在事件发生后累计超常收益持续下跌，不符合有效市场假说。

第 15 章　长期融资：简介

15.1　复习笔记

长期融资的基本来源为：普通股、优先股和长期负债。具体来说，长期融资的基本方式主要包括普通股、优先股、长期债券、长期借款和留存收益等。按资金来源于公司内部还是外部划分，其中前四种属于外部融资方式；留存收益属于内部融资方式。按所筹集的资金是自有的还是借入的划分，普通股、优先股和留存收益属于自有资金，长期债券和长期借款属于借入资金。

1. 普通股概述

(1)定义

普通股通常指那些在股利分配和破产清算方面不具有任何特殊优先权的股票，是股份有限公司发行的最基本、标准的股份。普通股的持有人是公司的股东，他们是公司的最终所有者，对公司的经营收益或公司清算时的资产分配拥有最后的请求权，是公司风险的主要承担者。

(2)特点

①与其他筹资方式相比，普通股筹资具有如下优点：

a. 所筹集的资本具有永久性，无到期日，不需归还。

b. 没有固定的股利负担，股利支付与否和支付多少，视公司有无盈利和经营需要而定。

c. 能增加公司的信誉，增强公司的举债能力。

d. 由于普通股的预期收益较高并可一定程度地抵销通货膨胀的影响，因此普通股筹资容易吸收资金。

②普通股融资的缺点

a. 资本成本较高。首先，从投资者的角度讲，投资于普通股风险较高，相应地所要求的投资报酬率也较高；其次，对于筹资公司来讲，普通股股利从税后利润中支付，不像债券利息那样作为费用从税前支付，因而不具有抵税作用；最后，普通股的发行费用一般也高于其他筹资方式。

b. 以普通股筹资会增加新股东，这可能分散公司的控制权；另外，新股东分享公司未发行新股前积累的盈余，会降低普通股的每股净收益，从而可能引发股价的下跌。

(3)普通股的价值计量

①市场价值。市场价值是指把该资产视为一种商品在市场上公开竞争，在供求关系平衡状态下确定的价值。

股票市场价值又称股票的市值，即股票行市，是指在证券交易中某一时刻股票真正代表的价值，是股票在证券市场上买卖时的价格，也称股票价格。它是股票的重要指标，受很多因素影响，变动频繁。

②账面价值。账面价值即股票净值或每股净资产，是指每股股票所代表的实际资产的价值。该指标大体反映每股所代表的公司资产，它是由公司的财务报表所计算出来的，其计算

公式如下：

公司普通股每股账面价值 = 普通股股东权益总数 ÷ 发行在外的普通股股数

③重置价值。重置价值是指替换公司资产所需支付的当前价格。“托宾 Q 比率”是指资产的市场价值与资本重置成本之比。

普通股的“市值/面值比”和“托宾 Q 比率”是衡量公司成功与否的指示器。若“市值/面值比”或“托宾 Q 比率”大于 1，就表明公司能妥善地经营其投资决策。

④票面价值。股票的面值即票面价值，通常是指每张股票票面上标明的固定价格。它的主要功能是确定每股股票在公司中所占份额，当股票在市场上发行时，股票的价格便和原来的面值分离，不再具有直接关系了，其价格由市场的供需规律重新决定，也就是由买进股票的人所愿付出的价格和卖出股票的人所愿意接受的价格来决定。

普通股的面值总额等于发行在外的股份数同每股面值的乘积，它有时又称为公司的“实收资本”。

(4)额定发行普通股

新公司设立章程中必须说明公司额定发行的普通股股份数；在股东投票表决后，公司董事会可以修改公司章程，增加普通股的额定发行数量。公司可额定发行的股份数一般没有任何限制，但公司管理层会在公司经营实践的基础上来确定普通股的额定发行数量。

(5)股利发放

支付给股东的股利是公司对股东直接或间接投入公司的资本的回报。普通股股利具有以下特点：

①如果公司董事会没有宣布发放股利，那么股利的发放就不是公司的义务。董事会根据公司的经营状况来决定股利是否发放以及其发放额度。

②普通股股利用公司的税后利润支付，没有抵税的作用。

③多数情况下，美国税收总署(IRS)将个体股东所得的股利视为普通所得，应以全额征税。而对那些拥有其他公司股份的企业，却允许它们的股利所得额中的 70% 可以免于纳税。

(6)股东权利

股东权利通常称为“股东权”，是指股东基于出资认购股份，而在法律上享有的各种权利。

①投票选举董事的权利。投票选举董事的权利构成了股东最重要的控制机制。不同公司的选举机制不完全相同，其中最重要的差别在于所采用的投票制度是累积投票制还是多数投票制。

a. 累积投票制。累积投票制是指有表决权的每一股份拥有与拟选出的董事或监事人数相同的表决权，股东拥有的表决权可以集中使用。采用累积投票制，选票总数通常是按股东拥有或控制的股票数乘以要选举的董事人数计算而得，每位股东可将手中的选票全部投给一个或多个候选人。累积投票制的作用在于允许少数股东的参与。

如果要选出 N 名董事，那么 $1/(N+1)$ 的股票份额就能够保证一个席位，如果考虑除去并列的情况，则至少还要再加 1 股。可见，董事会在一次选举中所需选出的数量越多，那么获得其中一个席位就越容易，成本也越低。

b. 多数投票制。采用多数投票制，对每一名候选人股东只能按照所持有的股份比例进行投票，此时确保获得一个席位的方法是拥有超过总票数 50% 再多 1 票的选票。在多数投票制下，持有少数股票的股东的表决权没有实际意义。

c．错开选举制

错开选举是指错开董事选举的时间，在某个特定的时间段，董事会中只有部分席位进行选举。这一策略能降低累积投票制的影响。错开选举制主要有两方面的作用：首先，采取累积投票制时，错开选举使得那些占公司少数股份的股东更加难以选出一名董事；其次，由于错开选举机制下新董事的产生更加困难，因此就能削弱那些企图替换原有董事的可能性。但这一举措可能是有益的，因为它保持了“机构记忆”，也就是董事会成员的延续性。这对于公司重要的长期计划和项目来说是至关重要的。

②委托代理投票权。委托代理投票权是股东授权他人代理其行使投票表决权的一种法定权利。为方便起见，大型股份公司的实际表决权通常采用委托代理方式进行。

公司管理者会试图争取尽可能多的委托表决权。但是，如果股东对公司的管理者不满，外部股东集团也会通过委托方式尽可能多地获取选票，选举出足够数量的董事，投票表决撤换公司当前管理者。这就是所谓的“代理之争”。

③其他权利。公司普通股的每股价值与股东拥有的一般权利直接相关。除了投票选举董事的权利外，股东一般还享有以下几项权利：

a．利润分配权。按比例分享公司支付的股利的权利。

b．剩余财产分配权。公司破产清算时，在公司债务得以清偿后，股东有权按比例分享剩余财产。

c．经营参与权。对那些需要在年会或特别会议上商议决定的重大事务，股东具有投票表决权。

d．优先购买权。股东有按比例购买公司新发行的股票的权利。

e．处置股份权。股东有权依法处置自己持有股份的权力，如转让、买卖与赠与等。

f．股东有权维护自身的权益，当股东权益受到侵犯时，股东有权依法申诉。

g．股东有对公司经营活动的知情权与监督权。

(7)资本盈余与留存收益

①资本盈余。资本盈余是指发行普通股时发行的实际价格高于股票票面价值的部分，即平常所说的股票的发行溢价部分。资本盈余并非股票发行者的利润，而是普通股股东投资股本的一部分，因而应列入缴纳的股本总额中。

由于通常股票的面值很低，实际价格不太可能低于票面价值，而且，有的国家(如中国)法律规定禁止股票的发行价格低于面值，因此公司的资本盈余账户不会出现负值。

②留存收益。留存收益是指企业从历年实现的净利润中提取或形成的留存于企业内部的积累，包括企业的盈余公积和未分配利润。

a．盈余公积是指企业按照规定从净利润中提取的积累资金，盈余公积根据用途不同可以分为法定公益金和一般盈余公积两类，一般盈余公积包括法定盈余公积和任意盈余公积。

一般盈余公积可以用于弥补以后年度亏损，或补充实收资本等；法定公益金专门用于企业职工福利设施的准备，一旦职工集体福利设施购建完成后，应将法定公益金转入一般盈余公积中的任意盈余公积。

b．未分配利润是尚未指定用途的留在企业内部的净利润部分。

③普通股股东权益。公司的“普通股股东权益”由公司普通股面值总额、资本盈余和累计留存收益一起构成，代表权益投资者直接或间接投入公司的资本数额。

2. 优先股概述

(1)优先股的含义与特点

优先股是公司在筹集资金时，给予投资者某些优先权的股票，它是相对于普通股而言的一种特别股。其优先权主要表现在两个方面：

①优先股有固定的股息，不随公司业绩好坏而波动，并可以先于普通股股东领取股息。

②在公司资产破产清算的受偿顺序方面，它排在债权之后、比普通股优先。当公司破产进行财产清算时，优先股股东对公司剩余财产有优先于普通股股东的要求权。优先股一般不参加公司的红利分配，持股人亦无表决权，不能借助投票表决参与公司的经营管理。

【例 15.1】优先股票与普通股票相比，其优先权主要指(　　)。[南京大学 2012 金融硕士]

A. 优先享有企业管理权　　B. 认股优先权

C. 红利可随企业利润增加而增加　　D. 固定的股息与优先的财产分配权

【答案】D

【解析】优先股是公司在筹集资金时，给予投资者某些优先权的股票，它是相对于普通股而言的一种特别股。其优先权主要表现在两个方面：①优先股有固定的股息，不随公司业绩好坏而波动，并可以先于普通股股东领取股息；②在公司资产破产清算的受偿顺序方面，它排在债权之后、比普通股优先，优先股一般不参加公司的红利分配，持股人亦无表决权，不能借助投票表决参与公司的经营管理。

(2)票面价值

优先股具有票面清偿价值，通常为每股 100 元。优先股股利是以每股多少元表示，可以理解为股利收益率是票面价值的百分之多少。

(3)优先股股利

董事会有权决定不向优先股股东支付股利，而且这一决定与净利润状况无关。优先股应付股利可以是可累积的，也可以是非累积的。通常在普通股股东分配股利前，必须将往年已累积的优先股股利连同当年的股利一并支付给优先股股东。未付的优先股股利不属于公司债务。如果公司在一段时间内没有发放优先股股利，那么优先股股东就自动拥有投票权。

(4)优先股的优缺点

①优点

a. 避免股权稀释。优先股一般没有投票权或仅有受限制的投票权，因此不会稀释普通股股东的控制权。

b. 优先股股息固定，可以吸引投资者。即使其股息不能兑现也不会引发公司破产，因而与债务相比，其财务风险较小，具有较大的财务灵活性。

c. 优化资本结构。公司股份分为不同有限次序的若干种类，既能帮助市场上有不同风险偏好的投资者做出适合自己的投资选择，又代表公司资本结构得到合理配置。

②缺点

a. 优先股筹资成本比债务高，因为优先股股利税后列支，不具有抵税作用。

b. 增加了公司的财务风险，提高了普通股的资本成本。

【例 15.2】优先股股东一般没有投票权。(　　)[对外经贸大学 2016 金融硕士]

【答案】√

【解析】优先股是相对于普通股而言的。主要指在利润分红及剩余财产分配的权利方面优先于普通股。优先股股东没有选举及被选举权，一般来说对公司的经营没有参与权，优先股股东不能退股，只能通过优先股的赎回条款被公司赎回，但是能获得稳定分红。

(5)优先股与债券的区别

①优先股体现的是投资关系，公司债券体现的是借贷关系。根据法律规定，作为资本的投资不能撤回，只能转让，公司对股东只承担支付股息的义务，且股息由税后利润支付，不得计入成本；而公司债券作为债务，公司应当承担还本付息的义务，且利息由税前利润支付，计入公司经营成本。

②如果公司发生破产清算，优先股的求偿权排在债务之后，普通股之前。

③与债券有支付利息的义务相比，公司没有法定义务支付优先股股利。

3. 公司长期负债

(1)权益性证券与债务性证券

①从财务角度分析，负债与权益的主要差别：

a. 负债不属于公司的所有者权益，因此，债权人通常没有表决权。债权人用来保护自身利益的工具就是借贷合约，又称“债务契约”。

b. 公司对债务所支付的利息被视为一种经营费用，具有完全的抵税作用，是在计算公司应税义务之前支付给债权人的；而股利被称作是对股东所缴资本的回报，是在计算公司应税义务之后分配给股东的，不具有抵税作用。

c. 未付债务是公司的一项负债，公司发行债务会令公司存在“财务危机”的可能性，而使用权益资本则不会发生这种危机。

②权益性与债务性证券。公司发行的证券可以粗略分成权益性证券和债务性证券。债务性证券是指代表债权人和企业之间债权债务关系的证券，如公司债券等；权益性证券是指代表所有者在企业中的利益的证券，或者代表那些能以固定或确定的价格取得或者处置其在企业中的所有权利益的权利的证券，如普通股股票等。

公司通常要创造一种具有权益性特征的债务性证券，如可转换债券，从而希望在减轻公司破产成本的同时又能获取债务的抵税优势，因此，有时要分清某一证券属于负债还是权益是相当困难的。

(2)负债的种类

①信用债券是不以任何公司财产作为担保，完全凭信用发行的债券。其持有人只对公司的非抵押资产具有追索权，企业的盈利能力是这些债券投资人的主要担保。因为信用债券没有财产担保，所以在债券契约中通常都要加入保护性条款，如不能将资产抵押其他债权人、不能兼并其他企业、未经债权人同意不能出售资产、不能发行其他长期债券等。

②抵押债券是以企业财产作为担保的债券，按抵押品的不同又可以分为一般抵押债券、不动产抵押债券、动产抵押债券和证券信用抵押债券。抵押债券可以分为封闭式和开放式两种。“封闭式”公司债券发行额会受到限制，即不能超过其抵押资产的价值；“开放式”公司债券发行额不受限制。

③票据通常指那些期限短于信用债券，或者少于10年的无担保债务。

(3)长期债券融资的特点

①债券筹资的优点

a. 资本成本低。由于债券的利息具有抵税作用，另外，债券投资人比股票投资人的投资风险低，因此其要求的报酬率也较低，故公司债券的资本成本要低于普通股。

b. 具有财务杠杆作用。债券的利息是固定的费用，债券持有人除获取利息外，不能参与公司净利润的分配，因而具有财务杠杆作用，在息税前利润增加的情况下会使股东的收益以更快的速度增加。

c. 保障公司控制权，债券持有人一般无权参与公司的管理决策，因而发行债券一般不会分散公司的控制权。

d. 便于调整资本结构。在公司发行可转换债券以及可赎回债券的前提下，便于公司主动合理调整资本结构。

②债券筹资的缺点

a. 财务风险大。债券有固定的到期日和固定的利息支出，当企业资金周转出现困难时，容易陷入财务困境，甚至破产清算。

b. 限制性条款多，资金使用缺乏灵活性。因为债权人没有参与企业管理的权利，为了保障债权人的利益，通常会在债券合同中包括各种限制性条款，这些限制性条款会影响企业资金使用的灵活性。

c. 筹资规模受到制约。公司使用债券筹集资本的规模受到一定的限制。

(4)债务契约的内容

债务契约是指债券发行公司与债权人签订的、用于明确债权人和债务人双方权利和义务的书面协议。

①优先级债券。公司发行的债券按偿债的先后顺序可分为优先级债券和次级债券。偿还顺序：优先级债券 > 次级债券 > 优先股 > 普通股。

②偿债基金。债券可以到期偿付或提前偿付，提前偿付一般采用偿债基金的方式。偿债基金是由债券受托人管理的，为了偿付债券而设立的账户。

③赎回条款。赎回条款是允许公司在某个时期内以约定的价格买回或赎回部分债券的约定。通常赎回价格高于债券的设定价值(面值)，赎回价格与设定价值之间的差异就是赎回溢价，溢价会随时间而减小。禁止赎回期间称为赎回保护期。完全赎回条款使债券持有人在公司赎回债券时，获得与债券价值几乎相等的金额。因为债券持有人在债券赎回时不会承担损失，因此他们被保全了。

④保护性条款。保护性条款是指对契约或贷款协议中对债务存续期内的公司行为做出限定的部分。分为消极条款和积极条款。消极条款是规定不可以做什么的条款，它限制或禁止公司可能采取的行为。积极条款是规定应该做什么的条款，它指定公司同意采取的行为或必须遵守的条件。

4. 融资模式

(1)定义

融资模式也称为融资方式，是指企业融资所必须借助的一定渠道和方式，是资金由盈余部门向亏损部门转移的形式、手段、途径和渠道，也可以说，是储蓄转化为投资的形式、手段、途径和渠道。

一般而言，企业的融资方式主要包括内部融资和外部融资两种。内部融资主要源自内部自然形成的现金流，它等于净利润加上折旧减去股利。外部融资是公司新发行的负债及权益扣除它们被赎回部分的净额。

(2)长期融资方式的特点

①内部积累的现金流是公司资金的主要来源。

②一般地，公司支出总额会多于内部产生的现金流，这两者之间的差额就构成了财务赤字。

③财务赤字可以借助举债和发行新股这两种外部融资方式予以弥补。但是，外部融资最显著的一个方面是借债新发行的权益资本(包括普通股和优先股)就总体而言并不是很重要，其净额通常只占融资总额的一小部分。

④同其他国家的公司相比，美国公司更多地通过内部现金流筹集资金；而其他国家的公司比美国公司更大规模地依靠外部权益资本筹集资金。

15.2　课后习题详解

一、概念题

1．账面价值(book value)

答：账面价值即股票净值或每股净资产，是指每股普通股所代表的实际资产的价值。该指标大体反映每股所代表的公司资产，它是由公司的财务报表所计算出来的，其计算公式为：公司普通股每股账面价值＝普通股股东权益总数÷普通股股票数。将该指标与股票市价比较，可以用来衡量股票市值与其账面价值的偏离程度，判断以当前投资代价购买股票是否值得。该指标在公司兼并和收购中都有重要作用。

2．优先股(preferred stock)[西南大学2016金融硕士]

答：优先股指在股份公司分派股息和清算公司财产方面比普通股享有优先权的股份。优先股优先于普通股领取股息和分享企业经营红利；当公司破产或解散时，拍卖资产所得资金，在清偿债务以后，优先股先于普通股得到清偿。但优先股的股东一般在股东大会上没有表决权，不能参与公司的经营管理。公司如果涉及优先股所保障的权利时则属于例外。优先股的股息是固定的，一般都在发行股票时予以确定。因此，优先股与普通股相比较，虽然收益和决策参与权有限，但风险较小。优先股根据不同情况，又可分为累积优先股和非累积优先股，参与优先股和非参与优先股，可转换优先股等。

3．资本盈余(capital surplus)

答：资本盈余是指发行普通股时发行的实际价格高于股票票面价值的部分，即平常所说的股票的发行溢价部分。资本盈余并非股票发行者的利润，而是普通股股东投资股本的一部分，因而应列入缴纳的股本总额中。

由于通常股票的面值很低，实际价格不太可能低于票面价值，而且，有的国家(如中国)法律规定禁止股票的发行价格低于面值，因此公司的资本盈余账户不会出现负值。

4．委托代理(proxy)

答：委托代理投票权是指股东授权他人代理其行使投票表决权的一种法定权利。为方便起见，大型股份公司的实际表决权通常采用委托代理方式进行。公司管理者会试图争取尽可能多的委托表决权。但是，如果股东对公司的管理者不满，外部股东集团也会通过委托方式尽可能多地获取选票，选举出足够数量的董事，投票表决撤换公司当前管理者。这就是所谓的“代理权之争”。

5．普通股(common stock)

答：普通股通常指那些在股利分配和破产清算方面不具有任何特殊优先权的股票，是股份有限公司发行的最基本、标准的股份。普通股的持有人是公司的股东，他们是公司的最终所有者，对公司的经营收益或公司清算时的资产分配拥有最后的请求权，是公司风险的主要承担者。

与其他筹资方式相比，普通股筹资具有以下优点：

(1)所筹集的资本具有永久性，无到期日，不需归还。

(2)没有固定的股利负担，股利支付与否和支付多少，视公司有无盈利和经营需要而定。

(3)能增加公司的信誉，增强公司的举债能力。

(4)由于普通股的预期收益较高并可一定程度地抵销通货膨胀的影响，因此普通股筹资容易吸收资金。

当然普通股融资也有其缺点：

(1)资本成本较高。首先，从投资者的角度讲，投资于普通股风险较高，相应地所要求的投资报酬率也较高；其次，对于筹资公司来讲，普通股股利从税后利润中支付，不像债券利息那样作为费用从税前支付，因而不具有抵税作用；最后，普通股的发行费用一般也高于其他筹资方式。

(2)以普通股筹资会增加新股东，这可能分散公司的控制权；另外，新股东分享公司未发行新股前积累的盈余，会降低普通股的每股净收益，从而可能引发股价的下跌。

6. 留存收益(retained earning)

答：留存收益是指企业从历年实现的利润中提取或留存于企业的内部积累，来源于企业的生产经营活动所实现的净利润，包括企业的盈余公积和未分配利润两个部分，具体包括法定盈余公积、法定公益金、任意盈余公积及未分配利润。企业应设置“盈余公积”科目，核算盈余公积的提取和使用等增减变动情况，并在“盈余公积”科目下设置“法定盈余公积”、“任意盈余公积”和“法定公益金”三个明细科目，分别核算企业从净利润中提取的各项盈余公积及其使用情况。

7. 累积投票制(cumulative voting)

答：累积投票制是指事先确定每位股东可以投出的选票总数，选票总数通常是按股东拥有或控制的股票数乘以所要选举的董事人数计算而得，每位股东可将他(或她)手中的选票全部投给一个或多个候选人。累积投票制的作用在于允许少数股东的参与。

8. 高级债(seniority)

答：高级债又称优先债，是指企业发行的偿付地位优于其他债券的债券，即一旦公司违约，必须给予高级债券持有人优先清偿的权利。通常，企业以固定资产作为抵押而发行的5至10年债券称为高级债，由于期限较长，所以利息要高于银行贷款。

9. 股利(dividends)

答：股利是股息、红利的合称，是指公司对股东直接或间接投入公司的资本的回报，是股份公司通常在年终结算后，按股票份额分配给股东的盈利的一部分。股利的主要发放形式有现金股利、股票股利、财产股利和建业股利。

现金股利亦称派现，是股份公司以货币形式发放给股东的股利；股票股利也称为送红股，是指股份公司以增发本公司股票的方式来代替现金向股东派息，通常是按股票的比例分发给股东。股东得到的股票股利，实际上是向公司增加投资；新建或正在扩展中的公司，往往会借助于分派股票股利而少发现金股利。财产股利是股份公司以实物或有价证券的形式向股东发放的股利。建业股利是以公司筹集到的资金作为投资盈利分发给股东的股利，这种情况多发生在那些建设周期长、资金周转缓慢、风险大的公司。

10. 多数投票制(straight voting)

答: 多数投票制是指股东对任一候选人所投的最大票数等于他所持有的股票数，任一持有超过总票数 50% 再多 1 票的选票或委托书的股东就可以确保其赞成的候选人当选。在多数投票制下，持有少数股票的股东的表决权没有实际意义，排除了少数股东的参与机会，这也是美国许多州强制采用累积投票制的原因。

11. 内部融资(internal financing)

答: 内部融资是指企业筹集内部资金的融资方式，企业内部融资的来源是公司的自有资金，以及在生产经营过程中的资金积累部分。在公司内部通过计提折旧而形成现金，或通过留存利润等增加公司资本。

同其他融资方式相比，企业内部融资不需要实际对外支付利息或股息，不会减少公司的现金流量，资金来源于公司内部，不发生融资费用，融资成本最低，所以在具体操作中，这一种融资方式应处于企业主的首选位置。但内部融资的资金来源有限，有时无法满足企业的资金需要，因此外部融资也是必不可少的。

12. 次级债(subordinated)

答: 次级债是指偿还次序优于公司股本权益、但低于公司一般债务(包括高级债务和担保债务)的一种特殊的债务形式。次级债的次级是针对债务清偿顺序而言的。通常，企业以抵押的固定资产向金融机构(多指基金、养老金、保险机构、证券公司等)进行二次抵押而发行的 5 至 10 年债券称为次级债，这部分债务由于并无实质的抵押资产，主要基于对企业未来现金收益流量的计算而定，所以风险很大，利率也很高，亦称垃圾债券。

13. 优先顺序(pecking order)

答: 融资的优先顺序是指，当公司为自己的新项目进行融资时，将优先考虑使用内部的盈余，其次是采用债券融资，最后才考虑股权融资。也就是说，内部融资优于外部债券融资，外部债券融资优于外部股权融资。因此，从本质上说，该理论认为存在一个可以使公司价值最大化(公司发行的股票和债券的价值最大化)的最优资本结构，并且以对不同性质的资本进行排序的方式，给出了决策者应当遵循的行为模式。

二、复习题

1. 累积投票制 你持股的一家上市公司正在举行董事会选举，以填补三个董事会席位。该公司共有 17400 股在外流通的股票。如果选举使用的是累积投票制，而你拥有 300 股股票，你还需要购买多少股股票才能确保拥有一个董事会席位?

答: 如果采用的是累积投票制，公司的董事将会一次性选举出来。你需要购买总股票数的 $1/(N+1)$ 份额的股票(加 1 股)才能确保拥有一个董事会席位。其中 N 表示董事候选人的个数。因此:

$$需要的股份所占比例 = 1/(N+1) = 1/(3+1) = 25\%$$

$$需要的股份数 = (17400 \times 0.25) + 1 = 4351(股)$$

$$还需要购买的股份数 = 4351 - 300 = 4051(股)$$

2. 财务杠杆 Frusciante 公司拥有 290000 份债券在流通。该债券面值为 1000 美元，每半年支付利息，票面利率为 7%，到期期限为 8 年。该债券的当前到期收益率为 7.5%，同时这家公司还拥有在外流通的 1000 万股股票，每股市场价格为 23 美元。请问该公司的以市场价值计算的负债—权益比为多少?

答: 公司债券的价格为:

$$P = 35 \times PVIFA(0.0375,\ 16) + 1000 \times PVIF(0.0375,\ 16) = 970.32(\text{美元})$$

因此公司债务的市场价值为：

$$\text{公司债务的市场价值} = 290000 \times 970.32 = 281392800(\text{美元})$$

公司权益的市场价值为：

$$\text{权益市场价值} = 23 \times 10000000 = 230000000(\text{美元})$$

因此负债—权益比为：

$$D/E = \text{债务市场价值}/\text{权益市场价值} = 281392800/230000000 = 1.22$$

3. 可赎回债券估值 New Business Ventures 公司拥有在外流通的可在一年内赎回的永久债券，票面利率为10%。该债券按年支付利息。赎回溢价定为高于面值的150美元。未来一年内的利率有60%的可能性为12%，40%的可能性为7%。如果当前的利率为10%，请问该债券的当前市场价格为多少？

答：债券的当前市场价格等于一年后期望价格的现值。当一年后债券的价格高于赎回价格(1150美元)时债券将会被赎回。首先计算债券一年后的期望价格。如果未来一年内利率上升，债券的价格将会为永续利息支付的现值，即：

$$P_1 = 100/0.12 = 833.33(\text{美元})$$

这一价格低于赎回价格，因此债券将不会被赎回。如果未来一年内利率下降，债券的价格将为：

$$P_2 = 100/0.07 = 1428.57(\text{美元})$$

这一价格高于债券的赎回价格，因此债券将会以赎回价格1150美元被赎回。一年后债券的期望价格的现值，加上一年内债券的利息支付的现值为：

$$P_0 = (0.60 \times 833.33 + 0.40 \times 1150)/1.10 + 100/1.10 = 963.63(\text{美元})$$

4. 可赎回债券估值 Williams 实业公司计划通过发行永久债券融资，该债券预计票面利率为6.5%，按年支付。一年期利率为6.5%。下一年该利率有35%的可能性增长到8%，65%的可能性下降到5%。

a. 如果这些债券是不可赎回的。市场价格应该为多少？

b. 如果该公司决定将发行的债券定为一年内可赎回，债权人购买以票面价值出售的债券将要求多少的票面利率？假设当利率下降时债券将被赎回，而赎回溢价等于年票息额。

c. 提前赎回条款对于该公司的价值是多少？

答：a. 债券的当前市场价格等于一年后期望价格的现值。一年后如果利率上升，债券的市场价格为：

$$P_1 = 65 + 65/0.08 = 877.50(\text{美元})$$

如果利率下降，债券一年后的市场价格为：

$$P_2 = 65 + 65/0.05 = 1365.00(\text{美元})$$

因此债券当前的市场价格应为：

$$P_0 = (0.35 \times 877.50 + 0.65 \times 1365.00)/1.065 = 1121.48(\text{美元})$$

b. 如果利率上升，债券价格将会下降。如果债券的价格较低，公司将不会选择赎回，因为为价值低于赎回价格的债券支付赎回价格是愚蠢的。在这种情况下，债券持有者将会获得息票支付 C，加上剩余支付的现值。因此，如果利率上升，债券一年后的价格为：

$$P_1 = C + C/0.08$$

如果利率下降，假设债券会被赎回。在这种情况下，债券持有者将会获得赎回价格，加上息票支付。赎回溢价等于年票息额，因此利率下降时债券的价格为：

$$P_2 = (1000 + C) + C = 1000 + 2C$$

债券当前的售价为债券预期支付的现值，为得到票面利率，可以令债券的发行价格等于一年后债券支付的现值，然后解出 C，即：

$$P_0 = 1000 = [0.35 \times (C + C/0.08) + 0.65 \times (1000 + 2C)]/1.065$$

解得：$C = 68.88$(美元)。

因此要求的票面利率为：

$$票面利率 = 68.88/1000 = 0.0689 = 6.89\%$$

c. 对公司而言，赎回条款的价值是市场上流通的不可赎回债券价值与可赎回债券价值之间的差额。市场上具有同等息票率的不可赎回债券的价值为：

$$不可赎回债券的价值 = 68.88/0.05 = 1377.59(美元)$$

因此，赎回条款对公司而言的价值为：

$$V = 0.65 \times (1377.59 - 1068.88)/1.065 = 188.41(美元)$$

第16章　资本结构：基本概念

16.1　复习笔记

资本结构是指企业资本的组成要素与比例关系，一般指公司资本中负债与股权所占的比例。总的来说，有众多的资本结构可供企业选择。企业可发行大量的或极少的债务，亦可发行优先股、认股权证、可转换债券、可赎回债券，还可计划租赁融资、债券互换及远期合约。

1. 公司的价值

(1)公司价值的定义

公司价值是指公司全部资产的市场价值，即负债和所有者权益之和。它是以一定期间归属于投资者的现金流量，按照资本成本或投资机会成本贴现的现值表示的。公司价值不同于利润。利润只是新创造的价值的一部分，而公司价值不仅包含了新创造的价值，还包含了公司潜在的或预期的获利能力。根据定义，公司的价值 V 可以表示为：

$$V \equiv B + S$$

其中，B 为负债的市场价值，S 为所有者权益的市场价值。

(2)公司价值最大化目标

公司价值最大化目标是指企业的股东关注整个企业价值的最大化，即企业的负债和所有者权益之和最大化，而并不偏爱仅仅使他们的利益最大化的策略。

这种观点的优点包括：①考虑了货币时间价值和投资风险价值，有利于选择投资方案，统筹安排长短期规划，有效筹措资金，合理制定股利政策；②反映了资产保值增值的要求；③有利于克服管理上的片面性和短期行为。

这一目标存在的问题在于：①对非上市公司不能用股票价格来衡量其价值；②对上市公司，股价不一定能反映企业获利能力，股票价格受多种因素的影响。

(3)企业价值最大化与股东利益最大化

追求股东利益的最大化和追求企业价值最大化是企业财务管理的两大基本目标，是企业理财活动所希望实现的结果，是评价企业理财活动的基本标准。

①股东利益最大化。股东利益最大化目标存在两种不同的表现形式：一是企业利润最大化；二是股东财富最大化。前者是企业所有权与经营权没有分离情况下，作为企业的出资人，从而又是企业经营者，所确定的追求财产使用价值最大化的财务管理目标。在企业所有者与经营权分离的情况下，利润最大化的财务目标转变成股东财富最大化。股东的财富一般表现为拥有企业股票的数量与股票价格的乘积。在股票数量一定时，股东财富就与股票价格成正比。因此，股东财富最大化实质上可以看作股票市场价格最大化。

②企业价值最大化。企业价值最大化目标强调财务管理目标应与企业多个利益集团有关，追求的是企业各个利益相关者集体利益的最大化。

③目标的选择。追求企业价值最大化与追求股东利益最大化具有本质上的不同，集体利益的最大化并不等于个体利益能够最大化，反之亦然。经济理论已经证明，集体理性与个体

理性存在冲突，前者要求将“蛋糕”做大，后者可以在“蛋糕”大小不变的情况下，通过对“蛋糕”的不同分割，使得一部分利益集团在损害其它利益集团利益的基础上实现自身收益的最大化。因此，企业的财务管理目标必然是各个利益集团共同作用和相互妥协的结果。

当且仅当企业的价值提高时，资本结构的变化对股东有利；相反，当且仅当企业的价值减少时，资本结构的变化损害股东。并且，对于不同种类的资本结构变化，这个结论仍然成立。因此，管理者应该选择他们所认为的可使公司价值最高的资本结构，因为这样的资本结构将对公司的股东最有利。

(4)馅饼模型

馅饼模型是一种分析公司资本结构的模型，用来讨论公司应如何选择负债权益比的问题。该理论将公司的筹资要求权之和比作一个馅饼，并且将公司的价值定义为负债和所有者权益之和。该理论认为，债权人和股东将分别得到不同大小的馅饼块，但是整个馅饼的大小，也就是公司的实际价值，却完全不会受到馅饼分割方式的影响。也就是说，公司的融资结构只影响公司利润的分配方式，即这个利润馅饼如何被分割以及由谁承担公司的风险，不会对公司的价值造成任何影响。

2. 财务杠杆和股东收益

(1)财务杠杆的概念

财务杠杆即测量来自于固定财务成本的财务风险的方法，用以衡量在某一债务资本比率下，公司息税前利润变动对每股净收益所产生的作用。如果其他因素保持不变，较强的财务杠杆作用意味着息税前利润相对微小的变动就可能导致普通股每股净收益的大幅度变化。财务杠杆的强弱取决于企业的资本结构，在资本构成中负债资本所占比重愈大，财务杠杆作用愈强，财务风险越大。

$$
\begin{aligned}
\text{财务杠杆系数}(DFL) &= \frac{\Delta EPS/EPS}{\Delta EBIT/EBIT} \\
&= \frac{EBIT}{EBIT - I - PD/(1-T_C)} \\
&= \frac{Q(P-V)-F}{Q(P-V)-F-I-PD/(1-T_C)}
\end{aligned}
$$

EPS 表示每股盈利；$EBIT$ 表示息税前利润；I 表示债务利息；PD 表示优先股股利；T_C 表示所得税税率；Q 表示产品销售数量；P 表示单位销售价格；V 表示单位变动成本。

【例 16.1】某公司经营杠杆为 2，财务杠杆为 3，则以下说法正确的是(　　)。[清华大学 2017 金融硕士]

A. 如果销售收入下降 5%，则 $EBIT$ 将下降 10%

B. 如果 $EBIT$ 增加 10%，EPS 将增加 20%

C. 如果销售收入增加 20%，EPS 将增加 130%

D. 如果 EPS 增加 20%，$EBIT$ 需要增加 5%

【答案】A

【解析】财务杠杆系数(DFL) = ($\Delta EPS/EPS$) ÷ ($\Delta EBIT/EBIT$)；经营杠杆系数(DOL)是息税前利润($EBIT$)变动率与销售收入变动率的比值。其中，ΔEPS 表示每股盈利变动额；EPS 表示基期每股盈利；$\Delta EBIT$ 表示息税前利润变动额；$EBIT$ 表示基期息税前利润。B 项，如果 $EBIT$ 增加 10%，EPS 将增加 30%；C 项，如果销售收入增加 20%，EPS 将增加

120%；D 项，如果 *EPS* 增加 20%，*EBIT* 需要增加约 6.67%。

(2)财务杠杆作用的衡量

衡量财务杠杆作用或反映企业权益结构的财务比率主要有：

①资产负债率。资产负债率 =(负债总额 ÷ 资产总额)×100%。通常来说，该比率越小，表明企业的长期偿债能力越强；该比率过高，表明企业的财务风险较大，企业重新举债的能力将受到限制。

②权益乘数。权益乘数 = 资产总额 ÷ 权益总额。这个倍数越高，企业的财务风险就越高。

③产权比率。产权比率 =(负债总额 ÷ 所有者权益总额)×100%。该指标越低，表明企业的长期偿债能力越强，债权人权益受到的保障程度越高。反之，说明企业利用较高的财务杠杆作用。

④已获利息倍数 = 息税前利润 ÷ 利息费用。该指标既是企业举债经营的前提条件，也是衡量企业长期偿债能力大小的重要标志。企业若要维持正常的偿债能力，已获利息倍数至少应大于 1，且倍数越高，企业的长期偿债能力也就越强。

一般来说，债权人希望负债比率越低越好，负债比率低意味着企业的偿债压力小，但负债比率过低，说明企业缺乏活力，企业利用财务杠杆作用的能力较低。但如果企业举债比率过高，沉重的利息负担会压得企业透不过气来。

(3)财务杠杆对每股收益的影响。考虑公司成本的条件下，由于杠杆公司流通在外的股票数少于无杠杆公司，因此，对杠杆公司而言，由于其增加的收益分摊在较少的股票中，息前收益的任何增加量都会导致每股收益更大幅度的上升。如图 16－1 所示(其中，*EPS* 为公司的每股收益，*EBI* 为息前收益)。

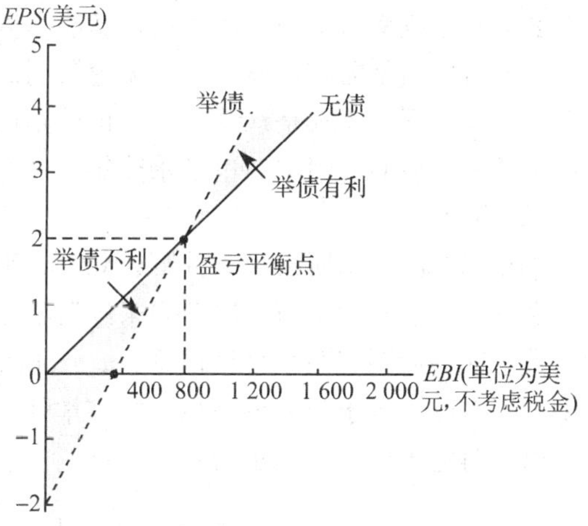

图 16－1　财务杠杆作用与股东收益

注：在图 16－1 中，盈亏平衡点位于息前收益为 800 美元处，此时杠杆公司与无杠杆公司的每股收益都是 2 美元。对杠杆公司而言，高于 800 美元的收益导致较大的每股收益；对无财务杠杆公司而言，低于 800 美元的收益导致较大的每股收益。

3. 债务与权益的选择

(1)MM 命题Ⅰ的基本结论

杠杆公司的价值等同于无杠杆公司的价值，即在符合该理论的假设之下，公司的价值与其资本结构无关。莫迪利安尼与米勒认为，如果杠杆公司的定价过高，理性投资者将只以个人账户借款来购买无杠杆公司的股票，通常把这种替代称为自制财务杠杆；只要投资者个人能以与公司相同的条件借入或贷出，个人就能复制公司财务杠杆的影响。

因此，公司无法通过改变其资本结构中负债与权益的比例来改变其流通在外证券的总价值。换言之，对公司的股东而言，既没有任何较好的也没有任何较坏的资本结构，债务与权益的选择结果是无差异的。

(2)关键假设

MM 的结论取决于个人能以与公司同样廉价的条件借入资金的假设，即个人与公司的借款成本相等。如果个人只能以更高的利率借入，公司则能够通过借款来增加公司的价值，那么公司将更多的选择债务而不是权益。

4. MM 定理

MM 定理是经济学家莫迪利安尼与米勒共同提出的公司资本成本定理，该定理以他们的名字命名为“莫迪利安尼－米勒定理”，简称 MM 定理。该定理提出了在不确定条件下分析资本结构和资本成本之间关系的新见解，并在此基础上发展了投资决策理论。

(1)基本假设

MM 定理假定公司只用债券和普通股筹资，并且负债是永久性负债。具体包括以下假设：

①公司的经营风险是可以计量的，经营风险相同的公司可以被看成是同类公司。

②所有现在和未来的投资者都能够对公司的利息和税前利润作出理性的评估，即投资者对公司未来的经营利润和取得经营利润的风险有相同的预期。

③公司发行的两种证券即股票和债券都在完全的资本市场上交易，即公司股票和债券的交易没有佣金或交易费用，而且投资者能够取得和公司债券相同利率水平的借款。

④公司负债是无破产风险的。无论公司的负债比重有多大，这一假设都成立。

⑤所有的现金流都是永续年金。也就是说，公司的利息和税前利润在预期满意的基础上保持零增长，因而公司债券也是永续年金。

(2)主要内容

①在不考虑公司所得税条件下，MM 定理有两个基本命题。

命题Ⅰ，公司的价值取决于未来经营活动净收益的资本化程度，资本化率与公司的风险相一致。这一命题有两个直接推论：a. 公司的平均资本成本与公司资本结构无关；b. 公司的平均资本成本等于与之风险相同的零举债公司的权益资本成本。

以上命题用公式可表示为：

$$V_U = V_L,\ R_{WACC} = R_0,\ V = \frac{EBIT}{R_0}$$

命题Ⅱ，举债经营公司的权益资本成本等于零举债经营公司的权益资本成本加上风险报酬率。风险报酬率的多少取决于公司举债经营的程度。命题二表明，随着公司负债的增加，公司的权益资本成本也将提高。

以上命题用公式可表示为：

$$R_S = R_0 + \frac{B}{S}(R_0 - R_B)$$

②在考虑公司所得税因素时，举债经营会增加公司的价值。

此时，MM 定理也有两个基本命题：

命题Ⅰ，零举债经营公司的价值是公司税后经营收益除以公司权益资本成本所得的结果，而举债经营公司的价值等于同类风险的零举债经营公司的价值加上税款节余额。根据这一结论，当公司负债增加时，举债经营公司价值增加。特别地，当公司负债筹资的比重为 100% 时，公司的价值最大。

以上命题用公式可表示为：

$$V_U = \frac{EBIT(1 - T_C)}{R_0}$$

$$V_L = V_U + T_C B$$

命题Ⅱ，举债公司的权益资本成本等于同类风险零举债经营公司的权益资本成本加上风险报酬率，而风险报酬率又取决于公司资本结构和公司所得税税率。根据这一结论，随着负债的增加，公司的权益资本成本也同样会增加，但是，当考虑税金因素时，权益资本成本增加的速度慢于不考虑税金因素时权益资本成本增加的速度。

以上命题用公式可表示为：

$$R_S = R_0 + \frac{B}{S}(1 - T_C)(R_0 - R_B)$$

【例 16.2】根据有税 MM 命题提高负债权益比可增加公司价值，增加的价值(　　)。[中国人民大学 2017 金融硕士]

A. 全归债权人　　B. 全归股东

C. 大部分归债权人少部分归股东　　D. 大部分归股东少部分归债权人

E. 都不对

【答案】B

【解析】正常条件下，公司的税后现金流流向了股东和债权人(利息是税前的，但本金的偿还是用税后利润)。公司增加债务，债务利息税前扣除，减少了流向税务部门的现金流，但债权人获得的是固定利息，不会因为债务的增加而增加，所以提高负债权益比可增加的公司价值全部归股东所有。根据有税 MM 命题Ⅱ，$R_S = R_0 + \frac{B}{S}(1 - T_C)(R_0 - R_B)$，可以看出$\frac{B}{S}$增大，$R_S$会增大，而 R_0 始终不变，即增加债务的风险由股东来承担，由此带来的收益也由股东获得。

【例 16.3】以下关于资本结构与资本成本的说法中正确的是(　　)。[中央财经大学 2017 金融硕士]

A. 在无税收的 MM 定理中，由于负债总是无风险，所以，负债公司的股东所要求回报率与无负债公司相同

B. 在无税收的 MM 定理中，由于负债总是无风险的，所以公司的加权平均资本成本随着公司杠杆比例上升而下降

C. 在有公司所得税的 MM 定理中，负债公司股东所要求回报率随着资本结构中负债的增加而上升，但公司的加权平均资本成本保持不变

D. 在有公司所得税的 MM 定理中，负债公司股东所要求回报率随着资本结构中负债的增加而上升，但公司的加权平均资本成本却随着公司杠杆比例上升而下降

【答案】D

【解析】无税的 MM 定理中，公司的资本结构不影响其公司价值，或者，负债经营公司的价值等于无负债经营公司的价值；并且，随着企业负债的增加，其权益资本成本也随之上升。在有税的 MM 定理中，有债务资本公司的价值等于无债务资本公司的价值加上债务资本产生的税盾价值。由于存在税盾，公司的加权平均资本成本随着负债权益比的上升而下降，而且公司价值随着负债权益比的上升而上升。

【例 16.4】在无税收的情况下，MM 定理的结论是资本结构对企业价值没有影响，因此

也不影响企业的股权资本成本。(　　)[中央财经大学2016金融硕士]

【答案】×

【解析】在无税条件下，MM定理Ⅰ认为公司的价值取决于未来经营活动净收益的资本化程度，资本化率与公司的风险相一致，即任何企业的市场价值与其资本结构无关。而MM定理Ⅱ指出，随着企业负债的增加，其权益资本成本也随之上升，所以资本结构会影响企业的股权资本成本。

【例16.5】假设无税情况下MM命题成立，如果公司的债务是无风险债务(债务利率等于无风险利率)，增加债务数量不会增加公司权益资本的风险。(　　)[中国人民大学2015金融硕士]

【答案】×

【解析】根据无税情况下MM定理的命题Ⅱ可知，使用财务杠杆的负债公司，其股东权益成本随着债务融资额的增加而增加。

(3)无税条件下的MM定理Ⅱ

在这一命题中，MM认为权益的期望收益率与财务杠杆正相关，因为权益持有者的风险随着财务杠杆而增加。

①杠杆公司的加权平均资本成本。公司的加权平均资本成本R_{WACC}的计算公式为：

$$R_{WACC}=\frac{B}{B+S}\times R_B+\frac{S}{B+S}\times R_S \tag{16.1}$$

其中：R_B是利息率，也称债务资本成本；R_S是权益或股票的期望收益率，也称权益资本成本或权益的期望收益率；R_{WACC}是企业的加权平均资本成本；B是债务的价值；S是股票的价值或权益的价值。由公式可知，企业的加权平均资本成本是其加权平均债务成本和加权平均权益成本之和。

根据MM命题Ⅰ的推论可知，公司的加权平均资本成本与资本结构无关，即不论有无财务杠杆，公司的R_{WACC}都是相同的。

②完全权益公司的资本成本。定义完全权益公司的资本成本为R_0，则R_0的计算公式如下：

$$R_0=\frac{\text{无杠杆公司的期望收益}}{\text{无杠杆公司的权益}}$$

由公式可知，在没有公司税收的经济中，杠杆公司的加权平均资本成本R_{WACC}必定总是等于完全权益公司的资本成本R_0。

③MM定理Ⅱ与股东的期望收益率。设$R_{WACC}=R_0$，重新调整公式(16.1)，可推导出下列关系：

$$R_S=R_0+\frac{B}{S}(R_0-R_B)$$

其中，R_S为就财务杠杆而言权益的期望收益率，R_B为利息率，也称债务资本成本。该公式表明权益的期望收益率是公司负债－权益比的线性函数。一般情况下，R_0应超出R_B，权益的成本随负债－权益比的增加而提高。更确切地说，由于即使无杠杆权益也有风险，它应具有比无风险债务更高的期望收益率。这即是没有税收条件下的MM定理Ⅱ的基本结论。如图16－2所示。

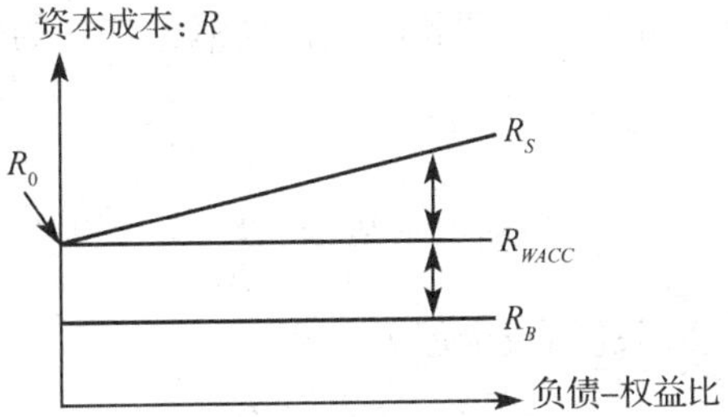

图 16－2　没有公司税收条件下的 MM 定理Ⅱ

④MM 定理的说明。MM 定理暗示管理者无法通过重新包装公司的证券来改变公司的价值。但现实生活中，公司选择其财务杠杆程度的方式并不随意，或者说明现实世界中的因素可能违背理论假设。

【例 16.6】某公司债权股权比 0.6，股权成本 11%，考虑税盾减税后债券成本 7%。若目标股权债券比 1∶1，那么目标财务杠杆下股权成本为(　　)。[清华大学 2017 金融硕士]

A. 9.5%　　B. 10.5%　　C. 11.25%　　D. 12%

【答案】D

【解析】由于债券成本已经考虑税盾减免，可直接根据 $R_0=\frac{B}{B+S}\times R_B+\frac{S}{B+S}\times R_S$ 计算公司的加权资本成本。由 $B/S=0.6$ 得 $\frac{B}{B+S}=0.375$，$\frac{S}{B+S}=0.625$，代入数据：$R_0=9.5\%$。由于 R_0 在不同的资本结构下不发生改变，因此目标财务杠杆下股权成本为：$R_S'=R_0+\frac{B}{S}(R_0-R_B)=9.5\%+1\times(9.5\%-7\%)=12\%$。

5. 存在公司税情况下的 MM 定理

(1)资本结构馅饼模型

税收条件下的馅饼模型说明，当存在公司税时，公司的价值与其债务正相关，如图 16－3 所示。

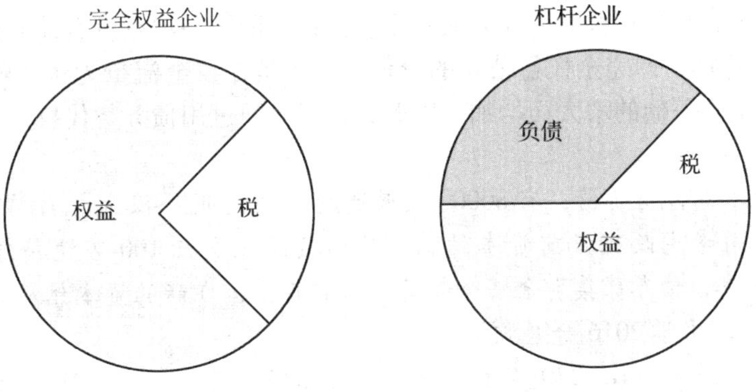

图 16－3　存在公司税的资本结构馅饼模型

图 16－3 中，对左边饼图的完全权益公司来说，股东和税务机关对公司的价值都有索取权，完全权益公司的价值是股东拥有的那部分馅饼；右边饼图的杠杆公司则有三类索取者，分别是股东、债权人和税务机关，杠杆公司的价值是债务价值与权益价值之和。二者相比较，假设两个馅饼的总区域相同，则支付最少税收的资本结构价值最大。

在美国税法中，负债利息是一项免税支出，因此，分派给杠杆公司的税负部分要小于无杠杆公司税负所对应的部分。所以，管理者应选择高财务杠杆的资本结构。

(2)税盾的现值

利息为：

$$利息 = \underbrace{R_B}_{利率} \times \underbrace{B}_{借入额}$$

根据利息的公式可知，公司税的减少额为：

$$\underbrace{T_C}_{公司税率} \times \underbrace{R_B \times B}_{利息额}$$

因此，无论公司在没有债务时每年要支付多少税收，有债务时的税收会减少 $T_C R_B B$。于是，通常将此公式称为债务的税盾，并且它是一个年金值。

假设税盾现金流与债务利息的风险相同，以利息率 R_B 作为贴现率，若现金流是永续的，则税盾的现值为：

$$\frac{T_C R_B B}{R_B} = T_C B$$

(3)杠杆公司的价值

杠杆公司每年的税后现金流量为 $EBIT \times (1 - T_C)$，式中的 $EBIT$ 是息税前的收益，T_C 为公司税率。无杠杆公司(即公司没有债务)的价值是 $EBIT \times (1 - T_C)$ 的现值，即无杠杆公司的现值 V_U 为：

$$V_U = \frac{EBIT \times (1 - T_C)}{R_0}$$

从公式中可看出，此时完全权益公司的资本成本 R_0 为税后现金流量的贴现率。

财务杠杆通过税盾增加公司价值，可将债务税盾 $T_C B$ 加到无杠杆公司的价值上，则杠杆公司的价值可以表示为：

$$\begin{aligned} V_L &= \frac{EBIT \times (1 - T_C)}{R_0} + \frac{T_C R_B B}{R_B} \\ &= V_U + T_C B \end{aligned}$$

上述公式即为存在公司税时的 MM 命题Ⅰ。公式中的第一项是没有债务税盾时公司的现金流量，该项等于 V_U，即完全权益公司的价值。$T_C B$ 是在现金流量为永续性情形时税盾的现值。由于税盾随债务额的增大而增加，因此，公司可通过用债务替代权益来提高总现金流量及公司价值。

【例 16.7】某公司没有负债，有 80000 股普通股，每股市价 42 元，目前股权成本 12%，税率 34%，该公司考虑改变目前资本结构，计划按面值发行 100 万元债券，票面利率为 8%，每年付一次息，债券募集资金将全部用来回购股票，在新的资本结构下，股权价值是多少？(　　)[清华大学 2016 金融硕士]

A. 240 万元　　B. 270 万元　　C. 330 万元　　D. 336 万元

【答案】B

【解析】股票回购是指上市公司利用现金等方式，从股票市场上购回本公司发行在外的一定数额的股票的行为。利用债券募集资金回购股票后，公司的价值为：$V_L = V_U + T_C \times B = 42 \times 8 + 34\% \times 100 = 370$(万元)，$V_L = B + S$，所以，股权价值 $S = 370 - 100 = 270$(万元)。

【例 16.8】C 公司债务利息为 200000 元，债务的税前成本为 8%，股权成本为 12%。税息前收益($EBIT$)为 1200000 元，公司所得税率为 40%。求公司的总价值。[中央财经大学

2014 金融硕士]

解：由有税条件下的 MM 第一定理知：

$$V_L = V_U + T_C B$$

$$V_U = \frac{EBIT \times (1 - T_C)}{R_U}$$

其中，V_L是负债时公司价值，V_U是无负债时公司价值，T_C是所得税税率，B是公司负债总额，R_U是无负债时的资本成本。代入数值可得：

$V_U = 1200000 \times (1 - 40\%)/12\% = 6000000$(元)；

$B = 200000/8\% = 2500000$(元)；

$V_L = 6000000 + 2500000 \times 40\% = 7000000$(元)，即公司总价值是 7000000 元。

(4)公司的期望收益率和财务杠杆

在有公司税的情况下，无税的 MM 命题Ⅱ中关于权益的期望收益率与财务杠杆之间存在正相关关系的结论依然成立，其公式为：

MM 命题Ⅱ(公司税)：

$$R_S = R_0 + \frac{B}{S} \times (1 - T_C)(R_0 - R_B)$$

如图 16－4 所示，当 $R_0 > R_B$ 时，R_S 随财务杠杆的增大而增加。换言之，由于权益有风险，其期望收益率应该高于债务。

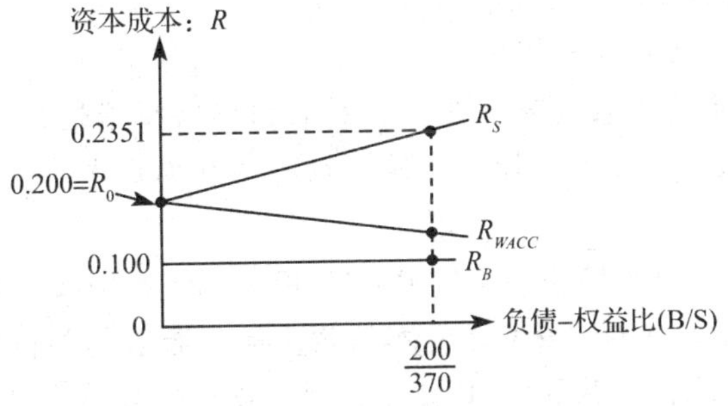

图 16－4 财务杠杆对债务资本成本和权益资本成本的影响

注：财务杠杆增加企业权益的风险，作为补偿，权益的成本随之提高。图 16－4 中，R_0 只是一个点，而 R_S、R_B 和 R_{WACC}是整条直线。

另一种方法确定杠杆权益的价值，杠杆权益价值的代数式是：

$$S = \frac{(EBIT - R_B B) \times (1 - T_C)}{R_S}$$

其中，分子为杠杆权益的息税后预期现金流量，分母是权益现金流量的贴现率。经过论证可知，两种方法计算的结果是相同的。

【例 16.9】某公司在无负债时的资本成本为 8%，现考虑采用 50% 负债的新资本结构，负债的利息率为 5%，如果所得税率为 40%，则新资本结构下的权益资本成本为(　　)。[中山大学 2015 金融硕士]

A. 6.6%　　B. 9.2%　　C. 9.8%　　D. 11%

【答案】C

【解析】50% 负债的资本结构即 $B/S = 1$。根据 MM 第二定理，新资本结构下的权益资本成本为：

$$R_S = R_0 + \frac{B}{S} \times (1 - T_C) \times (R_0 - R_B) = 8\% + (1 - 40\%) \times (8\% - 5\%) = 9.8\%$$

(5)加权平均资本成本和公司税

含公司税的加权资本成本定义为：

$$R_{WACC} = \frac{B}{V_L} R_B (1 - T_C) + \frac{S}{V_L} R_S$$

由于利息具有抵税作用，因此，公式中的债务资本成本 R_B 的乘数因子是 $(1 - T_C)$。无税条件下，财务杠杆不影响 R_{WACC}。因为债务相对于权益而言具有税收优惠的特点，可以证明在有税条件下，R_{WACC} 随财务杠杆的减小而降低，如图 16－4 所示。

【例 16.10】Y 公司经营领域横跨三个行业，各部分市值和对应的无杠杆贝塔(β_U)如下：

行业	市值	无杠杆贝塔
地产	20 亿元	1.00
软件	10 亿元	1.25
百货	10 亿元	0.60

已知 Y 公司有 1 亿发行在外的股票，当前股价为 20 元。公司其余资本皆为公司债券，债券评级为 A，相当于对应国债收益率的信用利差为 4%。Y 公司适用公司所得税率 25%，市场风险溢价为 8%，国债收益率为 4%。

(1)计算 Y 公司的无杠杆贝塔(β_U)。

(2)计算 Y 公司的加权平均资本成本。

(3)假设 Y 公司按市价出售其百货业务，并且出售所得偿还债务。此举使其公司债券评级升为 AA，信用利差减为 2%，计算新的加权平均资本成本。[中国人民大学 2016 金融硕士]

解：(1)Y 公司的无杠杆贝塔(β_U) $= 1.00 \times 20/40 + 1.25 \times 10/40 + 0.60 \times 10/40 = 0.9625$。

(2)计算加权平均资本成本需要知道资本结构，债务资本成本和权益资本成本。由题可知，公司的总价值 40 亿元，权益价值 20 亿元，则债务价值为 $40 - 20 = 20$(亿元)。

公司债券相对于国债收益率的信用利差是 4%，即债务的融资成本 $R_B = 4\% + 4\% = 8\%$。

公司无杠杆的权益资本成本 $R_0 = R_F + \beta \times (R_M - R_F) = 4\% + 0.9625 \times 8\% = 11.70\%$。

考虑公司债务时，公司的权益资本成本 $R_S = R_0 + \frac{B}{S}(R_0 - R_B)(1 - T_C) = 14.475\%$。

Y 公司的加权平均资本成本为：

$$R_{WACC} = \frac{B}{V_L} R_B (1 - T_C) + \frac{S}{V_L} R_S = \frac{1}{2} \times 8\% \times (1 - 25\%) + \frac{1}{2} \times 14.475\% = 10.2375\%$$

(3)公司出售百货业务 10 亿元偿还债务，因而债务降低 10 亿元，此时税盾效应也降低 $10 \times 0.25 = 2.5$ 亿元，因而股权降低 2.5 亿元。所以总资产为 27.5 亿元，其中负债为 10 亿元，股权为 17.5 亿元。新的负债权益比为 10/17.5。

公司债券相对于国债收益率的信用利差是 2%，即债务的融资成本 $R_B = 4\% + 2\% = 6\%$。

新的公司的无杠杆 $\beta_U = 1 \times 2/3 + 1.25 \times 1/3 = 1.0833$；

新的公司的 $R_0 = R_F + \beta \times (R_M - R_F) = 4\% + 1.0833 \times 8\% = 12.67\%$；

新的公司的 $R_S = R_0 + \frac{B}{S}(R_0 - R_B)(1 - T_C) = 15.53\%$。

因此新的加权平均资本成本为：

$$R_{WACC}=\frac{B}{V_L}R_B(1-T_C)+\frac{S}{V_L}R_S=\frac{10}{27.5}\times 6\%\times(1-25\%)+\frac{17.5}{27.5}\times 15.53\%=11.52\%$$

【例 16.11】X 公司投资 1000 万进入医药行业。X 公司的资本结构中，40% 是自有资本，60% 是负债，债务的年利率是 8%。X 公司的该项投资预计会带来永续的增量现金流 150 万元每年。参照行业内 Y 公司，负债权益比是 1∶1，权益贝塔是 1.5，债务成本是 11%。X、Y 均适用税率 25%，无风险利率是 5%，风险溢价是 10%。

(1) Y 公司的加权平均资本成本是多少？

(2) X 公司的加权平均资本成本是多少？

(3) X 公司的该项投资是否值得？［中国人民大学 2014 金融硕士］

解：(1) 公司的资本结构已知，且债务资本成本 $R_B=11\%$，因此只要求出权益资本成本就可以计算出公司的加权平均资本成本。

$$R_S=5\%+1.5\times 10\%=20\%$$

$$R_{WACC}=\frac{B}{V_L}R_B(1-T_C)+\frac{S}{V_L}R_S=0.5\times 11\%\times(1-25\%)+0.5\times 20\%=14.125\%$$

(2) 先运用 MM 定理Ⅱ中的公式计算出无杠杆公司的权益资本成本：

Y 公司：

$$R_S=20\%=R_0+\frac{B}{S}(1-T_C)\times(R_0-R_B)=R_0+(1-25\%)\times(R_0-11\%)$$

解得：$R_0=16.14\%$

X 公司：

$$R_S=R_0+\frac{B}{S}(1-T_C)\times(R_0-R_B)=16.14\%+\frac{3}{2}\times(1-25\%)\times(16.14\%-8\%)=25.3\%$$

$$R_{WACC}=\frac{B}{V_L}R_B(1-T_C)+\frac{S}{V_L}R_S=0.6\times 8\%\times(1-25\%)+0.4\times 25.3\%=13.72\%$$

(3) $NPV=150/0.1372-1000=1093.2945-1000=93.2945$（万元）$>0$，因此值得。

【例 16.12】B 公司目前全部用权益资本来满足其资金需求，权益资本成本为 12%。现在公司打算以 8% 的利率发行债券，在新的资本结构下，债券市场价值为公司价值的 45%，若公司所得税率为 25%，计算该公司新的权益资本成本和加权平均资本成本。［上海财经大学 2014 金融硕士］

解：根据有税的 MM 理论，$R_S=R_0+\frac{B}{S}(1-T_C)\times(R_0-R_B)$。其中：$R_B$是利息率，也称债务成本；$R_S$是权益或股票的期望收益率，也称权益成本或权益的期望收益率；R_0是完全权益公司的资本成本；B 是债务的价值；S 是股票的价值或权益的价值。

新资本结构下的权益资本成本：

$$R_S=R_0+\frac{B}{S}(1-T_C)\times(R_0-R_B)=12\%+\frac{0.45}{0.55}\times(1-25\%)\times(12\%-8\%)=14.45\%$$

加权平均资本成本为：

$$R_{WACC}=\frac{B}{V_L}R_B(1-T_C)+\frac{S}{V_L}R_S=0.45\times 8\%\times(1-25\%)+0.55\times 14.45\%=10.65\%$$

16.2 课后习题详解

一、概念题

1. 馅饼模型(pie model)

答：参见本章复习笔记。

2. MM 命题Ⅰ(MM Proposition Ⅰ)

答：参见本章复习笔记。

3. MM 命题Ⅱ(MM Proposition Ⅱ)

答：参见本章复习笔记。

4. MM 命题Ⅰ(公司税)[MM Proposition Ⅰ(corporate taxes)]

答：参见本章复习笔记。

5. MM 命题Ⅱ(公司税)[MM Proposition Ⅱ(corporate taxes)]

答：参见本章复习笔记。

二、复习题

1. *EBIT*、税和杠杆 Music City 股份有限公司是一个无负债的公司，其总市值为 295000 美元。在经济环境正常的情况下，息税前利润 *EBIT* 预计为 23000 美元。如果在经济极力扩张的情况下，*EBIT* 可增加 25%。如果经济衰退，*EBIT* 则会降低 40%。公司正考虑发行 88500 美元、利率为 8% 的债务。这些钱将用于回购股票。目前发行在外的股份数为 5000 股。公司税率为 35%。

a. 计算发行债务前，公司在 3 种经济环境下的每股收益，并且计算当经济扩张或衰退时，公司每股收益的变动百分比。

b. 在假设公司已经进行了资本重组的情况下(即已发行了债务进行股票的回购)重新考虑 a 问题，可以得到什么样的答案？

答：a. 公司在三种可能情况下的利润表如下。

	衰退	正常	扩张
EBIT(美元)	13800	23000	28750
利息(美元)	0	0	0
税	4830	8050	10062.5
净利润(美元)	8970	14950	18687.5
每股盈利(美元)	1.79	2.99	3.74
每股盈利变化(%)	-40	0	25

b. 如果公司进行了资本重组，它将回购：回购完成以后的市场价值 VL = 295000 + 88500 × 35% = 325975，B = 88500，S = 237475。消息宣告的时候，VU = S = 325975，股价 P = 325975/5000 = 65.195(美元)。回购的股份数 = 88500/65.195 = 1357.466(股)。剩下流通中的股份数 = 5000 - 1357.466 = 3642.534(股)。

在各种情况下的利息支出为：利息支出 = 88500 × 0.08 = 7080(美元)，公司在三种情况下的利润表为：

	衰退	正常	扩张
EBIT(美元)	13800	23000	28750
利息(美元)	7080	7080	7080
税	2352	5572	7584.5
净利润(美元)	4368	10348	14085.5
每股盈利(美元)	1.99	2.84	3.867
每股盈利变化(%)	-29.93	0	36.16

2. 盈亏平衡点 *EBIT* 与杠杆 Kolby 股份有限公司正在比较两种不同的资本结构。计划Ⅰ是发行 1300 股股票和负债 80640 美元。计划Ⅱ是发行 2900 股股票和负债 19200 美元。负债的利率为 10%。

a. 公司在全权益的情况下，将在外发行 3400 股股票。假设公司的 *EBIT* 将为 10500 美元，在不考虑税收的情况下，比较在全权益、计划Ⅰ和计划Ⅱ这 3 种情况下，公司的每股收益情况。哪一种情况最高？哪一种情况最低？

b. 按 a 题的假设，与公司采用全权益的情况相比，这两种计划的盈亏平衡点 *EBIT* 分别是多少？是否其中一个大于另一个，为什么？

c. 不考虑税收影响，在什么情况下，公司采用计划Ⅰ的每股收益与采用计划Ⅱ的每股收益一样？

d. 在税率为 40% 的情况下，重新考虑问题 a、b、c。此时公司的盈亏平衡点 *EBIT* 是否与前面有所不同？为什么？

答：a. 每个计划对应的利润表如下：

（单位：美元）

	Ⅰ	Ⅱ	全权益
EBIT	10500	10500	10500
利息	8064	1920	0
净利润	2436	8580	10500
每股收益	1.87	2.96	3.09

全权益情况下公司的每股收益最高，计划Ⅰ情况下公司的每股收益最低。

b. 盈亏平衡点 *EBIT* 是指使得不同的资本计划有相同的 *EPS* 水平的 *EBIT*。*EPS* 的计算公式为：

$$EPS=(EBIT-R_BB)/\text{流通股数}$$

全权益计划的利息支出为 0。为找到两个资本计划的盈亏平衡 *EBIT*，令两个资本计划的 *EPS* 相等。全权益计划和计划Ⅰ之间的盈亏平衡 *EBIT* 为：

$$EBIT/3400=(EBIT-0.10\times80640)/1300$$

解得：$EBIT=13056$(美元)。

全权益计划和计划Ⅱ之间的盈亏平衡 *EBIT* 为：

$$EBIT/3400=(EBIT-0.10\times19200)/2900$$

解得：$EBIT=13056$(美元)。

不同计划的盈亏平衡点是相同的(MM 定理Ⅰ)。

c. 令计划Ⅰ和计划Ⅱ的 EPS 相等，得到：

$$(EBIT-0.10\times80640)/1300=(EBIT-0.10\times19200)/2900$$

解得：$EBIT=13056$(美元)。

再次，与 b 中一样，根据 MM 定理Ⅰ，不同资本计划的盈亏平衡点 $EBIT$ 是相等的。

d. 有公司税情况下不同资本计划的利润表如下：

	Ⅰ	Ⅱ	全权益
EBIT	10500	10500	10500
利息	8064	1920	0
税	974	3432	4200
净利润	1462	5148	6300
每股收益	1.12	1.78	1.85

全权益情况下公司的每股收益最高，计划Ⅰ情况下公司的每股收益最低。

有税情况下 EPS 的计算公式为：

$$EPS=[(EBIT-R_BB)(1-T_C)]/\text{流通股数}$$

全权益计划和计划Ⅰ之间的盈亏平衡 $EBIT$ 为：

$$EBIT\times(1-0.40)/3400=[(EBIT-0.10\times80640)\times(1-0.40)]/1300$$

解得：$EBIT=13056$(美元)。

全权益计划和计划Ⅱ之间的盈亏平衡 $EBIT$ 为：

$$EBIT\times(1-0.40)/3400=[(EBIT-0.10\times19200)\times(1-0.40)]/2900$$

解得：$EBIT=13056$(美元)。

计划Ⅰ和计划Ⅱ之间的盈亏平衡 $EBIT$ 为：

$$[(EBIT-0.10\times80640)\times(1-0.40)]/1300=[(EBIT-0.10\times19200)\times(1-0.40)]/2900$$

解得：$EBIT=13056$(美元)。

盈亏平衡点并未发生改变，公司税同时降低了三种情况下的净利润，并且降低幅度相同，因此不同计划相对关系并没有发生变化。

3. MM Scarlett 股份有限公司不使用债务，其加权平均资本成本为 8.4%。如果目前公司权益的市场价值为 4300 万美元，在无税情况下，公司的 $EBIT$ 应该是多少？

答：在无税情况下，无杠杆公司的价值等于 $EBIT$ 除以无杠杆情况下的权益成本，即：

$$V=EBIT/WACC$$

代入数据：

$$43000000=EBIT/0.084$$

解得：$EBIT=3612000$(美元)。

4. MM 和税 Bruce 股份有限公司希望它的 EBIT 未来能够永远为每年 145000 美元。该公司的贷款利率为 8%，并且当前该公司并无负债，权益成本为 14%。如果税率为 35%，该公司价值应为多少？如果该公司负债 135000 美元，并且使用这笔资金回购股票，价值为多少？

答：a. 无杠杆公司的价值为：

$$V=EBIT(1-T_C)/R_0=145000\times(1-0.35)/0.14=673214.29(\text{美元})$$

b. 杠杆公司的价值为：

$$V=V_U+T_CB=673214.29+0.35\times135000=720464.29(\text{美元})$$

第17章　资本结构：债务运用的限制

17.1　复习笔记

从有税的MM理论可以引申出，对公司来说债务越多越好，但是现实世界并不是这样的。实际上，还有其他因素需要考虑，比如破产及其相关成本。公司的资本结构可以看成是税收利益与财务困境成本的权衡，这种收益与成本的权衡导致最优资本结构。另外，由于个人利息所得税税率高于在权益分配上的实际个人所得税税率，因此，对债权人征收较重的个人所得税趋于抵消债务在公司层面上的税收优惠。所以，在现实世界中，有税的MM理论并不能预测一般企业的资本结构，就经济总体而言，存在着最优的负债额。本章考察破产成本和个人所得税的影响。

1. 财务困境成本

(1)含义

财务困境成本，早期研究中称为破产成本，是指从破产清算或债务重组中产生的成本。它可以分为三个部分：财务困境的直接成本、财务困境的间接成本与代理成本。财务困境成本也可能产生一定的利益，包括企业内部的改进和外部的财富转移。实证研究表明，财务困境成本对企业价值和资本结构具有重要的影响。

注意：破产的可能性对公司价值产生负面影响不是破产本身的风险降低了公司价值，而是与破产相关联的成本降低了公司价值，即并非公司价值下降，而是破产成本上升。

(2)种类

①财务困境的直接成本。财务困境的直接成本一般是指破产成本，按其性质不同又可以分为两种：

a. 公司破产时为所需经历的各项法律程序及其他有关工作支付的费用，如在破产纠纷中所导致的律师费、法庭收费和行政开支等。这种费用与破产公司的资产总额相比，通常是很低的。

b. 公司破产而引发的无形资产损失，如公司的技术优势、发展机会、人力资源等。这些无形资产是与公司的生存相联系的，公司一旦破产，这些无形资产也随之丧失，这部分成本对某些高科技公司是相当大的。

②财务困境的间接成本。财务困境的间接成本主要包括两种：

a. 公司处于财务困境但尚未破产时在经营管理方面遇到的各种困难和麻烦，比如融资困难等等。

b. 公司处于财务困境时，由于债权人与债务人的利益各不相同，他们之间在投资方向选择上的矛盾与斗争通常会偏离正常的投资决策行为，从而造成公司价值的降低。间接成本主要包括风险转移、放弃投资和资本转移等。

③代理成本。根据现代代理理论，代理成本是指委托人基于委托代理关系所产生的各种成本的总称。在本章中，代理成本是指债权人为保护自身利益，防止公司股东的利己策略，对企业经营作出种种限制或提高利率，由此使企业增加的费用或机会成本。

现代企业中“所有权”和“控制权”的分离是产生代理问题和代理成本的根本原因。代理成本可划分为三部分：a. 委托人的监督成本，即委托人激励和监控代理人，企图使后者为前者的利益尽力的成本；b. 代理人的担保成本，即代理人用于保证不采取损害委托人行为的成本，以及如果采用了那种行为，将给予赔偿的成本；c. 剩余损失，它是委托人因代理人代行决策而产生的一种价值损失，等于代理人决策和委托人在假定具有与代理人相同信息和才能情况下自行效用最大化决策之间的差异。显然，委托人的监督成本和代理人的担保成本是制定、实施和治理契约的实际成本，剩余损失是在契约最优但又不完全被遵守、执行时的机会成本。

当公司拥有债务时，在股东和债权人之间就产生了利益冲突。在公司出现财务困境时，利益冲突扩大，给公司增加了代理成本。为此，这会诱使股东寻求可能损害债权人的三种利己策略：a. 冒高风险的动机，濒临破产的公司经常喜欢冒巨大的风险；b. 具有相当大破产可能性的公司的股东发现新投资经常以牺牲股东利益为代价来补偿债权人，因而倾向于投资不足；c. 在财务困境时期支付额外股利或其他分配项目，因此剩余给债权人的较少，这被称为撇油。

【例 17.1】企业陷入财务困境，可能损害债权人利益的为(　　)。[中国人民大学 2017 金融硕士]

A. 投资风险项目　　B. 放弃 *NPV* 大于零的项目

C. 提高员工福利待遇　　D. 处置优良资产

E. 都有可能

【答案】E

【解析】财务困境时，股东、债权人之间由于利益冲突产生的矛盾与斗争经常使公司的投资决策偏离正常的方向，造成公司价值的降低。这种情况下通常出现的情况包括：①风险转移。陷入财务困境的公司实际上属于债权人所有，但股东可能会利用仅存的营运资本投入高风险项目进行最后一搏，如果成功则摆脱困境，如果失败则加重危机，由于股东承担有限责任，这实际上是对债权人利益的侵害。②放弃投资。与第一种情况相反，陷入财务困境的公司可能存在具有正净现值的投资机会，但公司缺乏资本需要股东出资。由于投资收益需要在股东与债权人之间进行分享，如果项目获得收益后公司价值依然小于债务，则股东不会出资，这种情况下债权人的利益也会被损害。③转移资产。处于财务困境时，公司股东不仅不会进行注资，反而会将资产转移出去。如在财务困境时支付额外股利或其他分配项目(提高员工福利、处置优良资产)，因此剩余给债权人的较少。

2. 降低债务成本的措施

(1)保护性条款

保护性条款作为股东和债权人之间贷款契约的一部分，是对债权人权益进行有效保护的一种特殊条款，是对企业的一种刚性约束。例如规定企业在未达到一定的盈利水平时，不准举债筹资、发行新股；在一定时期内不能对外提供担保以及不获股东大会或董事会等的批准，企业不准处置资产等。保护性条款，约束了企业的某些经营活动行为，保障了企业债转股目标的实现，同时会降低破产成本，最终提高企业的价值。

保护性条款可以分为消极条款和积极条款两类。

①消极条款：消极条款是保护性条款中限制或阻止公司可能采取行动的协议。

②积极条款：积极条款是保护性条款中规定了公司所同意采取的行动或必须遵守的条件

的协议。

(2)债务的合并

公司债权人与股东之间存在着很大利益冲突，这也是公司破产成本高的一个原因。

债务的合并是在通过债权人和股东之间的适当安排以降低公司破产成本的方法。例如，可能一个或多个债权人能承担全部债务。万一财务困境发生，在债务合并的安排下，谈判成本最小。此外，债权人也可以购买公司股票。在这种方式下，股东和债权人不会互相对抗，因为他们是利益相关体。债务合并在日本比较流行，通常日本的大银行在其贷款的公司中持有相当大的股票头寸。

3. 最优债务水平分析

(1)最优债务额与公司价值的关系

如图 17－1 所示，当公司从 0 逐渐增加债务时，倒 U 形曲线上升，此时，财务困境成本最小。随着债务继续增加，财务困境成本以递增的比率上升。当 B^* 点的额外债务额引致成本现值的增加等于税盾现值的增加时，该点即为公司价值最大化的最优债务额。债务继续增加，财务困境成本的增长快于税盾，公司价值因财务杠杆的增大而减少。

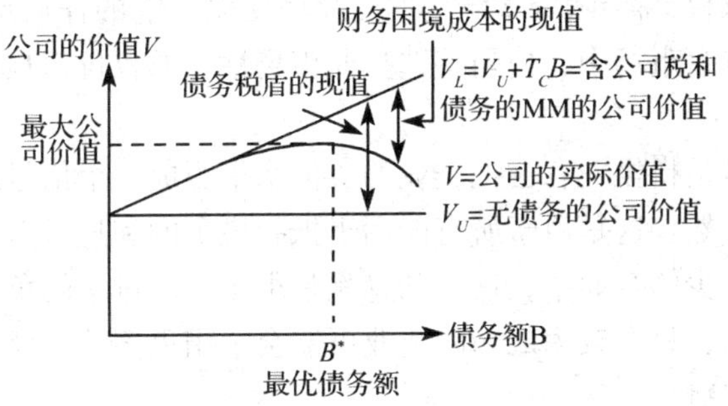

图 17－1　最优债务额和公司的价值

注：图中斜线代表在无破产成本世界中公司的价值，∩形曲线代表包含破产成本的公司价值。税盾增加杠杆公司的价值，财务困境成本降低杠杆公司的价值；两个因素互相抵消，在 B^* 点产生最优债务额。

(2)结论

由于无法精确地表述财务困境成本，因此，目前还没有公式能准确地测定出具体公司的最优债务水平。但以上分析表明：公司的资本结构决策可被视为是在债务的税收优惠和财务困境成本之间的权衡。

4. 馅饼理论分析

税收是对公司现金流量的一种索取权，设 G 代表政府对公司征税权利的市场价值；破产成本也是对现金流量的一种索取权，用 L 表示破产成本的价值。根据馅饼理论，所有索取权只有一个支付源，即公司的现金流量(CF)。因此在代数上，应有：

CF＝支付给股东＋支付给债权人＋支付给政府＋支付给律师＋支付给公司所有其他权利人的现金流量

由于公司的总现金流量不变，则公司的价值可以定义为：

$$V_T = S + B + G + L$$

因此，添加税收和破产成本因素的新馅饼图形如图 17－2 所示，它体现了 MM 理论的精髓，即：公司的价值 V 等于 $V(CF)$，它的大小取决于公司的总现金流量；资本结构把馅饼切成若干份，但公司价值总额 V_T 不因资本结构而改变。

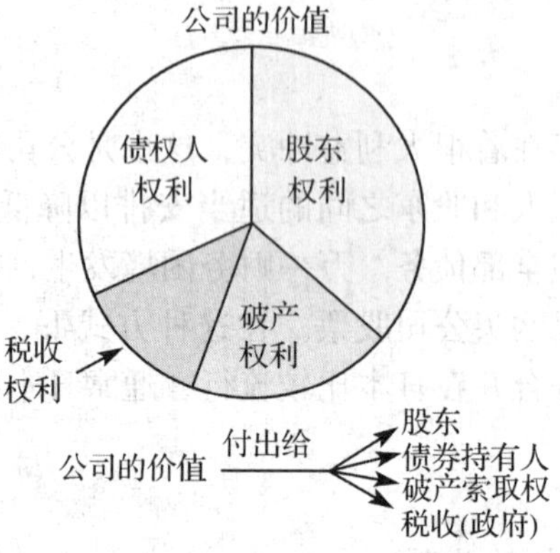

图 17－2　考虑了现实要素的馅饼模型

股东和债权人权利是市场性索取权，税收和破产权利是非市场性索取权。市场性索取权可以在金融市场上买卖，而非市场性索取权却不能。因此，公司的价值可表示为：

$$V_T = V_M + V_N$$

其中，市场性索取权 V_M会随资本结构的变化而变化。V_M的任何价值增加必定意味着 V_N的等量减少。在一个有效市场中，公司将选择非市场性索取权价值最小化的资本结构。

5. 信号

本章所提到的信号是指投资者会把企业的负债水平当成一个信号。当企业公布提高杠杆时，股价上升，反之亦然。这是由于所有能用于抵扣税负的利息最多等于企业所有的税前收益，因此在一个盈利较少的企业中，这个利息额是很小的。过多的负债将增加一个企业的预期财务困境成本，因此，只有较为成功的企业可能会采用更多的负债。

6. 权益代理成本注释

(1)权益代理成本

权益代理成本主要指股东与管理者利益冲突而产生的成本。

权益代理成本主要包括三项：①企业家增加闲暇时间；②增加与工作有关的在职消费；③增加无益投资。

代理成本损害的是所有者(股东)，恰当的报告和监督可以降低代理成本，但无法消除。杠杆收购可以有效降低权益代理成本。在杠杆收购中，收购方(管理团队)以高于当前市场价格购买下股份，由于管理团队拥有公司相当大的股份，他们更可能努力工作。

(2)负债权益筹资的权益代理成本

Δ公司价值＝债务税盾＋减少的权益代理成本－增加的财务困境成本(包含债务的代理成本)

存在权益代理成本时，最优的债务权益比高于不存在权益代理成本时的情况。

(3)自由现金流假说

自由现金流假说是关于公司资本结构的代理理论，该假说认为融资结构会通过约束自由现金流量，削弱管理者的控制权，降低代理成本并影响公司价值。①股利的增加会减少管理者可支配的自由现金流，有益于股东；②债务能够减少公司的自由现金流，从权益向债务转移会减少管理者可支配的自由现金流，提高公司价值；③自由现金流高的公司比自由现金流低的公司更有可能进行错误收购。

7. 优序融资理论

(1)概述

优序融资理论是有关融资方式选择的理论，它放弃MM理论完全信息的假定，以不对称信息理论为基础，并考虑交易成本的存在，认为权益融资会传递企业经营的负面信息，而且外部融资要多支付各种成本，因而企业融资一般会遵循内源融资、债务融资、权益融资这样的先后顺序。

研究表明当股票价格高估时，企业管理者会利用其内部信息发行新股。投资者会意识到信息不对称的问题，因此当企业宣布发行股票时，投资者会调低对现有股票和新发股票的估价，导致股票价格下降、企业市场价值降低。

(2)准则

①优序融资理论法则1：采用内部融资。外部融资成本高，且权益融资会传递企业经营的负面信息。

②优序融资理论法则2：先发行低风险的证券。债务风险小于权益的风险，外部融资应先发行债券。

(3)推论

①不存在财务杠杆的目标值。

②盈利公司的债务较少。

③公司常为未来的投资机会积累资金。

8. 个人税对资本结构的影响

在存在个人税和公司税的条件下，杠杆公司的价值可以表述为：

$$V_T = V_U + \left[1 - \frac{(1 - T_C) \times (1 - T_S)}{(1 - T_B)}\right] \times B \quad (17.1)$$

其中，T_C 是公司所得税税率；T_B 是利息的个人所得税税率；T_S 是股利相关的个人所得税税率。

若 $T_B = T_S$，则式(17.1)可简化为：

$$V_L = V_U + T_C B$$

该公式也是无个人税条件下的公司价值，因此，只要权益分配的纳税率与个人利息税率相同，个人税的引入不影响公司估价公式。

但当 $T_S < T_B$ 时，来自于财务杠杆的收益减少。此时，杠杆公司的个人税收支出高于无杠杆公司。当$(1 - T_C) \times (1 - T_S) = 1 - T_B$ 时，由式(17.1)可知，靠财务杠杆不能获得任何收益，换言之，杠杆公司的价值等于无杠杆公司的价值。这是因为杠杆公司的较低公司税正好被较高的个人税所抵消。如图17-3所示。

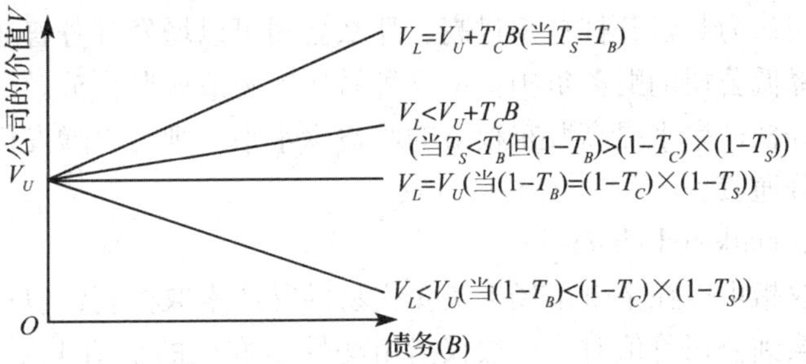

图17-3 存在公司税和个人税时财务杠杆对公司价值的影响

注：①T_C 是公司所得税税率，T_B 是利息的个人所得税税率，T_S 是股利相关的个人所得税税率；②包括了个人税和公司税，忽略破产成本和代理成本；③债务对公司价值的影响取决于 T_S、T_C 和 T_B。

9. 公司如何确定资本结构

(1)决策资本结构的经验规则

①保持低债务资产比。公司发行的债务量很难达到最优债务量。

②拒绝债务融资。债务融资带来更高的财务风险。

③不同行业的资本结构存在差异。高增长行业的债务水平低，增长缓慢行业的债务水平高。

④设定目标债务-权益比。

⑤资本结构随时间变化。投资机会和融资需求的变化是决定资本结构的重要因素。

(2)决定目标负债权益比的因素

①税收。盈利能力强的公司比盈利能力弱的公司有更高的目标比率。

②资产的类型。投资于有形资产的公司比投资于研发的公司有更高的目标比率。

③经营收入的不确定性。经营收入的不确定性较大的公司主要依靠权益融资，其目标比率较小。

17.2 课后习题详解

一、概念题

1. 代理成本(agency costs)

答：代理成本指委托人基于委托代理关系所产生的，因代理人(经营者、雇员等)怠工、不负责任、偏离股东目标和以种种手段从公司获取财富等而发生的各种成本的总称。在本章中，代理成本是指债权人为保护自身利益，防止公司股东财富最大化的利己策略，对企业经营做出种种限制或提高利率，由此使企业增加的费用或机会成本。

所有权和控制权的分离是产生代理问题和代理成本的根本原因。实证分析表明，代理关系产生的经济基础是公司股东向经营者(代理人)授予经营管理权，虽然这样做可降低公司的经营成本，因为由众多的股东直接参与公司决策、经营管理、生产控制的成本是惊人的。但是代理关系的确立又必然招致代理成本。代理成本的存在会影响公司经营效率，甚至可能威胁公司的生存。代理成本可划分为三部分：委托人的监督成本、代理人的担保成本和剩余损失。

2. 转换发行(exchange offers)

答：转换发行是资本结构变更的一种形式，指以债券或优先股交换普通股，或相反，以普通股交换比优先股更高的要求权，从而达到调整杠杆率、调整资本风险的目的的资本结构变更形式。如果公司认为其财务杠杆率过高，那么公司可以增发部分普通股，用以换回部分债券或优先股，以降低公司的财务负担。但这种做法容易造成股权分散。反之，若公司认为有必要通过提高财务杠杆率来提高股东权益的收益率水平，则可以增发债券或优先股，以换回部分流通在外的普通股。

3. 市场索取权(marketed claims)

答：市场索取权指可以在金融市场上买卖交易的财产索取权利，包括股东和债权人对公司财产的索取权。谈到公司价值时，一般仅指市场性索取权的价值 V_M，而不包括非市场性索取权的价值 V_N。市场性索取权的价值 V_M，通常会随资本结构的变化而变化，尤其是随负债权益比的变化而变化。在一个有效市场中，公司选择能使市场交易权 V_M 价值最大化的资本结构。

4. 非市场索取权(nonmarketed claims)

答: 非市场索取权指不能在金融市场上买卖交易的财产索取权利，包括政府和潜在诉讼当事人对公司财产的索取权，是"市场索取权"的对称。非市场索取权多是由法律强制规定的，政府或诉讼当事人在取得利益时，并不需要付出相应的投资成本。根据馅饼理论，通过调整股权结构以实现公司价值最大化时，多是通过减少非市场索取权的份额来实现的。

5. 消极条款(negative covenant)

答: 消极条款是保护性条款中限制或阻止公司可能采取危害债权人利益的行动的协议条款。一些典型的消极条款包括：①限制公司的股利支付额；②公司不能将其任一部分资产抵押给其他债权人；③公司不能兼并其他企业；④未经债权人同意，公司不能出售或出租主要资产；⑤公司不可发行其他长期负债等。

6. 积极条款(positive covenant)

答: 积极条款是保护性条款中规定了公司所同意采取的行动或必须遵守的条件的协议，以使债权人能够及时获得公司经营的必要信息。一些典型的积极条款包括：①公司同意将其营运资本维持在某一最低水平；②公司必须定期提供财务报表给债权人。

7. 保护性条款(protective covenants)

答: 保护性条款作为股东和债权人之间贷款契约的一部分，是对债权人权益进行有效保护的一种特殊条款，是对企业的一种刚性约束。例如规定企业在未达到一定的盈利水平时，不准举债筹资、发行新股；在一定时期内不能对外提供担保以及不获股东大会或董事会等的批准企业不准处置资产等。保护性条款，约束了企业的某些经营活动行为，保障了企业债转股目标的实现，同时会降低破产成本，最终提高企业的价值。保护性条款可以分为消极条款和积极条款两类。

二、复习题

1. 非市场性索取权 Dream 公司在外发行面值为 500 万美元的债务。公司如果完全用权益进行融资的话，其市场价值为 1865 万美元。公司目前发行在外的股票数共有 360000 股，价格为每股 41 美元。公司所得税率为 35%。由于预期破产成本，导致公司价值下降多少?

答: 根据有税 MM 定理 I，杠杆企业的价值为：

$$V_L = V_U + T_C B = 18650000 + 0.35 \times 5000000 = 20400000(\text{美元})$$

可以通过加总企业债务和权益的市场价值来得到企业的市场价值：

$$V_M = B + S = 5000000 + 360000 \times 41 = 19760000(\text{美元})$$

如果没有非市场性索取权，如破产成本，两个价值应该相等。因此，两者之间的差值即为非市场性索取权的价值：

$$V_L = V_M + V_N$$

代入数据：

$$19760000 = 20400000 - V_N$$

解得：$V_N = 640000$(美元)。

2. 财务困境 Good Time 公司是一个地方性的百货连锁商店，其准备继续营业 1 年。明年经济繁荣的可能性为 60%，衰退的可能性为 40%。其估计，在经济繁荣时，其可获取 1.48 亿美元的现金流；在经济衰退时，其可获取 0.61 亿美元的现金流。年末，公司必须支付债务 0.88 亿美元。目前，公司发行在外的债券市值为 0.67 亿美元。公司不用支付税款。

a. 债券持有人在经济衰退的情况下，预期可以得到多少支付？

b. 公司债券的承诺收益是多少？

c. 公司债券的期望收益是多少？

答：a. 债券持有人的预期得到的支付等于债券面值与公司价值之间的较小者。由于经济衰退情况下公司的价值为 61000000 美元，而必须支付的债务为 88000000 美元，债券持有人将收到较小的值，即 61000000 美元。

b. 公司债券的承诺收益为：

承诺收益 =（债券面值/债务市场价值）－1 =（88000000/67000000）－1 = 0.3134 = 31.34%

c. a 中得到，经济衰退情况下债券持有人将收到 61000000 美元。经济繁荣情况下，公司的市场价值大于债务支付，因此债券持有人将会得到 88000000 美元的全部承诺支付。因此，公司债券的期望收益为：

对债券持有人的期望支付 = 0.60 × 88000000 + 0.40 × 61000000 = 77200000（美元）

因此，债券的期望收益为：

期望收益 =（债券的期望价值/债券的市场价值）－1 =（77200000/67000000）－1 = 0.1522 = 15.22%

第 18 章　杠杆企业的估价与资本预算

18.1　复习笔记

本章主要讨论企业运用杠杆时，对一个项目或整个企业价值的评估。杠杆企业的估价主要有三种方法：调整净现值法、权益现金流量法和加权平均资本成本法。这三种方法存在相当的差异，但会得出相同的价值评估结果。在实际中三种方法往往难以同时运用。

1. 调整净现值法

(1)基本原理

调整净现值(*APV*)法是企业使用财务杠杆评估投资项目或整个企业价值的方法。一个项目的价值(*APV*)等于无杠杆企业的项目净现值(*NPV*)加上融资效应的净现值(*NPVF*)。调整净现值法是净现值法的拓展和补充。

(2)计算方法

①调整净现值法的公式。调整净现值(*APV*)法可用以下公式描述：

$$APV = NPV + NPVF$$

②计算步骤。采用调整净现值法计算企业的价值可以按以下步骤进行：

a. 计算无杠杆企业的价值。无杠杆企业的价值可用企业未来经营产生的净现金流量除以无杠杆企业的资本成本得到。

b. 计算筹资方式连带效应的净现值。

③筹资方式连带效应的影响

a. 债务的节税效应。债务融资具有税盾作用，能够增加项目或公司的价值。

b. 新债券的发行成本。发行债券会产生发行费等发行成本，能够减少项目或公司的价值。

c. 财务困境成本。债务融资会增加财务风险，能够降低项目或公司的价值。

d. 债务融资的利息补贴。免税债券的利率较低，能够增加项目或公司的价值。

(3)主要特点

①调整净现值法按不同类别的现金流量分别采用不同的贴现率进行贴现，而不是对所有的现金流量按统一贴现率进行折现。

②投资项目的经济效益可分段测算，如果在前段的测算中已表现出经济上可行，则后段追加的有利部分可不必进行测算。

③总体上具有较大的可容性与可塑性，能更好地适应国际投资项目经济评价的需要。

④此方法存在问题：调整净现值法没有考虑项目风险，特定项目估计价值不能反映与开发、商业化相关的风险。

【例 18.1】在安排杠杆收购时，公司已拟好债务清偿时间表，因此宜运用 APV 方法进行估值。(　　)[中国人民大学 2015 金融硕士]

【答案】√

【解析】$APV = NPV + NPVF$，其中 *NPV* 是无杠杆公司的净现值，*NPVF* 是筹资的连带效应的净观值，主要包括债务税盾。如果公司已拟好债务清偿时间表，那么就相当于知道了公司各期债务的绝对水平，比较容易计算出各期债务的税盾，因此适宜运用 APV 法进行估值。

2. 权益现金流量法

(1)基本原理

权益现金流量(FTE)法是对杠杆企业项目所产生的属于权益所有者的现金流量(LCF)进行折算的一种估价方法，用公式表示为：

$$企业的项目价值 = LCF/R_S - (初始投资额 - 借入款项)$$

(2)计算步骤

采用权益现金流量法计算企业的价值可按以下步骤进行：

①计算杠杆企业的权益现金流量。由于权益所有者的现金流量在无杠杆和有杠杆这两种情况下的差异关键在于税后的利息支付，所以杠杆企业的权益现金流量可用如下公式求得：

$$LCF = UCF - (1 - T_C) R_B B$$

式中，UCF 为无杠杆企业的现金流量。

②计算折现率，即权益资本成本 R_S。权益资本成本 R_S 可利用资本资产定价模型(CAPM)来计算，即：

$$R_S = R_F + \beta(\overline{R}_M - R_F)$$

式中：R_F 为无风险利率；β 为风险系数；$\overline{R}_M$ 为普通股的平均市场收益率。这里，无风险利率可选用政府的长期债券利率或银行利率表示。

当已知公司全权益资本成本 R_0 时，根据有税情况下的 MM 定理Ⅱ，其权益资本成本，即折现率可以通过以下公式得到：

$$R_S = R_0 + \frac{B}{S}(1 - T_C)(R_0 - R_B)$$

③估值。用杠杆企业的权益现金流量除以折现率 R_S 再减去初始投资额中来自权益的部分就得到杠杆企业的价值。

【例 18.2】FTE 法使用的是无杠杆现金流。(　　)[对外经贸大学 2012 金融硕士]

【答案】×

【解析】权益现金流量(FTE)法是资本预算的一种方法，这种方法只对杠杆企业项目所产生的属于权益所有者的现金流量进行折现，折现率为权益资本成本 R。对于一项永续性的现金流入，计算公式为：现金流入 = 有杠杆企业项目的权益现金流量/R。

3. 加权平均资本成本法

(1)基本原理

加权平均资本成本(WACC)法是对无杠杆现金流量(UCF)按加权平均资本成本 R_{WACC} 折现，从而对项目价值进行估价的一种方法。加权平均资本成本是指债务资本的单位成本和股本资本的单位成本根据债务和股本在资本结构中各自所占的权重计算的平均单位成本。用公式表示为：

$$企业的项目价值 = \frac{UCF}{R_{WACC}} - 初始投资额$$

其中，作为折现率的加权平均资本成本 R_{WACC} 的计算公式为：

$$R_{WACC} = \frac{S}{S+B} R_S + \frac{B}{S+B} R_B (1 - T_C)$$

(2)主要特点

①适用范围。加权平均资本成本法是将企业多种长期资金的风险和收益结合起来确定折现率的方法，国际上通常将资金成本视为投资项目的“最低收益率”。对于新建或新改组企业，或资产负债结构较合理的企业，采用加权平均成本法确定折现率是较适当的选择。但对于一些未进行资产剥离，没有进行股份制改造的国有企业，由于其负债率较高，同时又难以确定各类长期资金的资金成本，加权平均资本成本法的运用受到制约。

②存在的问题。加权平均资本成本法的隐含假设之一为：债务融资成本 = 利息支出/负债总额。但由于在总负债中有相当一部分的负债并不直接发生利息支出(如应付账款等)，同时，显然企业外部融资行为不可能依赖于这些不需要支付利息的负债项目，因此，该计算结果得到的只是企业历史平均资本成本，而非其边际融资成本。同时，将这些不需要支付利息的负债项目也纳入分母进行计算，无疑将极大低估债务融资成本，相应地，也将低估平均资本成本。

4. 三种方法的比较

(1)相同点

三种方法的目的都是评价杠杆企业的项目价值。

(2)APV 与 WACC 的比较

①两种方法均使用无杠杆现金流。

②两种方法均考虑债务融资的税盾效应。

③两种方法均通过调整适用于无杠杆企业的基本 NPV 公式来反映财务杠杆的税收利益。

④APV 法使用全权益资本成本 R_0 折现，WACC 法使用加权平均资本成本 R_{WACC} 折现，且 R_{WACC} 小于 R_0。

(3)FTE 与 WACC 的比较

①两种方法均需要已知财务杠杆。

②FTE 法使用权益现金流，WACC 法使用无杠杆现金流。

(4)APV 与 FTE 的比较

①APV 法使用无杠杆企业现金流，FTE 法使用权益现金流。

②APV 法需要减去初始投资，FTE 法需要减去初始投资额中权益的部分。

(5)应用

①若企业的目标债务 - 市场价值比适用于项目的整个寿命期，用 WACC 法或 FTE 法。

②若项目寿命期内其债务绝对水平已知，用 APV 法。

5. 贝塔系数与财务杠杆

贝塔系数是衡量个别股票相对于平均风险股票的变动程度的指标，它可以衡量个别股票的市场风险(系统风险)。股票组合的贝塔系数是构成组合的个股贝塔系数的加权平均数，它衡量的是相对于平均风险股票的反应程度。

在不考虑税收的情况下，反映普通股股票的贝塔系数(β)和企业杠杆之间关系的公式为：

$$\beta_{权益} = \beta_{资产}(1 + \frac{负债}{权益}) \tag{18.1}$$

考虑纳税的情况下，无杠杆企业的 β 与有杠杆企业权益的 β 之间的关系可以表示为：

$$\beta_{权益} = [1 + \frac{(1 - T_C)负债}{权益}]\beta_{无杠杆企业} \tag{18.2}$$

当债务β为零时，有杠杆企业的$[1+(1-T_C)$债务/权益$]>1$，则$\beta_{无杠杆企业}<\beta_{权益}$，有无税条件下杠杆均增加企业风险。但有税条件下杠杆增加的风险更小，杠杆产生无风险的节税效应，降低企业风险。

如果项目是扩张型的，用企业的权益β计算，否则，对该行业所有企业计算无杠杆企业的β，求出平均值，由资本资产定价模型确定项目β。

18.2 课后习题详解

一、概念题

1. 调整净现值(adjusted present value，APV)

答：调整净现值是指利用调整净现值法计算出的净现值，即一个项目为杠杆企业创造的价值(APV)等于一个无杠杆企业的项目净现值(NPV)加上筹资方式的连带效应的净现值。调整净现值法中不同类别的现金流量分别采用不同的贴现率进行贴现，而不是对所有的现金流量按统一贴现率进行折现。

2. 加权平均资本成本(weighted average cost of capital)

答：加权平均资本成本是指债务资本的单位成本和股本资本的单位成本根据债务和股本在资本结构中各自所占的权重计算的平均单位成本。加权平均资本成本(WACC)法要求对无杠杆现金流量(UCF)按加权平均资本成本R_{WACC}折现，从而对项目价值进行估价。

3. 权益现金流量(flow to equity，FTE)

答：权益现金流量是指属于公司权益所有者的现金流量。

对于杠杆公司，永续性的权益现金流量(LCF)的计算公式为：

$$权益现金流量=现金流入-付现成本-贷款利息-所得税$$

对于无杠杆公司，可用下面的公式来计算权益现金流量(UCF)：

$$权益现金流量=现金流入-付现成本-所得税$$

二者之间存在以下关系：$UCF-LCF=(1-T_C)R_B B$。权益现金流量必须用权益资本成本作为贴现率来贴现。

二、复习题

1. APV Gemini公司是一个全权益公司，其正在考虑一个140万美元的投资，这个投资额将在4年内按直线折旧法进行折旧。该项目预期在这4年，每年可以产生税与折旧前收益502000美元。该投资并不会增加公司的风险水平。公司可以从当地的银行获得一个4年期的、利率为9.5%的贷款来为该项目融资。所有的本金将在第4年年末一次性偿还。银行会索取债券发放成本45000美元，这可以在4年内分期支付。如果公司全部依靠权益为该项目融资，那么该公司的资本成本将是13%。公司税率为30%。请使用调整净现值法来决定公司是否应该承担此项目。

答：一个项目的调整净现值(APV)等于项目在完全由权益筹资情况下的净现值加上筹资方式的连带效应的净现值。本题中，筹资方式的连带效应的净现值等于企业债务现金流的税后现值。因此：

$$APV=NPV(全权益)+NPV(筹资方式连带效应)$$

(1)由于投资额将在4年内按直线折旧法进行折旧，因此每年的折旧额为：

$$每年折旧=1400000/4=350000(美元)$$

$$NPV(\text{全权益}) = -\text{初始投资} + PV[(1-T_C)EBTD] + PV(\text{折旧税盾})$$
$$= -1400000 + (1-0.30)\times 502000 \times PVIFA(0.13,\ 4)$$
$$+0.30\times 350000\times PVIFA(0.095,\ 4)$$
$$= -18300.26(\text{美元})$$

(2)由于债券发放成本45000美元可以在4年内分期支付，因此每年的筹资成本为：

$$\text{每年筹资成本} = 45000/4 = 11250(\text{美元})$$

$$NPV(\text{筹资方式连带效应}) = \text{扣除融资成本后的借入款项} - \text{税后}PV(\text{利息支付})$$
$$-PV(\text{本金支付}) + PV(\text{融资成本税盾})$$
$$=(1400000-45000)-(1-0.30)\times 0.095\times 1400000\times PVIFA(0.095,\ 4)$$
$$-1400000/1.095^4 + 0.30\times 11250\times PVIFA(0.095,\ 4)$$
$$=93673.92$$

因此，项目的$APV = NPV$(全权益)$+NPV$(筹资方式连带效应)$= -18300.26 + 93673.92 =$ 75373.66(美元)。

2. 贷款的NPV DanielKaffe是Kendrick Enterprises公司的CFO，他正在评估一个10年期的、利率为7.5%的贷款，其总额为4450000美元。贷款的利息每年支付。发行费用为总贷款额的2.5%，其将在贷款的10期内分期等额偿还。公司税率是40%，该贷款不会增加公司的财务风险。

a. 计算在扣除发行费用后贷款的净现值。

b. 计算在包括发行费用的情况下贷款的净现值。

答： a. 扣除发行费用后，贷款的净现值为：

$$NPV = \text{借入款项} - \text{税后利息及本金的支付现值}$$
$$=4450000-0.075\times 4450000\times(1-0.40)\times PVIFA(0.075,\ 10)-4450000/1.075^{10}$$
$$=916354.81(\text{美元})$$

b. 首先计算发行费用：

$$\text{发行费用} = 4450000\times 2.5\% = 111250(\text{美元})$$

因此，年度融资支出为：

$$\text{年度融资支出} = 111250/10 = 11125(\text{美元})$$

将发行费用考虑在内后，贷款的净现值为：

$$NPV = \text{扣除发行费用后的借入款项} - \text{税后}PV(\text{利息支付}) - PV(\text{本金支付})$$
$$+PV(\text{融资成本税盾})$$
$$=(4450000-111250)-0.075\times 4450000\times(1-0.40)\times PVIFA(0.075,\ 10)$$
$$-4450000/1.075^{10} + 11125\times 0.40\times PVIFA(0.075,\ 10)$$
$$=835649.97(\text{美元})$$

3. APV Triad公司与Tobacco Road Construction公司成立了一家合资企业，在美国北卡罗来纳州建一条可对行人收取通行费的道路。铺路设备的初始投资是9300万美元。该设备的全部支出可在其5年的生命周期内按直线折旧法进行折旧。从第1年年末起20年内，预计每年所收取的通行费可以带来息、税和折旧前盈余1290万美元。公司税率是35%。在全权益的情况下，项目的必要报酬率是13%。该企业债券的税前成本是8.5%。为了鼓励对国家基础设施的建设，美国政府将为该项目提供补贴，其将为该项目提供3000万美元的15年期、每年利率为5%的贷款。所有的本金将在第15年年末一次性支付。该项目的调整净现值是多少?

答: 项目的调整净现值(APV)等于项目在完全由权益筹资情况下的净现值加上筹资方式的连带效应的净现值。即:

$$APV = NPV(\text{全权益}) + NPV(\text{筹资方式连带效应})$$

由于投资额将在5年内按直线折旧法进行折旧，因此每年的折旧额为:

$$\text{每年折旧} = 93000000/5 = 18600000(\text{美元})$$

$$\begin{aligned} NPV(\text{全权益}) &= -\text{初始投资} + PV[(1-T_C)EBITD] + PV(\text{折旧税盾}) \\ &= -93000000 + (1-0.35) \times 12900000 \times PVIFA(0.13, 20) \\ &\quad + 0.35 \times 18600000 \times PVIFA(0.085, 5) \\ &= -8443878.08(\text{美元}) \end{aligned}$$

筹资方式的净现值等于企业债务带来的现金流的税后现值。政府贷款的利率可以用于确定利息支付的数额，但是现金流的折现率仍旧应当使用企业债券的税前成本。因此:

$$\begin{aligned} NPV(\text{筹资方式连带效应}) &= \text{借入款项} - \text{税后}PV(\text{利息支付}) - PV(\text{本金支付}) \\ &= 30000000 - (1-0.35) \times 0.05 \times 30000000 \\ &\quad \times PVIFA(0.085, 15) - 30000000/1.085^{15} \\ &= 13079172.61(\text{美元}) \end{aligned}$$

因此，项目的 $APV = NPV(\text{全权益}) + NPV(\text{筹资方式连带效应}) = -8443878.08 + 13079172.61 = 4635294.53$(美元)。

4. WACC Neon公司的股票回报率和市场组合的回报率之间的协方差为0.0415。市场组合回报率的标准差为20%，而风险溢价为7.5%。该公司在外发行有价值4500万美元的债券，到期收益率为6.5%。同时该公司还有流通股420万股，每股价格为30美元。该公司的CEO认为公司当前的负债-权益比是最优的。公司税率为35%，短期国库券收益率为3.4%。公司正在考虑购入价值为4700万美元的额外设备。无杠杆情况下在未来5年期间，这些额外设备能够带来的现金流为1350万美元/年。购买该设备不会增加公司的财务风险。

a. 请使用加权平均资本成本法决定Neon公司是否应该购买该设备。

b. 假设该公司决定全部用债务来融资购买该设备，那么该计划的资本成本应该为多少?为什么?

答: a. 为了计算项目的净现值，需要首先计算该公司的加权平均资本成本。在有公司税的情况下，加权平均资本成本的计算公式为:

$$R_{WACC} = [B/(B+S)] \times R_B \times (1-T_C) + [S/(B+S)] \times R_S$$

$$\text{公司权益的市场价值} = 4200000 \times 30 = 126000000(\text{美元})$$

因此:

$$B/(B+S) = 45000000/(45000000 + 126000000) = 0.2632$$

$$S/(B+S) = 126000000/(45000000 + 126000000) = 0.7368$$

由于公司CEO认为公司当前的负债-权益比是最优的，因此这些权重可以直接应用于加权平均资本的计算。公司债券的到期收益率是公司债务的税前成本。为了得到公司的权益资本成本，需要得到公司权益的贝塔系数值:

$$\beta = \sigma_{S,M}/\sigma_M^2 = 0.0415/0.2^2 = 1.0375$$

得到贝塔系数后可以直接运用资本资产定价模型得到公司的权益成本:

$$R_S = R_F + \beta(R_M - R_F) = 3.4\% + 1.0375 \times 7.5\% = 11.18\%$$

因此，$R_{WACC} = 0.2632 \times (1 - 0.35) \times 6.5\% + 0.7368 \times 11.18\% = 0.0935 = 9.35\%$。

最后，可以用 WACC 来对所有的非杠杆现金流进行折现得到项目的净现值：

$$NPV = -47000000 + 13500000 \times PVIFA(0.0935, 5) = 5036872.26(\text{美元})$$

由于项目净现值为正，因此应该购买该设备。

b. a 中计算出的加权平均资本成本不会发生变化。加权平均资本成本是基于公司的资本结构计算得到的，由于公司当前的负债—权益比是最优的，因此全部用债务融资来购买该设备意味着公司以后必须发行额外的权益来使公司的资本结构回到最优水平。

第19章 股利政策和其他支付政策

19.1 复习笔记

股利是公司分配给股东的盈余，股份公司可以从年度的净利中派发股利，也可以从留存收益中提取金额发放。股利政策就是有关是否发放股利、如何发放股利、股利的类型、何时发放、发放多少等的决策。股利政策决定了流向投资者和留存在公司用来再投资的资金数量，能够向股东传递关于公司经营业绩和投资机会的信息。

1. 股利政策

(1)股利政策是企业投融资决策不可分割的一部分，是对企业利润在支付股利和增加留存收益之间的分配比例的规划与决定。它主要是权衡公司与投资者之间、股东财富最大化与提供足够资金以保证企业扩大再生产之间、企业股票在市场上的吸引力与企业财务负担之间的各种利弊，然后寻求股利与留存利润之间的最佳比例关系。企业通过股利政策的制定与实施，追求以下目的：保障股东权益；促进公司长期发展；稳定股票价格。

(2)企业利润在支付股利和增加留存收益之间的分配比例的安排，体现为股利支付率。

股利支付率 = 年现金股利 ÷ 年盈余 = 每股股利 ÷ 每股盈余

【例19.1】P公司2015年的资本预算为500万元，该公司目标资本结构包括60%负债和40%的股权。公司预测2015年将有300万元的净利润。如果该公司遵循剩余红利分配政策，则其目标股利支付率为(　　)。[中央财经大学2015金融硕士]

A. 25%　　B. 33%　　C. 38%　　D. 42%

【答案】B

【解析】剩余股利政策就是以首先满足公司资金需求为出发点的股利政策。2015年股权资本的需要量为500×40% =200(万元)，所以股利支付率为(300 -200)/300 =33%。

2. 股利理论

(1)股利的涵义及特点

①基本涵义。股利是股息与红利的总称，指公司依据法定条件及程序，根据股东的持股份额从其可供分配利润中向股东支付的一种财产利益，是股份有限公司发放给股东的投资报酬。

②股利的特点

a. 股利的来源只能是公司的税后盈余；

b. 股利的支付必须遵守法定的程序；

c. 股利的支付可以有多种形式。

(2)股利的不同种类

①根据股东的持股类别划分

a. 优先股股利：优先股的股利按发行股票时规定的股利率发放；

b. 普通股股利：普通股的股利由董事会根据当年可供分配的利润多少来决定。

②根据股利支付方式划分

a．现金股利：指以现金形式分派给股东的股利，是股利分派最常见的方式。大多数投资者都喜欢现金分红，因为这是现实的利润。企业发放现金股利，可以刺激投资者的信心。现金股利侧重于反映近期利益，对于看重近期利益的股东很有吸引力。

b．财产股利：又称"实物股利"，指上市公司用现金以外的其他资产向股东分派的股息和红利。它可以是上市公司持有的其他公司的有价证券，也可以是实物。

c．负债股利：指上市公司通过建立一种负债，用债券或应付票据作为股利分派给股东。这些债券或应付票据既是公司支付的股利，又确定了股东对上市公司享有的独立债权。

d．股票股利：指公司用无偿增发新股的方式支付股利，通常是按股票的比例分发给股东。股票股利既不减少公司的现金，又可使股东分享利润，还可以免交个人所得税，因而对长期投资者更为有利。股票股利侧重于反映长远利益，对看重公司的潜在发展能力而不太计较即期分红的股东更具有吸引力。股票股利一方面减少了保留盈余或资本公积，一方面增加了股本，因此也称为"无偿配股"或"盈余转增资"。

③其他股利形式

a．清算股利：指投资公司取得的被投资公司累积发放的现金股利超过被投资公司在接受投资后产生的累积净利润或累积留存收益的部分。投资公司取得的清算股利并非是投资报酬，而是一种投资返还。清算股利有广义和狭义两种理解：狭义的清算股利是指被投资公司累积发放的现金股利大于其接受投资后的累积留存收益；广义的清算股利是指被投资公司累积发放的现金股利大于其接受投资后产生的累积净利润。在实际工作中，清算股利大多以广义的形式出现。

b．股票回购：指上市公司从股票市场上回购本公司一定数额的发行在外的股票。公司在股票回购完成后可以将所回购的股票注销，但在绝大多数情况下公司仍将回购的股票作为"库存股"保留，不属于发行在外的股份，也不参与每股收益的计算和收益分配。库存股日后可移作他用或在需要资金时将其出售。

c．股票分割：又称拆股、拆细，指将 1 股股票均等地拆成若干股。股票分割一般在年度决算月份进行，通常会刺激股价上升。股票分割给投资者带来的不是现实的利益，但是投资者持有的股票数增加了，给投资者带来了今后可多分股息和更高收益的希望，因此股票分割往往比增加股息派发对股价上涨的刺激作用更大。

d．资本公积转增资本：即将企业的资本公积项目按照相关规定用于转增资本。

e．配股：指企业把由于增资而增加的股票按照原来的持股比例分配给股东，或为了奖励对企业有贡献的人而分配给他们新增股票的做法。

(3)发放现金股利的标准程序。是否发放股利的决策权掌握在公司董事会的手中。股利只发放给在某一天登记在册的股东。如果公司宣布了股利，这就会成为公司一项不可撤销的负债。股利发放程序如下：

股利宣告日──→除息日──→股权登记日──→股利支付日

①股利宣告日：指股东大会决议通过并由董事会宣布发放股利的日期。在宣布分配方案的同时，要公布股权登记日、股票除息日和股利发放日。

②股票除息日：指股票购买者不再享有取得最近一期宣告的股利的权利的第一天，在美国通常为股权登记日的前两个交易日。在除息日之前的股票交易都是含息的，但在除息日这一天，股票将不再含有股利。在除息日前持有股票则可领取股息，除息日后取得股票则领不到股息。

③股权登记日：指有权领取本期股利的股东资格登记截止日期。企业规定股权登记日是为了确定股东能否领取股利的日期界限，因为股票是经常流动的，所以确定这个日期是非常必要的。凡是在股权登记日这一天登记在册的股东均有资格领取本期股利，而在这一天之后登记在册的股东，即使是在股利发放日之前买到的股票，也无权领取本次分配的股利。

④股利发放日：也称为付息日，指将股利正式支付给登记在册股东的日期。在这一天，企业应将股利通过邮寄等方式支付给股东，计算机交易系统可以通过中央结算登记系统将股利直接打入股东资金账户，由股东向其证券代理商领取股利。

【例19.2】简述送股和资本公积转增股本的区别。［复旦大学2021金融硕士］

答：（1）送股和资本公积转增股本的含义

送股亦称“派股”。股份有限公司向股东赠送股份。送股时，将上市公司的留存收益转入股本账户，留存收益包括盈余公积和未分配利润，上市公司一般只将未分配利润部分送股。

转增股本则是指公司将资本公积转化为股本，转增股本并没有改变股东的权益，但却增加了股本的规模，因而客观结果与送股相似。

（2）两者的区别

①对权益内部科目的影响不同。送股是将公司的留存收益转到股本账户，而资本公积转增股本是将公司公积金转到股本账户。

②投资人到手资金不一致。送股缴纳股利所得税，转增缴纳资本利得税。送股实质上是将公司产生的利润以股票的形式分配给投资者，所以投资者应该按照红利收入缴纳所得税。而资本公积金是由股票溢价发行所产生的，其本身就是投资者在购入公司股票时而投入的，所以当其转为股本时，不作为投资者的红利收入计算缴纳所得税。由于其他原因产生的资本公积金转增股本时则需视情况计算缴纳所得税。

③送股是股利发放，转增资本不属于股利发放。派送新股是上市公司采用股票股利形式进行的利润分配，它的来源是上市公司的留存收益；而公积金转增资本是在股东权益内部，把公积金转到“实收资本”或者“股本”账户，并按照投资者所持有公司的股份份额比例的大小分到各个投资者的账户中，以此增加每个投资者的投入资本。因此，转增股本不是利润分配，它只是公司增加股本的行为，它的来源是上市公司的资本公积。如公司没有上市，则是将其平均分配到各个股东手中。

3．股利政策类型

（1）剩余股利政策

公司的股利政策要考虑公司投资活动的资金需要。剩余股利政策是以首先满足公司资金需求为出发点的股利政策。根据这一政策，公司将按如下步骤确定其股利分配额：

①确定公司的最佳资本结构；

②确定公司下一年度的资金需求量；

③确定按照最佳资本结构，为满足资金需求所需增加的股东权益数额；

④公司税后利润首先满足公司下一年度增加的资金需求，剩余部分用来发放当年的现金股利。

按照剩余股利政策，公司每年的股利分配额基本上是变化不定的，有时差距会很大。

（2）稳定股利额政策（固定股利或稳定增长股利政策）

这一政策要求公司各年发放的现金股利额保持稳定或稳中有增的态势。这一政策以确定的现金股利分配额作为利润分配的首要目标优先予以考虑，一般不随资金需求的波动而波动。这一股利政策有以下两点好处：

①稳定的股利额给股票市场和公司股东一个稳定的信息。

②许多作为长期投资者的股东(包括个人投资者和机构投资者)希望公司股利能够成为其稳定的收入来源，以便安排消费和其他各项支出，稳定股利额政策有利于公司吸引和稳定这部分投资者的投资。

(3)固定股利支付率政策

这一政策要求公司每年按固定的比例从税后利润中支付现金股利。从企业支付能力的角度看，这是一种真正稳定的股利政策。但由于公司每年利润的变动，这一政策将导致公司股利分配额的频繁变化，传递给外界公司不稳定的信息，所以很少有企业采用这一股利政策。

(4)正常股利加额外股利政策

按照这一政策，企业除每年按一固定股利额向股东发放的现金股利外(正常股利)，还在企业盈利较高、资金较为充裕的年度向股东发放高于一般年度的正常股利额的现金股利，其超出部分即为额外股利。该股利政策既可以使股利具有一定的稳定性，又有助于企业的资本结构达到目标资本结构，使灵活性与稳定性较好地相结合，因而为许多企业所采用。

4. 股利无关论

(1)理论的提出

Modigliani 和 Miller(M&M)于 20 世纪 60 年代提出了股利无关论。他们声称，在给定企业投资决策的情况下，股利支付率纯粹是一个细枝末节的问题，不影响股东财富。这一理论建立在以下假设条件之上：

①完美市场，既无税收，又无交易费用，任何投资者都不可能通过其自身交易影响和操纵市场价格。

②所有投资者对于未来投资、利润和股利具有相同的信念，即这些投资者具有共同期望。

③公司的投资政策事前已经确定，不会随着股利政策的改变而改变。

(2)理论的内容

在完善的资本市场条件下，股利政策不会影响公司价值，因为公司价值是由公司投资决策所确定的资本获利能力和风险所决定的，而不是由公司盈余分配方式(即股利分配政策)所决定的，具体包括：

①公司股票市价是公司价值的反映，公司价值取决于其所拥有的资产及其盈利能力，或者说是投资政策。

②在公司政策取向上，以投资政策(形成资产获利能力的基础)为主导，股利政策是次要的。

③股东财富由分得的股利和因股价升值而形成的资本利得两部分组成。分派股利会引起股价的下跌。因此，股东因分派股利得到的好处恰好被股价下降导致的损失所抵消。因此，股利的分派不影响股东财富，股东在股利与资本利得的选择上不存在净偏好。

④投资者能够自制股利，即投资者可以通过股利再投资或出售部分股票而抵消股利政策变化带来的影响。因此，股利政策是无关的。

(3)股利政策与投资决策

公司不应由于股利因素而放弃净现值大于零的项目。

【例 19.3】剩余股利政策的理论依据是(　　)。[南京航空航天大学 2017 金融硕士]

A. 信号理论　　B. MM 理论　　C. 税差理论　　D. “一鸟在手”理论

【答案】B

【解析】剩余股利政策是企业在有良好的投资机会时，根据目标资本结构测算出必须的权益资本与既有权益资本的差额，首先将税后利润满足权益资本需要，而后将剩余部分作为股利发放的政策。剩余股利政策的理论依据是 MM 理论股利无关论。该理论认为，在完全资本市场中，股份公司的股利政策与公司普通股每股市价无关，公司派发股利的高低不会对股东的财富产生实质性的影响，公司决策者不必考虑公司的股利分配方式，公司的股利政策将随公司投资、融资方案的制定而确定。因此，在完全资本市场的条件下，股利完全取决于投资项目需用盈余后的剩余，投资者对于盈利的留存或发放股利毫无偏好。

5. 股利相关论

(1)理论的提出

股利相关论认为，股利支付不是可有可无的，是非常必要的，具有策略性。换句话说，股利相关论认为，企业的股利政策会影响公司股票的价格。具体股利支付政策的选择对于股票市价、公司资本结构以及股东财富的实现都有重要影响，股利政策与公司价值密切相关。

(2)理论分支

①偏好低股利政策(考虑税收、发行成本情况下)

a. 公司不应通过发行股票来发放股利。当股利需要征收个人所得税时，企业选择发行股票为股利发放筹资时，企业仍然能收到相当于所发行的股票价值的现金，但是，股利却不能全部流回给业主，业主仅能得到税后净股利。因此，金融学者普遍认为，在有个人所得税的情况下不应通过发行股票来发放股利。

股票的直接发行成本会加剧这一影响。发行新股筹集资金时必须向投资银行支付费用。因而，企业发行新股筹集的净现金流入量小于发行成本。由于股利降低将减少新股的发行规模，且股利增加会导致股价下跌，因此有人赞同低股利政策。

b. 公司倾向于减少股利而寻求更为有效的资金使用渠道。在现实世界中，影响股利和资本利得是否完全替代的一个主要因素是税负。一般而言，资本利得所得税税率低于普通股所得税税率；此外，现金股利在发放时就要征税，而资本利得税可递延到资本利得实现(即股票售出)时才征收。因此，对于个人投资者来说，股利收入的实际税率要高于资本利得的税率。

所以，许多投资者愿意少支付股利而以较多的保留盈余再投资，以期提高股票价格，将股利转化为资本利得。

c. 尽管个人所得税的存在使得发放股利不利，但这尚不足以诱导公司取消所有的股利。只有当资金的其他使用途径成本很低时，公司经理才应当尽量避免发放股利。

②偏好高股利政策

a. 投资者股利偏好论(“一鸟在手论”)。股价波动具有不确定性，风险大于股利，因此投资者更偏好股利。投资者偏好现期收入，出售股票会产生时间成本、佣金和其他交易费用。行为金融认为为了防止错误地出售股票，应投资高股利股票。

b. 代理成本理论。代理成本理论是当前用以解释支付股利的主流理论。这种理论认为：在所有权和经营权高度分离的现代企业中，股利支付可以减少经理人与股东之间的利益冲突引起的高额代理成本，即可以减少管理层可控制的自由现金流，进而减少其浪费、贪污的可能。因此，高股利政策可以作为实现公司价值最大化的策略。

c. 财务信号论（信息传播论）。信息内涵效应是指股票价格随股利信号而上涨的现象。这一理论认为，股利实际上给投资者传播了关于企业收益情况的信息，这一信息自然会反映在股票的价格上，因此，股利政策与股票价格是相关的。如果某一公司改变了长期以来比较稳定的股利政策，这就等于给投资者传递了企业收益情况发生变化的信息，从而会影响到股票的价格。股利提高可能给投资者传递公司创造未来现金流能力增强的信息，该公司的股票价格就会上涨；反之，股利下降可能给投资者传递公司经营状况变坏的信息，该公司股票的价格就会下跌。

根据信号理论，提高股利能够提高股价，但不能无限提高股利，因为提高股利是有成本的，即公司会放弃一些盈利项目。当现金流量一定时，提高股利只能通过缩减资本支出来获得，因此管理层会按照自身利益最大化原则来制定股利政策。出于股东利益考虑，管理层时时都要权衡当前与未来的股票价格，这就是股利信号的实质。

③Lintner 股利政策模型（股利平滑化）

股利变化模型为：

$$Div_1 - Div_0 = s \times (tEPS_1 - Div_0)$$

其中，Div_1 和 Div_0 分别是下一年度和本年度的股利，EPS_1 是下一年度的每股收益，t 是目标股利支付率，s 是现期股利对目标的调整率。

s 介于 0 到 1 之间。如果 $s=1$，股利变化等于目标股利变化，股利完全调整；如果 $s=0$，$Div_1 = Div_0$，股利无变化。

【例 19.4】股利平滑化的股利政策是指公司陷入困境时，股利支付率会降低；当公司进入繁荣期时，股利支付率相应提高。（　　）［中国人民大学 2015 金融硕士］

【答案】×

【解析】股利平滑化是指公司在处于不同状态下（困境或者繁荣）都会尽量使公司的股利变化程度趋于平和，即股利的变化率跟不上每股收益的变化率，股利变化小于利润变化。当公司开始进入困境时，股利支付率会提高；当公司达到繁荣时，股利支付率会下降。

6. 股票回购——股利的替代方式

（1）股票回购的含义

股票回购是指股票发行公司在公开（二级）市场上或通过自我认购等回购本公司发行在外的股票的行为。美国以外并不常见，在有些国家股票回购甚至是非法的。

（2）公司采取股票回购的目的

①满足企业兼并和反兼并的需要；

②满足企业股票期权方案、可转换债券转换及认股权行使的需要；

③满足公司改善公司资本结构和调整股利政策的需要。

（3）股票回购的优势

①对股东而言，股票回购可以为股东提供选择空间且带来税收优惠；

②对公司而言，股票回购使得公司在返还现金给股东时保留了其在未来时期内的灵活性。

（4）股票回购的财务效应

①避税效应；

②财富转移效应；

③信号效应。

(5)股票回购的方式

①要约回购：指公司在特定时间面向所有股东发出的以某一高出股票当前市场价格的价格水平回购既定数量股票的意思表示。要约回购分为固定价格要约回购与荷兰式拍卖回购两种类型：a. 固定价格要约回购是指企业向股东发出正式的报价(固定且高于市价)以购买部分股票，此时股东有权决定以固定价格出售或继续持有；b. 荷兰式拍卖回购是指首先由公司指定回购价格的范围和计划回购的股票数量，然后股东进行投标，说明愿意以某一特定价格水平出售股票的数量，公司汇总所有股东提交的价格和数量、确定此次股票回购的价格－数量曲线，并根据实际回购数量确定最终回购价格。

②公开市场回购：指公司在股票市场以等同于任何潜在投资者的地位，按照公司股票当前市场价格进行回购。这种方式一般应用于股票市场价格欠佳时小规模回购特殊用途(如股票期权)的股票。

③目标回购：指公司从特殊的个人股东手中回购股票。在极少数情况下，目标回购能够以低于要约收购价格买下单一大股东的全部产权。目标回购的法律费用也低于其他回购方式。尽管目标回购是为了保护继续持有股票的股东利益而进行的，但也常常是为了避免不利于经理的接管而回购大股东的股票。

(6)股利与回购的关系

①在完美市场中，公司无所谓发放股利还是回购股票。

②现实中，回购股票而不是发放股利的原因：

a. 弹性。股利可看作公司对股东的承诺，而股票回购更有弹性和灵活性。

b. 管理层激励。管理层一般拥有公司的股票期权，股票回购更能刺激股价上涨，对管理层更有利。

c. 对冲稀释。股票期权行权后将增加流通在外股票数量，从而会稀释股票。为此，公司常回购其股票以对冲稀释。

d. 价值低估。当管理层以为股价暂时低估时就可能发生回购。

e. 税收。回购只对出售股票的利得征税，而股利要对股票全额征税，因此回购股票在税收上比发放股利有利。

7. 股票股利与股票拆细

(1)股票拆细

股票股利是指将无偿增发的新股按持股比例分发给股东。

股票拆细是指将每股股票拆细，这样股票数量增加，总额不变。

(2)合理的交易范围

证券具有合理交易范围，股票股利和股票拆细可以使股价维持在合理交易范围内。

(3)反向拆细

反向拆细是将一定数量原股票合并成一股，会减少现有股票数量。

反向拆细的原因：

①反向拆细后股东的交易成本下降；

②反向拆细会抬高股价，改善股票的流通性和市场性，有助于提升公司形象；

③全面收购少于一定数量股票的股东，可以减少股东人数。

8. 发放股利的利与弊

(1)发放股利的利

①股利可以吸引那些喜欢稳定现金流量又不愿意承担出售股票所产生的交易成本的投资者。

②行为金融认为缺乏自我控制的投资者购买高股利股票，这样既可以满足其当期消费需求，又能确保不花掉本金。

③作为股东代表的管理层为了不让债券持有人拿走现金而发放股利。

④作为股东代表的董事会通过发放股利可以减少管理层挥霍的现金。

⑤管理层提高股利以传递其对公司未来现金流量的乐观预期。

(2)发放股利的弊

①股利要按普通收入征税。

②发放股利减少了公司的内部融资金额，迫使企业放弃净现值大于0的项目或转而寻求代价高昂的外部权益融资。

③一旦股利政策确立了，股利的削减对股票价格会带来负面影响。

19.2 课后习题详解

一、概念题

1. 追随者(clienteles)

答：追随者是由早期著名的财务学家 Miller 和 Modigliani(1961)、Elton 和 Gruber(1970)以及 Black 和 Scholes(1974)等人所提出的一种经典理论假说，该假说认为处于不同税收等级(具有不同交易成本或不同投资约束条件)的投资者对股利支付水平具有不同的需求，具体体现在公司股利支付率与投资者的税收等级(交易成本或投资约束条件)之间存在显著的相关关系。如果股东在乎税收，股票将吸引重视股利收益率的税收追随者。追随者的形成过程如下表所示：

组别	股票
高税收等级个人投资者	零股利或低股利支付率的股票
低税收等级个人投资者	低股利或中等股利支付率的股票
免税机构	中等股利支付率的股票
公司	高股利支付率的股票

2. 自制股利(homemade dividends)

答：自制股利是指投资者抵消公司股利政策影响的一种做法：当股利水平低于投资者期望的水平时，投资者可以通过出售部分股票以获取期望的现金收入；若股利水平高于投资者期望的水平，投资者可以用股利收入购买一些该公司的股票。通过自制股利，投资者可以使公司的股利政策的变化失效，因此股利政策是无关的。

3. 股利发放日(date of payment)

答：参见本章复习笔记。

4. 信息内涵效应(information - content effect)

答：信息内涵效应是指股利政策的宣告导致股价随之变化的现象。信息内涵效应是根据信号传播论提出的概念，主要内容是：公司管理者与外部投资者之间存在着信息不对称，管理者占有更多的有关企业前景方面的内部信息。当管理者预计公司的发展前景良好，未来业绩有大幅度增长时，就会通过增加股利的方式将这一信息及时告诉股东和潜在的投资者；相反，如果预计到公司的发展前景不太好，未来盈利将呈持续性不理想时，那么他们往往维持甚至降低现有股利水平，这等于向股东和潜在投资者发出了不利信号。因此，股利能够传递公司未来盈利能力的信息，从而股利对股票的价格有一定的影响。当公司支付的股利水平上升时，公司的股价会上升；当公司支付的股利水平下降时，公司的股价会下降。

信息内涵效应将会影响公司股利政策的制定，并提供给投资者一种廉价可靠的信息资源。我国目前证券市场中由于股市制度设计的偏离、公司支付机制的随意性及投资者投资理念的偏离等原因而不能有效地发挥股利政策的信息内涵效应。

5. 股权登记日(date of record)

答：参见本章复习笔记。

6. 常规现金股利(regular cash dividends)

答：常规现金股利是指股份公司以现金的形式发放给股东的股利，是最常规的股利支付形式。现金股利发放的多少主要取决于公司的股利政策和经营业绩。在实际中，有的股东偏好较多的现金股利，而有的股东则不愿意公司发放过多的现金股利。现金股利的发放会对股票价格产生直接的影响，一般来说在股票除息日之后，股票价格会下跌。

7. 股利宣告日(declaration date)

答：参见本章复习笔记。

8. 股票股利(stock dividend)

答：参见本章复习笔记。

9. 除息日(ex - dividend date)

答：参见本章复习笔记。

10. 股票拆细(stock split)

答：股票拆细又称“股票分割”，指经股东大会和董事会认可，公司将一股价值较高的股票等分为若干股面额较低的股票的行为。这样会使发行在外的股数增加，从而使得每股面额降低，但股东权益总额、股东权益内部构成不会发生变化。股票分割须以比例为基础调整每股面值，以期降低每股市价，刺激投资者购买。

就企业管理当局来说，实施股票分割的目的或动机主要在于：降低股票市价，吸引更广泛的散户投资者，增强公司股票的流动性；促使企业兼并、合并政策的实施；传递盈利能力增强的先导信号。

二、复习题

1. 股利政策无关论　股利是如此重要，但与此同时股利政策却与公司价值或股票价格无关，这可能吗？

答：股利政策决定股利支付的时间，而与最后支付的金额无关。当股利支付的时间不影响未来股利的现值时股利政策与公司价值或股票价格无关。

2. 股票回购　股票回购对公司负债比率有何影响？它是剩余现金的另一用途吗？

答：股票回购降低了权益资本，但不改变债务，因此负债比率上升。如果企业愿意的话，可以用剩余现金降低负债而不是回购股票，进而降低负债比率。因此这是剩余现金的另一用途，回购股票还是降低负债是一个资本结构决策。

3. 股利政策　有时，人们建议公司应该采取剩余股利政策。剩余股利政策要求公司首先重视满足投资需要和保持理想的资产负债比率，而后以其剩余盈余来发放股利。你认为剩余股利政策的主要缺点是什么？

答： 剩余股利政策的主要缺点是股利支付的易变性。因为投资者往往喜欢可预测的现金流。当前景非常好但公司却降低股息的时候，股利宣布的信息可能会传达公司前景不好的错误信息。折中的办法是：保持股利相对稳定，只有当它期望收益保持在高水平时，它才会增加支付红利，也只有在迫不得已的时候才降低股息。

4. 股利大事记 12 月 8 日(星期二)，Hometown 电力公司董事会宣布，将在 1 月 17 日(星期三)发放给在 1 月 3 日(星期三)登记在册的股东 75 美分/股的股利。请问：除息日是哪一天？如果股东在这一天之前购买股票，买方和卖方谁会得到这些股利？

答： 除息日是 12 月 29 日(星期五)，之所以不是 1 月 1 日是因为这一天是假期，所有交易关闭。任何在 12 月 29 日之前购买了这些股票且没有卖出的人都可以得到股利。

5. 其他股利 就像一家英国公司允许其大股东免费使用火葬场一样，有些公司会发放慈善股利(dividend in kind，即以低于市价的价格向股东提供服务)。请问：共同基金是否应该投资于这种发放类似股利的股票？(说明：基金持有人并不会得到这种服务。)

答： 不应该，因为钱最好用来投资于支付现金股利的股票，以获得直接的利益。

6. 股利与股票价格 如果提高股利会引起股价的(立即)上涨，那怎能认为股利政策无关呢？

答： 价格的变动是由于红利的变动，而不是红利政策的变化引起的。因此股利政策仍然可以被认为是不相干的。

7. 股利与股票价格 上个月，Central Virginia 电力公司一家正在兴建的核电厂面临成本超支困境，之后公司宣布：“由于投资项目的现金流短缺，公司将暂时延缓股利支付。”当这项宣告公布时，公司的股票价格从 28.50 美元下跌到 25 美元。对股票价格的如此变动，你是如何解释的？(也就是，你认为是什么因素引起了股票价格的如此变动？)

答： 股票价格下跌，是因为预期未来的股息下降。由于股票价格是所有的未来股利的现值，如果未来预期股利发放减少，股票价格就会下降。

8. 股利再投资计划 DRK 公司最近提出了一项股利再投资计划(DRIP)。这项计划允许投资者自动地将现金股利再投资到 DRK 公司，以换取新的股份。DRK 公司的投资者随时可以把股利再投资于购买公司的额外股份。

1000 多家公司提出了 DRIP。大部分采取 DRIP 的公司都不需要支付经纪费或服务费。事实上，DRK 公司股票通常以低于股票市价 10% 的折扣价格出售。

DRK 公司的一位顾问估计，大约 75% 的 DRK 公司股东将参与这项计划。这略高于平均水平。

请评价 DRK 公司的股利再投资计划。它会增加股东的财富吗？讨论其优点和缺点。

答： 这个计划对股东财富的影响不大。股东们能再投资于他们自己的公司，而且不管参不参与这个计划都必须对股息缴纳税款。但是，由于折扣价格的原因，参与该计划的股东可能获得利益，其利益是以不参与此计划的股东利益为代价的。此外，这项计划也意味着公司可以以 10% 的发行成本(折扣价格)进行股权融资，如果这一成本低于在市场上新发行股票的成本，就意味着企业可以以较低的成本增加权益资本。

9. 股利政策 就首次公开发行(IPO)普通股的公司而言，2007 年是相对不景气的一年，该年 IPO 筹资金额大约只有 356 亿美元。在这 159 家公司当中，只有少数公司发放了现金股利。你认为为什么大部分公司选择不发放现金股利呢？

答： 刚公开发行股票不久的公司一般都不会发放现金股利，这是因为他们正处于成长阶段，需要大量的资金。处于成长阶段的公司如果发放股利的话也是非常少的。这是因为他们拥有众多的项目，他们使用这些资金进行再投资而不是发放现金股利。

10. 投资与股利 Phew Charitable Trust 公司的资本利得、股利收入和利息收入都不需要纳税。如果它的投资组合里有低股利和高增长股票，合理吗？如果它的投资组合里有市政债券，合理吗？请解释。

答： 投资组合里有低股利和高增长股票是合理的。投资者对于收到股利还是资本利得是无所谓的，因为两者都不需要纳税。

投资组合里有市政债券是不合理的，因为资本利得和股利都不需要纳税，所以不需要与市政债券联系在一起。因此应该持有收益更高需要缴税的债券。

请根据下面的信息回答接下来的两个问题。

历史上，美国税法规定，按普通收入税率对投资者的股利收入进行征税。这样，投资者的股利收入将以其边际税率进行纳税，使得 2002 年的股利税率竟高达 38.6%。资本利得按资本利得税率征税，这就使得对于大多数投资者来说，他们的资本利得税率是相同的，并且该税率常年波动。2002 年，资本利得税率达到了 20%。为了刺激经济，乔治 W. 布什总统主持召开了税法修正会，对税法进行了大修订，这包括对股利和资本利得的税率的修订。新的税收计划在 2003 年实施，对高税收等级的投资者，其股利和资本利得的税率均为 15%；对低税收等级的投资者，其股利和资本利得的税率为 5%；该税率一直持续到 2007 年，到 2008 年则下降为 0。

11. 除息股票价格 你认为税收政策变化是如何影响除息股票价格的？

答： 除息宣告日，其股价会下跌。在有税的情况下，随着股利的支付，股价会下跌，使得投资者需要支付的税收也相应下降，减轻了投资者的税务负担。

12. 股票回购 你认为税收政策变化是如何影响股票回购相对于股利支付的吸引力的？

答： 高的股息税和低的资本利得税会使得投资者偏好于股票回购，如果对股利的税收减少，股利的吸引力会增加。

13. 股利和股票价值 永续增长模型表明每股股票的价值是其预期股利的现值。如果该模型是有效的，你如何得出股利政策无关的结论？

答： 股价等于预期股利的现值并不能得出股利政策有关的结论。在成长模型中，如果公司现金流量永久不变，股利政策的变化只改变股息的时间价值。股息的现值是相同的。因为考虑到未来的盈利不变的情况下，股利政策对股东财富在将来和现在进行简单的转移。

考虑一个更为现实的环境，假定股票的持有期一定，股票的价值应该代表未来的股票价格以及红利的现值。任何没有作为股利发放的现金流将反映在未来股价中。这样，股利政策变化时现金流不会发生改变，股利政策仍然是无关的。

14. 在手之鸟论 在手之鸟论认为，今天的股利要比明天不确定的资本利得预期更安全。该理论常被用于支持高股利政策。请解释在手之鸟论的内在谬误。

答： 股东的主要收入来源有两类：一是股利收入；二是资本利得，当这两种收入的税率不同时会影响股东的偏好，进而影响其对股票的评价。所谓“在手之鸟”理论，即“两鸟在林，不如一鸟在手”，即认为资本利得的风险大于股利收益的风险，两者之中，投资者偏好股利收益，最佳股利支付率就是尽可能多付现金股利。

“在手之鸟”理论建立在一个错误的假设前提上，即认为增加股利会减少公司所面临的风险。事实上，如果资本支出与投资支出不变，公司的总现金流将不受股利政策的影响；分配政策的变化并不能改变资产份额的规模，所以也不影响公司的价值。

15. 股利与收入偏好 因为投资者总能够通过销售其部分股票来创造自制股利，所以投资者喜好现期收入并不是其喜好现期高股利政策的有效解释。该说法对吗？为什么？

答：这一观点在理论上是正确的。当证券交易不存在交易成本时，投资者通过自制股利能够完全抵消股利政策变化的影响；但当证券交易存在交易成本时，自制股利会比公司直接派发的股利花费更多的费用。但是，诸如共同基金这样的金融中介的存在将在很大幅度上减少个人的交易成本。因此，总体看来，对当前收入的渴望不是导致现期高股利政策的主要因素。

16. 股利与追随者 在过去几年里，Neotech 公司股票价格一直稳定上涨。哈德森持有该公司股票，并且预期该趋势会持续下去。哈德森正试图说服琼斯购买 Neotech 公司股票，但是她不愿意购买，原因是 Neotech 公司从来不支付股利。琼斯依靠稳定股利来维持其收入。

a. 这两个投资者的投资偏好是什么？

b. 哈德森该如何说服琼斯，使之相信购买 Neotech 公司股票符合其利益？

c. 为什么哈德森不能说服琼斯？

答：a. 哈德森的行为说明他偏好资本利得，而琼斯的看法则显示出其对当前收入的偏好。

b. 哈德森可以向琼斯说明如何通过卖出股票获取自制股利。当然，哈德森也要试图使琼斯相信她生活在一个符合 MM 定理的世界中。因为，只有符合 MM 定理的假设条件，才能构造自制股利。

c. 琼斯仍然不会投资购买 Neotech 公司股票，主要是由于构造自制股利时交易成本的存在。琼斯也可能会希望得到高股利股票所带来的风险收益。所以哈德森的说法并不能说服琼斯。

17. 股利和税收 假设你的阿姨处于高税收等级，想最小化其投资组合税负。她想通过买卖股票来最大化税后收益，并因此向你征求建议。你该给她什么建议？

答：为了使税收负担最小化，她应该抛售其高股利收益的股票，并投资购买低股利股票。另外，如果可能的话，她可以在继续持有高股利股票的同时，借入一笔等额的资金并将该笔资金投资于一种税收递延账户。

18. 股利与资本利得 如果 1 美元股利和 1 美元资本利得具有相同的市场价值，那么不同股利支付率的公司将吸引不同的投资追随者。投资追随者都是相似的，因此公司不能通过改变股利政策来增加价值。然而，实证研究表明，股利支付率与公司其他特征之间具有较强的相关性。例如，高速成长的小公司在其上市初期的股利支付率几乎总是为 0，所有盈利都再投资于经营业务。如果股利政策是无关的，请解释这一现象。

答：快速成长的小公司的资本投资需求是非常高的，因此，股利支出会减少其投资选择从而影响公司的成长性。此外，选择发行股票以支付股利会产生发行成本。因此，在公司的快速成长阶段，选择零股利支付率对这样的小公司及其投资者的境况都比较好，此时，公司将仅对低股利追随者具有吸引力。

关于快速成长小公司的例子说明，存在发行成本时股利政策是相关的。事实上，一旦 MM 定理的内在假设没有满足，股利政策就可能是相关的。

19. 股利无关 尽管理论上认为股利政策是无关的，但实际上许多投资者偏好于高股利政策。因此，如果存在这种偏好，公司就可以通过提高股利支付率来提高股票价格。请解释该观点的谬误。

答： 除非存在未得到满足的高股利追随者，否则公司不能通过股利政策的转换使其股票价格上升。如果市场是均衡的，那么，追求高股利股票的人数就应该刚好等于这些股票的可供数量，每个追随者的供给和需求都将在均衡中得到满足。如果市场是非均衡的，那么，高股利股票的供给就可能比需求少，只有在这种情况下，公司才能通过股利政策的调整获益。

20. 股利和股票价格 实证研究表明，公司首次股利发放(也就是，公司首次支付现金股利)宣告当天，股票价格将大幅上涨。据此，请问公司首次股利发放宣告具有什么信息内涵？

答： 这一发现指出，公司利用初始股利向股票市场发出信号，表明其具有成长潜力和正的净现值前景。常规现金股利的初始分配也向市场证明该公司较高的当期收益并不是暂时的，而是会一直延续下去。市场和股东调高对公司的预期，从而使得该公司股票价格上升。

21. 股利和税 Lee Ann 公司宣告了 7.50 美元/股的股利。假设资本利得不纳税，但股利须纳 15% 的税。美国国税局新规定要求在发放股利时就要扣税。Lee Ann 的股票价格为 93 美元/股，而且即将除息。你认为除息日股票价格将是多少？

答： 税后的股利 = 7.50 × (1 − 0.15) = 6.375(美元/股)；除息日的股票价格 = 93 − 6.375 = 86.625(美元/股)。

22. 股票股利 Hexagon 国际公司的股东权益项目如下表所示。

（单位：美元）

普通股(面值为 1 美元)	40000
资本公积	155000
留存收益	538400
所有者权益总和	733400

a. 如果 Hexagon 的股票价格为 39 美元/股，而且宣告了 10% 的股票股利，应该分配多少股新股？所有者权益项目将如何变化？

b. 如果 Hexagon 宣告 25% 的股票股利，该权益项目将如何变化？

答： a. 宣告 10% 的股票股利后，股票的数量 = 40000 × 1.10 = 44000(股)，因此新发行的股票数量 = 4000(股)。

由于股票面值为 1 美元，每股的股本溢价为 38 美元，因此总的股本溢价 = 4000 × 38 = 152000(美元)，即：

（单位：美元）

普通股(面值为 1 美元)	44000
资本公积	307000
留存收益	382400
所有者权益总和	733400

b. 宣告 25% 的股票股利后，股票的数量 = 40000 × 1.25 = 50000(股)，因此新发行的股票数量 = 10000(股)。

由于股票面值为 1 美元，每股的股本溢价为 38 美元，因此总的股本溢价 = 10000 × 38 = 380000(美元)，即：

（单位：美元）

普通股（面值为 1 美元）	50000
资本公积	535000
留存收益	148400
所有者权益总和	733400

23. 股票拆细 对于第 22 题中的公司而言，请说明在下列情况下所有者权益账户将如何变动：

a. Hexagon 公司宣告进行 1－4 的股票拆细。请问公司目前发行在外的股份数为多少股？公司每股的新面值是多少？

b. Hexagon 公司宣告进行 5－1 的反向股票拆细。请问公司目前发行在外的股份数是多少？公司每股的新面值是多少？

答：a. 为了得到新的发行在外的股票数，可以用现在的股份数额乘以股票拆分的新股对老股的比例，即：

$$新发行在外的股票数 = 40000 \times 4 = 160000（股）$$

除了普通股面值按股票拆分后新股对老股比例变化外，权益账户的其他项不变。股票面值如下：

$$新的股票面值 = 1/4 = 0.25（美元/股）$$

b. 为了得到新的发行在外的股票数，可以用现在的股份数额乘以股票拆分的新股对老股的比例，即：

$$新发行在外的股票数 = 40000/5 = 8000（股）$$

除了普通股面值按股票拆分后新股对老股比例变化外，权益账户的其他项不变。股票面值如下：

$$新的股票面值 = 1 \times 5 = 5（美元/股）$$

24. 股票拆细与股票股利 Roll 集团公司（RC）目前发行在外的股份数为 465000 股，每股股价为 73 美元。假定不存在市场不完美因素或是税收，请问在下列情形下公司股价将变为多少？

a. RC 进行 3－5 的股票拆细。

b. RC 发放 15% 的股票股利。

c. RC 发放 42.5% 的股票股利。

d. RC 进行 7－4 的反向股票拆细。

e. 计算 a～d4 种情况下发行在外的股票数量。

答：为了得到新股价，需要用现在的股价乘以老股对新股的比例，即：

a. 新股价 $= 73 \times (3/5) = 43.80$（美元）

b. 新股价 $= 73 \times (1/1.15) = 63.48$（美元）

c. 新股价 $= 73 \times (1/1.425) = 51.23$（美元）

d. 新股价 $= 73 \times (7/4) = 127.75$（美元）

为了得到新的发行在外的股票数，以现在的股票数乘以新股对老股的比例，即：

a. 新股数 $= 465000 \times (5/3) = 775000$（股）

b. 新股数 $= 465000 \times (1.15) = 534750$（股）

c. 新股数 =465000 ×(1.425)=662625(股)

d. 新股数 =465000 ×(4/7)=265714(股)

25. 常规股利 Levy 公司以市场价值表示的资产负债表如下所示，其发行在外的股票为 14000 股。

市场价值资产负债表 （单位：美元）

现金	62000	权益	507000
固定资产	445000		
合计	507000	合计	507000

公司已经宣告股利 1.6 美元/股。股票将在明天除息。不考虑任何税的影响，今天的股票价格是多少？明天的价格将是多少？股利发放后，上面的资产负债表将如何变化？

答：股票价格是股东权益市场价值总额除以发行在外的股票总数。所以股票的价格：

$$P_0 = 507000/14000 = 36.21(\text{美元/股})$$

不考虑税收的影响，随着股利支付，股票的价格会下跌，跌幅为股利支付的数额，

即价格变为：$P_X = 36.21 - 1.6 = 34.61$(美元/股)，

支付的股利总额 =1.6 ×14000 =22400(美元)，

因此，权益和现金都会减少 22400 美元。

26. 股票回购 在第 25 题中，假设 Levy 公司已经宣布要回购价值 22400 美元的股票。该交易将对公司权益有何影响？将有多少股票发行在外？股票回购后每股价格将是多少？请解释：如果不考虑税收的影响，股票回购与现金股利实质上是一样的。

答：回购行为会使股东权益减少 22400 美元，股票回购数是总的回购价款除以股票价格。所以回购的股票数 =22400/36.21 =619(股)

现在的发行在外的股票份额 =14000 −619 =13381(股)

回购之后，新的股票价格 =484600/13381 =36.21(美元/股)

股票回购与现金股利实质上是一样的，因为持有价格为 36.21 美元的股票和持有价格为 34.61 美元的股票再加 1.6 美元的现金是没有区别的。因此股票回购对于持股人来说没有影响。

27. 股票股利 Outbox 制造公司的市值资产负债表如下所示。Outbox 宣告发放 25% 的股票股利，股票除息日为明天（股票股利的日期名称与现金股利相似）。公司发行在外的股份数为 22000 股。请问除息日的价格将是多少？

市场价值资产负债表 （单位：美元）

现金	295000	负债	180000
固定资产	540000	权益	655000
合计	835000	合计	835000

答：股票价格等于权益市场价值除以发行在外的股票数，即股利发放前的股价为：

$$P_0 = 655000/22000 = 29.77(\text{美元/股})$$

发放股票股利后，发行在外的股票数量会增加 25%，因此：

新股数 =22000 ×1.25 =27500(股)

新的股票价格为权益的市场价值除以新的发行在外的股票数，即：

$$P_X = 655000/27500 = 23.82 (美元/股)$$

28. 股票股利 如下所示的拥有普通股账户的公司宣告发放15%的股票股利，每股股票的价格为57美元。股票股利的发放会对公司的所有者权益账户产生何种影响？

（单位：美元）

普通股（每股1美元）	435000
资本公积	2150000
留存收益	5873000
所有者权益合计	8458000

答： 随着股票股利的发放，发行在外的股票数将以（1 + 股利支付率）的倍数增加，因此：

$$新股数 = 435000 \times 1.15 = 500250 (股)$$

资本公积是股票发行价格超过股票面值1时所形成的资本额，因此：

$$新股的资本公积 = 65250 \times 56 = 3654000 (美元)$$

新的总资本公积为老的资本公积加上新股的额外的资本公积，即：

$$资本公积 = 2150000 + 3654000 = 5804000 (美元)$$

资产负债表的新的权益部分如下：

（单位：美元）

普通股（面值1美元）	500250
资本公积	5804000
留存收益	2153750
所有者权益合计	8458000

29. 股票拆细 在第28题中，假定公司改为进行1-5的股票分拆。公司股票拆细后的新股每股的现金股利为45美分，这意味着相比于去年对股票拆细前的股票发放的现金股利而言，公司每股现金股利上涨了10%。这会对权益账户产生什么影响？去年的每股股利是多少？

答： 唯一受到股票分拆影响的所有者权益账户是股票的面值，股票面值将以老股对新股的比例发生变化，即：

$$新的面值 = 1/5 = 0.2 (美元/股)$$

总的股利发放为每股股利金额乘以总的发行在外的股票数，在拆分前公司在外发行435000份股票，经过调整后可得：

$$今年总的股利发放 = 0.45 \times 435000 \times 5 = 978750 (美元)$$

股利以10%的速度增长，因此去年的股利为：

$$去年总的股利发放 = 978750/1.1 = 889772.73 (美元)$$

为了得到每股股利，只需用总的股利发放除以去年发行在外的股票数即可，即：

$$去年每股股利 = 889772.73/435000 = 2.05 (美元)$$

30. 股利和股票价格 Mann公司属于某一风险级别，其合适的折现率为10%。公司当前有240000股股票发行在外，每股价格105美元。公司正考虑在刚开始的财年年末宣告每股4美元股利。假设对股利不征税，请根据课本中所讨论的MM模型，回答下面的问题。

a. 如果宣告股利了，除息日股票的价格将是多少?

b. 如果年末没有宣告股利，年末股票的价格将是多少?

c. 如果Mann公司在年初新增430万美元投资，获得190万美元净利润，并且在年末发放了股利，公司必须发行多少新股来满足筹资需要?

d. 在现实生活中，运用MM模型对股票进行估价现实吗?请说明理由。

答：a. 如果宣布派发股利，该股票的价格将在除息日降低，降低额为所派发的股利的价值，即4美元。因此，在除息日该股票的交易价格为101美元每股。

b. 如果没有宣布派发股利，股票的价格将保持在105美元每股的水平上。

c. Mann公司投资的现金流出为4300000美元，并且这一流出将马上发生。从现在开始的一年内，该公司将实现1900000美元的净利润，并支付960000美元的股利。由于要马上为该项投资融资，Mann公司必须以每股105美元的价格发行股票，以筹集4300000美元的资金，因此公司发行的股票数为4300000/105 =40952(股)。

d. 利用MM模型在现实世界中对股票价值进行评估是不可行的。因为MM模型没有考虑到税收、破产成本、信号效应和代理成本的情况，以及将来的现金流的不确定性和投资者的偏好。

31. 自制股利 假定你拥有1000股Avondale公司的股票。一年后你将收到2.6美元/股的股利。两年后，Avondale将发放53美元/股的清算股利。Avondale股票的必要收益率是14%。你的股票当前的价格是多少(不考虑税的影响)?如果你偏好接下来的两年里每年股利都相等，解释你将怎样通过自制股利来达到该目的(提示：股利将采取年金形式)。

答：股票的价格等于股利的现值，所以股票的价格：

$$P_0 = 2.60/1.14 + 53/1.14^2 = 43.06\text{(美元/股)}$$

为了得到未来两年内每年相等的股利 D，而且该股利折现后和股票的价格相等，需要建立等式并求解：

$$43.06 = D/1.14 + D/1.14^2$$

解得：$D = 26.1514$(美元)。

一年之后的股票价格：

$$P_1 = 53/1.14 = 46.49\text{(美元/股)}$$

拥有1000股该公司股票时在第一年希望得到：

$$\text{第一年的现金流} = 1000 \times 26.1514 = 26151.4\text{(美元)}$$

但实际上得到：

$$\text{股利发放} = 1000 \times 2.60 = 2600\text{(美元)}$$

因此需要出售部分股票以获得足够的现金流，第一年卖出的股票份额为：

$$\text{出售股票份额} = (26151.4 - 2600)/46.49 = 506.58\text{(股)}$$

第二年的现金流为每股股利乘以拥有的股票数，因此第二年的现金流为：

$$\text{第二年现金流} = 53 \times (1000 - 506.58) = 26151.4\text{(美元)}$$

32. 自制股利 在第31题中，假定你第1年只希望获得500美元的股利。你在两年内的自制股利将会是多少?

答：如果第1年只想得到500美元的股利，那么第1年将购买股票：

$$(2600 - 500)/46.49 = 45.17\text{(股)}$$

第2年股利所得为：

$$第2年的股利额 = (1000 + 45.17) \times 53 = 55394(美元)$$

注意两种方法下的现金流的现值是相同的，如下所示：

$$PV = 500/1.14 + 55394/1.14^2 = 43062.48(美元)$$

$$PV = 1000 \times 2.60/1.14 + 1000 \times 53/1.14^2 = 43062.48(美元)$$

33. 股票回购 Flychucker公司正在评估一项额外股利和股票回购，每种情况都将花费6300美元。目前盈余是每股2.60美元，每股价格51美元。公司有1500股发行在外。在回答a和b时，不考虑税和其他市场不完美因素。

a. 从对每股价格和股东财富的影响角度来评价这两个备选方案。

b. 两个备选方案对Flychucker公司的每股收益（*EPS*）和市盈率（*P/E*）分别有什么影响？

c. 在现实生活中，你将建议采取哪个方案？为什么？

答： a. 如果公司采用的是股利方案，股东的财富计算如下：

$$每股股利 = 6300/1500 = 4.20(美元)$$

支付股利后股票的价格为：

$$P_X = 51 - 4.20 = 46.80(美元/股)$$

这样，股东就有价值46.80美元的股票和4.20美元的股利收入，总的财富为51美元。

如果是股票回购：

$$回购份额 = 6300/51 = 123.53(股)$$

如果股东在股票的回购中出售股票，会得到51美元的现金流，如果股东继续持有这些股票，其股票的价值也为51美元。

b. 股利政策下，现在的每股收益 $EPS = 2.60$(美元)，所以市盈率 $= 46.80/2.60 = 18$。

回购政策下，股票的份额下降，总的净收益等于股票回购前的*EPS*乘以股票回购之前发行在外的份额，总的净收益除以新的发行在外的数额，得到股票回购下的每股收益，即：

$$EPS = 2.60 \times 1500/(1500 - 123.53) = 2.83(美元)$$

$$市盈率 = 51/2.83 = 18$$

c. 股票回购方案更好，在此方案下只有愿意出售股票的股东会选择执行股票回购，它给了股票持有者一个在股利政策下所不具备的关于缴纳税收时间的选择权。

34. 股利和公司价值 Novis公司的净利润为85000美元，有25000股股票发行在外，股利支付率为100%，1年后公司的预期价值为1725000美元，折现率为12%，股利的税率为0。

a. 假设现期股利还没有支付，公司的现期价值是多少？

b. 如果董事会遵循当前政策，公司股票除息日的价格是多少？

c. 在股利政策讨论会上，几个董事认为公司股利过低，会引起股价下跌，因而建议发行新股筹集资金，以发放每股4.60美元的股利。

ⅰ. 对低股利引起股价下跌的看法加以评论，并通过计算来支持你的观点。

ⅱ. 如果采纳了这一建议，则应以什么价格发行多少新股？

答： a. 由于公司的股利支付率是100%，所有的净利润85000美元都将被作为股利发放。公司当前的价值等于一年后公司价值的现值加上即期收入：

$$V = 85000 + 1725000/1.12 = 1625178.57(美元)$$

b. 公司股票的价格等于公司的价值除以发行在外的股票数量，那么当前公司股票的价格为：

$$P_0 = 1625178.57/25000 = 65.01\text{(美元/股)}$$

由于公司执行100%的股利支付率政策，因此每股股利等于净利润除以发行在外的股票数，即：

$$\text{每股股利} = 85000/25000 = 3.40\text{(美元)}$$

除息日该股票价格将降低相当于股利价值的幅度，则：

$$\text{股票的除息价格} = 65.01 - 3.40 = 61.61\text{(美元/股)}$$

c. ⅰ. 根据MM定理，低股利降低股票价格的说法是错误的。由于股利政策是无关的，因此股利水平的高低也应该不影响股票价格。任何没有作为股利分配的资金都会增加公司的价值，进而影响股票价格。题中的这几位董事的提议只是改变股利派发的时间，使现在分配的股利更多而将来的更少。根据以下的计算可知，他们的提议并不能改变公司的价值，因此，股票的价格也不发生变化。

由于只有现有的股东才能得到现金股利，因此总的股利为：

$$\text{总股利} = 4.60 \times 25000 = 115000\text{(美元)}$$

为了支付每股4.60美元的股利，必须发行新股，

新股的总价值 = 115000 − 85000 = 30000(美元)

新发行的股票必须也支付12%的收益率，因此从现在起一年后股票价值为：

$$\text{一年后新股东的价值} = 30000 \times 1.12 = 33600\text{(美元)}$$

所以老股东一年后的收益价值必须因此降低33600美元。一年后老股东的价值为：

$$\text{一年后老股东价值} = 1725000 - 33600 = 1691400\text{(美元)}$$

在这一系列条件下，该公司当前的价值为：

$$V = 115000 + 1691400/1.12 = 1625178.57\text{(美元)}$$

这就意味着股利发放时间的差异只能导致利润在现行股东和未来新股东之间的分配，对公司的价值不会造成任何的影响。

ⅱ. 新股东是没有资格享有当前的股利的，他们只获取一年该权益的价值。现金流的现值为：

$$\text{现值} = 1691400/1.12 = 1510178.57\text{(美元)}$$

因此每股股票价格为：

$$\text{目前股票价格} = 1510178.57/25000 = 60.407\text{(美元/股)}$$

则要发行新股的数量为：

$$30000/60.407 = 496.63\text{(股)}$$

35. 股利政策 Gibson公司的现期现金流为130万美元，没有分派股利。公司未来现金流的现值是1800万美元。公司完全以权益融资，有55万股股票发行在外。假设股利的税率为0。

a. Gibson公司的股票价格是多少？

b. 假设Gibson公司董事会宣告，计划将50%的现期现金流以现金股利形式发放给股东，Jeff Miller持有该公司股票1000股，他将如何使自己满足零支付政策？

答： a. 公司股票的价格等于现期现金流加上未来现金流的现值再除以发行在外的股票数量，该公司股票的价格为：

$$(1300000 + 18000000)/550000 = 35.09\text{(美元/股)}$$

b. 为了实现零股利支付，可以将股利再投资于公司的股票。每股股利为：

$$1300000 \times 0.50/550000 = 1.18182\text{(美元/股)}$$

支付给股东 Jeff Miller 的股票股利为：

$$1.18182 \times 1000 = 1181.82(\text{美元})$$

支付股利后预期的股票价格为：

$$35.09 - 1.18182 = 33.9082(\text{美元/股})$$

因此，需要购买的股票数为：

$$1181.82/33.9082 = 34.85(\text{股})$$

36. 股利平滑化 Sharpe 公司刚对每股股票支付了 1.60 美元的股利，其目标支付率为 40%。公司预期一年后每股收益为 5.1 美元。

a. 如果调整率为 Lintner 模型中定义的 0.3，一年后的股利是多少？

b. 如果调整率为 Lintner 模型中定义的 0.6，一年后的股利是多少？

c. 哪个调整方案更保守？请说明理由。

答： a. 运用课本中介绍的 Lintner 公式：

$$Div_1 = Div_0 + s(tEPS_1 - Div_0) = 1.60 + 0.3 \times (0.4 \times 5.10 - 1.60) = 1.73(\text{美元})$$

b. 当调整率为 0.6 时：

$$Div_1 = Div_0 + s(tEPS_1 - Div_0) = 1.60 + 0.6 \times (0.4 \times 5.10 - 1.60) = 1.86(\text{美元})$$

c. a 的调整率更低所以更保守。低的调整率通常意味着将来的股利比较低。

37. 期望收益率、股利和税 Gecko 公司和 Gordon 公司是两家经营风险相同的公司，但有着不同的股利政策。Gecko 公司不支付股利，而 Gordon 公司的期望股利收益率为 4.7%。假定资本利得税率为 0，而股利税率为 35%。Gecko 公司每年的期望盈利年增长率为 13%，而其股票价格预期也将以相同的增长率增长。如果两只股票税后期望收益率相同（由于所面对的风险相同），请问 Gordon 公司股票的税前必要收益率是多少？

答： 假设不存在资本利得税，Gordon 公司税后收益率即为资本利得增长率与税后股利收益率之和，利用股利持续增长模型，有：

$$\text{税后收益率} = g + D(1 - t) = 0.13$$

代入 $D = 0.047$，$t = 0.35$，解得：$g = 0.0995$。

Gordon 公司股票的税前必要收益率为：

$$\text{税前收益率} = g + D = 0.0995 + 0.047 = 0.1465 = 14.65\%$$

38. 股利与税收 如本书所述，在不存在市场不完美因素和税收影响的情况下，除息日股价预期下跌额应该为股利支付额。一旦考虑税收影响，这又不一定成立了。考虑税收影响时除息日股价模型为：

$$(P_0 - P_X)/D = (1 - t_P)/(1 - t_G)$$

式中，P_0 是股票除息前的价格；P_X 是除息日股价；D 是每股股利；t_P 是股利的相关边际个人所得税税率；t_G 是资本利得的实际边际税率。

a. 如果 $t_P = t_G = 0$，请问股票除息后价格的下跌幅度是多少？

b. 如果 $t_P = 15\%$，而 $t_G = 0$，那么股价的下跌幅度是多少？

c. 如果 $t_P = 15\%$，而 $t_G = 20\%$，那么股价的下跌幅度是多少？

d. 假设集团公司是股票的唯一持有者。公司所获得的股利收入可以获得至少 70% 的税收免除，但他们获得的资本利得却不能获得相应的免除。如果公司的所得税与资本利得税率均为 35%，请问这个模型预测的除息日股价将会是多少？

e. 本题说明现实世界中公司股利政策是如何考虑税收因素的？

答：利用考虑了税收效应的模型，可以得到在各个税率下股票除息后价格的下跌幅度：

$$P_0 - P_X = D(1 - t_P)/(1 - t_G)$$

a. $P_0 - P_X = D(1-0)/(1-0) = D$。

b. $P_0 - P_X = D(1-0.15)/(1-0) = 0.85D$。

c. $P_0 - P_X = D(1-0.15)/(1-0.20) = 1.0625D$。

d. 在该税收政策下，只需把个人所得税率乘以(1 - 税收免除率)，即：

$$P_0 - P_X = D(1-0.35 \times 0.30)/(1-0.35) = 1.3769D$$

e. 由于不同的投资者在普通收入纳税与资本利得纳税方面有着相当大的不同，股利政策对不同的投资者有不同的税后意义。因此，投资者间不同的税率是要考虑的一个方面，称之为客户效应。

39. 股利与再投资 National Business Machine(NBM)公司在交税后还有450万美元的剩余现金。NBM公司运用这笔资金有两个途径。其中之一是将现金投资于金融资产，产生的投资收益将在三年年末作为特别股利发放。公司可以投资收益率为3%的国库券，或是5%的优先股。IRS法规规定，投资于另一家公司股票所获得的股利中70%可以免税。另一个途径是现在就将现金以股利的形式发放。这将使得股东可以自己投资于具有相同收益率的国库券或是优先股。公司税率为35%。假设投资者的个人所得税税率为31%，适用于利息或是优先股股利。个人所获得的普通股股利对应的税率为15%。请问现金应该是在今天发放还是在3年后发放？请问哪种方案给股东带来了更高的税后收益？

答：由于450万美元为税后收入，因此这些钱可全部用来投资。不同选择下的价值分别为：

选择一：

如果公司投资于三年期国库券，税后收益为：

$$公司税后收益率 = 0.03 \times (1-0.35) = 1.95\%$$

因此投资国库券的未来价值为：

$$未来价值 = 4500000 \times (1+0.0195)^3 = 4768416.74(美元)$$

由于这些钱将作为股利发放给股东，因此税后现金流为：

$$股东的税后现金流 = 4768416.74 \times (1-0.15) = 4053154.23(美元)$$

如果公司投资于优先股，假设所收到的股利将被再次投资于优先股市场，优先股支付的股利为：

$$优先股股利 = 0.05 \times 4500000 = 225000(美元)$$

由于70%的股利是可以免税的，因此：

$$应纳税优先股股利 = (1-0.70) \times 225000 = 67500(美元)$$

公司为优先股股利支付的税收为：

$$应纳税优先股税收 = 0.35 \times 67500 = 23625(美元)$$

因此，公司的税后股利为：

$$税后股利 = 225000 - 23625 = 201375(美元)$$

这意味着，公司的税后股利收益率为：

$$税后股利收益率 = 201375/4500000 = 4.475\%$$

公司投资于优先股市场的未来价值为：

$$投资于优先股市场的未来价值 = 4500000 \times (1+0.04475)^3 = 5131562.86(美元)$$

由于未来价值将作为股利支付给股东，因此税后现金流为：

流向股东的税后现金流 $=5131562.86\times(1-0.15)=4361828.43$(美元)

选择二:

公司现在支付股利，股东收到股利后自行投资。

股东收到的税后现金流 $=4500000\times(1-0.15)=3825000$(美元)

股东个人投资于国库券，其税后个人收益率为:

投资于国库券的税后收益率 $=0.03\times(1-0.31)=2.07\%$

因此股东投资于国库券的未来价值为:

投资于国库券的未来价值 $=3825000\times(1+0.0207)^3=4067483.35$(美元)

股东投资于优先股市场，假设个人投资者收到的股利将被再次投资到优先股市场，优先股的股利为:

优先股股利 $=0.05\times3825000=191250$(美元)

优先股股利的税收为:

优先股股利税收 $=0.31\times191250=59287.50$(美元)

因此税后的优先股股利为:

税后优先股股利 $=191250-59287.50=131962.50$(美元)

这意味着个人税后股利收益率为:

股利税后收益率 $=131962.50/3825000=3.45\%$(美元)

个人投资于优先股市场未来价值为:

优先股投资的未来值 $=3825000\times(1+0.0345)^3=4234702.69$(美元)

公司把现金投资于优先股股票市场而后再发放股利的方法可以使得流向股东的现金流最大化。

40. 股利与再投资 Carlson 制造公司在完成了当年资本支出后，有 1000 美元剩余现金。该公司管理者必须决定是将现金投资于收益率为 8% 的短期国库券，还是发放给股东由股东自己投资于短期国库券。

a. 如果公司所得税率为 35%，那么能使投资者同等接受两种方案的个人所得税率是多少?

b. a 的答案合理吗? 请说明理由。

c. 假设唯一的投资选择是收益率为 12% 的优先股，70% 的公司优先股股利免纳税。那么使投资者不受 Carlson 公司股利政策影响的个人所得税率是多少?

d. 这是低股利支付政策的有力论据吗? 请说明理由。

答: a. 令 x 表示一般收入的所得税率，则个人股东获取的税后现金股利为 $1000\times(1-x)$ 美元，如果股东自行投资短期国库券将产生的税后现金流为 $1000\times(1-x)[1+0.08\times(1-x)]$。如果该公司对这笔现金进行投资，其收益则为 $1000\times[1+0.08\times(1-0.35)]$，当公司支付股息时，投资者的收益为 $(1-x)\times1000\times[1+0.08\times(1-0.35)]$。

为了使收益无差别，无论股东自行投资获取税后年息还是从公司投资中获取税后收益，投资者的收益必须相等，即:

$$1000\times(1-x)\times[1+0.08\times(1-x)]=(1-x)\times1000\times[1+0.08(1-0.35)]$$

可得，$x=0.35$，即一般收入的税率为 0.35 时，股东获取现金股利自行投资与公司利用这笔现金进行投资对股东的收益无差别。

注: 这一结论并不依赖投资持有期的长短。

b. 问题(a)的答案是合理的。如果股东个人与公司分别将 1000 美元投资于相同的有价证券，并且股东获取的税后收益相同，则此时股东收益是无差别的。这种情况仅在个人与公司所得税税率相同时才会发生。

c. 尽管股东个人投资与公司投资将获取相同的税前收益，但是由于 Carlson 制造公司享有投资优先股带来的税收优势，因此，使股东收益无差别的一般收入税率将会更低。于是有：

$$1000\times(1-x)\times[1+0.12\times(1-x)]=(1-x)\times1000\times\{1+0.12\times[0.70+(1-0.7)\times(1-0.35)]\}$$

此时可得，$x=10.5\%$，即当个人税率为 10.5% 时，不同的公司股利投资策略下股东收益是无差别的。

d. 这是一个很有吸引力的论据，但是现实经济中存在法律约束阻止公司投资大笔资金购买其他公司股票。

第5篇　长期融资

第20章　资本筹集

20.1　复习笔记

在证券能够于证券市场交易前，必须先将它们发行给公众。向公众发行证券的公司必须符合联邦法律和法规里所陈述的、由证券交易委员会(SEC)执行的各种要求。一般来说，发行人必须在注册登记书和招股说明书里提供所有重要的信息。

公开发行的股票可以在承销商的帮助下直接发售给公众，这一做法被称为普通现金发行。另外还有一种可供选择的方法，公众股可以通过所谓的配股发行方式出售给现有股东。本章将考察普通现金发行和配股发行的区别。

1. 风险资本

风险资本(VC)指投资于新的、高风险项目的资本。

风险资本具有以下特点：①VC是一种金融媒介，资金来源于外部投资者，这一点使得风险资本不同于天使资金，天使通常只运用自有资金进行投资；②VC对所投资的企业在监督、建议、监测方面起到积极的作用；③通常VC不想永远拥有它们的投资，而是会寻找退出策略。

2. 融资阶段

风险资本融资的阶段包括：①种子资金阶段，为证实一个概念或开发一款产品而筹集资金；②导入期，筹集到的资金用于开发市场和产品；③第一轮融资，对已使用完导入期资金并已经开始产品销售和制造的企业追加投资；④第二轮融资，对已经在销售产品但亏损的企业提供资金；⑤第三轮融资，对至少实现盈亏平衡并考虑扩张的企业提供资金，也称夹层融资；⑥第四轮融资，对有希望在半年内上市的企业提供资金，也称过桥融资。

3. 公开发行

公开发行有两种方法：普通现金发行和配股发行。

普通现金发行指在公开市场上出售证券给所有愿意购买的投资者。普通现金发行一般包括现金发行包销、现金发行承销、配股直接发行、附权备用发行、上架现金发行和公司现金竞价发行等。

配股发行则是将增加发行的股票出售给现有股东的股票发行方式，指通过采取优先股权的方式，给予现有股东以较优惠的价格优先购买一部分新发行股票的权利，其特点是发行费用低并可维持现有股东在公司的持股比例不变。配股发行方式下，发给股东一种可以在确定的时间里按确定的价格从公司买入确定数量新股的选择权，这种选择权过期失效。选择权的条件由股票认股或配股等证书予以证明。该种配股通常可以在证券交易所或场外进行交易。

4. 包销与代销

(1)包销

包销是指投资银行将发行人的证券按照协议购入，或者在承销期结束时将售后剩余证券自行购入的承销方式。在这种方法下，投资银行以低于发行价的价格买入证券，同时承担无法卖出它们的风险。包销分为全额包销、定额包销、余额包销三种。

①全额包销，是指由承销商先将股票全部认购，立即向发行者支付全部股票款项，然后再按市场价格转售给投资者。全额包销具体分为协议包销(即由一家承销商负责包销发行者的全部股票)、俱乐部包销(即由若干承销商合作包销)、银团包销(即由一家承销商牵头，若干承销商参与的包销)。银团包销是目前国际上最流行的包销方式。

②定额包销，是指由承销商认购股份公司发行的一定数额的股票，再以市场价格转售给投资者。

③余额包销，是指先由承销商在约定期限内向投资者销售股票，然后未售出的余额由承销商认购。股票定额包销与余额包销合称为"股票助销"。股票包销与代销不同，股票代销，是指由承销商以代理人的身份代股份公司发行股票，发行多少是多少，未销售完的股票退还给股份公司。

(2)代销

代销是指发行人通过证券市场向不特定对象发行证券筹集资金时，聘请证券公司来帮助它销售证券，证券公司运用自己的专业能力和销售网络在规定的期限内将证券销售出去的过程。它是证券公司的基本职能之一。在代销方式下，由于承销商不需要买入证券，所以它可以避免股票发行失败的风险。与包销不同，承销商仅仅只是作为一个代理商，从每一只售出的股票中收取佣金。按法律上的规定，投资银行必须尽可能地按预先商定一致的发行价格出售证券。

5. 竞价发行与议价发行

竞价发行是指股票发行公司根据股票承销商(投资银行)或银行财团以投标方式与其他购买者竞争中的最高价格发行股票的股票发行方式。投标中所中的价格就是股票承销价格。一般情况下，发行公司要事先通知股票承销商，告知他们公司将要发行股票，欢迎投标。发行公司在说明书上应注明新股票的内容、推销的价格、条件等。股票的承销商在投标的申请上要填注新股票的投标价格、支付日期等，然后由发行公司在规定的日期，当众开标，出价最高的承销商获得新股票总经销的权利。公司投标的方法，不允许私人议价。发行公司必须对投标条件加以详细规定，并须经过证券管理机关的批准。发行公司必须事先做好一切准备工作，这样，中标的股票承销商才能立即推销。

议价发行是指股票发行公司直接与股票承销商议定承销价格和公开发行价格的发行方式。承销商的业务收入是承销价格和公开发行价格的差额。在美国，大多数发行公司的新股票，都是以议价方式发行的。有些发行公司已经和某一投资银行有良好的关系，投资银行经常替他们办理资金融通业务，由双方以商议方式来达成协议的条款。一旦双方的相互利益得到认可，便按详细办法来执行。

6. 新股发行成本

新股发行成本包括差价或承销折价、其他直接费用、间接费用、异常收益、折价和绿鞋选择权。差价是指发行公司得到的价格与公开发行价格之间的差额。其他直接费用包括申请费、律师费和税收。间接费用没有在招股说明书上公布，主要包括管理者在新股发行上花费的时间等。异常收益指股票增发时，在增发公告日股票价格通常会下跌3%以保护新股东，防止公司向他们出售定价过高的股票。折价，对于首次公开发行，股票价格在发行日后一般都要大幅度提高；由于股票是按照小于上市后的有效价格出售的，所以折价对于公司来说也是一种成本。绿鞋选择权赋予承销商按发行价格买入追加股票的权利，以补偿超额认购；当发行价格低于上市后的价格时，由于承销商仅仅以发行价格买入追加的股票，所以绿鞋选择权对于公司来说是一种成本。

7. 首次公开发行

首次公开发行，英文全称为 Initial Public Offering，缩写为 IPO，是指股份公司首次向社会公众公开招股的发行方式。IPO 新股定价过程分为两部分，首先是通过合理的估值模型估计上市公司的理论价值；其次是通过选择合适的发行方式来体现市场的供求，并最终确定价格。

首次公开发行的基本特征包括：

(1)一般都是折价发行；

(2)小型首次公开发行一般采用代销发行，而大型首次公开发行一般采用包销发行；

(3)承销价格相对二级市场价格更为稳定；

(4)议价发行比竞价发行的成本要高。

8. 配股

向现有股东出售普通股股票被称为配股发行。此时，发给每个股东一种可以在确定的时间里按确定的价格从公司买入确定数量新股的选择权，这种选择权过期失效。现有的股东会被通知他们所拥有的每股股票已经被赋予一份优先认股权。当股东把款项支付给公司认购代理商(通常为银行)时，选择权就可以执行。股东既可以行使也可以出售选择权。无论是哪种情况，通过配股发行方式，股东既不会赚也不会亏。

9. 长期债券发行

超过 50% 的债券是私募发行，债券私募发行的基本形式有两种：定期贷款和私募。

定期贷款是直接向商业银行、保险公司和其他专业从事公司融资的贷款人进行商业贷款，贷款期限多为 1 ~ 5 年，大多数贷款可以在存续期间提前偿还。私募的条款与定期贷款相似，但到期日更长。定期贷款和私募的利率比同等的公开发行债券要高。

20.2 课后习题详解

一、概念题

1. 代销(securities underwriting)

答：参见本章复习笔记。

2. 注册登记书(registration statement)

答：注册登记书是指发行公司向证券交易管理委员会呈报的公司公开发行股票相关信息的书面文件，也称为“上市公告书”。注册登记书的第一部分为公司前景，第二部分包括对证券交易委员会有特定义务的公司的补充信息。管理当局对注册登记书上的实质性错误表述或遗漏承担法律责任。

3. 现金发行(cash offer)

答：参见本章复习笔记。

4. A 条例(regulation A)

答：A 条例是指美国证券交易委员会(SEC)对金额少于 500 万美元的新股发行的规范，即小规模发行豁免。在 A 条例下，少于 500 万美元的新股只需要一份简单的发行说明书，而不是注册登记书即可发行。另外，要使 A 条例生效，公司内部人所出售的股份不能超过

150 万美元。

5. 竞价发行(competitive offer)

答: 参见本章复习笔记。

6. 再次发行(seasoned new issue)

答: 再次发行是指曾经发行过股票的公司发行新股票的经济行为。普通股的再次发行可以通过现金发行或配股来实现。再次发行的结果是公司流通在外的股票增加，通过现金发行方式通常会改变现有股东在公司的持股比例，而通过配股方式一般不会改变持股比例。

7. 除权日(ex - rights date)

答: “除权日”，亦称“除权基准日”，在中国是指股权登记日后的下一个交易日。在上市公司送股或配股的情况下，在股权登记日后的下一个交易日，股票持有者不再享有此次送股或配股的权利，即其享有的此次送股或配股权利已被去除，称为“除权”。除权日当天称除权基准日，在除权基准日当天有一段时间停止过户，这期间购买股票的股东无权取得股票股利，公司整理股东名单。在新股票制成并签证后经主管机关批准，股票即可上市，然后公司通知股东到指定地点领取新股。

8. 上架发行(shelf registration)

答: 上架发行是指为了简化证券发行的程序，证券交易委员会(SEC)准许发行公司采取的一种特殊的发行方式。它允许一个公司把它能合理预计到的，在未来两年内发售的股票进行注册登记。注册时提出一份总的注册登记书。在注册的两年期内，无论什么时候公司想要发行股票，只要提交一份简短格式的注册登记书即可被允许出售股票，而无需等待证券交易委员会的批准。

9. 包销(firm commitment)

答: 参见本章复习笔记。

10. 备用费(standby fee)

答: 备用费是指通过备用承销安排配股发行时，发行公司支付给承销商的风险责任补偿。

股票发行中，当投资者放弃选择权或者坏消息导致股票的市场价格跌到认购价格以下时，有可能出现认购不足的情况。为了防止这种可能的发生，配股发行一般是通过备用承销来安排的。此时，承销商通过包销的方式，按照扣减一小部分认购费用后的认购价格买入发行股票中没有被认购的部分。承销商通常得到备用费，作为对其承担风险责任的补偿。

11. 绿鞋条款(Green Shoe provision)[中央民族大学 2023 金融硕士]

答: 绿鞋条款是指承销合同中给予承销团成员按照发行价增购证券的选择权的条款。绿鞋选择权的公开理由是满足过多的需求和超额认购。它一般延续大约 30 天的时间，包括不超过 15% 的新发行证券。对承销团来说，绿鞋选择权是一种收益；而对于发行人来说，它则是一项成本。假如新发行证券的市场价格在 30 天内升到发行价之上，承销商就可以从发行人那里以发行价买入证券，然后立即把它们转售给公众，从而获得超额收益。

12. 备用承销(standby underwriting)

答: 备用承销是指通过认股权来配股时，发行公司可与投资银行签定备用承销合同，合同规定投资银行作为备用认购者买下未能售出的剩余股票，发行公司为此支付备用费的发行方式。备用承销是为了防止配股中认购不足情况的发生，本质上仍是投资银行的承销服务。

13. 首次公开发行(initial public offering , IPO)

答：参见本章复习笔记。

14. 认购价(subscription price)

答：在配股发行里，认购价是指允许现有股东付款购买每股股票的价格。一个理性的股东只有当认购价格在配股发行到期日低于股票市场价格的情况下才会认购配股发行的股票。认购价格实质上是公司赋予投资者股东的一项期权，认购价格就是行权价格。

15. 投资银行(investment banks)

答：投资银行是指提供广泛多样服务的金融中介机构，诸如高盛、美林、所罗门兄弟等华尔街的大投资银行机构。其主要业务包括帮助证券销售，促成兼并和其他形式的公司重组，充当个人客户和机构客户双方面的经纪人，以及用自己的账户进行交易。因此，投资银行是新证券发行的核心。它们提供咨询、推销证券(在调查市场对发行的接纳程度后)以及承销发行所要筹集的金额，它们还承担市场价格在证券发行价格确定时和出售时之间发生变化的风险。

16. 辛迪加(syndicate)

答：辛迪加又称为承销团，是指同意向发行人购买新股并向公众出售的承销商，众多投资银行根据协议共同负责发行公司股票的销售。如果发行人的证券数量数额较大(如我国规定当发行的证券票面总值超过人民币5000万时，应当由承销团承销)时，一家投资银行可能难以承受，则牵头经理人(lead manager，最早的那家投资银行)可以组成辛迪加或承销团，由多家投资银行一起承销。如果牵头经理人不止一家，那整个集团就被称为联合牵头经理人(co－lead manager)。除了牵头经理人，集团里还有经理人(manager)、主承销商(major bracket)、辅承销商(mezzanine bracket)和次承销商(sub－major bracket)，各家投资银行在集团中的地位是由其在集团中所占的股份决定的。

17. 议价发行(negotiated offer)

答：参见本章复习笔记。

18. 墓碑式广告(tombstone)

答：墓碑式广告是指股票发行公司在发行静候期间里及以后使用的股票发行广告。这种广告一般以简洁的方式列示发行公司名称、发起人、发行数量、发行价格等信息，因广告文字及版面设计如同墓碑而得名。

19. 超额认购特权(oversubscription privilcge)

答：超额认购特权是指一部分比例(小于10%)的股东没能行使配股选择权时，股东被允许按照认购价格(通常远低于当时的市场价格)购买没有认购的股票的权利。由于股票以低于市场价格发行，超额认购特权对于公司而言是一种成本。

20. 非再次发行(unseasoned new issue)

答：非再次发行，亦称“首次公开发行(IPO)”。参见本章复习笔记。

21. 招股说明书(prospectus)

答：招股说明书是指发行公司公开发行股票计划的书面证明，也是投资者准备购买股票的依据。公司要向公众发行证券，必须满足证券交易委员会各项归档要求。招股说明书包括财务报表、主要事项(如法律诉讼)、企业计划、公司经营的总体评价及主管人员信息等。

22. 风险资本(venture capital)

答：风险资本是指由专业投资人提供的投向快速成长并且具有很大升值潜力的新兴公司的一种资本。在通常情况下，由于被投资企业的财务状况不能满足投资人于短期内抽回资金的需要，因此无法从传统的融资渠道如银行贷款获得所需资金，这时风险资本便通过购买股权、或既购买股权又提供贷款的方式进入这些企业，然后通过公司快速发展所产生的巨大权益增值获益。由于风险资本投资于初创企业以获得丰厚的回报，相应的风险也很大。

23. 红鲱鱼书(red herring)

答：红鲱鱼书即初步募股说明书，是指证券管理机构审查公司上市申请时，公司向潜在投资者分发的发行股票的初步募股说明书。在美国，《1933 年证券法案》规定，在证券交易管理委员会正在审查公司申请上市登记报告的过程中，公司不得出售任何证券，但可以向社会公众发放初步募股说明书。由于其封面用红笔题记，表明它还未在证券交易管理委员会注册登记，故又称为“红鲱鱼募股说明书”。

二、复习题

1. 负债与权益发行规模　总的来说，债务发行比权益发行更为普遍，而且发行规模也大得多。为什么?

答：一个公司内部产生的现金流是权益融资的来源之一。对于一个盈利的公司，它不需要外部权益资本。债务发行量更大，是因为大公司更容易进入公共债务市场(小公司往往倾向于从私人放贷者处贷款)。权益发行者经常是准备上市的小公司，通常这类发行的规模是非常小的。此外，为了保持债务—权益比，公司通常会在现有债务到期之后发行新的债务。

2. 负债与权益发行成本　为什么销售权益的成本要比销售负债的成本大得多?

答：销售权益的成本比销售负债的成本更高有两个原因：一个是规模经济(由上题可知)；另一个原因是从投资银行的角度看，债务的发行更加容易并且风险相对低。债券的发行较容易且风险较低又有两个原因：①大量的债券可以相对集中地卖给少数的买家，特别是大型机构买家，如养老基金和保险公司；②债券很容易定价。

3. 债券评级与发行成本　为什么非投资级债券的发行成本要比投资级债券高那么多?

答：从投资银行的角度看非投资级债券风险更大并且更难进入市场。

4. 债券的折价发行　为什么在债券发行中折价问题不重要?

答：可比债券的收益通常可以很容易地观察到，所以债券发行中准确定价并不是很困难。

利用以下信息回答接下来的 3 个问题。拼车公司 Zipcar，在 2011 年 4 月上市了。在投资银行高盛的帮助下，Zipcar 按每股 18 美元的价格卖出了 968 万股股份，筹资额达到 1.7424 亿美元。上市第 1 天，股价从最高的 31.50 美元回调到每股 28 美元收盘。以收盘价看，Zipcar 每股明显折价了 10 美元左右，这意味着公司本可以多筹得 9680 万美元。

5. IPO 定价　IPO 折价率接近 56%，Zipcar 公司该对高盛公司制定的明显偏低的价格感到失望吗?

答：很明显，股票卖出的价格太低了，所以 Zipcar 有理由对高盛公司不满意。

6. IPO 定价　在上一问题中，如果你知道公司成立不过 10 年，2010 年公司的营业收入不过 1.86 亿美元且尚未实现盈利，这会不会影响你的态度? 此外，该公司的商业模式也尚未被证实是有效的。

答：不会。但是公平的来说，在这种情况下股票的定价是很困难的。

7. IPO 定价　在上两个问题当中，如果你知道在新发行的 968 万股新股之外，公司还另有 3000 万股股票发行在外。这 3000 万股股票当中，4 家风险投资拥有 1410 万股，12 名董事和高管持有 1550 万股。这会不会进一步影响你的判断?

答：会，这是一个很重要的因素。只有 968 万股股票被过低定价了，事实上，其他

3000 万股股票的定价都是正确的。

8. 现金发行与配股 Ren – Stimpy 国际公司计划通过发行大量的普通股筹集新的股权资金。Ren – Stimpy 公司是一家已上市公司，它计划在现金发行和向现有股东配股发行(非承销)这两种方案之间进行选择。Ren – Stimpy 公司的管理层希望实现销售成本最低，他们向你咨询。你将如何建议？为什么？

答：证据表明，对现有股东进行配股发行比现金发行的成本要低很多。但是，配股发行很少见，所以可能存在一些潜在的成本或其他没有被调研者发现(充分理解)的因素。

9. IPO 折价 1980 年，一位财务学的助理教授买入了 12 只 IPO 股票。他持有每一只股票大致 1 个月后卖出。他遵循的交易原则是申购每一只以包销方式发行的石油和天然气勘探公司。此期间一共有 22 次这样的发行，他每次的申购金额都在 1000 美元左右。有 10 次，这位助理教授没能配售到股票。另外 12 次中有 5 次未能足额申购到。

1980 年对石油与天然气勘探公司的股东来说是个很好的年份：上市的 22 家公司在上市后 1 个月股价平均高过初始发行日 80%。这位助理教授检查了他的交易记录，发现他投入的 8400 美元资金已经上涨到 10000 美元，只有大约 20% 的回报(忽略了交易手续费)。他的运气很差吗，或者他本就该比 IPO 市场上的一般投资做得差？请你对此做出解释。

答：投资业绩差对助理教授来说也许并不意外。因为他预订了每一只首次公开发行的股票，他注定要比优秀的投资者获得更少的收益。财务分析师通常研究各个公司，并把前景好的公司与前景不被看好的公司分开，只投资前景看好的公司。而助理教授订购所有公司股票。由于前景看好的公司股票被过多订购，助理教授只能从中获得有限的股票；同时，前景不被看好的公司股票往往订购不足，所以助理教授获得他所要求的数量。结果是他投资的业绩要低于平均水平，因为他的投资组合中前景不被看好的公司股票所占比重高于前景被看好的公司股票。这一结果被称为“赢家的诅咒”。助理教授“赢得”了这些股票，但是他的损失是他“赢得的”前景不被看好的股票带来的。

10. 竞价发行与议价发行 竞价发行与议价发行的比较优势各是什么？

答：竞价发行和议价发行是选择投资银行承销证券的两种方法。在竞价发行的情况下，发行公司可以将证券出售给出价最高的承销商，反过来这也意味着更低的成本。另一方面，在议价发行的情况下，承销商通过谈判可以获得更多关于发行公司的信息，这就提高了成功发行的可能性。

11. 增发 股价在增发公告宣告当日下跌的可能原因是什么？

答：股价在增发公告宣告当日下跌有两个可能原因：①公司管理层可能会在股价被高估，即股票的内在价值低于市场价值时尝试发行新股，股价的下跌是由于股票估值的向下调整导致；②当发生财务困境的可能性上升时，公司更愿意通过股权而非债务方式进行融资，股价下跌是因为市场将增发行为视作坏消息来解读。

12. 筹资 Megabucks Industries 公司计划通过大规模发行新股筹集新的股权资金。Megabucks 是一家上市的贸易公司，它希望在承销式现金发行和向现有股东配股发行(非承销)之间进行选择。Megabucks 公司的管理层希望实现现有股东的财富最大化，并就发行方式向你咨询。你的建议是什么？为什么？

答：如果管理层希望增加现有股东的财富，那么对现有股东进行配股是一个更好的选择，因为配股发行筹集每一单位资本的成本较低。管理层不用担心股票的定价过低，因为股东得到了这些配股，这是有意义的。同时，配股发行还防止了现有股东失去其对公司适当的所有者控制权的可能性。最后，无论股东是否选择了购买新股，它们都是唯一的受益者。

13. 暂搁注册 请你解释为什么暂搁注册被许多公司，而不是辛迪加所采用。

答：采用暂搁注册的原因有：①在不会导致额外的发行费用的情况下获得了只在必要时筹集资金的灵活性；②暂搁注册的程序更为简化。

14. IPO 每一次的 IPO 都是特别的，但就经验来看，IPO 有什么基本规律？

答：首次公开发行的基本经验性规律包括：①一般都是折价发行；②小型首次公开发行一般采用代销发行，而大型首次公开发行一般采用包销发行；③承销价格相对二级市场价格更为稳定；④议价发行比竞价发行的成本要高。

15. 配股发行 Clifford 公司公告了总额为 2600 万美元的配股方案，所募集的资金将用于开办一份新的杂志 Journal of Financial Excess。该杂志将在作者缴交每页 5000 美元的不可退回的审稿费后对稿件进行审稿。公司现行股价是每股 28 美元，外发股份总数为 290 万股。

a. 配股价格最高会是多少，最低呢？

b. 如果认购价格定在每股 25 美元，公司需要发行多少股份？为了购买一股股票，需要多少份认股权？

c. 除权前价格是多少？每一份认股权值多少钱？

d. 说明一个没有认购意愿（或资金）、在发行前持有 1000 股的股东该怎么做才不会在这一过程中蒙受损失。

答：a. 最高的配股价格是股票现在的价格，即 28 美元，最低的配股价格是任何大于 0 美元的价格。

b. 新增的股票份额等于要募集的资金总额除以配股股价，所以，新增的股票份额 = 26000000/25 = 1040000（股）。

购买 1 股股票需要的配股权等于现有的流通股股数除以新增配股股数。所以，购买 1 股股票需要的配股权数 = 2900000/1040000 = 2.79。

c. 股东需要 2.79 个配股权才能购买一只新股，为此他必须具有的股票的价值是：2.79 × 28 = 78.08（美元）。

然后股东可以以 25 美元的价格执行配股权，所以总的成本为：

$$总成本 = 78.08 + 25 = 103.08（美元）$$

股东之后会拥有的除权股数为：1 + 2.79 = 3.79，故：

除权价格 $P_X = (2.79 \times 28 + 25)/(1 + 2.79) = 27.21$（美元）；每股配股权的价格 = 28 − 27.21 = 0.79（美元）。

d. 在配股前，股票价值 = 1000 × 28 = 28000（美元）；在配股后，股票价值 = 1000 × 27.21 + 1000 × 0.79 = 28000（美元）。

即在配股中不会有任何损失。

16. 计算发行费用 St. Anger 公司需要筹集 5500 万美元的资金以满足新市场的需要。公司将通过一般现金发行筹集所需资金。如果发行价格定在每股 32 美元，承销商将收取 7% 的价差。公司需要发行多少股新股？

答：令 X 为需要从出售股票中募集的资金数，计算过程如下：

$$(1 - 0.07)X = 55000000$$

解得：$X = 59139785$（美元）。

需要卖出的股票股数等于需要募集的资金数除以发行价格，有：

$$公司需要卖出的股票数 = 59139785/32 = 1848118(股)$$

17. 稀释 Metallica Heavy Metal Mining(MHMM)公司，计划实现多元化经营。有关的一些财务信息列示如下：

股价(美元)	75
股数	65000
总资产(美元)	9400000
总负债(美元)	4100000
净收益(美元)	980000

MHMM 公司在考虑与该公司有着相同的市盈率(P/E)的投资。项目投资成本是 150 万美元，公司将通过发行新股筹资。该项目的 ROE 与公司当前的 ROE 相同。该项目的每股账面价值、每股市值与 EPS 是多少？该项目的 NPV 是多少？这个过程会发生怎么样的稀释效应？

答： 公司的当前 $ROE_0 = NI_0/TE_0 = 980000/(9400000 - 4100000) = 0.1849 = 18.49\%$

新的净收益等于 ROE_0 乘以新的总权益资本，可得：

新的净收益 $NI_1 = ROE_0 \times TE_1 = 0.1849 \times (9400000 - 4100000 + 1500000) = 1257358$(美元)

因为 $EPS_0 = NI_0/$流通股股数 $= 980000/65000 = 15.08$(美元)

新发行的股票数量 $= 1500000/75 = 20000$(股)

所以：$EPS_1 = 1257358/(65000 + 20000) = 14.79$(美元)

$(P/E)_0 = 75/15.08 = 4.974$

假设 P/E 不变，新的股票价格 $P_1 = 4.974 \times 14.79 = 73.58$(美元)

$BVPS_0 = TE_0/shares_0 = 5300000/65000 = 81.54$(美元)

$BVPS_1 = TE_1/shares_1 = (5300000 + 1500000)/85000 = 80.00$(美元)

现在市场价值与账面价值的比 $= 75/81.54 = 0.9198$

新市场价值与账面价值的比 $= 73.58/80.00 = 0.9198$

$NPV = -1500000 + (73.58 \times 85000 - 75 \times 65000) = -120283$(美元)

会计稀释之所以发生是因为市场价值与账面价值之比小于 1，市场价值稀释发生的原因是该公司投资了一个净现值为负的项目。

18. 配股 Hoobastink Mfg. 公司在考虑一项配股计划。公司确定的除权前的股价是每股 61 美元。而目前公司的股价是每股 68 美元，在外流通股数是 1000 万股。配股将筹集 6700 万美元的资金。计划中的发行价格是多少呢？

答： 新增的股票份额等于要募集的资金总额除以配股股价，因此：

$$新增的股票份额 = 67000000/P_S$$

认购 1 股股票需要的配股权等于现有的流通股股数除以新增配股股数，因此：

$$\begin{aligned}认购\ 1\ 股股票需要的配股权数(N) &= “老”股数量/“新”股数量\\ &= 10000000/(67000000/P_S)\\ &= 0.1493P_S\end{aligned}$$

除权前股价的计算公式为：

$$P_X = (NP_{RO} + P_S)/(N + 1)$$

代入数据得到：

$$P_X = 61 = (68 \times N + P_S)/(N + 1) = (68 \times 0.1493P_S + P_S)/(0.1493P_S + 1)$$

解得：$P_S = 29.83$(美元)，即计划配股发行价格为每股 29.83 美元。

第21章 租　　赁

21.1 复习笔记

租赁是一项契约性协议，规定了承租人拥有使用租赁资产的权利，且必须定期向出租人(即资产的所有者)支付租金。租赁既有短期租赁，也有长期租赁，本章主要是关于租赁期限长于5年的长期租赁。

1. 租赁

租赁是指出租人以收取租金为条件，在契约或合同规定的期限内，将资产租借给承租人使用的一种经济行为。租赁行为在实质上具有借贷属性，不过它直接涉及的是实物而不是钱。在租赁业务中，出租人主要是各种专业租赁公司，承租人主要是其他各类企业，租赁物大多为设备等固定资产。

2. 租赁的分类

(1)融资租赁。融资租赁是指由租赁公司按照承租企业的要求购买设备，并在契约或合同规定的较长期限内提供给承租企业使用的信用性业务，也称为资本租赁、财务租赁。它是现代租赁的主要类型。承租企业采用融资租赁的主要目的是为了融通资金。一般融资的对象是资金，而融资租赁集融资与租赁于一身，具有借贷性质，是承租企业筹集长期资金的一种特殊方式。融资租赁要有三方当事人(出租人、承租人和出卖人)参与，通常由两个合同(融资租赁合同、买卖合同)或者两个以上合同构成，其内容是融资，表现形式是融物。融资租赁的形式包括直接租赁、售后回租和杠杆租赁三种。

固定资产租赁业务如具有下列情况之一，通常确认为融资租赁：①在租赁期满时，资产的所有权由出租人转让给承租人；②承租人有廉价购买选择权；③租赁期为资产使用年限的大部分(如75%以上)；④租赁开始日租赁应付款的现值之和不小于租赁资产的公允价值。

(2)经营租赁。经营租赁是指由出租人向承租企业提供租赁设备，并提供设备维修保养和人员培训等服务性业务，也称为营运租赁、服务租赁。经营租赁通常为短期租赁。承租企业采用经营租赁的目的，主要不在于融通资本，而是获得设备的短期使用和出租人提供的专门技术服务。从承租企业无须先筹资再购买设备即可享有设备使用权的角度来看，经营租赁也有短期筹资的作用。

(3)融资租赁与经营租赁的区别。企业资产的租赁有经营租赁和融资租赁两种。经营租赁是指以提供设备等资产的短期使用权为特征的租赁形式；而融资租赁是以融资为目的，从而最终获得租赁资产所有权的一种租赁形式。二者的区别体现在以下几方面：

①租赁程序不同。经营租赁出租的设备由租赁公司根据市场需要选定，然后再寻找承租企业；而融资租赁出租的设备由承租企业提出要求购买或由承租企业直接从制造商或销售商那里选定。

②租赁期限不同。经营租赁期较短，短于资产的有效使用期；而融资租赁的租赁期较长，接近于资产的有效使用期。

③设备维修、保养的责任方不同。经营租赁由租赁公司负责；而融资租赁由承租方

负责。

④租赁期满后设备处置方法不同。经营租赁期满后，承租资产由租赁公司收回；而融资租赁期满后，企业可以以“名义货价”(相当于设备残值的市场售价)留购。

⑤租赁的实质不同。经营租赁实质上并没有转移与资产所有权有关的全部风险和报酬；而融资租赁的实质是将与资产所有权有关的全部风险和报酬转移给了承租人。

3. 影响设备租赁或购买的主要因素

企业在决定进行设备投资之前，必须详细地分析项目寿命期内各年的现金流量情况，确定以何种方式投资才能获得最佳的经济效益。为此，需要首先考虑以下因素：

(1)项目的寿命期或设备的经济寿命。

(2)租赁设备需要付出租金，租金的支付方式包括租赁期起算日、支付日期、支付币种和支付方法等内容，它对租金额会产生一定的影响；借款需要按期付息、到期还本；分期购买需要按期支付利息和部分本金。

(3)当企业需要融通资金取得设备时，需要考虑究竟是向金融机构借款，还是通过融资租赁取得资金，或是发行企业股票或债券来融资最简便省时。

(4)企业的经营费用减少与折旧费和利息减少的关系，租赁的税收抵减作用等。

4. 企业需要长期占有决策方法

(1)租赁的现金流量。采用设备租赁的方案，租赁费可以直接进入成本，其现金流量为：

现金流量 = 销售收入 - 经营成本 - 租赁费用 - 税率 ×(销售收入 - 经营成本 - 租赁费用)

不考虑销售收入与经营成本的情况下，租赁的现金流量可以表示为：

租赁的现金流 = - 租赁费用 + 租金抵税额 + 税后营运节约额

其中，租赁费用主要包括：租赁保证金，一般为合同金额的5%，或是某一基期数的金额(如一个月的租金额)；租金，对于租金的计算主要有附加率法和年金法；担保费等。

(2)购买的现金流量。

现金流量 = 销售收入 - 经营成本 - 设备购置费 - 税率 ×(销售收入 - 经营成本 - 折旧)

同样，不考虑销售收入与经营成本情况下的表达式为：

购买的现金流 = - 设备购置费 + 折旧抵税额 + 税后营运节约额

(3)公司所得税下的折现率。若现金流是无风险的，折现率使用税后无风险利率；若现金流是有风险的，折现率使用承租人发行有担保债券的税后利率。

(4)设备租赁与购置的经济决策。对于承租人来说，关键的问题是决定租赁还是购买设备。而设备租赁与购置的经济决策也是一个互斥方案的选优问题。当设备寿命相同时，一般采用净现值法；当设备寿命不同时，一般采用年值法。无论采用净现值法还是年值法，均以收益效果较大或成本较少的方案为宜。

采用净现值法时，首先令租赁的现金流量减去购买的现金流量，从而计算出公司用租赁替代购买产生的增值现金流量，然后将所得的现金流量按照税后无风险利率进行折现，即可得到租赁相对于购买来说的净现金流量 *NPV*。若 *NPV* 为负值，则公司应选择购买该设备；若 *NPV* 为正值，则公司应该选择租赁该设备。

5. 债务置换与租赁价值评估

(1)最优债务水平与无风险现金流量。一般的原则是：在存在公司所得税的现实世界里，公司最优债务水平的增量取决于以税后无风险利率折现的未来有保证的税后现金流入。

(2)最优债务水平与租赁价值的评估。关于负债能力的分析有两个目的：第一，说明选择购买方案的额外负债能力；第二，决定租赁方案是否优于购买方案。

将购买相对于租赁来说的增值现金流量按照税后利率进行折现，即可得到购买相对于租赁的债务水平增量。若该债务水平增量为正值，则说明，无论租赁条件下的最优债务水平是多少，购买条件下的最优债务水平的数额都将比租赁条件下的更多。

6. 租赁的理由

(1)合理的理由

①税收优惠。不同公司的公司所得税税率不同，当承租方税率较低，租赁具有折旧和利息的抵税效应，出租人会因此收取较低的租金。

②减少不确定性。与残余价值相关的风险由出租人承担，使用者只在购买时才承担该风险。

③降低交易成本。相比于购买资产且需要债务或权益融资的交易，租赁的交易成本更低。

④其他原因。租赁可合理规避相关制度。

(2)不合理的理由

①影响会计数据。存在经营性租赁的公司的资产负债表的负债总额小于其他公司，资产报酬率高于其他公司。在有效市场中，租赁对会计数据的影响不能为公司创造价值。

②债务置换。租赁会替换承租人的债务融资，降低债务抵税效应，降低最优负债水平。

21.2 课后习题详解

一、概念题

1. 债务置换(debt displacement)

答：债务置换是指租赁对负债的一种特定影响，即当一家公司为机器设备的租赁而发行债券来筹措所需的资金时，承租人发生的这笔负债应等于全部未来租赁付款额的现值，此时就称租赁置换了债务。

2. 杠杆租赁(leveraged lease)

答：杠杆租赁是指出租人一般只出资租赁物全部金额的一部分(一般不低于20%)就获得租赁物的所有权，租赁物的其他金额则以该租赁物作抵押向金融机构贷款解决的一种租赁形式。在杠杆租赁中，金融机构提供的贷款是一种无追索权的贷款，但需出租人以租赁物、融资租赁合同和收取租金的受让权作为担保。

杠杆租赁作为承租人、出租人和贷款人三方的协议安排，概括起来有以下特点：①同其他租赁一样，承租人使用资产并且定期支付租金；②同其他租赁一样，出租人购买资产，将其交付给承租人，并定期收取租金。然而，出租人出资金额不会超过该项资产价格的40%～50%；③贷款人提供剩余的资金，并向出租人收取利息。

3. 直接租赁(direct leases)

答：直接租赁是指出租人用在金融市场上筹措到的资金和自有资金购置租赁设备，直接出租给最终用户的租赁形式。直接租赁是一种典型的融资租赁形式，其出租人主要是制造商和租赁公司，除制造商外的其他出租人都是从制造商处购买资产出租给承租人的。在直接租赁中，承租人提出租赁申请时，出租方并没有承租方所需要的资产，而是按照承租方的要求选购或制造，然后再出租给承租方。

4. 表外融资(off-balance-sheet financing)

答: 表外融资即资产负债表外融资，指不需列入资产负债表的融资方式，即该项融资既不在资产负债表的资产方表现为某项资产的增加，也不在负债及所有者权益方表现为负债或权益的增加。

表外融资的目的就是将企业的负债从资产负债表上消除掉。对金融租赁公司而言，就是指将其流动性较差但具有相对稳定的可预期现金收入流量的资产，通过一定的资产结构安排，对资产中风险与收益要素进行分离与重组，转换为在金融市场上可以出售和流通的证券，并据以融资(变现)的过程。简而言之，表外融资是融资租赁公司转让其融资租赁项目的租金收取权。

5. 融资租赁(financial leases)

答: 参见本章复习笔记。

6. 经营租赁(operating lease)

答: 参见本章复习笔记。

7. 承租人(lessee)

答: 承租人是指从出租人手中租赁出租物用于生产经营活动，享有租赁财产的使用权，并按约定向出租人支付租金的单位或个人。它是相对于“出租人”而言的。

8. 售后回租(sale and lease-back)

答: 售后回租是指承租方将原来属于自己的资产出售给出租方，然后再以租赁的方式从出租方手中租回使用。这种类型的租赁大多是在承租方出现财务困难，急需资金使用时采用的，它既可以保证承租方继续使用资产，同时又能通过出售资产获得必要的资金。在这种租赁合同中，除财产所有权的名义发生变更外，其余条件(如负责维修保养等)均无变化。

售后回租的好处是一方面企业可以获得现金收入，暂时缓解企业的财务危机，另一方面又能继续使用原资产，不影响企业的日常生产经营活动的持续进行。

9. 出租人(lessor)

答: 出租人是指将自己拥有或控制的财产租赁给其他企业，并收取租金的营利性公司或机构。它是相对于“承租人”而言的，一般是出租设备的制造者或所有者。

10. 销售型租赁(sales-type leases)

答: 销售型租赁又称“非节税租赁”，是指承租人对租赁物享有留购权，即租赁期末允许承租人以名义留购价留购设备并获得资产所有权的租赁类型。销售型租赁是具有销售性质的租赁，即租赁开始日租赁资产的最低租赁付款额的现值不等于资产的成本或账面价值。销售型租赁的出现主要是因为制造商和经销商成为出租人，将租赁作为其商品营销的一种途径。这种情况下，出租人获取的收益中除融资收益外，还包括产销差价或进销差价。因此，销售型租赁在租赁开始日即对出租人产生销售损益。

二、复习题

1. 租赁与借贷购买 租赁与借贷购买的重点区别是什么？它们可以完全互相替代么？

答: 租赁与借贷购买的主要区别是：①租金是可以抵税的，借贷购买中只有利息是可以抵税的；②承租人不拥有资产的所有权，所以不能利用折旧进行抵税；③在出现违约的情况下，出租人不能强迫承租人一方破产；④承租人在租期的最后不能获得资产使用权(除非有某些额外的安排)。

根据上述区别，可以看出租赁与借贷购买不可以完全互相替代。

2. 租赁和税收 税收是决定是否租赁时的一个重要的考虑因素。哪种情形下更有可能选择租赁：一家高税率但盈利颇丰的公司，还是一家低税率但利润较低的公司？为什么？

答：低税率但利润较低的公司更有可能选择租赁，因为税收转移机制给他们带来的收益更大。

3. 租赁与内部收益率(*IRR*) 当我们观察 *IRR* 来衡量一个租赁决定的时候，会存在哪些潜在的问题呢？

答：潜在的问题包括：①在解释内部收益率时要小心谨慎；②要确保内部收益率不是仅基于租赁付款的隐含利率。

4. 租赁 请评价以下观点：

a. 租赁降低了风险，并可以减少企业的资金成本。

b. 租赁提供了百分之百的融资。

c. 如果取消了租赁的税收优惠，租赁也将不复存在。

答：a. 租赁是担保借款的一种形式。只有当它比其他形式的担保借款更便宜时，它才降低了公司的资本成本。不确定性的减少并不特别重要，重要的是租赁较购买的净优势。

b. 该说法并不总是正确的。例如，租赁往往需要预先付款或保证金，也有可能暗含公司以其他的资产作为抵押的合同条款。

c. 租赁可能不会消失，因为它能够减少不确定性和降低转移所有权交易成本。然而，取消税收优惠会使得租赁的使用将大大降低。

5. 租赁会计 讨论租赁物是否记入资产负债表的会计标准。在每种情况下，给予会计标准如此处置的理由。

答：只要满足下列标准的其中一个，租赁须在资产负债表中披露：

(1)租赁资产所有权在租赁的最后时刻转让。在这种情况下，该公司本质上来说拥有资产，并能处理它的残余价值。

(2)承租人可以以低于市场价格的价格购买资产。该公司本质上来说拥有资产，能获得它的大部分残余价值。

(3)租赁期为资产的使用年限的75%及以上。公司基本上可以获得资产的大多数收益，并且没有任何责任。

(4)在租赁之初，租赁付款额的现值至少是该项资产市场公允价值的90%。公司实质上是以分期付款的方式购买该项资产的。

6. IRS 准则 讨论租赁是否可以减免缴纳所得税的 IRS 准则。针对每一种情况，给予设定准则的理由。

答：为使租赁支付是可以减税的，租赁必须符合 IRS 的下列标准：

(1)租赁期不得超过资产使用年限的80%。如果租赁期超过其使用年限的80%，被认定为条件销售。

(2)租赁不应包含一个低价购买的购买期权，IRS 认为这个期权实为资产权益收益。

(3)租赁付款不能在早期支付很高，在租赁快结束的时候又支付的很低。这样意味着租赁简单的被用作避税。

(4)应合理选择续约(续费)，反映续约时资产的市场公允价值。这表明租赁是合法的商业用途，而不是避税。

7. 表外融资 什么是表外融资？什么情况下可以通过租赁提供表外融资？如此操作会带来什么样的会计和经济后果？

答：顾名思义，表外融资就是不需要在资产负债表中进行披露的融资。一般只要在资产负债表的注脚中注明即可。经营租赁是一种表外融资。从会计上看，经营租赁使得总资产大大降低，一些财务比率可能会被人为地提高。金融分析师通常不会被这样的做法愚弄。如此操作不会带来什么经济后果，因为公司的现金流量不会因在会计上如何处理租赁而受影响。

8. 售后回租 为什么一家公司会选择售后回租交易？举出两个理由。

答：承租人无法利用折旧抵税，或是不能获得能够有效避税的租赁安排；也有可能是为了满足暂时的现金需求，而且将来的现金流足以支付租金。

9. 租赁费用 请解释在做租赁评估时，用税后借款利率作为折现率是比较适当的。

答：因为相关的现金流都是税后的，所以用税后借款利率作为折现率是比较合适的。

根据以下例子回答第10题。2014年4月，ILFC公司宣布，该公司将购买8架空客公司A330－200和A350－900飞机。然后ILFC将与天界航空签订一份长期租赁合同，将8架飞机租给天界航空用于飞巴西至美国的航线。

10. 租赁与购买 为什么天界航空没有去购买这些飞机，虽然其公司业务迫切需要这些飞机？

答：根据天界航空公司的财务状况，租赁和购买的税后成本可能是一样的。然而，天界航空公司可能处于这样一种状况，他们的经营收入较低，无法全部利用购买时的折旧的税盾效应，或者他们的信用不足以使他们借到购买所需要的贷款额，也有可能是借款的利率太高。

运用下列信息回答问题11。你工作的核研究实验室正准备租赁一台诊断扫描仪（租赁昂贵的、高科技设备是一种普遍的做法）。该扫描仪的成本为5800000美元，而且以直线折旧法计算，4年后其价值为0。而且实际上由于辐射污染，这台机器4年后也将毫无价值。你以每年1690000美元的租金将其租赁4年。

11. MACRS 法折旧及租赁 假设所得税税率为35%，贷款利率是8%，该扫描仪将作为3年期的财产以MACRS法贬值，你应该租赁还是购买该设备？（见第6章折旧免税额）。

答：租赁的税后成本 $=1690000\times(1-0.35)=1098500$（美元）

租赁的现金流量如下：

第一年：$5800000\times0.3333\times0.35+1098500=1775099$（美元）

第二年：$5800000\times0.4445\times0.35+1098500=2000835$（美元）

第三年：$5800000\times0.1481\times0.35+1098500=1399143$（美元）

第四年：$5800000\times0.0741\times0.35+1098500=1248923$（美元）

$$NAL=5800000-1775099/1.052-2000835/1.052^2-1399143/1.052^3-1248923/1.052^4$$
$$=83268.34\text{（美元）}$$

应该租赁。然而 *NAL* 下降了，这是由于折旧累积带来的税盾效应，在购买或租赁的决策过程中这代表着一项成本。

根据下列信息回答问题12。Wildcat石油公司正考虑以租赁或购买的方式获得一台新的电脑辅助钻井系统以进行其石油勘探业务。管理层决定必须使用该系统以保持竞争力；它会从每年税前成本节约中拨出2900000美元。该系统的总价为9700000美元，以5年期直线法折旧。Wildcat 石油公司的税率是34%，该公司可以以年息9%融资。Lambert 金融租赁公司已表示愿意以每年2150000美元的租金向 Wildcat 石油公司出租该钻井设备。Lambert 的政策需要其承租人每年年初支付租金。

12. 租赁和残值 假设租赁期末该设备的税后残值约为700000美元，Wildcat 公司能接受的最高租金是多少？

答：资产的税后残值对租赁决策来说是一个机会成本，而且这个机会成本发生在租赁期末即第5年末，同时，残值同一般的债务的现金流不一样，因为租赁期初残值有不确定性。尽管较高的折现率也许是合适的，但是还是会用债务的税后折现率对残值进行折现，在实际经济活动中一般都是这样处理的。

$$折旧税盾损失 = (9700000/5) \times 0.34 = 659600(美元)$$

$$税后贷款利率 = 0.09 \times (1-0.34) = 0.0594$$

令 $NAL=0$，有：

$$NAL = 0 = 9700000 - X \times 1.0594 \times PVIFA(0.0594, 5) - 659600 \times PVIFA(0.0594, 5) - 700000/1.0594^5$$

解得：$X = 1430112.69$(美元)

所以，该公司能接受的最高税前租金 = 1430112.69/(1 − 0.34) = 2166837.40(美元)。

13. 租赁或购买 Wolfson 公司决定以2800000美元购买一台新设备。该设备以直线法折旧，4年后残值为零。该公司的税率为35%，Sur 银行向 Wolfson 公司提供了4年期2800000美元的贷款。偿还计划如下：4年每年支付本金700000美元以及年初贷款余额9%的利息。本金和利息均在年末支付。Cal 租赁公司向 Wolfson 公司提供同样设备的租赁。租金在4年租赁期的每年年初支付830000美元。

a. Wolfson 公司应该租赁该设备还是以银行贷款购买该设备？

b. 租金支付设置在什么水平可以使 Wolfson 公司对租赁或购买该设备感到没有差异？

答：Wolfson 公司可以根据增量现金流模型来做出租赁或购买决策。Sur 银行提供的贷款只是用来确定适当折现率的。由于该项贷款的利率与市场利率一致，因此可以忽略贷款的供应问题而直接使用9%作为税前折现率。在资本预算中，可以不考虑一个项目的融资问题，除非，融资和项目是捆绑的(如可以以低于市场利率的贷款购买特定的汽车)。

a. ①租赁的增量现金流量

$$租金的税收抵减额 = 830000 \times 0.35 = 290500(美元)$$

(单位：美元)

年份	第0年	第1年	第2年	第3年	第4年
租金	−830000	−830000	−830000	−830000	
租赁节约的税收	290500	290500	290500	290500	
净现金流	−539500	−539500	−539500	−539500	

②购买的现金流量：

$$折旧的税盾 = 2800000/4 \times 0.35 = 245000(美元)$$

（单位：美元）

年份	第0年	第1年	第2年	第3年	第4年
购买成本	-2800000				
折旧税盾		245000	245000	245000	245000
净现金流	-2800000	245000	245000	245000	245000

③租赁替代购买的增量现金流量

（单位：美元）

年份	第0年	第1年	第2年	第3年	第4年
租赁	-539500	-539500	-539500	-539500	
购买	-2800000	245000	245000	245000	245000
租赁-购买	2260500	-784500	-784500	-784500	-245000

$$税后折现率 = 0.09 \times (1-0.35) = 0.0585$$

$$增量现金流的净现值 = 2260500 - 784500 \times PVIFA(0.0585, 3) - 245000/1.0585^4 = -37476.44(美元) < 0$$

因此，Wolfson 公司应该购买该机器。

b. 当租金使得增量现金流的净现值为零时，租赁或购买对 Wolfson 公司来说是无差别的，因此有：

$$0 = 2800000 - PMT \times (1-0.35) - PMT \times (1-0.35) \times PVIFA(0.0585, 3) - 245000 \times PVIFA(0.0585, 3) - 245000/1.0585^4$$

解得：$PMT = 814334.50$(美元)，因此，当租金为814334.50美元时，对 Wolfson 公司来说租赁和购买是无差别的。

第22章　期权与公司理财

22.1　复习笔记

期权是一种特殊的合约协议，它赋予持有人在某给定日期或该日期之前的任何时间以固定价格购进或售出一种资产的权利。本章将从解释各种类型的公开交易期权开始，首先确认和讨论决定它们价值的因素，然后说明普通股股票和债券为何可被看成公司原始价值的期权，并由此引出关于公司理财的若干新见解。

1. 期权

期权是规定期权合约的买方具有在未来某一特定日期或未来一段时间内，以约定的价格向期权合约的卖方购买或出售约定数量的特定标的物的权利的合约。期权合约赋予合约购买者的是一种选择的权利，合约的购买者也有权选择不执行合约，所以期权交易也称为选择权交易。

(1)执行期权

执行期权也称为履行期权，是指期权购买方根据合约条款运用赋予权利，按照合约规定价格与数量进行购进或售出标的资产的行为。

(2)敲定价格或执行价格

“敲定价格”又称“执行价格”或“履约价格”，是指在期权合约中，约定的买卖标的资产的价格，是期权的买方行使权利时事先规定的买卖价格，是期权合同的一项固定的指标。执行价格确定后，在期权合约规定的期限内，无论价格怎样波动，只要期权的买方要求执行该期权，期权的卖方就必须以此价格履行义务。

(3)到期日

到期日也称“期满日”，即期权到期的日子，是期权存在的最后一天。对美式期权来说，到期日是其能够执行的最后一天；对欧式期权来说，到期日是其唯一可以执行的那一天。期权的买方所拥有的买卖标的资产的权利是有一定的时间限制的，这种权利只在规定的时期内(或规定的日期)有效，期权买卖日至到期日的时间为期权的有效期限。

2. 美式期权与欧式期权

(1)美式期权

美式期权指买入期权的一方在合约到期日前的任何工作日包括到期日当天都可以行使的期权，其结算日在履约日之后的一天或两天。大多数的美式期权允许持有者在交易日到履约日之间随时履约，但也有一些合同规定一段比较短的时间可以履约，如“到期日前两周”。

(2)欧式期权

欧式期权指买入期权的一方必须在期权到期日当天才能行使的期权，其结算日是履约后的一天或两天。在亚洲区的金融市场，规定行使期权的时间是期权到期日的北京时间下午14:00。过了这一时间，再有价值的期权都会自动失效作废。目前国际上大部分的期权交易都是欧式期权，欧式期权本少利大，但在获利的时间上不具灵活性。

3．看涨期权与看跌期权

(1)看涨期权

看涨期权指赋予期权合约的买方在未来某一特定时期以交易双方约定的价格买入标的资产的权利的期权。看涨期权在到期日的价值如图 22－1 所示。

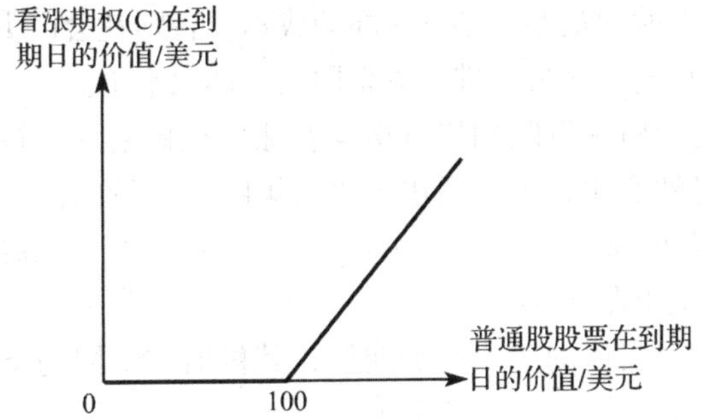

图 22－1　看涨期权的到期日价值

注：图 22－1 称作看涨期权的曲棍球棍图。其中期权的执行价格为 100 美元，若标的资产价格低于 100 美元，则该期权是虚值的，因而毫无价值。若标的资产价格高于 100 美元，则该期权是实值的，且股票价格每增长 1 美元，其价值也增长 1 美元。

(2)看跌期权

看跌期权是指期权合约的买方享有在规定的有效期限内按某一具体的执行价格卖出某一特定数量的相关商品期货合约的权利，但不同时负有必须卖出的义务。看跌期权在到期日的价值如图 22－2 所示。

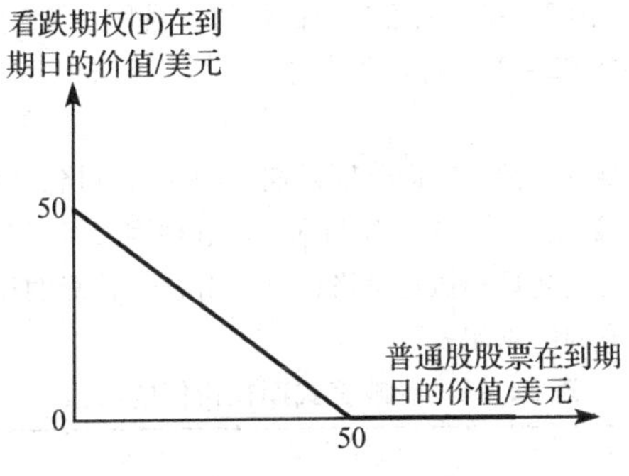

图 22－2　看跌期权的到期日价值

注：图 22－2 描绘了对应标的股票所有可能价值的看跌期权价值，其中期权的执行价格为每股 50 美元。当股价高于或等于 50 美元时，看跌期权的价值为 0；当股价低于 50 美元时，看跌期权的价值＝50－股价。

【例 22.1】从看跌期权的视角，公司债权人所拥有的债权可以理解为(　　)。［中央财经大学 2015 金融硕士］

A．持有以公司资产为标的物的看跌期权

B．向股东出售以公司资产为标的物的看跌期权

C．拥有公司，并持有以公司资产为标的物的看跌期权

D．持有无风险债权，并向股东出售以公司资产为标的物的看跌期权

【答案】D

【解析】公司资产高于债权价值时，债权人可以收回所有本息。公司资产低于债权价值时，

债权人只能收回公司资产。从看跌期权的角度上看，相当于债权人拥有一个价值为D_0的无风险债权，并向公司股东出售了一个以公司资产为标的、执行价格为D_0的终值的看跌期权。

4. 买卖期权平价

看跌期权和看涨期权可视为更复杂的期权组合的基本构成元素。投资者购买看跌期权并购买标的股票或购买看涨期权并购买零息债券，获得的收益可能相同。如果这两项策略都能为投资者带来相同的收益，那么两项策略也必有相同的成本。否则就会产生套利行为。两种投资策略的成本相同可以得出期权的一个最基础的关系即买卖期权平价。

标的股票的价格＋看跌期权价格＝看涨期权价格＋行权价的现值

上述关系可以进行多种变化，等式两边的投资策略是等价的。

5. 期权在执行日之前的价值

(1)看涨期权价值的上下限

对于一种在到期日前有实值的美式看涨期权，其价值的上限与下限如图22－3所示。

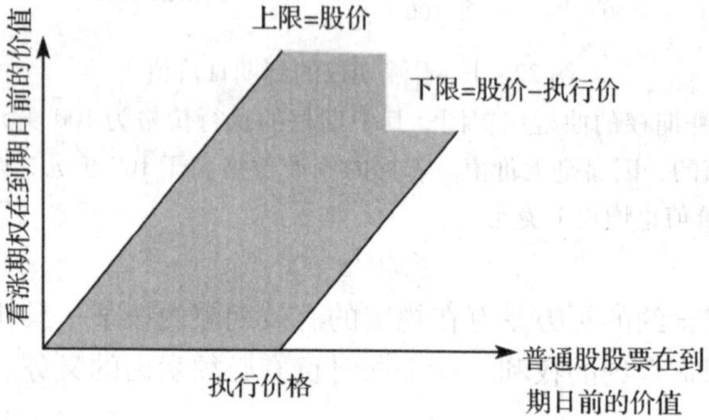

图22－3　看涨期权的价值上限和下限

注：看涨期权的价值必须在图22－3的阴影区域内。

(2)影响看涨期权价值的因素

影响看涨期权价值的因素主要有五种，它们分别是期权的执行价格、距到期日的时间、标的资产的现行价格(股票价格)、标的资产的波动性以及无风险利率。这五种因素可以分成两组：第一组包含了期权合约的特征，合约的两个基本特征是到期日和执行价格；第二组影响看涨期权价格的因素则涉及股票和市场的特性。这些因素对美式期权价值的影响如表22－1所示。

表22－1　影响美式期权价值的因素

增加	看涨期权	看跌期权
标的资产的价值(股票价格)	+	–
执行价格	–	+
股票的波动性	+	+
利率	+	–
距到期日的时间	+	+

美式期权的四种关系：

1. 看涨期权的价格决不能高于股价(上限)
2. 看涨期权的价格既不能小于零，也不能小于股价与执行价格之差(下限)
3. 如果股价等于零，那么看涨期权价值为零
4. 当股价远远高于执行价格，看涨期权价格趋向等于股价与执行价格现值之差

注：符号(＋，－)表示变量对期权价值的影响。例如，股票波动性所对应的两个"+"，意味着波动性的增大既使看涨期权的价值增加，也使看跌期权的价值增加。

6. 期权定价模型

(1)二叉树期权模型

二叉树定价模型的基本假设是一定时期内标的资产价格的变化只有两种可能的状态。因此，在无套利的动态复制过程中，只需要两种相互独立的基本证券。

①无套利定价法。

a. 决定 *Delta*。看涨期权的风险性质类似于借钱买股票的风险，因此，为了使两种风险不但性质相同，而且数量上相等，需要引进一个 *Delta* 衡量两者风险之间的比例大小：

$$Delta=\frac{\text{期权价格变动幅度}}{\text{标的资产价格变动幅度}}$$

b. 决定借贷量。借款额是年末支付的本金和利息之和的贴现值，即：

$$\text{借款额}=\text{年末支付的本息和}\times e^{-Rt}$$

其中，R 为无风险利率。

c. 决定期权的价值。

$$\text{看涨期权价值}=\text{股价}\times Delta-\text{借款额}$$

②风险中性定价法。在风险中性世界里，所有可交易证券的期望收益都是无风险利率；未来现金流可以用其期望值按无风险利率贴现。

$$\text{股票预期收益率}=\text{收益上涨概率}\times\text{收益上涨幅度}+(1-\text{上涨概率})\times\text{收益下跌幅度}$$

$$\text{看涨期权价值}=(\text{上涨概率}\times\text{期权组合收益}+\text{下跌概率}\times 0)\times e^{-Rt}$$

(2)Black－Scholes 模型

$$C=SN(d_1)-Ee^{-Rt}N(d_2)$$

其中，C 为看涨期权价格；S 为现行股价；E 为看涨期权的执行价格；R 为年无风险收益率，连续复利计算；σ^2 为股票的连续收益的方差(每年)；t 为至到期日的时间(年)；$N(d)$是一个统计概念，即标准正态分布随机变量小于或等于 d 的概率。

$$d_1=[\ln(S/E)+(R+\sigma^2/2)t]/\sqrt{\sigma^2 t}$$

$$d_2=d_1-\sqrt{\sigma^2 t}$$

7. 股票可以看作关于公司的期权

当公司以发行股票来融资时，股票可以看作是基于该公司价值的看涨期权。因此，公司持股人可以看作对公司持有看涨期权。作为公司现金流入量的函数的持股人现金流入量如图 22－4 所示。

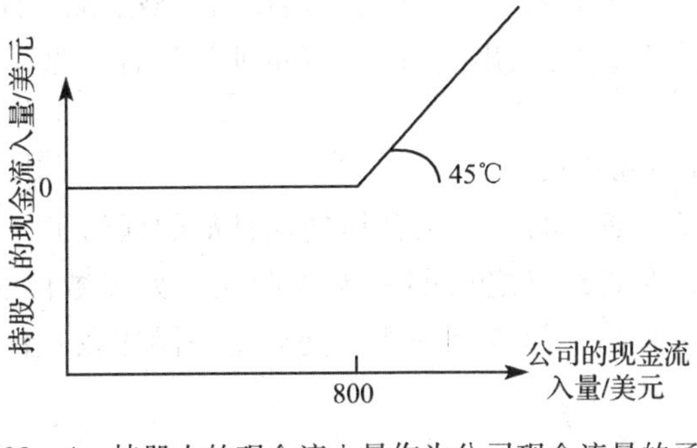

图 22－4　持股人的现金流入量作为公司现金流量的函数

注：公司年末应付本息和为 800 美元。当公司的现金流量小于 800 美元时，持股人将不会行权，无任何收益；当公司现金流量超过 800 美元时，持股人为了获得公司而支付 800 美元。

8. 债权人可以看作是公司期权的出售者

债权人的财务地位可以描述为以下两种权利：

①债权人拥有公司；

②债权人按一定的执行价格售出以公司本身为标的的期权。

因此，债券持有人可以被视作拥有公司但向股东卖出看涨期权，其现金流入量如图22－5所示。

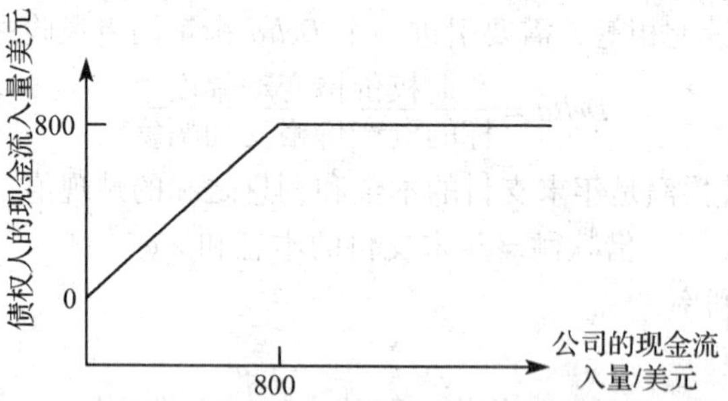

图22－5 债权人现金流入量作为公司现金流量的函数

注：如果现金流量超过800美元，该期权就会被执行，债券持有人就会放弃公司而获得800美元收益；如果现金流小于800美元，看涨期权就会失去价值，此时，债券持有人接受来自公司的现金流。

22.2 课后习题详解

一、概念题

1．期权(option)

答：期权是指在预先约定的日期，以事先确定的价格买卖某种特定商品、金融工具或相关期货合约的权利。期权实质上是一种选择权，其交易是一种权利的买卖。期权对于买方来说，只是一种权利，即拥有在一定时间内以一定价格出售或购买一定数量的商品、金融工具或相关期货合约的权利，不承担必须买进或卖出的义务，其最大损失为购买期权的费用。对于期权的卖方来说，由于收取了期权费，则须承担到期时或到期前由买方所选择的交割履约义务和责任。其固定收益为期权费，而损失则是不确定的。

期权价格的变动是以其基础商品、金融工具或相关期货价格的变动为基础的。其变动规律是：基础期货价格上涨时，买进期权的价格上涨，而卖出期权的价格下跌；反之，当基础期货价格下跌时，买进期权的价格下跌，而卖出期权的价格上涨。期权按照交易性质可分为看涨期权(买入期权)、看跌期权(卖出期权)和双重期权三种类型；按照履约期限可分为美式期权和欧式期权。

2．美式期权(American options)

答：美式期权是指买入期权的一方在合约到期日前的任何工作日包括到期日当天都可以行使的期权，其结算日在履约日之后的一天或两天。大多数的美式期权允许持有者在交易日到履约日之间随时履约，但也有一些合同规定一段比较短的时间可以履约，如“到期日前两周”。

3．买入期权(call option)

答：买入期权又称“买方期权”、“看涨期权”、“多头期权”、“敲进”。它是期权买方在合约到期日或有效期内按照预先敲定的交割价格从期权卖方手中买入某种金融资产或商品的权利，是期权交易的种类之一。购买这种期权以人们预测市场价格将有上涨趋势为前提。投资者在支付一定的期权费取得该种期权后，在合约到期日或到期日之前的有效期限内，若市场价格超过协定价格与期权费之和的水平，则可通过行使期权以协定价格买入合约规定的一定数量的金融资产或商品，再以市场价格卖出，从而获利。在市场价格上涨引起期权费上升的情况下，持有者也可在合约有效期限内以较高的期权费转售该种期权，从而获利。若市场价格走势与预期相反，没有上涨而下跌，持有者可以不执行期权，听任其到期失效，从而将损失控制在期权费之内。

4. 看涨－看跌期权平价关系(put-call parity relation)

答：看涨－看跌期权平价关系是指欧式看涨期权(European call option)和相应的欧式看跌期权(European put option)在价值上所存在的一种平价关系。具体来说，该种平价关系的数学表达式为：$V_c + Xe^{-R_f t} = V_p + S$，式中，$V_c$ 表示欧式看涨期权的价值；X 表示期权的执行价格(exercise price)；R_f 表示无风险利率；t 表示期权的剩余有效期；V_p 表示欧式看跌期权的价值；S 表示基础资产的初始价格。简单来说，对欧式期权来说，下述关系在任何时候都成立：股票价值＋看跌期权价值＝看涨期权价值＋执行价格现值，即 $S + P = C + PE$，这就是买卖权平价关系。

5. 累积概率(cumulative probability)

答：累积概率是指正态分布中，抽取值在某一范围的概率之和。比如，正态分布中，抽取的数值将小于0的概率是50%，那么这一概率就是累积概率。

在不确定分析中，当净现值期望值相对较低，需进一步了解项目经济效益发生在某一区间的可能性有多大时，则应计算这个区间内所有可能取值的概率之和，即累积概率。

6. 卖出期权(put option)[中国人民大学2018金融硕士；西北大学2019金融硕士]

答：卖出期权又称“卖方期权”、“看跌期权”、“空头期权”、“敲出”，是指期权买方在合约到期日或有效期内按照预先敲定的交割价格向期权卖方卖出某种金融资产或商品的权利，是期权交易的种类之一。购买这种期权以人们预测市场价格将有下跌趋势为前提。投资者在支付一定的期权费取得该种期权后，在合约到期或到期日之前的有效期限内，若市场价格跌至协定价格减去期权费的水平之下，则可通过行使期权，以高于当时市场水平的协定价格，卖出合约规定的一定数量的金融资产或商品，从而获利。在市场价格下跌引起期权费上升情况下，合约持有者也可在合约有效期限内以较高的期权费转售该种期权，从而获利。若市场价格走势与趋势相反，没有下跌反而上升，合约持有者可以不执行期权，听任其到期失效，将损失控制在期权费之内。

7. 欧式期权(European options)

答：欧式期权是指只可以在到期日或在到期日前五天内行使期权的一种交易形式，交割同美式期权相同，也在行使期权后两个营业日进行。欧式期权合约给持有者较小的行使期权的选择机会，缺乏灵活性，因而期权费也相对较低。主要通行于欧洲期权市场。

8. 标准正态分布(standardized normal distribution)

答：标准正态分布是一种特殊的正态分布。如果连续型随机变量 X 的概率密度为：

$$\varphi(x) = \frac{1}{\sqrt{2\pi}\sigma} e^{-\frac{(x-\mu)^2}{2\sigma^2}}, \quad (-\infty < x < +\infty)$$

其中，μ，σ 为常数，且 $\sigma > 0$，则称 X 服从正态分布，简记作 $X \sim N(\mu, \sigma^2)$。

当 $\mu = 0$，$\sigma = 1$ 时，则称 X 服从标准正态分布，通常用 u(或 Z)表示服从标准正态分布的变量，记为 $u \sim N(0,\ 1)$。

9. 执行期权(exercising the option)

答：执行期权也称为履行期权，是指期权购买方根据合约条款运用赋予权力，按照合约规定价格与数量进行购进或售出标的资产的行为。

10. 敲定价格或执行价格(striking or exercise price)

答：“敲定价格”又称“执行价格”或“履约价格”，是指在期权合约中，约定的买卖标的资产的价格，即期权的买方行使权利时事先规定的买卖价格。它是期权合同的一项固定的指标。执行价格确定后，在期权合约规定的期限内，无论价格怎样波动，只要期权的买方要求执行该期权，期权的卖方就必须以此价格履行义务。

11. 到期日(expiration date)

答：到期日也称期满日，是指期权到期的日子，即期权存在的最后一天。对美式期权来说，到期日是其能够执行的最后一天；对欧式期权来说，到期日是其唯一可以执行的那一天。期权的买方所拥有的买卖标的资产的权利是有一定的时间限制的，这种权利只在规定的时期内(或规定的日期)有效，期权买卖日至到期日的时间为期权的有效期限。

二、复习题

1. 期权　什么是看涨期权、看跌期权？在什么情况下，你可能想买其中的一种？哪一种有更大的潜在利润？为什么？

答：看涨期权赋予持有人以一个特定的价格在特定的日期或之前购买一项资产的权利，而非义务。卖出期权赋予持有人以一个特定的价格在特定的日期或之前出售一项资产的权利，而非义务。如果你预期资产的价值会上升，你就应该买一个看涨期权。如果你预期资产的价值会下降，那么你应该买一个看跌期权。一个看涨期权有无限的潜在利润，但是看跌期权的利润有限，因为标的资产的价格不可能比零更低了。

2. 期权　分别为这些投资者们完成下列句子：

a. 买入看涨期权的投资者。

b. 买入看跌期权的投资者。

c. 卖出看涨期权的投资者。

d. 卖出看跌期权的投资者。

“看(涨/跌)期权的(买方/卖方)(支付/收取)现金作为以固定价格在固定期限内(购买/出售)特定资产的(权利/义务)”

答：a. 看涨期权的买方支付现金作为以固定价格在固定期限内购买特定资产的权利。

b. 看跌期权的买方支付现金作为以固定价格在固定期限内出售特定资产的权利。

c. 看涨期权的卖方收取现金作为以固定价格在固定期限内出售特定资产的义务。

d. 看跌期权的卖方收取现金作为以固定价格在固定期限内购买特定资产的义务。

3. 美式期权和欧式期权　美式期权和欧式期权的区别是什么？

答：美式与欧式期权的差别，是根据期权执行权利的时间来区分的(而与期权交易所在地理位置无关)。美式期权合同在到期日前的任何时候或到期日都可以执行合约，而欧式期权只有在到期日当天才可履行合约。由于美式期权赋予其持有者在期权合约有效期内的任何一个交易日均可执行的权利，因此，它的价值将大于欧式期权，或者至少与欧式期权相等。

4. 内在价值　看涨期权的内在价值是什么？看跌期权呢？我们如何解释这一价值？

答：看涨期权的内在价值是 $\mathrm{Max}[S-E,0]$。看跌期权的内在价值是 $\mathrm{Max}[E-S,0]$。期权的内在价值就是到期日期权的价值。

5. 期权定价 你注意到 Patel 公司的股票为 50 美元/股。行权价为 35 美元的期权售价为 10 美元。有什么不对吗？请描述如果期权的行权到期日为今天，你将如何利用这个错误定价来套利。

答：期权售价低于它的内在价值，因此存在套利机会。以 10 美元购买这个期权，花 35 美元执行看涨期权以获得一份股票，再以 50 美元出售股票可以获得 5 美元的无风险利润。

6. 期权和股票风险 如果股票的风险增加，该股票看涨期权的价格会发生怎样的变动？看跌期权的价格呢？为什么？

答：两种期权的价格都会上升。虽然股票价格下降的风险增大会使得期权价值为零，但是股票价格上升的可能性更大，因为资产有更大的可能性以实值到期。

7. 期权风险 对或错：股票的非系统性风险与股票的市值之所以无关，是因为它可以通过分散化投资而被消除，因此它与股票的看涨期权也无关。请解释。

答：这种说法是错误的。看涨期权的价值由标的资产的总风险决定，而非仅仅与系统风险有关。

8. 期权定价 假设某股票目前的售价为每股 30 美元。如果看跌期权和看涨期权的行权价均为 30 美元，你认为哪一种期权卖得更贵，看涨期权还是看跌期权？请解释。

答：看涨期权应该卖得更贵一些，因为它可以提供无限的获利空间，但是看跌期权提供的获利空间却是有限的(资产价格不可能下降到零以下)。

9. 期权价格和利率 假设国债利率突然出人意料地上升，其他条件都不变，对看涨期权的价值有什么影响？对看跌期权的价值呢？

答：看涨期权的价值会上升，看跌期权的价值会下降。

10. 或有负债 当你进行学生贷款时，在通常情况下人们认为该笔贷款是由美国政府做担保的，这意味着政府将在你违约时履行还款责任。这只是许多美国政府担保贷款中的一例。这种担保并不体现在政府支出或官方赤字中。为什么？它们应该被体现出来吗？

答：这种担保并不体现在政府支出或官方赤字中是因为美国政府采用现金会计制度，即只有现金的流入和流出才被计入而或有现金流不被计入。从政治角度看，这样做会使得财政赤字变大，这也是这种担保不被计入支出或赤字的另一个原因。是否将这些或有负债计入支出或赤字取决于我们到底认为现金会计制度是否恰当，而不是他们应不应该被揭示出来本身。或有负债还没有被计入美国政府的支出或赤字，起码没有被系统地计入。

11. 期权和到期日 延长期权到期时间对期权的价值有什么影响？请解释。

答：延长期权到期时间可以增加期权的价值。理由如下：期权给予投资者买进或卖出的权利，权利持续的时间越长，期权价值上涨(或者看跌期权价值下降)的时间越长。例如，想象一个即将到期的虚值期权，由于这个期权实际上是没有价值的，延长到期时间很显然可以增加它的价值。

12. 期权和股票价格波动 股票收益波动性的增大对期权价值有什么影响？请解释。

答：股票收益波动性的增大会增加期权(包括看涨期权和看跌期权)价值，因为股票收益波动性的增大会增加对期权持有者有利的实值期权收益的可能性。

13. 保险作为一种期权 保单被认为类似于一种期权。从投保人的角度来看，保单是什么样的期权？为什么？

答：保单属于看跌期权，因为它保证投保人可以以某一特定的价格出售资产。考虑业主保险，如果房子烧毁，基本上就没有价值了。实际上，业主可以根据保险金额的数量把没有价值的房子卖给保险公司。

14. 股票作为一种看涨期权 有人说一个有负债公司的股东可以被看作持有对公司资产的看涨期权。请解释这是什么意思。

答：一家有负债公司的股东可以被看做是看涨期权的持有者，其中债券的面值相当于行权价格，债券的到期时间相当于期权的有效时间。如果在到期日，公司的价值超过了债券的面值，该公司将全额偿还债权人，偿还债务后剩余的资产才由公司的股东分享。但是如果在到期日，公司的价值低于债券的面值，该公司必须清理其全部资产以偿还债权人，股东什么也得不到。

令：V_L为既有债权融资又有股权融资的企业的价值；$FV(\text{debt})$是未偿还债券到期时的面值。

	$V_L < FV(\text{debt})$	$V_L > FV(\text{debt})$
债券所有者的收益	V_L	$FV(\text{debt})$
股东收益	0	$V_L - FV(\text{debt})$
	V_L	V_L

注意到，股东的收益和看涨期权的收益 $\text{Max}(0,\ S_T - K)$ 是相同的，其中到期时股票的价格相当于债务到期时公司的价值，而执行价格相当于未偿还债务的面值。

15. 期权估值及净现值 你是 Titan 工业公司的 CEO，并且刚刚被授予了大量的员工股票期权。该公司有两个相互独立的项目。

第 1 个项目有很大的净现值，并且会减少公司的总体风险。第 2 个项目有很小的净现值，并且会增加公司的总体风险。你已经决定采纳第 1 个项目。你想起了你的员工股票期权，这将怎样影响你的决定？

答：因为你拥有公司大量的股票期权，所以你有接受第 2 个项目的激励，因为第 2 个项目会增加公司的整体风险，减少企业债券的价值。然而，接受有风险的项目将会增加你的财富，因为当公司风险增加时期权就更有价值了。

16. 买卖期权平价 你发现看涨期权和看跌期权具有相同的行权价和期限。你认为这两种期权的价格孰高孰低？证明你的答案，并提供直观的解释。

答：调整买卖期权平价方程，得到下面的等式：$S - PV(E) = C - P$。因为股票价格和行权价格是相等的，同时假设利率为正，所以等式左边必然大于 0。这意味着在这种情况下看涨期权价格大于看跌期权。

17. 买卖期权平价 看涨期权和看跌期权具有相同的行权价和期限。如果其价格相同，哪一个在价内？证明你的答案，并提供直观的解释。

答：调整买卖期权平价方程，得到下面的等式：$S - PV(E) = C - P$。如果看涨期权和看跌期权的价格相等，即 $C - P = 0$。这意味着股票价格等于行权价的现值，所以看跌期权是实值期权。

18. 买卖期权平价 买卖期权平价告诉我们，股票、看涨期权、看跌期权、国债四者中任何三者组合在一起可以等同于剩下的第四者。例如，我们如何用看涨期权、看跌期权和国债合成股票？

答：用看涨期权多头（以反映股价上涨的收益），看跌期权空头（以反映股价下跌的损失）和国债（以反映时间价值部分——“等待”因素）可以复制股票。

19. 二叉树期权定价模型 国债收益率目前为3.9%。Nina制造公司的股票售价为每股63美元，且一年后股票价值没有可能少于每股61美元。

a. 行权价为60美元时看涨期权价值多少？其内在价值是多少？

b. 行权价为50美元时看涨期权价值多少？其内在价值是多少？

c. 行权价为60美元时看跌期权价值多少？其内在价值是多少？

答：a. 看涨期权的价值等于股票的价格减去执行价格的现值，即：

$$C_0 = 63 - 60/1.039 = 5.25（美元）$$

内在价值是股票价格超过看涨期权行权价的部分，所以内在价值是3美元。

b. 看涨期权的价值等于股票的价值减去执行价格的现值，即：

$$C_0 = 63 - 50/1.039 = 14.88（美元）$$

内在价值是股票价格超过看涨期权行权价的部分，所以内在价值是13美元。

c. 看跌期权的价值为0美元，因为行权价格低于市价，看跌期权不可能被执行，其内在价值也是0美元。

20. 了解期权报价 用下述期权报价信息回答问题。该股目前售价为83美元。

期权与NY收盘价	到期时间	行权价格	看涨期权		看跌期权	
			交易量	收盘价	交易量	收盘价
RWJ						
	3月	80	230	2.80	160	0.80
	4月	80	170	6	127	1.40
	7月	80	139	8.05	43	3.90
	10月	80	60	10.20	11	3.65

a. 看涨期权在价内吗？一份RWJ公司看涨期权的内在价值是多少？

b. 看跌期权在价内吗？一份RWJ公司看跌期权的内在价值是多少？

c. 哪两种期权明显错误定价了？错误定价的期权价格最低应该设在多少？请解释每一种情况下你将如何套利。

答：a. 看涨期权是实值期权，其内在价值为3美元。

b. 看跌期权是虚值期权，其内在价值为0美元。

c. 3月的看涨期权和10月的看跌期权被错误定价了。看涨期权被错误定价是因为其出售价低于其内在价值。如果期权今天到期，就可以获得套利。套利方式是以2.8美元购买该看涨期权，然后执行该期权即以80美元购买该股票，然后以83美元卖掉。无风险收益是0.2美元。10月看跌期权被错误定价是因为其出售价低于7月看跌期权价。利用这一点，以3.9美元卖掉7月份看跌期权，然后以3.65美元买进10月份看跌期权。这样可以获得0.25美元的现金流入。在有正的现金流入的情况下，空头头寸的效果完全被10月份看跌期权的多头头寸所抵消，因而是无风险的。

21. 计算损益 用下述期权报价信息回答问题。该股目前售价为114美元。

期权与 NY 收盘价	到期时间	行权价格	看涨期权		看跌期权	
			交易量	收盘价	交易量	收盘价
Macrosoft						
	2 月	110	85	7.60	40	0.60
	3 月	110	61	8.80	22	1.55
	5 月	110	22	10.25	11	2.85
	8 月	110	3	13.05	3	4.70

a. 假设你购买了 10 份 2 月到期，执权价为 110 的看涨期权合同。佣金忽略不计，你愿意出多少钱？

b. 在 a 中，假设 Macrosoft 股票在到期当日的售价为 140 美元。你投资的期权价值多少？如果期末股票价格为 125 美元呢？请加以解释。

c. 假设你购买了 10 份 8 月到期，执权价为 110 的看跌期权合同。你的最大净收益是多少？在到期日 Macrosoft 股票的售价是每股 104 美元。你投资的期权价值多少？你的净收益是多少？

d. 在 c 中，假设你卖出 10 份 8 月到期，行权价为 110 的看跌期权合同。如果到期日 Macrosoft 股票的售价为 103 美元，你的净收益或净损失为多少？若售价为 132 美元呢？盈亏平衡的价格，即盈利为零时股票的价格是多少？

答： a. 每份合约有 100 股，所以其总成本为：

$$成本 = 10 \times 100 \times 7.60 = 7600(美元)$$

b. 如果股票到期日售价为 140 美元，收益为：

$$收益 = 10 \times 100 \times (140 - 110) = 30000(美元)$$

如果到期日股票价格为 125 美元，收益为：

$$收益 = 10 \times 100 \times (125 - 110) = 15000(美元)$$

c. 总成本为：

$$总成本 = 10 \times 100 \times 4.70 = 4700(美元)$$

该看跌期权的最大收益是股票价格为 0 的情况。同时需要减去初始成本。所以有：

$$最大净收益 = 10 \times 100 \times 110 - 4700 = 105300(美元)$$

如果到期日股票价格为 104 美元，这种情况下的净收益为：

$$净收益 = 10 \times 100 \times (110 - 104) - 4700 = 1300(美元)$$

d. 股票价格为 103 美元的情况下，看跌期权是实值期权。你将获得：

$$净损失 = 4700 - 10 \times 100 \times (110 - 103) = -2300(美元)$$

股票价格为 132 美元，该看跌期权是虚值期权，净收益就是初始成本：

$$净收益 = 4700 美元$$

在盈亏平衡点，可以获得 4700 美元的初始成本值，所以：

$$4700 = 10 \times 100 \times (110 - S_T)，解得：S_T = 105.30(美元)$$

对于最后股票价格高于 105.30 美元的情形，卖出看跌期权将获得净收益（忽略交易费用和货币的时间价值）。

22. 二叉树期权定价模型 Ervin 公司股价到年底将会是 53 美元或 67 美元。看涨期权 1 年后到期。国债利率为 5%。

a. 假设目前 Ervin 公司股价是 58 美元。如果行权价为每股 50 美元，看涨期权的价值为多少？

b. 假设(a)中的行权价是 60 美元，看涨期权的价值为多少？

答： a. 由于期权到期时一定会行权，所以此时期权的价值是股票价格减去执行价的现值，所以：

$$C_0 = 58 - 50/1.05 = 10.38(\text{美元})$$

b. 用教材给出的防止套利存在的等式，得出看涨期权的价值为：

$$58 = [(67-53)/(67-60)]C_0 + 53/1.05$$

解得：$C_0 = 3.76$(美元)。

23. 二叉树期权定价模型 Tara 公司股价到年底将会是 50 美元或 70 美元。看涨期权一年后到期。国债利率为 5%。

a. 假设目前 Tara 公司股价是 62 美元。如果行权价为每股 35 美元，看涨期权的价值为多少？

b. 假设(a)中的行权价是 60 美元，看涨期权的价值为多少？

答： a. 由于期权到期时一定会行权，所以此时看涨期权的价值是股票价格减去执行价的现值：

$$C_0 = 62 - 35/1.05 = 28.67(\text{美元})$$

b. 用教材中给出的防止套利存在的等式，得到看涨期权的价值为：

$$62 = [(70-50)/(70-60)]C_0 + 50/1.05$$

解得：$C_0 = 7.19$(美元)。

24. 买卖期权平价 某股目前的价格为每股 47 美元。3 个月后到期，行权价为 50 美元的看涨期权售价为 3.80 美元。如果无风险利率是年息 2.6%，连续复利计算，具有相同行权价的看跌期权是什么价格？

答： 利用买卖期权平价求解看跌期权的价格：

$$47 + P = 50e^{-0.026\times(3/12)} + 3.80$$

解得：$P = 6.48$(美元)。

25. 买卖期权平价 看跌期权在 6 个月内到期，行权价为 75 美元，售价为 4.89 美元。该股目前的售价为 72 美元，无风险利率为每年 3.6%，连续复利计算。具有相同行权价的看涨期权是什么价格？

答： 利用买卖期权平价求解看涨期权的价格：

$$72 + 4.89 = 75e^{-0.036\times0.5} + C$$

解得：$C = 3.23$(美元)。

26. 买卖期权平价 看跌期权和看涨期权的行权价为 85 美元且 3 个月到期，售价分别为 6.18 美元和 5.09 美元。如果无风险利率是 4.8%，连续复利计算，当前的股票价格是多少？

答： 利用买卖期权平价求解股票当前的价格：

$$S + 6.18 = 85e^{-0.048\times(3/12)} + 5.09$$

解得：$S = 82.90$(美元)。

27. 买卖期权平价 看跌期权和看涨期权的行权价为 55 美元且 2 个月到期，售价分别为 2.65 美元和 5.32 美元。如果该股目前的售价 57.30 美元，连续复利计算条件下的年利率是多少？

答：利用买卖期权平价求解无风险利率如下：

$$57.30+2.65=55e^{-R\times(2/12)}+5.32$$

解得：$R=4.05\%$。

28. 布莱克－斯科尔斯 具有以下特征的看涨期权和看跌期权是什么价格？

股票价格 = 57 美元

行权价 = 60 美元

无风险利率 = 6% 年利率，连续复利计算

期限 = 4 个月

标准差 = 54%/年

答：用 Black－Scholes 期权定价模型，计算看涨期权的价格，得到：

$$d_1=[\ln(57/60)+(0.06+0.54^2/2)\times(4/12)]/(0.54\times\sqrt{4/12})=0.0555$$

$$d_2=0.0555-(0.54\times\sqrt{4/12})=-0.2563$$

进而可以求得：

$$N(d_1)=0.5221$$

$$N(d_2)=0.3989$$

代入 Black－Scholes 模型，得到看涨期权的价格：

$$C=57\times0.5221-60e^{-0.06\times(4/12)}\times0.3989=6.30(\text{美元})$$

再利用买卖期权平价，得到看跌期权的价格：

$$\text{看跌期权价格}=60e^{-0.06\times(4/12)}+6.30-57=8.11(\text{美元})$$

29. 布莱克－斯科尔斯 具有以下特征的看涨期权和看跌期权是什么价格？

股票价格 = 93 美元

行权价 = 90 美元

无风险利率 = 4% 年利率，连续复利计算

期限 = 5 个月

标准差 = 53%/年

答：用 Black－Scholes 期权定价模型，计算看涨期权的价格，得到：

$$d_1=[\ln(93/90)+(0.04+0.53^2/2)\times(5/12)]/(0.53\times\sqrt{5/12})=0.3156$$

$$d_2=0.3156-(0.53\times\sqrt{5/12})=-0.0265$$

进而可以求得：

$$N(d_1)=0.6239$$

$$N(d_2)=0.4894$$

代入 Black－Scholes 模型，得到看涨期权的价格：

$$C=93\times0.6239-90e^{-0.04\times(5/12)}\times0.4894=14.70(\text{美元})$$

再利用买卖期权平价公式，看跌期权价格为：

$$\text{看跌期权价格}=90e^{-0.04\times(5/12)}+14.70-93=10.21(\text{美元})$$

30. *Delta* 具有以下特征的看涨期权和看跌期权 *Delta* 是多少？

股票价格 = 76 美元

行权价 = 70 美元

无风险利率 = 5% 年利率，连续复利计算

期限 =9 个月

标准差 =49%/年

答： 看涨期权的 *Delta* 是 $N(d_1)$，所以有：

$$d_1 = [\ln(76/70) + (0.05 + 0.49^2/2) \times 0.75]/(0.49 \times \sqrt{0.75}) = 0.4943$$

进而求得：

$$N(d_1) = 0.6895$$

即看涨期权的 *Delta* 是 0.6895，看跌期权的 *Delta* 是：

$$\text{看跌期权 } Delta = 0.6895 - 1 = -0.3105$$

Delta 表明一个标的资产变化 1 美元时，期权价格的变化量。

31. 布莱克－斯科尔斯和资产价值 你在佛罗里达州的 Key West 拥有一块地，目前闲置。相似的地段最近卖了 130 万美元。在过去的 5 年中，该地区土地价格的增长率达到了平均每年 12%，每年的标准差为 30%。最近有买家和你接洽，想要一个在未来 12 个月内以 145 万美元购买此地的期权。连续复利计算的无风险利率为 5%。你愿意以何种价钱卖给他这个期权？

答： 用 Black－Scholes 期权定价模型，股票价格为 130 万美元，执行价格为 145 万美元，所以：

$$d_1 = [\ln(1300000/1450000) + (0.05 + 0.3^2/2) \times (12/12)]/(0.3 \times \sqrt{12/12}) = -0.0473$$

$$d_2 = -0.0473 - (0.3 \times \sqrt{12/12}) = -0.3473$$

进而求得：

$$N(d_1) = 0.4811$$

$$N(d_2) = 0.3642$$

代入 Black－Scholes 公式，可得：

$$C = 1300000 \times 0.4811 - 1450000e^{-0.05 \times 1} \times 0.3642 = 123166.92(\text{美元})$$

32. 布莱克－斯科尔斯和资产价值 在先前的问题中，假设你想将出售土地给对方的看跌期权期限设置为一年。假定所有条件不变，描述今天的交易状况。今天的交易价格为多少？

答： 利用上题中得到的看涨期权价格和买卖期权平价，可得：

$$\text{看跌期权价值} = 1450000e^{-0.05 \times 1} + 123166.92 - 1300000 = 202499.58(\text{美元})$$

为了获得以 14500000 美元销售该土地的权利，需要支付 202499.58 美元。

33. 期权的时间价值 特定股票期权的信息如下：

股票价格 =83 美元

行权价 =80 美元

无风险利率 =6% 年利率，连续复利计算

期限 =6 个月

标准差 =47%/年

a. 看涨期权的内在价值是多少？看跌期权呢？

b. 看涨期权的时间价值是多少？看跌期权呢？

c. 看涨期权和看跌期权中哪一个有较高的时间价值？在一般条件下，该结论均成立吗？

答： 用 Black－Scholes 计算看涨期权价格得：

$$d_1 = [\ln(83/80) + (0.06 + 0.47^2/2) \times (6/12)]/(0.47 \times \sqrt{6/12}) = 0.3672$$

$$d_2 = 0.3672 - (0.47 \times \sqrt{6/12}) = 0.0349$$

进而求得：

$$N(d_1) = 0.6433$$

$$N(d_2) = 0.5139$$

代入公式得：

$$C = 83 \times 0.6433 - 80e^{-0.06 \times 0.50} \times 0.5139 = 13.49(\text{美元})$$

用买卖期权平价公式，得到：

$$\text{看跌期权价格} = 80e^{-0.06 \times 0.50} + 13.49 - 83 = 8.13(\text{美元})$$

a. 每份期权的内在价值为：

$$\text{看涨期权内在价值} = \text{Max}[S - E,\ 0] = 3(\text{美元})$$

$$\text{看跌期权内在价值} = \text{Max}[E - S,\ 0] = 0(\text{美元})$$

b. 期权的价值包括内在价值和时间价值，所以有：

看涨期权价值 = 内在价值 + 时间价值，即：13.49 = 3 + TV，解得：TV = 10.49(美元)；

看跌期权价值 = 内在价值 + 时间价值，即：8.13 = 0 + TV，解得：TV = 8.13(美元)。

c. 相比看跌期权，时间价值对看涨期权更重要，因此通常情况下，看涨期权的时间价值更大。

34. 风险中性定价 某股目前的售价为84美元。一年后该股的价格至少增加或减少17%。该股的看涨期权行权价为80美元且一年后到期。如果无风险利率是8%，连续复利计算，风险中性的看涨期权价值为多少？

答： 股票价格可能增长17%，也可能下降17%。所以到期日股票价格可能为：

$$\text{股票价格(增长)} = 84 \times (1 + 0.17) = 98.28(\text{美元})$$

$$\text{股票价格(下降)} = 84 \times (1 - 0.17) = 69.72(\text{美元})$$

两种情况下的收益都是股票价格减去执行价格与0的最大值，所以有：

$$\text{股价上升时的收益} = \text{Max}[98.28 - 80,\ 0] = 18.28(\text{美元})$$

$$\text{股价下降时的收益} = \text{Max}[69.72 - 80,\ 0] = 0(\text{美元})$$

可以利用下式来求出股价上升时风险中性的概率：

风险中性概率 = 股价上升可能性 × 上升的回报率 + 股价下降可能性 × 下降的回报率

代入数据：

$$0.08 = P_{\text{上升}} \times 0.17 + (1 - P_{\text{上升}})(-0.17)$$

解得：$P_{\text{上升}} = 0.7353$，$P_{\text{下降}} = 1 - 0.7353 = 0.2647$。

所以，看涨期权风险中性的价值是：

$$\text{看涨期权的价值} = [(0.7353 \times 18.28) + (0.2647 \times 0)]/(1 + 0.08) = 12.45(\text{美元})$$

35. 风险中性定价 在先前的问题中，假设无风险利率只有5%，风险中性的看涨期权价值又为多少？在风险中性的条件下，股票价格上升和股票价格下跌的概率会发生什么变化？

答： 股票价格上升或者下降，期权收益将保持不变，因为股价的变化量是一样的。股票价格增长后新的风险中性概率为：

$$0.05 = P_{\text{上升}} \times 0.17 + (1 - P_{\text{上升}}) \times (-0.17)$$

解得：$P_{上升}=0.6471$，$P_{下降}=1-0.6471=0.3529$。

所以看涨期权的风险中性价值为：

$$看涨期权价值=(0.6471\times18.28+0.3529\times0)/(1+0.05)=11.27(美元)$$

36. 布莱克-斯科尔斯 看涨期权6个月后到期。标的股票的价格是每股75美元，股票的回报标准差为30%。无风险利率为4%，连续复利计算。如果行权价为0，看涨期权的价格为多少？

答：如果行权价格为0美元，看涨期权价格等于股票价格，即75美元。

37. 布莱克-斯科尔斯 看涨期权的行权价为80美元，6个月内到期。目前的股票价格是84美元，无风险利率为每年5%，连续复利计算。如果股票的标准差为0，看涨期权的价格为多少？

答：如果标准差是0，d_1和d_2趋于无穷大，那么$N(d_1)$和$N(d_2)$趋于1，这时无风险看涨期权公式：

$$C=S\times N(d_1)-Ee^{-Rt}\times N(d_2)=84-80e^{-0.05\times(6/12)}=5.98(美元)$$

38. 布莱克-斯科尔斯 某股目前的售价为35美元。1年后到期的看涨期权行权价为50美元。无风险利率为7%，连续复利计算，股票回报的标准差无限大。看涨期权的价格是多少？

答：如果标准差是无穷大，d_1也趋于正无穷大，所以$N(d_1)$趋于1。d_2趋于负无穷大，$N(d_2)$趋于0。这种情况下，看涨期权的价格等于股票价格，即35美元。

39. 股票作为一种期权 Sunburn Sunscreen公司发行了一期1年后到期，面值为2万美元的零息债券。目前该公司资产的市值为21700美元。该公司的资产回报标准差为38%，年无风险利率为5%，连续复利计算。基于布莱克-斯科尔斯模型，公司权益及负债的市值为多少？

答：用Black-Scholes模型计算公司权益的价值。用资产价值21700美元作为股票价格。用债务的票面价值20000美元作为执行价。公司权益的价值为：

$$d_1=[\ln(21700/20000)+(0.05+0.38^2/2)\times1]/(0.38\times\sqrt{1})=0.5363$$

$$d_2=0.5363-(0.38\times\sqrt{1})=0.1563$$

进而求得：

$$N(d_1)=0.7041$$

$$N(d_2)=0.5621$$

代入Black-Scholes模型，得到公司权益的价值为：

$$权益价值=21700\times0.7041-20000e^{-0.05\times1}\times0.5621=4585.75(美元)$$

负债价值等于公司总价值减去公司权益价值，即：

$$负债价值=21700-4585.75=17114.25(美元)$$

40. 股票作为一种期权和净现值 假设上一个问题中的那家公司正在考虑两种独立的投资。项目A的净现值为1200美元，项目B的净现值为1600美元。若采用项目A，该公司的年资产回报标准差将增加至55%。如果采用项目B，该标准差将下降到每年34%。

a. 如果采用项目A，该公司的股票及债券价值分别是多少？如果采用项目B呢？

b. 股东偏好哪一个项目？用净现值法的话，你会改变答案吗？

c. 假设股东与债券持有人实际上是同一批投资者，这会影响你的b项答案吗？

d. 这个问题说明了股东具有怎样的偏好？

答： a. 用 Black－Scholes 模型计算公司的权益的价值。

若公司接受项目 A，用资产价值 22900 美元作为股票价格，用债务的票面价值 20000 美元做为执行价，其价值为：

$$d_1 = [\ln(22900/20000) + (0.05 + 0.55^2/2) \times 1] / (0.55 \times \sqrt{1}) = 0.6121$$

$$d_2 = 0.6121 - (0.55 \times \sqrt{1}) = 0.0621$$

进而求得：

$$N(d_1) = 0.7298$$
$$N(d_2) = 0.5248$$

代入 Black－Scholes 模型，得到公司权益的价值为：

$$E_A = 22900 \times 0.7298 - 20000e^{-0.05 \times 1} \times 0.5248 = 6728.29(\text{美元})$$

公司的债务价值等于公司价值减去公司的权益价值：

$$D_A = 22900 - 6728.29 = 16171.71(\text{美元})$$

若公司接受项目 B，其价值为：

$$d_1 = [\ln(23300/20000) + (0.05 + 0.34^2/2) \times 1] / (0.34 \times \sqrt{1}) = 0.7662$$

$$d_2 = 0.7662 - (0.34 \times \sqrt{1}) = 0.4262$$

进而求得：

$$N(d_1) = 0.7782$$
$$N(d_2) = 0.6650$$

代入 Black－Scholes 模型，得到公司权益的价值为：

$$E_B = 23300 \times 0.7782 - 20000e^{-0.05 \times 1} \times 0.6650 = 5480.85(\text{美元})$$

公司的债务价值等于公司价值减去公司的权益价值：

$$D_B = 23300 - 5480.85 = 17819.15(\text{美元})$$

b. 虽然项目 B 的净现值更高，但是项目 A 的权益价值更高。因为净现值反映的是公司资产价值的增长，在这个案例中，项目 B 所带来公司资产价值的增长大部分分配给了债务人，导致权益价值增长幅度很小。所以尽管项目 A 的净现值较低，股东们还是更偏好选择项目 A。

c. 会。如果股东与债券持有人实际上是同一批投资者，那么项目给公司带来的总价值就显得很关键，这就决定了投资者会选择项目 B，因为它使公司的价值增加到 23300 美元而不是 22900 美元。

d. 如果公司利用债务杠杆融资，那么股东就会有一种选择更高风险、更低收益项目的激励。其他情况相同的条件下，公司的债务负担越重，这种激励就越大。

41. 股票作为一种期权 Frostbite Thermalwear 公司发行了一期 1 年后到期，面值为 25000 美元的零息债券。公司资产的市值为 27200 美元。该公司的年资产回报标准差为 53%，年无风险利率为 5%，连续复利计算。基于布莱克－斯科尔斯模型，公司权益及负债的市值为多少？连续复利计算条件下，公司的债务成本为多少？

答： 用 Black－Scholes 模型计算公司权益的价值。用资产价值 27200 美元作为股票价格。用债务的票面价值 25000 美元做为执行价。公司权益的价值为：

$$d_1 = [\ln(27200/25000) + (0.05 + 0.53^2/2) \times 1] / (0.53 \times \sqrt{1}) = 0.5185$$

$$d_2 = 0.5185 - (0.53 \times \sqrt{1}) = -0.0115$$

进而求得：

$$N(d_1) = 0.6979$$
$$N(d_2) = 0.4954$$

代入 Black - Scholes 模型，得到公司权益的价值为：

$$公司权益 = 27200 \times 0.6979 - 25000e^{-0.05 \times 1} \times 0.4954 = 7202.84(美元)$$

公司的债务价值等于公司价值减去公司的权益价值：

$$D = 27200 - 7202.84 = 19997.16(美元)$$

公司债务收益率为：

$$19997.16 = 25000e^{-R \times 1}$$

解得：$R = 0.2233 = 22.33\%$。

42. 兼并和股票作为一种期权 假设先前问题中的 Sunburn Sunscreen 和 Frostbite Thermalwear 公司已决定合并。因为这两家公司的销售存在季节性，合并后公司的总资产收益率将有一个 29% 左右的标准差。

a. 两家公司股票价值加总是多少？债券呢？

b. 新公司的股票价值为多少？债券呢？

c. 股东损益是多少？债券持有人呢？

d. 股东价值发生了什么变化？

答： a. 两公司合并后债务和权益的价值为：

$$权益 = 4585.75 + 7202.84 = 11788.59(美元)$$
$$债务 = 17114.25 + 19997.16 = 37111.41(美元)$$

b. 对新公司来说，合并后资产市场价值为 48900 美元，总债务票面价值为 45000 美元。用 Black - Scholes 公式计算新公司的权益价值：

$$d_1 = [\ln(48900/45000) + (0.05 + 0.29^2/2) \times 1] / (0.29 \times \sqrt{1}) = 0.6040$$

$$d_2 = 0.6040 - (0.29 \times \sqrt{1}) = 0.3140$$

进而求得：

$$N(d_1) = 0.7271$$
$$N(d_2) = 0.6232$$

代入 Black - Scholes 模型，得到公司权益的价值为：

$$E = 48900 \times 0.7271 - 45000e^{-0.05 \times 1} \times 0.6232 = 8876.15(美元)$$

公司债务价值等于公司价值减去权益价值：

$$D = 48900 - 8876.15 = 40023.85(美元)$$

c. 公司权益价值变化量为：

$$权益价值变化量 = 8876.15 - 11788.59 = -2912.44(美元)$$

公司债务价值变化量为：

$$债务价值变化量 = 40023.85 - 37111.41 = 2912.44(美元)$$

d. 在一个纯粹的金融并购中，当资产的标准差下降时，股权价值也下降。股东失去的价值就是债券持有人增加的价值。债券持有人的这部分增加的价值是共同保险作用的结果。

也就是说，新公司不太可能出现债务违约。

43. 股票作为一种期权和净现值 一家公司发行了一期10年后到期，面值为1000万美元的零息债券。目前该公司资产的市值为905万美元。该公司的年资产回报标准差为39%，年无风险利率为6%，连续复利计算。

a. 当前公司股票的市值为多少？

b. 当前公司债券的市值为多少？

c. 连续复利计算条件下，公司的债务成本为多少？

d. 该公司有一个新项目。该项目净现值为120万美元。如果该公司采纳项目，会对股票市值产生什么影响？假设波动率不变。

e. 假设该公司承接新项目，并且不借用任何额外资金，连续复利计算条件下，新的债务成本是多少？这里发生了什么状况？

答： a. 用 Black - Scholes 模型计算权益价值，得到：

$$d_1 = [\ln(9050000/10000000) + (0.06 + 0.39^2/2) \times 10]/(0.39 \times \sqrt{10}) = 1.0222$$

$$d_2 = 1.0222 - (0.39 \times \sqrt{10}) = -0.2111$$

进而求得：

$$N(d_1) = 0.8467$$
$$N(d_2) = 0.4164$$

代入 Black - Scholes 模型，得到公司权益的价值为：

$$E = 9050000 \times 0.8467 - 10000000e^{-0.06 \times 10} \times 0.4164 = 5376942.63(\text{美元})$$

b. 债务的价值为公司价值减去权益价值：

$$D = 9050000 - 5376942.63 = 3673057.37(\text{美元})$$

c. 用连续复利计算有：

$$3673057.37 = 10000000e^{-R \times 10}$$

解得：$R = 0.1002 = 10.02\%$。

d. 用 Black - Scholes 模型计算权益价值，得到：

$$d_1 = [\ln(10250000/10000000) + (0.06 + 0.39^2/2) \times 10]/(0.39 \times \sqrt{10}) = 1.1232$$

$$d_2 = 1.1232 - (0.39 \times \sqrt{10}) = -0.1101$$

进而求得：

$$N(d_1) = 0.8693$$
$$N(d_2) = 0.4562$$

代入 Black - Scholes 模型，得到公司权益的价值为：

$$E = 10250000 \times 0.8693 - 10000000e^{-0.06 \times 10} \times 0.4562 = 6407055.84(\text{美元})$$

e. 债务的价值为公司价值减去权益价值：

$$D = 10250000 - 6407055.84 = 3842944.16(\text{美元})$$

用连续复利计算得：

$$3842944.16 = 10000000e^{-R \times 10}$$

解得：$R = 0.0956 = 9.56\%$。

当公司接受新项目时，部分净现值流入到债券持有者手中。这增加了债券的现值，因此降低了债券的收益率。另外，由于新项目增加了资产价值所以使得公司更安全，进而增加了看涨期权为实值期权、债券所有者获得利息及本金支付的可能性。

44. 二叉树期权定价模型 肯有意购买东南航空公司不分红的普通股欧式看涨期权，行权价为65美元，期限为1年。目前，东南航空的股票售价为每股62美元。肯知道1年后东南航空的股票交易价格将为76美元/股或54美元/股。肯能以无风险有效利率2.5%借入或贷出资金。

a. 看涨期权今日的价格是多少？

b. 如果目前没有根据该股票创设的期权，有没有办法创设一种和刚才描述的看涨期权具有相同的收益条件的合成看涨期权？如果有的话，你会如何操作？

c. 合成看涨期权的费用是多少？它大于、小于还是等于购买实际看涨期权的费用？结论说得通吗？

答： a. 为了用二叉树模型解决这个问题，首先需要画一个包含股票当前价格和期权到期时股票的可能价格的股票价格二叉树。接下来，还要为期权画一个类似的二叉树，该二叉树指明在两种可能的股价变动下，到期时期权的价值为多少。

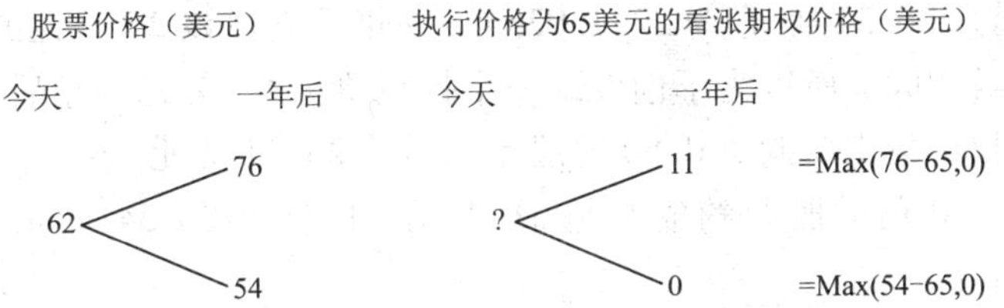

今天的股票价格是62美元，一年后它可能上涨为76美元，也可能下跌为54美元。如果股票上涨至76美元，看涨期权执行价是65美元，那么到期时其持有者将获得11美元的收益。如果股票降到54美元，期权持有者不会执行期权，到期时收益为0美元。

如股票价格上升，期间收益率是22.58%（=76/62－1），如果股票价格下降，期间收益率是－12.90%（=54/62－1）。可以用下面表达式来确定股票价格上升时的风险中性概率。

$$无风险利率=股价上涨概率\times上涨收益率+股价下跌概率\times下跌收益率$$

$$0.025=股价上涨概率\times0.2258+(1-股价上涨概率)\times(-0.1290)$$

解得：股价上涨概率=43.41%。

这就是说股票价格下降的风险中性概率为：

$$股价下跌概率=1-0.4341=56.59\%$$

用风险中性概率，可以得到看涨期权在到期日的期望收益：

$$到期日期望收益=0.4341\times11+0.5659\times0=4.78(美元)$$

因为这个收益在一年以后才发生，所以必须把它折为现值。

由于使用风险中性概率，应该用无风险收益率折现，所以：

$$到期日期望收益的现值=4.78/1.025=4.66(美元)$$

所以，给定一年后股价波动的信息，一个行权价为65美元，一年后到期的欧式看涨期权的现价是4.66美元。

b. 是的。有办法创设一种和刚才描述的看涨期权具有相同收益情况的合成的看涨期权。为此，需要以无风险利率借入资金购买股票。购买股票的数量取决于期权的 *Delta* 值，而 *Delta* 又由下面的等式决定：

$$Delta=期权的涨落/股价的涨落$$

如果股票价格上升期权价为11美元，股票价格下降期权价为0，所以期权的涨落为11美元。因为到期时股票价格或者是76美元或者是54美元，所以股价的涨落为22美元。所以有：

$$Delta = 11/22 = 0.50$$

因此，创设一个合成的看涨期权的第一步应该是购买0.50份股票，股票现价为62美元每股，所以购买0.50份股票花费为31美元。为了决定借款的量，需要比较看涨期权的收益和到期时0.50份股票的收益：

①看涨期权：

股票价格上涨至76美元：收益 = 11美元；

股票价格下跌至54美元：收益 = 0美元。

②0.50份股票到期时的收益：

股票价格上涨至76美元：收益 = 0.50 × 76 = 38（美元）；

股票价格下跌至54美元：收益 = 0.50 × 54 = 27（美元）。

合成看涨期权的收益应该跟实际看涨期权收益相同。可是买入0.50份股票在到期时无论股票价格上涨还是下跌获得的收益都超过实际期权收益27美元。为了使到期日的收益降低27美元，应该借入26.34美元（=27/1.025）。一年后支付该27美元的债务将降低收益，使其与实际期权收益相同。所以为了创设跟一个执行价为65美元一年后到期的看涨期权一样的收益的合成期权，只需要购买0.50份股票和借款26.34美元。

c. 因为购买0.50份的股票的成本是31美元，借款是26.34美元，该合成期权的成本为：

$$合成期权的成本 = 31 - 26.34 = 4.66（美元）$$

这跟实际看涨期权有相同的价格，由于合成期权和实际期权的收益是一样的，两者的成本也应该是一样的。

45. 二叉树期权定价模型 Rob希望买一个BioLabs公司的欧洲看跌期权。该公司的股票为不分红的普通股，执行价为50美元，期限为6个月。BioLabs公司的普通股股票目前价格为45美元，Rob预期股票价格将在6个月内上升到68美元或下跌至37美元。Rob可以以无风险利率5%借或贷。

a. 今日看跌期权的售价为多少？

b. 如果没有该期权在市场上交易，有没有办法创设一种和刚才描述的看跌期权具有相同的收益条件的合成看跌期权？如果有的话，你会如何操作？

c. 合成看跌期权的费用是多少？它大于、小于还是等于购买实际看涨期权的费用？结论说得通吗？

答： a. 为了用二叉树模型解决这个问题，首先需要画一个包含股票当前价格和期权到期时股票的可能价格的股票价格二叉树。接下来，还要为期权画一个类似的二叉树，该二叉树指明在两种可能的股价变动下，到期时期权的价值为多少。

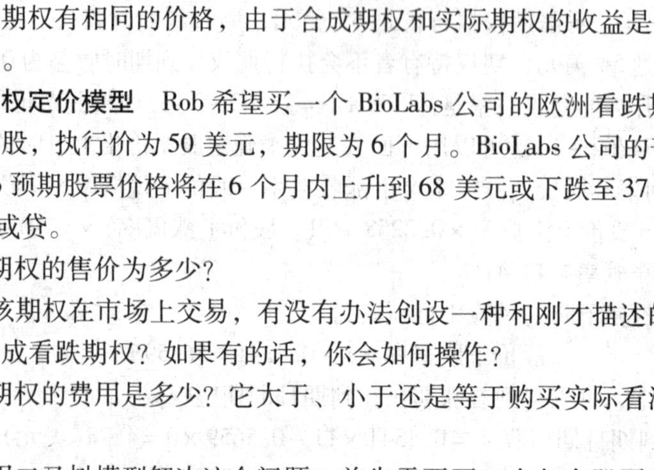

今天的股票价格是45美元，半年后它可能下跌为37美元，也可能上涨为68美元。如果股票下跌为37美元，看跌期权将会被执行，相应的收益为13美元。如果股价上涨为68美元，看跌期权不会被执行，收益为0。

若股票价格上涨，期间收益率是51.11%（=68/45-1），如果股票价格下跌，期间收益率是-17.78%（=37/45-1）。可以用下面表达式来确定股票价格上升的风险中性概率。

无风险利率=股价上涨的概率×上涨收益率+股价下跌的概率×下跌收益率

为了和股票价格变化的时间期限相匹配，必须使用六个月的无风险利率。由于年无风险利率为5%，因此六个月的无风险利率为：2.47%（$=1.05^{1/2}-1$）。因此：

0.0247=股价上涨的概率×0.5111+(1-股价上涨的概率)(-0.1778)

解得：股价上涨的概率=29.39%，股价下跌的概率=1-29.39%=70.61%。

用风险中性概率，可以得到看跌期权在到期日的期望收益为：

到期期望收益=0.2939×0+0.7061×13=9.18(美元)

因为这个收益在6个月以后才发生，必须用无风险收益率对其折现。

PV(期望收益)$=9.18/(1.05)^{1/2}=8.96$(美元)

所以该欧式看跌期权现价是8.96美元。

b. 有办法创设一种和刚才描述的看跌期权具有相同的收益情况的合成的看跌期权。为此，需要卖出股票并将获得的资金以无风险利率借出去。需要卖出的股票的数量取决于期权的 *Delta* 值，而 *Delta* 值由下式决定：

Delta=期权的涨落/股价的涨落

因为股票价格上升期权价为0美元，股票价格下降期权价为13美元，所以期权的涨落为-13美元。因为到期时股票价格或者是68美元或者是37美元，所以股价的涨落为31美元。所以有：

$$Delta=-13/31=-0.42$$

因此，创设合成看跌期权的第一步是卖出0.42份股票，目前的股票交易价格是每股45美元，所以通过卖出0.42份股票可获得18.87美元（=0.42×45）的收益。为了决定借出去的资金数量，需要比较实际看跌期权的收益和0.42份股票到期时的收益。

①看跌期权的收益：

股票价格上涨至68美元，收益=0美元

股票价格下跌至37美元，收益=13美元

②0.42份股票到期时的收益：

股票价格上涨至68美元，收益=(-0.42)×68=-28.52(美元)

股票价格下跌至37美元，收益=(-0.42)×37=-15.52(美元)

合成看跌期权的收益应该与实际看跌期权的收益相同。但是，无论股价是上涨还是下跌，卖出0.42份股票得到的收益都比实际看跌期权低28.52美元，为了将到期时的收益增加28.52美元，应该借出27.83美元(28.52美元的现值$=28.52/1.05^{1/2}$)的资金。6个月后，将收到28.52美元，这将使得收益刚好等于实际看跌期权的价值。

c. 因为卖出股票将产生正的18.87美元的现金流，借出的数额为27.83美元，合成看跌期权的总成本为：

合成看跌期权的总成本=27.83-18.87=8.96(美元)

这跟实际看跌期权的价格是相同的。由于合成期权和实际期权的收益结构是一样的，两者的成本也是一样的。

46. 二叉树期权定价模型 Maverisk 制造公司必须在3个月后购买黄金用于生产。其管理层估计，如果黄金价格超过1380美元/盎司，公司将倒闭。目前黄金的价格是1270美元/

盎司。该公司的首席财政官认为黄金的价格将在未来 3 个月内上升到 1465 美元/盎司或下降至 1120 美元/盎司。管理层希望能消除公司破产的风险。Maverisk 制造公司可以以无风险利率 6.5% 进行借贷。

a. 该公司应该购买黄金看涨期权还是看跌期权？为避免破产，公司希望该期权有什么样的行权价和期限呢？

b. 这样的期权在公开市场的售价为多少？

c. 如果没有黄金期权在市场上交易，有没有办法合成一种和刚才描述的期权具有相同的损益情况的期权？如果有的话，你会如何操作？

d. 合成期权的费用是多少？它大于、小于还是等于购买实际期权的费用？结论说得通吗？

答： a. 公司将会购买 3 个月到期，行权价为 1380 美元/盎司的看涨期权。当黄金的价格上涨超过 1380 美元/盎司时，这个看涨期权能够弥补价格上涨给公司带来的损失，它使得公司购买黄金的最高价格为 1380 美元/盎司。

b. 为了用二叉树模型解决这个问题，首先需要画一个包括标的资产当前价格和标的资产在期权到期时的可能价值的价格二叉树。接下来，还要为期权画一个类似的二叉树，该二叉树指明在两种可能的股价变动下，到期时期权的价值为多少。

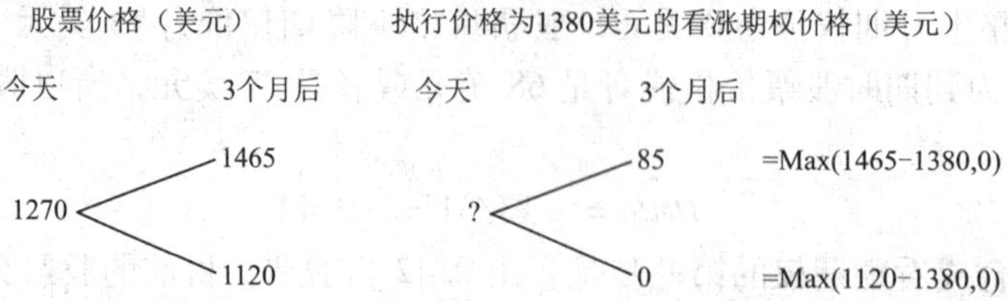

当前黄金价格为每盎司 1270 美元。如果价格上涨到 1465 美元，公司将行使行权价为 1380 美元的看涨期权，并在到期日获得为 85 美元的回报。如果黄金价格跌到 1120 美元，该公司将不会行使期权，回报为零。如果黄金价格上升，在此期间的收益率是 15.35%（= 1465/1270 − 1）。如果黄金价格下降，在此期间的收益率是 −11.81%（= 1120/1270 − 1）。使用下面的表达式来确定黄金价格上涨的风险中性概率：

无风险利率 = 股价上涨的概率 × 上涨的收益率 +（1 − 股价上涨的概率）× 下跌的收益率

为了能够和股票价格变化的时间相匹配，必须使用未来 3 个月的无风险利率，由于年无风险利率为 6.5%，3 个月的无风险利率为：1.59%（$=1.0650^{1/4}-1$）。因此有：

0.0159 = 股价上涨的概率 ×0.1535 +（1 − 股价上涨的概率）×（−0.1181）

解得：股价上涨的概率 = 49.32%，股价下跌的概率 = 1 − 49.32% = 50.68%。

用风险中性的概率，可以得到看涨期权在到期日的期望收益为：

到期日的期望收益 = 0.4932 × 85 + 0.5068 × 0 = 41.92（美元）

因为这个收益是发生在 3 个月以后，因此，必须用无风险利率对其进行折现，得：

PV（到期日期望收益）= 41.92/$1.0650^{1/4}$ = 41.27（美元）

由此得到黄金价格在未来三个月变动的情况，这份行权价为 1380 美元，3 个月到期的欧式看涨期权在今天的价值为 41.27 美元。

c. 可以，有一种方法可以复制上述的期权。首先，公司需要购买黄金并在无风险的利率水平上借款。购买多少黄金取决于期权的 *delta*，它的计算公式为：

Delta =（看涨期权的涨落）/（黄金价格的涨落）

如果黄金价格上涨，那么期权的价值将会是85美元，如果黄金价格下降，期权的价值将会为零，那么期权的涨落为85美元（=85-0）。由于黄金的价格或者是1465美元或者是1120美元，所以黄金价格的涨落为345美元（=1465-1120）。根据以上信息，计算*Delta*：

$$Delta = 期权的涨落/黄金价格的涨落 = 85/345 = 0.25$$

复制期权的第一步是购买0.25盎司的黄金，当前黄金的价格为1270美元/盎司，因此，公司会为此支付312.90美元（=85/345×1270）。为了计算出应该借多少钱，需要将0.25盎司黄金的到期收益和期权的到期收益相比较：

①看涨期权的到期收益

黄金价格上涨为1465美元，收益=85美元；

黄金价格下跌为1120美元，收益=0美元；

②0.25盎司黄金的到期收益

黄金价格上涨为1465美元，收益=0.25×1465=360.94（美元）；

黄金价格下跌为1120美元，收益=0.25×1120=275.94（美元）；

这个合成看涨期权的收益应当和实际看涨期权的收益相同。然而不管黄金的价格上涨还是下跌，购买0.25盎司黄金都会使收益高出275.94美元。为了使公司在到期日的收益减少275.94美元，应该借入现值为271.63美元（275.94美元的现值=$275.94/1.0650^{1/4}$）的资金。因为3个月后，公司需要偿还275.94美元，这就抵消了高出来的收益，使其与实际看涨期权收益相同。

d. 因为公司为了购买黄金支付了312.90美元，又以无风险利率借入了271.63美元，这个合成看涨期权的总成本为41.27美元（=312.90-271.63）。这同前面计算的实际看涨期权的价格是相同的，由于合成看涨期权和实际看涨期权的收益结构是一样的，两者的成本也是一样的。

47. 布莱克-斯科尔斯和领子期权成本 一个投资者持有领子期权，是指他买入资产，买入价外看跌期权，同时卖出价外的看涨期权。两个期权的到期日相同。假设Marie欲购买Hollywood公司不分红的普通股的领子期权，期限为6个月。她希望看跌期权的行权价为45美元，以及看涨期权的行权价为75美元。当前Hollywood公司的股票价格为60美元/股。Marie可以连续复利计算条件下的无风险利率7%借贷，每年的股票回报标准差是50%。利用布莱克-斯科尔斯模型计算Marie想购买的领子期权的成本。领子期权起了什么作用？

答：为了构建一个领子期权，投资者必须买入股票，以较高的行权价出售一个看涨期权，买入一个行权价较低的看跌期权。为了计算领子期权的成本，必须先计算看涨期权和看跌期权的价格，利用Black-Scholes模型：

行权价为75美元的看涨期权的价格：

$$d_1 = [\ln(60/75) + (0.07 + 0.50^2/2) \times (6/12)]/(0.50 \times \sqrt{6/12}) = -0.3554$$

$$d_2 = -0.3554 - (0.50 \times \sqrt{6/12}) = -0.7089$$

进而求得：

$$N(d_1) = 0.3612$$

$$N(d_2) = 0.2392$$

代入Black-Scholes模型，得出看涨期权的价格：

$$C = 60 \times 0.3612 - 75e^{-0.07 \times (6/12)} \times 0.2392 = 4.35（美元）$$

按同样的道理计算行权价格为45美元的看跌期权的价格：

$$d_1 = [\ln(60/45) + (0.07 + 0.50^2/2) \times (6/12)] / (0.50 \times \sqrt{6/12}) = 1.0895$$

$$d_2 = 1.0895 - (0.50 \times \sqrt{6/12}) = 0.7359$$

进而求得：

$$N(d_1) = 0.8620$$

$$N(d_2) = 0.7691$$

代入 Black－Scholes 模型，得出看涨期权的价格：

$$C = 60 \times 0.8620 - 45e^{-0.07 \times (6/12)} \times 0.7691 = 18.30(\text{美元})$$

对买卖期权的平价公式进行变形得到看跌期权的价格为：

$$P = C - S + Xe^{-Rt} = 18.30 - 60 + 45e^{-0.07 \times (6/12)} = 1.75(\text{美元})$$

所以总的成本为：

$$\text{领子期权的成本} = 60 - 4.35 + 1.75 = 57.4(\text{美元})$$

领子期权组合为股票提供了良好的下行风险保护。其中，卖出看涨期权是为了获取权利金从而降低该组合的成本。

48. 债务估值和到期期限 McLemore 公司发行了一个两年期面值为75000美元的零息债券。目前该公司的总资产为46000美元，资产回报标准差是60%。

a. 假设无风险利率为5%，连续复利计算。具有相同面值和期限的无风险债券价值多少？

b. 债券持有人愿意支付什么价钱购买行权价等于债券面值的公司资产看跌期权？

c. 利用(a)和(b)中得到的答案计算该公司债券的价值。连续复利计算条件下，公司债券收益率为多少？

d. 从 McLemore 公司资产价值的角度以及债务必须两年内还清的事实来看，这家公司将无力偿还其债务。管理层已和债券持有人接触，并提出一项计划，即该公司将偿还相同面值的债务，但还款将在5年后完成。根据拟议的计划，该公司的债务价值多少？连续复利计算条件下的债券收益为多少？解释为什么会出现这种情况。

答： a. 运用连续复利公式计算现值：

$$PV = 75000 \times e^{-0.05 \times 2} = 67862.81(\text{美元})$$

b. 运用 Black－Scholes 模型计算权益的价值：

$$d_1 = [\ln(46000/75000) + (0.05 + 0.60^2/2) \times 2] / (0.60 \times \sqrt{2}) = -0.0340$$

$$d_2 = -0.0340 - (0.60 \times \sqrt{2}) = -0.8825$$

进而求得：

$$N(d_1) = 0.4864$$

$$N(d_2) = 0.1887$$

代入 Black－Scholes 模型：

$$E = 46000 \times 0.4864 - 75000e^{-0.05 \times 2} \times 0.1887 = 9567.37(\text{美元})$$

利用买卖期权的平价等式：

$$\text{看跌期权价格} = 75000e^{-0.05 \times 2} + 9567.37 - 46000 = 31430.17(\text{美元})$$

c. 风险债券的价值等于无风险债券的价值减去公司权益看跌期权的价值：

$$\text{风险债券的价值} = 67862.81 - 31430.17 = 36432.64(\text{美元})$$

运用连续复利公式计算债券的收益率：

$$36432.64 = 75000e^{-R\times 2}$$

解得：$R = 0.3610 = 36.10\%$。

d. 5 年后到期，收益率为无风险利率的债券的价值为：

$$PV = 75000 \times e^{-0.05\times 5} = 58410.06（美元）$$

运用 Black - Scholes 模型计算权益的价值：

$$d_1 = [\ln(46000/75000) + (0.05 + 0.60^2/2) \times 5]/(0.60 \times \sqrt{5}) = 0.4928$$

$$d_2 = 0.4928 - (0.60 \times \sqrt{5}) = -0.8488$$

进而求得：

$$N(d_1) = 0.6889$$

$$N(d_2) = 0.1980$$

代入 Black - Scholes 模型：

$$E = 46000 \times 0.6889 - 75000e^{-0.05\times 5} \times 0.1980 = 20126.15（美元）$$

运用买卖期权平价等式，计算看跌期权的价格为：

$$看跌期权的价格 = 75000e^{-0.05\times 5} + 20126.15 - 46000 = 32536.21（美元）$$

$$风险债券的价值 = 58410.06 - 32536.21 = 25873.85（美元）$$

利用连续复利公式计算负债的收益率：

$$25873.85 = 75000e^{-R\times 5}$$

解得：$R = 0.2129 = 21.29\%$。

负债的价值会减少，是因为货币具有时间价值，也就是说，股东得到收益需要更长时间。债券的必要收益率下降了。在目前的情形下，公司不大可能有足够的资产用来偿还债务。在新的计划下，再运行 5 年，公司的资产价值达到或超过债务面值的可能性要比公司再运行两年的可能性要高。

49. 债务估值和资产方差 Brozik 公司发行了 5 年期面值为 4 万美元的零息债券。目前公司的资产价值为 38000 美元，年资产回报标准差是 50%，无风险利率为 6%，连续复利计算。

a. 与当前债券具有相同面值和期限的无风险债券价值多少？

b. 行权价等于债券面值的公司资产看跌期权价值多少？

c. 利用 a 和 b 中得到的答案计算该公司债券的价值。连续复利计算条件下，公司的债券收益率为多少？

d. 假设该公司能够进行重组，使其资产回报标准差上升至 60%。公司的债券价值会发生什么变化？连续复利计算条件下，新的债券收益率是多少？解释 c 和 d 中的答案。

e. 如果该公司进行资产重组会对债券持有人产生什么影响？对股东呢？这其中的代理人问题是如何产生的？

答： a. 利用连续复利计算公式：

$$PV = 40000 \times e^{-0.06\times 5} = 29632.73（美元）$$

b. 运用 Black - Scholes 模型计算股票的价值：

$$d_1 = [\ln(38000/40000) + (0.06 + 0.50^2/2) \times 5]/(0.50 \times \sqrt{5}) = 0.7815$$

$$d_2 = 0.7815 - (0.50 \times \sqrt{5}) = -0.3366$$

进而求得：

$$N(d_1)=0.7827$$

$$N(d_2)=0.3682$$

代入 Black－Scholes 模型：

$$E=38000\times0.7827-40000e^{-0.06\times5}\times0.3682=18832.56(\text{美元})$$

运用买卖期权平价计算看跌期权的价值：

$$\text{看跌期权的价值}=40000e^{-0.06\times5}+18832.56-38000=10465.29(\text{美元})$$

c. 风险债券的价值等于无风险债券的价值减去公司权益看跌期权的价值：

$$\text{风险债券的价值}=29632.73-10465.29=19167.44(\text{美元})$$

运用连续复利计算公式计算债券的收益率：

$$19167.44=40000e^{-R\times5}$$

解得：$R=0.1471=14.71\%$。

d. 利用连续复利计算公式：

$$PV=40000\times e^{-0.06\times5}=29632.73(\text{美元})$$

利用 Black－Scholes 模型计算股票的价值：

$$d_1=[\ln(38000/40000)+(0.06+0.60^2/2)\times5]/(0.60\times\sqrt{5})=0.8562$$

$$d_2=0.8562-(0.60\times\sqrt{5})=-0.4854$$

进而求得：

$$N(d_1)=0.8041$$

$$N(d_2)=0.3137$$

代入 Black－Scholes 模型：

$$E=38000\times0.8041-40000e^{-0.06\times5}\times0.3137=21258.89(\text{美元})$$

运用买卖期权平价计算看跌期权的价值：

$$\text{看跌期权的价值}=40000e^{-0.06\times5}+21258.89-38000=12891.62(\text{美元})$$

风险债券的价值等于无风险债券的价值减去公司股票看跌期权的价值：

$$\text{风险债券的价值}=29632.73-12891.62=16741.11(\text{美元})$$

利用连续复利计算公式计算债券的收益率：

$$16741.11=40000e^{-R\times5}$$

解得：$R=0.1742=17.42\%$。

负债的价值下降了，因为公司资产的标准差上升了，债券面值中包括的看跌期权的价值上升，使得债券当前的价值下降。

e. 从 c 和 d 可得，债券持有人损失：16741.11－19167.44＝－2426.33（美元）；

股票持有人获得：21258.89－18832.56＝2426.33（美元）。

对于债券持有者来说，这是一个代理问题。以增加股东利益为目的的管理层，会损害债权人的利益。债权人的损失正好等于股东增加的收益。

50. 二叉树期权定价和公司价值评估 Strudler 房地产公司是一家同时用股权和债权融资的建筑公司，正开发一个新项目。如果这一项目成功，公司市值将在 1 年内达到 2.13 亿美元。但是，如果该项目失败，该公司将只值 1.56 亿美元。目前 Strudler 的市值是 1.85 亿美元，这个数字包含了对新的项目前景的预计。Strudler 发行的零息债券还有 1 年到期，面值为 1.75 亿美元。1 年期的国债收益率为 7%。Strudler 不分红。

a. 使用二叉树期权定价模型来计算目前 Strudler 的债务和股权价值。

b. 假设 Strudler 有 50 万股普通股在流通。每股价格为多少？

c. 比较 Strudler 债券的市场价值以及相同数额一年后到期的无风险债券的现值。该公司的债券价值大于、小于还是等于无风险债券？这个结论说得通吗？哪些因素可能导致两者价值不同？

d. 假设 Strudler 的管理层决定以一个风险更大的项目取代前述项目。到年底，该公司的资产市值将增加至 2.45 亿美元或减少至 1.35 亿美元。令人惊讶的是，管理层得出结论认为，如果用这个风险项目取代先前风险较低的项目，目前公司的市值仍将维持在 1.85 亿美元。使用二叉树期权定价模型计算采取新项目后该公司的债券和股权价值。债券持有人更喜欢哪一个项目？

答：a. 因为同时用股权和债券融资的公司的股东可以看做持有一份看涨期权，其标的是公司的资产，行权价是公司债务的面值，期限等于公司负债的期限，所以公司股权的价值等于一份看涨期权，行权价为 175000000 美元，期限为 1 年。

为了计算这个期权的价值，引入二叉树模型，首先画出包含当前公司价值和期权到期日公司可能的价值的二叉树，然后画出一个相似的期权的二叉树，确定在两种情况下在到期日期权的价值：

公司当前的价值是 1.85 亿美元。由于引进新的项目，未来它的价值要么增长到 2.13 亿美元，要么减少到 1.56 亿美元。如果公司的价值增长到 2.13 亿美元，股东会执行期权，行权日将获得 0.38 亿美元的收益。然而如果公司的价值减少为 1.56 亿美元，股东不会行权，行权日获得的收入为 0。

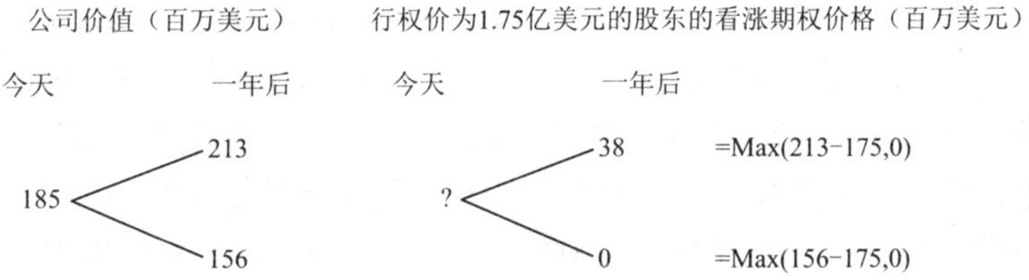

如果项目成功，公司价值上涨，上涨的幅度为 15.14%（=213/185 - 1）。如果项目失败，公司价值下跌，下跌的幅度为 -15.68%（=156/185 - 1），可以确定公司价值上涨的风险中性概率：

$$\text{无风险利率} = \text{价值上涨的概率} \times \text{上涨的幅度} + \text{价值下跌的概率} \times \text{下跌的幅度}$$

$$0.07 = \text{价值上涨的概率} \times 0.1514 + (1 - \text{价值上涨的概率}) \times (-0.1568)$$

解得：价值上涨的概率 = 73.60%，价值下跌的概率 = 1 - 73.60% = 26.40%。

利用风险中性概率，可以得到到期时权益所有者看涨期权的期望收益：

$$\text{到期日的期望收益} = 0.7360 \times 38000000 + 0.2640 \times 0 = 27966666.67(\text{美元})$$

因为这个收益是 1 年以后的收益，因此必须对它进行折现：

$$PV = 27966666.67/1.07 = 26137071.65(\text{美元})$$

因此，公司权益当前的价值为 26137071.65 美元。公司当前的价值等于权益加负债。公司的总价值减去权益的价值就可以得出负债的价值：

$$V_L = \text{负债} + \text{权益}$$

$$185000000 = \text{负债} + 26137071.65$$

解得：负债 = 158862928.35（美元）。

b. 每股价值等于权益价值除以发行在外的总股数：

每股价格 = 总的权益价值/发行在外的股数 = 26137071.65/500000 = 52.27（美元）

c. 公司负债的市场价值等于 158862928.35 美元。相同面值无风险债券的 *PV* 为 163551401.87 美元（ = 175000000/1.07）。公司债券的价值比无风险债券的 PV 要低，因为存在债券无法完全得到偿还的风险。换句话说，负债的市场价值考虑到了公司违约的风险。无风险债券的价值为 163551401.87 美元，但是公司有可能不能全额偿付债权人，因此，公司债券的价值低于 163551401.87 美元。

d. Strudler 公司现在的价值为 1.85 亿美元，因为引入一个新的项目，公司的价值有可能增长为 2.45 亿美元也有可能下跌为 1.35 亿美元。如果公司的价值上升到 2.45 亿美元，股东将会行权，行权日将会得到 0.7 亿美元的报酬。然而，如果公司的价值下跌为 1.35 亿美元，股东将不会行权，行权日的收益为 0 美元。

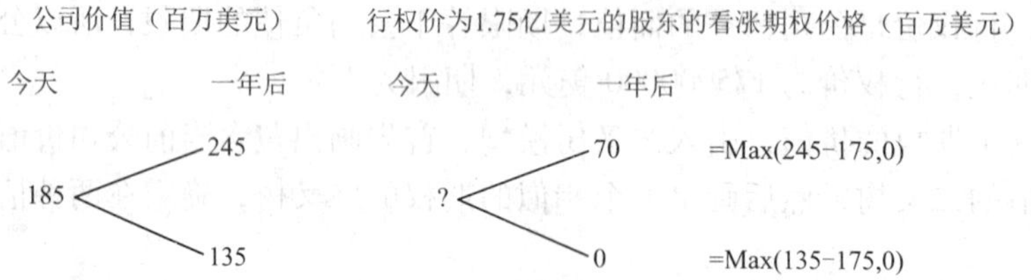

如果项目成功，公司价值上涨的幅度为 32.43%（ = 245/185 − 1），如果项目失败，公司价值下跌的幅度为 −27.03%（ = 135/185 − 1）。利用下面的表达式来算出风险中性下公司价值上升的概率：

无风险利率 = 价值上涨的概率 × 上涨的幅度 + 价值下跌的概率 × 下跌的幅度

无风险利率 = 价值上涨的概率 × 上涨的幅度 + (1 − 价值上涨的概率) × 下跌的幅度

0.07 = 价值上涨的概率 × 0.3243 + (1 − 价值上涨的概率) × (− 0.2703)

解得：价值上涨的概率 = 57.23%，价值下跌的概率 = 1 − 57.23% = 42.77%。

利用风险中性概率，可以算出股东的看涨期权在到期日的期望收益为：

到期日的期望收益 = 0.5723 × 70000000 + 0.4277 × 0 = 40059090.91（美元）

因为这个收益是一年以后的收益，因此必须用无风险利率对其进行折现：

PV = 40059090.91/1.07 = 37438402.72（美元）

因此，公司权益目前的价值为 37438402.72 美元。

公司当前的总价值等于权益的总价值加上负债的总价值，因此，可以用公司的总价值减去权益的价值得出负债的价值：

$$V_L = 负债 + 权益$$

$$185000000 = 负债 + 37438402.72$$

解得：负债 = 147561597.28（美元）。

风险更大的项目增加了公司权益的价值，减少了公司负债的价值，如果公司接受了风险更大的项目，公司对债权人违约的风险更大，因为更大风险的项目增加了公司的违约风险，公司负债的价值下跌。债券持有人希望公司进行更加保守的项目。

51. 布莱克 − 斯科尔斯和股利 除了本章讨论的 5 个因素，股利也影响着期权的价格。带股利分配的布莱克 − 斯科尔斯期权定价模型如下：

$$C = S \times e^{-dt} \times N(d_1) - E \times e^{-Rt} \times N(d_2)$$

$$d_1 = [\ln(S/E) + (R - d + \sigma^2/2) \times t] / (\sigma \times \sqrt{t})$$

$$d_2 = d_1 - \sigma \times \sqrt{t}$$

所有的变量都和不带股利的布莱克－斯科尔斯模型一样，除了变量 d 是连续复利计算条件下股票的股利收益率。

a. 你认为股利将会对看涨期权的价格产生什么影响？请解释。

b. 某股目前的售价为每股 113 美元，每股收益的年标准差为 50%，无风险利率为 5%，连续复利计算。执行价为 110 美元，年派息率为 2% 的 6 月期看涨期权价格是什么？

答： a. 回顾股利分配那一章，股利分配将使股价下降，下降幅度为股利的分配额（减去任何税收影响），因此预期股利分配时股价会下跌，使得看涨期权的上限减少同股利相当的数额。股利到期分配增加使得看涨期权的价格下降。

b. 运用带股利分配的 Black－Scholes 模型：

$$d_1 = [\ln(113/110) + (0.05 - 0.02 + 0.50^2/2) \times 0.5] / (0.50 \times \sqrt{0.5}) = 0.2953$$

$$d_2 = 0.2953 - (0.50 \times \sqrt{0.5}) = -0.0582$$

进而求得：

$$N(d_1) = 0.6161$$

$$N(d_2) = 0.4768$$

则 6 月期行权价为 110 美元，年派息率为 2% 的看涨期权价格为：

$$C = 113e^{-0.02 \times 0.5} \times 0.6161 - 110e^{-0.05 \times 0.5} \times 0.4768 = 17.78\text{（美元）}$$

52. 买卖平价和股利 当公司支付股票股利时，买卖期权平价发生了变化。股利的存在使买卖期权平价计算公式调整为：

$$S \times e^{-dt} - P = E \times e^{-Rt} + C$$

其中 d 是连续复利计算条件下股票的股利收益率。

a. 你认为股利将会对看跌期权的价格产生什么影响？请解释。

b. 根据上题，与其中看涨期权具有相同行权价和期限的看跌期权是什么价格？

答： a. 回顾股利分配那一章，股利分配使得股票价格下跌，下跌幅度为股利分配额减去任何税收影响。因此，预期当分配股利的时候股票价格会下降。因此当股利收益增加时，看跌期权的价格会上升。

b. 运用买卖期权平价公式：

$$113e^{-0.02 \times 0.5} + P = 110e^{-0.05 \times 0.5} + 17.78$$

解得：$P = 13.19$（美元）。

53. 看跌期权的 *Delta* 在本章中，我们注意到看跌期权的 *Delta* 是 $N(d_1) - 1$。这与 $-N(-d_1)$ 相同吗？（提示：相同，但为什么？）

答： $N(d_1)$ 是“z”小于或等于 d_1 的概率，所以 $1 - N(d_1)$ 是“z”大于 d_1 的概率。因为正态分布的对称性，这同“z”小于 $-d_1$ 的概率是一回事。所以：

$$N(d_1) - 1 = -N(-d_1)$$

54. 布莱克－斯科尔斯看跌期权定价模型 利用布莱克－斯科尔斯看涨期权定价模型、买卖期权平价以及上题证明布莱克－斯科尔斯看跌期权定价模型可以写作：

$$P = E \times e^{-Rt} \times N(-d_2) - S \times N(-d_1)$$

答： 根据买卖期权平价：

$$P = E \times e^{-Rt} + C - S$$

将 Black－Scholes 模型中 C 代入，利用前面问题的结果得出看跌期权的价格公式为：

$$P = E \times e^{-Rt} + C - S$$

$$P = E \times e^{-Rt} + S \times N(d_1) - E \times e^{-Rt} \times N(d_2) - S$$

$$P = S \times (N(d_1) - 1) + E \times e^{-Rt} \times (1 - N(d_2))$$

$$P = E \times e^{-Rt} \times N(-d_2) - S \times N(-d_1)$$

55. 布莱克－斯科尔斯 某股目前的售价为 50 美元。该股不支付股利。年无风险利率为 12%，连续复利计算，股票回报标准差为 60%。该股票的欧式看涨期权行权价为 100 美元，无到期日，即它是永久性的。基于布莱克－斯科尔斯，看涨期权的价值为多少？你意识到这里存在一个悖论吗？如何解决这个悖论？

答：根据 Black－Scholes 模型，这份看涨期权的价值为 50 美元。因为执行价格的现值为 0 美元，因此第二项没有了。同时，d_1趋于无穷大，所以 $N(d_1)$ 等于 1。问题在于这是一份永久性的欧式看涨期权，你会为一份你永远都不能执行的权利付钱吗？通过查看股票的价格可以解决这个悖论。看涨期权的公式只适合于不分配股利的股票，如果股票永远不支付股利，那么它（和在任意价格购买的看涨期权）一定毫无价值。

56. *Delta* 你购买一个看涨期权同时以相同的行权价和期限卖出一个看跌期权。该投资组合的 *Delta* 是什么？为什么？

答：看涨期权的 *Delta* 是 $N(d_1)$，看跌期权的 *Delta* 是 $N(d_1) - 1$。因为出售了一份看跌期权，因此资产组合的 *Delta* 为 $N(d_1) - [N(d_1) - 1]$，即头寸的 *Delta* 是 1。这个头寸将美元换成以美元计价的标的资产，用标的资产复制了美元。

第23章　期权与公司理财：推广与应用

23.1　复习笔记

公司财务决策中充满着期权，它们包含在许多问题之中，如是否兴建、扩建或关闭一家工厂，如何向管理人员和其他雇员支付薪酬等等。本章着重运用期权分析方法评估四种不同的隐含期权类型：经理股票期权与薪酬、创始公司中隐含的期权、简单商业合同中的期权及项目停止和重新开始的期权。

1．管理人员的薪酬与期权

(1)管理人员的薪酬构成

管理人员的薪酬通常由基本薪金加上以下某些或全部元素构成：①长期报酬；②年度奖金；③退休金；④期权。报酬的最后一个元素即期权，对于许多高层管理人员而言，期权在整个报酬中占据了最大的比重。

(2)经理人股票期权的内涵

经理人股票期权是企业给予高级管理人员的一种激励安排，主要是指公司无偿(或以较低的价格)授予经理人员在未来某一特定日期以规定的合同价格购买本公司一定数量股票的选择权。持有这种权利的经理人员可以在规定时期内以规定的价格购买本公司股票，此行为过程称为行权。在行权之前，股票期权持有人没有任何的现金收益；行权之后，个人收益为行权价与其卖出股票时市场价之间的差价。

(3)薪酬中使用期权的理由

与其他激励措施相比，经理人股票期权具有长期性、灵活性和低成本的优点，这一措施可以较好地解决公司股东与管理人员之间的激励相容问题。具体体现在以下几个方面：

①将管理人的利益与公司股价和业绩挂钩，使管理人利益与公司利益趋于一致。

②减少管理人的基本薪酬，消除较大的薪资差距。

③约束管理人的短视行为，更关注公司长期发展。

2．评估管理人员薪酬

在西方，期权占管理人员薪酬的比例很大，所以在某些程度上可以说评估管理人员薪酬取决于对管理人员期权的评估。期权的经济价值取决于标的股票价格波动性、授予期权的确切期限等因素。公司通过授予管理人员期权，管理人员受此激励，能将公司业绩与自身利益结合起来。也就是说，管理人员努力提高公司股东利益的同时，也可以通过期权获得更丰厚的薪酬；相反，如果经营管理不善，股东利益受损，管理人员手中的期权价值也将大打折扣。

3．创始公司中的隐含期权

隐含期权，又称实物期权，是指项目管理人有扩张或放弃项目的选择权的一种期权。它能够帮助将投资项目分解为一系列随时间推移与管理相关的决策；阐明评价项目过程中不确定性的作用；提供估计项目期权价值方法。

4. 二叉树模型

(1)双时点二叉树模型

假设：标的资产价格的变化只有向上(U)或向下(D)两种可能的状态。

公式：

计算期权到期日价格 C_u 和 C_d：

$$C_u = 上涨概率 \times \frac{C_{uu}}{(1+r)} + 下跌概率 \times \frac{C_{ud}}{(1+r)}$$

$$C_d = 上涨概率 \times \frac{C_{ud}}{(1+r)} + 下跌概率 \times \frac{C_{dd}}{(1+r)}$$

计算期权价值 C_0：

$$C_0 = 上涨概率 \times \frac{C_u}{(1+r)} + 下跌概率 \times \frac{C_d}{(1+r)}$$

(2)多时点二叉树模型

层次多于双时点模型，但是二者原理一致。

23.2 课后习题详解

一、概念题

本章是对期权定价理论知识的扩充，介绍了不同类型的特定期权，基本概念参见第22章。

二、复习题

1. 雇员股票期权 如果对公司来说期权的成本大于管理人员所能获得的价值，为什么公司还要授予管理人员期权？为什么不直接给予管理人员现金并平分中间的差额？这不是会让公司和管理人员都变得更好吗？

答：授予管理人员股票期权(而不是现金)的目的之一是使管理人员的薪酬与公司股票的业绩挂钩。这样可以激励公司管理人员致力于增加股东价值。

2. 实物期权 许多商业活动中存在的两种期权是什么？

答：大多数商业活动都拥有在不利的条件下放弃的期权和在有利的条件下扩张的期权。

3. 项目分析 为什么一项严格的 *NPV* 分析典型地低估了一家公司或一个项目的价值？

答：几乎所有的项目都有内置期权，而这在 *NPV* 计算时通常被忽略，所以可能导致价值低估。

4. 实物期权 公共事业公司常常面临建设以煤、油或者两者为燃料的新工厂的决策。如果煤和油的价格都高度波动，建设一家以煤或油为燃料的工厂的决策价值多少？如果煤价和油价的相关系数上升，这项期权的定价会发生什么变化？

答：期权的价值随着煤价和油价的波动性的增加而增加。随着煤价和油价的波动性的增加，燃油的期权价值也增加。可是如果煤价和油价高度相关，期权的价值将下降。如果煤价和油价同时都增长，这种替代期权将变得缺乏价值，因为公司只能节省更少的资金。

5. 实物期权 你的公司在郊外有块空地，延迟开发这块地有什么优势？

答：这种优势是如果你延迟开发这块土地，它的价值可能会增加。同时，最佳利用这块土地而不是出售可能更有价值。

6. 实物期权 星球矿业公司买了一座金矿，但是目前的提炼成本太高，金矿无法获利。

该公司拥有哪一种期权?

答: 公司拥有暂时放弃这座金矿的期权，这是一种美式看跌期权。如果该期权被执行，即星球公司暂不经营这个金矿，那么该公司就拥有一份当运营该金矿能盈利时重新开矿的美式看涨期权。当然，如果该公司重新开矿，它又拥有一份再一次放弃该金矿的美式看跌期权。

7. 实物期权 你正在和一个同事讨论实物期权。在讨论中，你的同事说:“实物期权的分析毫无意义，因为它说风险更大的项目的实物期权价值比更安全的项目的实物期权价值更大。”你怎样回应他的话?

答: 你的同事是对的，但是期权价值随着波动性的增长而增长是期权估值理论的重要结论。其他条件相同的情况下，高波动性投资的看涨期权有更高的价值因为其具有更大的盈利潜力。虽然亏损风险也会更大，但是对于期权来说价值下降是没有关系的，价值下降的情况下期权不会被执行，因此不管资产价值下降到多低，损失都是有限的。对于一个看跌期权来说情况刚好相反，因为这种期权会因为资产价值降得越低而越有价值。如果资产价值上升，这种期权将被终止。

8. 实物期权与资本预算 你的公司目前运用的是传统的资本预算技术，包括净现值法。在听了实物期权分析方法的运用后，你的上司决定用实物期权分析代替净现值法。你如何评价这个决定?

答: 实物期权分析不是一个可以单独使用的技术。实物期权分析中的资产价值首先是通过传统现金流技术计算的，然后实物期权定价确定的现金流量又被应用到传统现金流技术中。

9. 作为期权的保险 不论是公司购买的还是个人购买的保险，本质上就是一项期权。一份保险单是一项什么期权?

答: 保险单是一份看跌期权。对于房屋保险来说，如果你的房屋被烧毁，保险公司将支付给你保单规定的价值。本质上，你以保单价值(执行价格)的价格将你被烧毁的房子(看跌)卖给了保险公司。

10. 实物期权 如果一家公司面临其他竞争者，你如何分析实物期权的变化?

答: 在竞争性市场上，你必须认识到你的竞争者也拥有实物期权。这些竞争者的决策可能经常改变你公司期权的回报。例如，某个市场的第一个进入者经常能够分享更大的市场份额，因为他们的品牌可能成为产品的代名词(例如 Q－TIPS 和舒洁)。因此，成为第一个进入者的期权非常有价值。但是也必须考虑成为市场的后入者或许更好。无论哪种方式，我们必须认识到竞争者的行动也会影响我们的期权。

11. 雇员股票期权 Gary Levin 是 Mountainbrook Trading 公司的首席执行官。董事会刚刚授予了 Levin 先生 25000 股目前交易价为 55 美元的公司股票平值看涨欧式期权。该公司股票不分红。期权将在 5 年内到期，股票回报率的标准差为 61%。目前 5 年内到期的国库券的连续复利回报率为 6%。

a. 利用布莱克－斯科尔斯模型评估期权的价值。

b. 你是 Levin 先生的财务顾问。他必须在前面提到的股票期权和马上能得到的 750000 美元的奖金之间做出选择。如果他是风险中性的，你将推荐哪一种?

c. 如果 Levin 先生是风险规避的且在期权到期前他不能卖掉期权，你对问题 b 的回答将会发生什么变化?

答: a. Black－Scholes 模型需要确定的参数包括：标的资产的当前价格(S)，期权的执行价格(E)，期权至到期日的时间(t)，标的资产收益的方差(σ^2)，以及连续复利无风险利率

(R)。由于期权为平价期权，所以其执行价格为当前股票的价格 55 美元。因此，用 Black - Scholes 公式算出的结果如下：

$$d_1 = \left[\ln(S/E) + \left(R + \frac{\sigma^2}{2}\right) \cdot t\right] / (\sigma^2 t)^{\frac{1}{2}}$$

$$= \left[\ln\frac{55}{55} + \left(0.06 + \frac{0.61^2}{2}\right) \times 5\right] / (0.61 \times \sqrt{5}) = 0.9019$$

$$d_2 = 0.9019 - (0.61 \times \sqrt{5}) = -0.4621$$

因此得到：

$$N(d_1) = N(0.9019) = 0.8165$$

$$N(d_2) = N(-0.4621) = 0.3220$$

可得看涨期权的 Black - Scholes 价格为：

$$C = SN(d_1) - Ee^{-Rt}N(d_2) = 55 \times 0.8165 - 55 \times e^{-0.06 \times 5} \times 0.3220 = 31.78(\text{美元})$$

由于 Levin 先生持有 25000 份期权，因此，其股票期权的当前总价值为 794500 美元（= 25000 × 31.78）。

b. Levin 先生是风险中性的，因此，建议他选择净现值最高的那项。由于股票期权的预期价值高于 750000 美元，所以 Levin 先生会更偏好期权，而不是马上能得到的奖金。

c. 如果 Levin 先生是风险厌恶者，那么，他可能不会更偏好股票期权。尽管股票期权具有更高的净现值，但由于它无法使资产多样化，Levin 先生也可能并不偏好于它。欧式期权无法在未到期前售出也使得 Levin 先生所持有的期权风险大于奖金。因此，此时将无法判断他会偏好哪种选择。

12. 雇员股票期权 Jared Lazarus 刚刚被任命为 BluBell Fitness Centers 公司的首席执行官。除了 475000 美元的年薪，他的 3 年期的合同规定，他的薪酬包括 20000 股 3 年内到期的公司股票平值看涨期权。目前的股价为 41 美元，公司股票回报率的标准差为 69%。该公司不支付股利。3 年内到期的国库券的连续复利回报率为 5%。假设 Lazarus 先生的薪水在年末支付，这些现金流用 9% 的折现率折现。用布莱克 - 斯科尔斯模型为股票期权定价，确定合同签订日的薪酬计划的总价值。

答： 总报酬方案包括一份年金和一份 20000 份的股票实值期权。首先算出薪金的现值，因为薪金发放在年末，所以薪金可以看作是三年期的年金：

$$PV(\text{薪金}) = 475000 \times PVIFA(0.09, 3) = 1202364.97(\text{美元})$$

然后用 Black - Scholes 公式算出股票期权的价值：

$$d_1 = \left[\ln(S/E) + \left(R + \frac{\sigma^2}{2}\right) \cdot t\right] / (\sigma^2 t)^{\frac{1}{2}}$$

$$= \left[\ln\frac{41}{41} + \left(0.05 + \frac{0.69^2}{2}\right) \times 3\right] / (0.69 \times \sqrt{3}) = 0.7231$$

$$d_2 = 0.7231 - (0.69 \times \sqrt{3}) = -0.4720$$

得到：

$$N(d_1) = N(0.7231) = 0.7652$$

$$N(d_2) = N(-0.4720) = 0.3184$$

可得看涨期权的价格为：

$$C = SN(d_1) - Ee^{-Rt}N(d_2) = 41 \times 0.7652 - 41 \times e^{-0.05 \times 3} \times 0.3184 = 20.13(\text{美元})$$

由于其持有 20000 份该期权，因此，股票期权的价值为 402600 美元(=20.13 ×20000)。总薪酬组合等于其年薪报酬现值与股票期权价值之和。因此，合约签订日总薪酬组合价值为 1604964.97 美元(=1202364.97 +402600)。

13. 二叉树模型 Gaswoks 公司即将在 3 个月内以每加仑 2.65 美元的价格销售最多 500 万加仑的汽油。目前汽油的批发价为每加仑 2.34 美元，标准差为 62%。如果无风险利率为 6%，期权的价值为多少?

答: 因为这个合约是以高价卖 500 万加仑的汽油，所以属于看涨期权，需要以此来估计合同的价值。用二叉树模型，先找出 u 和 d:

$$u = e^{\sigma/\sqrt{n}} = e^{0.62/\sqrt{12/3}} = 1.3634$$

$$d = \frac{1}{u} = \frac{1}{1.3634} = 0.7334$$

这意味着如果汽油价格增加，其增加的百分比为 36.34%，如果汽油价格下降，其下降的百分比为 -26.66%。这样 3 个月内的汽油的高价和低价分别为:

$$P_{\text{上涨}} = 2.34 \times 1.3634 = 3.19(\text{美元})$$

$$P_{\text{下跌}} = 2.34 \times 0.7334 = 1.72(\text{美元})$$

如果价格下降，期权将毫无价值；如果价格上升，期权的价值:

$$\text{价格增长的价值} = 3.19 - 2.65 = 0.54(\text{美元})$$

然后需要算出价格上涨或下跌的风险中性概率:

$$0.06/(12/3) = 0.3634 \times \text{上涨概率} + (-0.2666) \times (1 - \text{上涨概率})$$

解得：上涨概率 =0.4469，下跌概率 =1 -0.4469 =0.5531。

汽油价格下降，合约不会被执行，因为价格下降后，合约的价值为零。所以这份看涨期权合约的期权价值是:

$$C = (0.4469 \times 0.54 + 0.5531 \times 0)/[1 + 0.06/(12/3)] = 0.2378(\text{美元})$$

整个合约的价值 =0.2378 ×5000000 =1189000(美元)

14. 实物期权 Webber 公司是一家国际性综合公司，拥有一个房地产部门。该事业部有权下一年在 Sacramento 市区的一块地上建设一栋商业建筑。这栋建筑将花费 5500 万美元。由于目前对市区商业地产的需求较小，这样一栋建筑价值 5320 万美元。如果需求上升，1 年后该建筑将价值 5790 万美元。如果需求下降，1 年后该建筑将只值 4800 万美元。该公司能够以 4.8% 的有效年利率借贷资金。一家当地的房地产行业竞争者提议支付 180 万美元，以取得在那块地上建造一栋商业建筑的权利。该公司是否应该接受这个提议? 运用二叉树模型对该实物期权进行估值。

答: 解决涉及实物期权的问题时，首先要确定该问题中类似于期权的特征：①如果写字楼的价值上涨，Webber 公司将执行该期权，建造写字楼，因此，是否建造写字楼的权利类似于一种看涨期权。②Sacramento 市区的一座写字楼当前价值为 5320 万美元，这一价值可以看作是标的资产的当前价格(S)。③建造这样一座写字楼的成本为 5500 万美元，由于这是该公司执行其权利、建造写字楼所必须支付的成本，因此，这个成本可以看作是看涨期权的执行价格(E)。④由于该公司在这一地段上建楼的权利只能持续 1 年时间，因此，该实物期权距到期日的时间为 1 年(t)。可以使用两状态模型确定其建楼期权的价值。首先，要分别计算出写字楼价格上升和下降时土地的收益。收益计算如下:

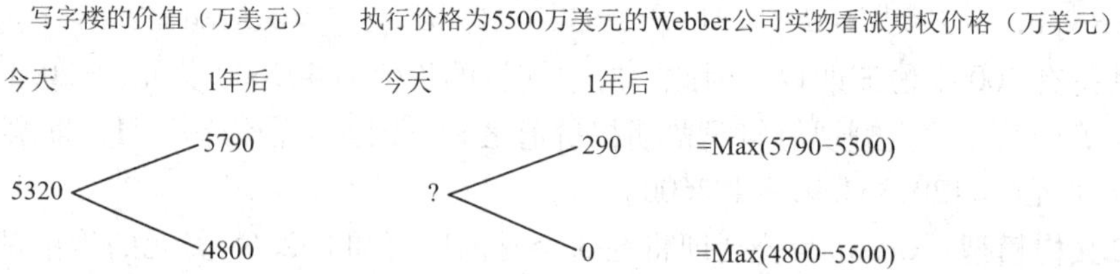

如果写字楼需求增加，其价值将上升，那么期限内写字楼的回报率为 8. 83%（=5790/5320-1）；如果需求下降，则写字楼的价值将下跌，其回报率为 -9. 77%（=4800/5320-1）。风险中性条件下，该写字楼价值上涨的概率满足以下等式：

无风险利率 = 上涨概率 × 上涨回报率 + 下跌概率 × 下跌回报率

0. 048 = 上涨概率 ×0. 0883 +（1 - 上涨概率）×（-0. 0977）

解得：上涨概率 =0. 7833，下跌概率 =1 - 上涨概率 =1 -0. 7833 =0. 2167。

因此，风险中性的条件下，该写字楼价值上涨的可能性为 78. 33%，价值下跌的可能性为 21. 67%。利用这些可能性，可以确定 Webber 公司实物期权在到期日的期望收益，即：

到期日期望收益 =0. 7833 ×290 +0. 2167 ×0 =227. 16（万美元）

由于这一期望收益发生在 1 年后，因此，须按照无风险利率 4. 8% 对其进行折现，得：

PV（到期日期望收益）=227. 16/1. 048 =216. 76（万美元）

所以，一个执行价格为 5500 万美元，为期 1 年的看涨期权的价值为 216. 76 万美元，也就是说，明年在 Sacramento 市区建造写字楼的权利价值为 216. 76 万美元。由于 180 万美元小于该实物期权的价值，因此，Webber 公司不应该接受其竞争厂商的提议，而应该保留在该区域建造写字楼的权利。

15. 实物期权 Jet Black 公司是一家国际性综合公司，拥有一个石油部门，目前正在一场拍卖中参与竞标一年后在一块广阔的土地上钻探原油的权利。目前市场上原油的价格是每桶 103 美元，并且那块地被认为储藏有 435000 桶石油。如果石油被勘探出来，将需要 7500 万美元来提取。一年内到期的国库券的连续复利回报率是 4%，原油价格的标准差是 50%。利用布莱克 - 斯科尔斯模型计算该公司在拍卖中愿意出的最高价。

答：解决涉及实物期权的问题时，首先要确定该问题类似于期权的特征：①由于在油价上涨的情况下 Jet Black 公司才能选择钻探原油，因此，该土地上的原油开采权可以看作是一种看涨期权。②由于该土地上储藏有 435000 桶原油量，且当前油价为 103 美元/桶，因此，Black - Scholes 模型中标的资产的当前价格（*S*）为 44805000 美元（=435000 ×103）。③如果一年后的油价不能补偿其开采成本，Jet Black 公司将不会进行开采，因此，这些成本可以看作是实物期权的执行价格（*E*）。④由于拍卖的赢方享有一年内开采原油的权利，因此，该实物期权距到期日的时间可以看作 1 年（*t*）。

用 Black - Scholes 公式计算得：

$$d_1 = \left[\ln(S/E) + \left(R + \frac{\sigma^2}{2}\right) \cdot t\right] / (\sigma^2 t)^{\frac{1}{2}}$$

$$= \left[\ln\frac{44805000}{75000000} + \left(0.04 + \frac{0.50^2}{2}\right) \times 1\right] / (0.50 \times \sqrt{1}) = -0.7003$$

$$d_2 = -0.7003 - (0.50 \times \sqrt{1}) = -1.2003$$

因此

$$N(d_1) = N(-0.7003) = 0.2419$$

$$N(d_2)=N(-1.2003)=0.1150$$

可得看涨期权的 Black - Scholes 价格为：

$$C=SN(d_1)-Ee^{-Rt}N(d_2)=44805000\times0.2419-75000000\times e^{-0.04\times1}\times0.1150$$
$$=2549352.54(美元)$$

因此，拍卖会上 Jet Black 公司愿意给出的最高价格为 2549352.54 美元。

16. 实物期权 Sardano and Sons 是一家大型公共持股的公司，正在考虑租用一个仓库。该公司的一个部门主营制造钢材，这个仓库是该区域唯一符合公司运用需求的设施。目前钢铁的价格是每吨 690 美元。如果未来 6 个月钢材价格下降，该公司将采购 500 吨钢材，生产 55000 条钢棒。每条钢棒的生产成本是 18 美元，该公司计划以每条 29 美元的价格出售。生产和出售只需要几天时间。如果钢材价格上涨或保持不变，采纳该项目将不能盈利，该公司也将闲置该仓库而不生产钢棒。6 个月内到期的国库券的连续复利回报率是 4.5%，钢材回报率的标准差是 38%。利用布莱克 - 斯科尔斯模型计算该公司愿意为租赁仓库支付的最高价。

答：解决涉及实物期权的问题时，首先要确定该问题类似于期权的特征：①当钢价下降时，Sardano and Sons 公司将选择制造钢棒，因此，赋予该公司制造钢棒能力的这一租赁协议就可以看作是一种看跌期权。②如果该公司选择制造钢棒，则它将获取固定收益 605000 美元[$=55000\times(29-18)$]。因此，这 605000 美元可以看作是该看跌期权的执行价格(E)。③由于该项目要求 Sardano and Sons 公司购买 500 吨钢，并且当前钢价为 690 美元/吨，因此，Black - Scholes 模型中标的资产的当前价格(S)为 345000 美元($=500\times690$)。④由于 Sardano and Sons 公司必须对 6 个月后是否购买钢铁做出决策，因此，该公司用于制造钢棒的实物期权距到期日的时间可以看作为 6 个月(t)。

要计算该实物看跌期权的价值，必须利用 Black - Scholes 模型确定相应的看涨期权价值，然后利用期权平价关系推导出看跌期权的价值。根据上述分析可知，Black - Scholes 公式的参数分别为：$S=345000$(美元)，$\sigma^2=0.38^2$，$E=605000$(美元)，$R=0.045$，$t=0.50$。根据参数计算 d_1 和 d_2：

$$d_1=\left[\ln(S/E)+\left(R+\frac{\sigma^2}{2}\right)\cdot t\right]/(\sigma^2 t)^{\frac{1}{2}}$$
$$=\left[\ln\frac{345000}{605000}+\left(0.045+\frac{0.38^2}{2}\right)\times(6/12)\right]/(0.38\times\sqrt{6/12})=-1.8723$$
$$d_2=-1.8723-(0.38\times\sqrt{6/12})=-2.1410$$

又因为

$$N(d_1)=N(-1.8723)=0.0306$$
$$N(d_2)=N(-2.1410)=0.0161$$

期权价值为：

$$C=SN(d_1)-Ee^{-Rt}N(d_2)=345000\times0.0306-605000\times e^{-0.045\times(6/12)}\times0.0161=1005.31(美元)$$

根据期权平价定理：

$$C=P+S-Ee^{-Rt}$$

代入数据：

$$1005.31=P+345000-605000e^{-0.045\times(6/12)}$$

解得：$P=247544.81$(美元)。

因此，该看跌期权的 Black - Scholes 价格为 247544.81 美元，即 Sardano and Sons 公司愿意为仓库租赁支付的最高价格为 247544.81 美元。

17. 实物期权 Wet for the Summer 公司生产游泳池的过滤设备。该公司正在考虑是否采用一项新技术生产过滤设备。一年后该公司将知道新技术是否被市场接受。如果对新设备的需求量大，一年后的现金流净现值将达到 1470 万美元。相反，如果需求量小，1 年后的现金流净现值将为 850 万美元。在上述假设下，该项目的净现值是 1310 万美元，无风险利率是 6%。假设 1 年后如果对新技术的需求量小，该公司可以以 940 万美元的价格出售该技术。放弃期权的价值是多少？

答：一年后如果对该技术的需求量小，公司将放弃该技术。因为放弃该技术的价值高于继续使用的价值。由于在本问题中公司是要选择是否卖掉该技术，所以该期权可以看作是一份看跌期权。如果需求量小，该看跌期权一年后的价值为：

$$需求量小时看跌期权的价值 = 9400000 - 8500000 = 900000(美元)$$

当然，如果需求量大时，公司不会卖掉该技术，所以该看跌期权将无价值终止。可以通过二叉树模型来对此看跌期权估价。一年后，需求量大的情况下该项目回报率为：

$$需求量大时回报率 = (14700000 - 13100000)/13100000 = 12.21\%$$

需求小的情况下该项目回报率为：

$$需求量小时回报率 = (8500000 - 13100000)/13100000 = -35.11\%$$

现在可以找出该技术价值上升的风险中性概率：

$$无风险利率 = 上涨概率 \times 上涨回报率 + 下跌概率 \times 下跌回报率$$

代入可得：

$$0.06 = 上涨概率 \times 0.1221 + (1 - 上涨概率) \times (-0.3511)$$

解得：上涨概率 = 0.8687，下跌概率 = 1 - 上涨概率 = 1 - 0.8687 = 0.1313。

用风险中性概率可以得出实物期权到期时的期望回报率。需求量大的情况下，该技术不会被卖掉，所以期权是无价值的。需求量小的情况下该期权价值是 900000 美元。所以放弃该期权的价值是：

$$放弃期权的价值 = (0.8687 \times 0 + 0.1313 \times 900000)/(1 + 0.06) = 111481.13(美元)$$

18. 二叉树模型 有一份两个月后到期的股票美式看跌期权。当前股价为 82 美元，股票回报率的标准差是 70%。期权的执行价为 90 美元，无风险利率为每年 5%。以 1 个月为时间间隔，目前的看跌期权价值是多少？（提示：如果期权可以提前执行，你如何计算期权价值？什么时候你将提前执行期权？）

答：使用二叉树模型，先算出 u 和 d 的价值：

$$u = e^{\sigma/\sqrt{n}} = e^{0.7/\sqrt{12}} = 1.2239$$

$$d = 1/u = 1/1.2239 = 0.8171$$

这意味着股票价格上涨时上涨幅度为 22.39%，股票价格下跌时下跌幅度为 18.29%。月度利率为：

$$月度利率 = 0.05/12 = 0.0042$$

价格上涨的风险中性概率为：

$$0.0042 = 0.2239 \times 上涨概率 + (-0.1829) \times (1 - 上涨概率)$$

解得：上涨概率 = 0.4599，下跌概率 = 1 - 0.4599 = 0.5401。

下图显示的是接下来两个月每种可能变动情况下的股票和看跌期权的价值（单位：美元）：

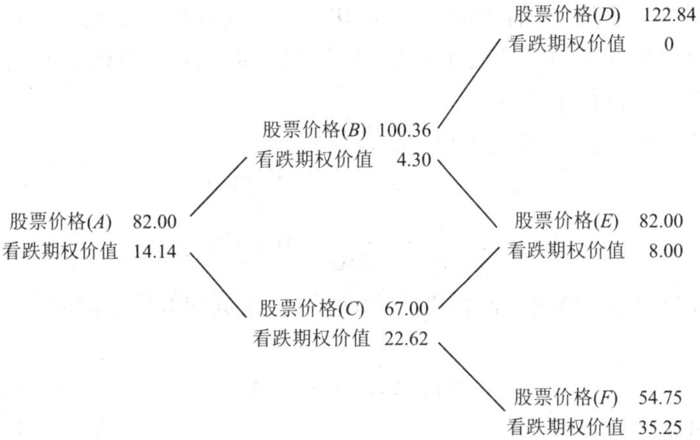

股票价格在 A 处是当前价格，在 B 处是一个上涨后的价格，即：

$$\text{股票价格}(B)=82\times1.2239=100.36(\text{美元})$$

D 处是两次上升后股票的价格：

$$\text{股票价格}(D)=82\times1.2239\times1.2239=122.84(\text{美元})$$

C 处是一次下降后股票的价格：

$$\text{股票价格}(C)=82\times0.8171=67.00(\text{美元})$$

F 处是两次下降后股票的价格：

$$\text{股票价格}(F)=82\times0.8171\times0.8171=54.75(\text{美元})$$

最后，股票价格在 E 处是一次下降和一次上升或者一次上升和一次下降后的结果。由于二叉树模型再合性，两种计算结果一样：

$$\text{股票价格}(E)=82\times1.2239\times0.8171=82.00(\text{美元})$$

现在能够计算到期日看跌期权的价值了，即 D、E、F。看跌期权的价值等于执行价减股票价格的差和零之间的较大者。

$$\text{看跌价值}(D)=\text{Max}(90-122.84,\ 0)=0(\text{美元})$$

$$\text{看跌价值}(E)=\text{Max}(90-82,\ 0)=8(\text{美元})$$

$$\text{看跌价值}(F)=\text{Max}(90-54.75,\ 0)=35.25(\text{美元})$$

B 处看跌期权的价值是其期望价值的现值。因为 B 之后只有这两种可能的股票价格，可以通过看跌期权在 D 和 E 处的价值来得到 B 处看跌期权的期望价值。所以 B 处的看跌期权价值为：

$$\text{看跌期权价值}(B)=(0.4599\times0+0.5401\times8)/1.0042=4.30(\text{美元})$$

同样的，C 处的看跌期权价值是 E 和 F 看跌期权期望价值的现值。C 的看跌期权价值为：

$$\text{看跌期权价值}(C)=(0.4599\times8+0.5401\times35.25)/1.0042=22.62(\text{美元})$$

现在利用 B 和 C 处的看跌期权价值，可以算出看跌期权的现值：

$$\text{看跌期权价值}(A)=(0.4599\times4.30+0.5401\times22.62)/1.0042=14.14(\text{美元})$$

19. 实物期权 你正在讨论购买一份标的物为一栋商业建筑，执行价为 6300 万美元的期权。该建筑目前的价格为 6000 万美元。该期权允许你在半年后或 1 年后购买该建筑。半年后，累计应付租金 90 万美元将支付给建筑所有者。如果你在半年后执行期权，你将收到这些租金；否则，租金将支付给目前的建筑所有者。第 2 次的累计应付租金 90 万美元也将采用同样的支付方式。建筑价值的标准差为30%，无风险利率是每年6%。以半年为间隔期，该期权当前的价值是多少？（提示：如果半年后你不执行期权，该建筑物的价值将减少，减少量等于累计应付租金额。）

答：使用二叉树模型，先求出 u 和 d 的价值：

$$u = e^{\sigma/\sqrt{n}} = e^{0.30/\sqrt{2}} = 1.2363$$

$$d = \frac{1}{u} = \frac{1}{1.2363} = 0.8089$$

这意味着建筑物价值上涨时上涨幅度为23.63%，建筑物价值下降时下降幅度为19.11%。半年度利率为：

$$半年利率 = 0.06/2 = 0.03$$

价格上涨的风险中性概率为：

$$0.03 = 0.2363 \times 上涨概率 + (-0.1911) \times (1 - 上涨概率)$$

解得：上涨概率 = 0.5173，下跌概率 = 1 − 0.5173 = 0.4827。

下图显示接下来每6个月可能的变动情况下建筑物价值和看涨期权的价值（单位：美元）：

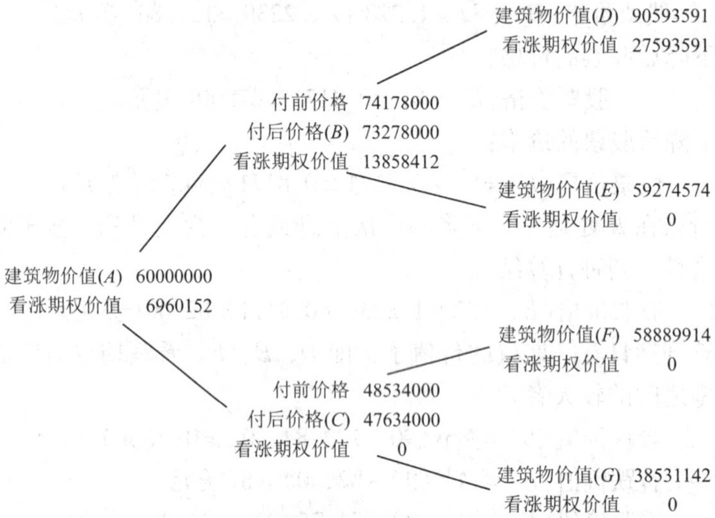

首先，需要沿着二叉树模型算出在每一个节点该建筑物的价值。在 A 处的价格是该建筑的现价。B 处的价值是一次上升后的价值：

$$建筑物价值(B) = 60000000 \times 1.2363 = 74178000（美元）$$

在 B 处累计应付租金被支付，所以建筑物的价值会因为支付租金而降低。支付租金后的 B 处建筑物价值为：

$$支付租金后建筑物价值(B) = 74178000 - 900000 = 73278000（美元）$$

建筑物在 D 处的价值，等于支付租金后的建筑乘以上升比率：

$$建筑物价值(D) = 73278000 \times 1.2363 = 90593591（美元）$$

建筑物在 E 处的价值，等于支付租金后的建筑乘以下降比率：

$$建筑物价值(E) = 73278000 \times 0.8089 = 59274574（美元）$$

建筑物在 C 处的价值是经过一次下降后形成的，其价值为：

$$建筑物价值(C) = 60000000 \times 0.8089 = 48534000（美元）$$

在 C 处累计应付租金被支付，所以建筑物的价值会因为支付租金而降低。支付租金后的 C 处建筑物价值为：

$$支付租金后建筑物价值(C) = 48534000 - 900000 = 47634000(美元)$$

建筑物在 F 处的价值，等于支付租金后的建筑乘以上升比率：

$$建筑物价值(F) = 47634000 \times 1.2363 = 58889914(美元)$$

建筑物在 G 处的价值，等于支付租金后的建筑乘以下降比率：

$$建筑价值(G) = 47634000 \times 0.8089 = 38531142(美元)$$

注意，由于租金 6 个月支付一次，所以二叉树不会在下一步中再结合(即先上升后下降的结果与先下降后上升的结果不再相同)。只要在二叉树模型中有一个固定支付都会出现这种情况。例如，当二叉树计算股票期权时，固定红利支付将会导致二叉树不会再结合。已知建筑物到期价值，可以计算看涨期权到期的价值，即 D、E、F、G。看涨期权的价值是建筑物价值减去执行价的差与零之间的较大值。在这种情况下，如果期权被执行将收到租金，所以不用考虑支付租金后的建筑物价值：

$$看涨期权价值(D) = \mathrm{Max}(90593591 - 63000000, 0) = 27593591(美元)$$

$$看涨期权价值(E) = \mathrm{Max}(59274574 - 63000000, 0) = 0(美元)$$

$$看涨期权价值(F) = \mathrm{Max}(58889914 - 63000000, 0) = 0(美元)$$

$$看涨期权价值(G) = \mathrm{Max}(38531142 - 63000000, 0) = 0(美元)$$

看涨期权在 B 处的价值是期望价值的现值。可以用 D 和 E 来求出期望价值，因为 B 之后只能有 D 和 E 两种可能的变化。所以 B 处期权价值为：

$$看涨期权价值(B) = (0.5173 \times 27593591 + 0.4827 \times 0)/1.03 = 13858412(美元)$$

注意，不会在 B 处去执行该期权。B 处执行该看涨期权的价值为建筑物包括支付租金的价值减去执行价值：

$$B 处执行的期权价值 = 74178000 - 63000000 = 11178000(美元)$$

既然这个价值少于继续持有该期权的价值，这份期权不会被执行。对于一个看涨期权来说，除非有大量的现金支付(分红)，提前支付一般都是不值得的，因为这种潜在的回报是无限的。相反这种潜在的回报在看跌期权中受到执行价格的限制。所以对于看跌美式期权来说如果价格下降提前执行该期权是很有价值的。

可以通过 F 和 G 来计算 C 处的期权价值。C 处的价值是 F 和 G 的期望收益的现值。因为 F 和 G 的价值都不大于零，所以 C 的价值也只能等于零。进而可以算出该看涨期权的现值：

$$看涨期权价值(A) = (0.5173 \times 13858412 + 0.4827 \times 0)/1.03 = 6960152(美元)$$

第 24 章　认股权证和可转换债券

24.1　复习笔记

认股权证和可转换债券是两种常见的融资工具。认股权证赋予其持有人(投资者)以现金购买普通股的权利。一般情况下，认股权证并不单独发行，而是附属在私募公司债券上一起发行。在新增发行普通股的情况下，公司有时也会派发认股权证给投资银行，作为承销服务的补偿。可转换债券则赋予其持有人(投资人)将债券转化为普通股的权利。可转换债券打破了股票和债券间的传统界限，通常被视为一种混合债券。

1. 认股权证

认股权证，也称"准权益股票"，是指由股份公司发行的，给予持有权证的投资者在未来某个时间或某一段时间以事先确认的价格购买一定量该公司股票的选择权凭证。作为一种选择权凭证，持有人有权利但无义务在指定的时期内以确定的价格直接向发行公司购买普通股。认股权证的持有者没有投票权，也不享受股利分配，但认股权证规定的执行价随股票股利的分配或拆股而自动调整。

认股权证的持有人欲成为真正的股东，应先办理交款换股手续。认股权证有短期与长期之分，短期认股权证的有效期通常在 3 个月之内，长期认股权证的有效期则在 1 年或 1 年以上。股份公司向股东配送认股权证，其目的在于让股东购买股票时可以享受低于市场的价格。不过，认股权证在市场上究竟是否受欢迎，不仅取决于认股权证的换股价格与股票的市场价格之间是否存在对投资者有利的差额，还取决于该种股票以后的走势期望。

2. 认股权证的要素及发行方式

(1)认股权证的要素

①认股数量。指认股权证认购股份的数量，它可以用两种方式约定：一是确定每一单位认股权证可以认购多少公司发行的普通股；二是确定每单位认股权证可以认购多少金额的普通股。

②认股价格。也称执行价格，一般以认股权证发行时，发行公司的股票价格为基础进行确定。认购价格一般自始至终保持不变，也可以随着时间的推移逐步提高。如果公司股份增加或减少，就要对认购价格进行调整。

③认股期限。指认股权证的有效期。在有效期内，认股权证的持有人可以随时认购股份；超过有效期，认股权证自动失效。有些认股权证没有截止日期，长期有效。一般而言，认股期限越长，认股价格就越高。

④赎回条款。发行认股权证的公司大都有制定赎回条款，即规定在特定情况下，公司有权赎回其发行在外的认股权证。

(2)认股权证的发行方式

①共同发行。这是最常用的发行方式，即在新发行优先股份或公司债券时对优先股或公司债的投资者发行认股权证。投资者对认股权证无须支付认购款项，因而可增强公司优先股份或债券对投资者的吸引力。以这种方式发行认股权证时，认股权证将随优先股份或债券凭

证一同给予认购者，在无纸化交易制度下，认股权证将随优先股份或债券一并由中央登记结算公司划入投资者账户。

②单独发行。在这种方式下，认股权证的发行与优先股份或债券的发行没有内在的联系，而是发行公司对老股东的一种回报，其具体做法是按老股东的持股数量以一定比例发放。

3. 认股权证的价格与价值

认股权证的价格即权证在一级市场上发行或在二级市场上交易时的单位价格。其实质为认股权证所代表期权的价格，可由期权定价公式确定。权证价格由内在价值和时间价值两部分组成：

权证价格 = 内在价值 + 时间价值

（1）内在价值

认股权证的内在价值又称内含价值或底价，指持有认股权证的潜在收益，即权证立即履约的价值，它与发行人的普通股票价格与认股权证的认购价格之间的差价相关。其计算公式为：

$$V_W = \frac{1}{N}(P_0 - K)$$

式中，P_0 为股票市场价格；K 为权证认股价格；V_W 为认股权证底价；N 为认购一股股票所需权证数量。

若普通股市价高于权证行使价，则内在价值为正，此时有履约价值，权证为价内权证；而当普通股市价等于或低于权证行使价时，该权证就丧失了履约价值，权证为价平权证或价外权证。但由于权证所代表的是一种权利而非义务，因此即使在股价低于权证行使价时，权证的内在价值仍为零。

（2）时间价值

认股权证的时间价值为权证价格与内在价值两者之差，意指若不立即履约，未来的时间里普通股价格就仍有上涨（下跌）空间，认购权证变为价内的机率也就越大。时间价值主要与认股权证有效期的长短以及普通股价格的波幅有关。

①权证的时间价值随着权证到期日的临近而趋向于零。时间价值反映的是普通股价格在到期日前向有利投资者的方向变动的几率。

②普通股价格波动幅度越大，则权证变为价内进而能被执行的机会也就越大。即离认股权证到期日越远，普通股价格波动幅度越大，那么行权时正的股价高（低）于认购（沽）权证行使价的概率就越大，权证持有人转让或行使权证时可获价差空间也就越大。

（3）执行后认股权证的价值

设认股权证执行前公司普通股总数为 N，认股权证数量为 M，每个认股权证可认购 q 股股票，认购价为 X，认股权证执行前公司的权益价值为 V_0（含认股权证价值），则认股权证执行后股票价格为：

$$P_1 = \frac{V_0 + MqX}{N + Mq}$$

$$\text{认股权证执行收益} = q(P_1 - X) = q\left(\frac{V_0 + MqX}{N + Mq} - X\right) = \frac{Nq}{N + Mq}\left(\frac{V_0}{N} - X\right)$$

因此，与一般股票看涨期权相比，认股权证的价值被稀释了。

(4)影响认股权证价格的主要因素

①普通股的市价。普通股市价是确定权证发行价格及其交易价格走势的最主要因素。通常，权证发行时的普通股价格越高，认购权证的发行价格也就越高。类似地，权证发行后随着普通股价格的上升(下跌)，认购权证的二级市场交易价格相应上升(下跌)。

但上述分析只能在一定范围内成立，因为权证(发行或交易)价格的上涨，意味着权证投资成本向普通股的投资成本趋近，其回报率会变小，权证逐渐失去其高杠杆特性。

②剩余有效期间。认股权证的有效期越长，认购权证变为价内的机率就越大，发行价格通常也就越高。而随到期日的趋近，该机率渐小，权证在二级市场的交易价格则相应下降。

③权证行使价格。认股权证所约定的行使价格越高，意味着该行使价格与权证发行或交易时的普通股市价之间的价差空间越小，则该权证持有人未来行使权证认购普通股所获利润空间越小。故行权价格越高的认股权证，其发行或交易价格往往越低。

④普通股波幅。普通股波动性越大，就意味着权证变为价内的机率就越大，因而认股权证的发行或交易价格都会越高。

⑤市场利率。市场利率的高低，决定着普通股投资成本的大小。利率水平越高，投资普通股的成本越大，因而认股权证变得较具吸引力，故权证的发行或交易价格就会越高。

⑥预期股息。一般而言，由于权证无法享有现金股利，因而预期股息越高，对认购权证越不利，故认购权证的发行或交易价格就越低。但需要指出的是，根据某些权证的(行使)价格调整条款或是交易所有关规则，遇普通股放息时往往会对权证行使价格作相应调整，因而预期股息的高低对权证价格及其走势的影响不大。

4. 可转换债券

可转换债券是指按债权契约规定，投资者买进这种债券后，可根据自己的选择，在规定的时期按一定的调换比例，把债券转换成为公司的股票。这是一种次级无抵押债券，还债次序居于优先股之后，因此风险较大，一般不允许机构投资者购买。

可转换债券实际上是一种长期的普通股票的看涨期权。可转换债券主要分为两类：一类是可转换公司债券，即将公司债券转换为公司的普通股；另一类是可转换优先股票，即将优先股转换成本公司的普通股。

5. 可转换债券的要素

(1)有效期限和转换期限

有效期限指可转换债券从发行之日起至偿清本息之日止的时间，与一般债券相同。

转换期限指可转换债券转换为普通股份的起始日至结束日的期间。在大多数情况下，发行人都规定一个特定的转换期限，在该期限内，允许可转换债券的持有人按转换比例或转换价格转换成发行人的股票。

(2)票面利率或股息率

可转换公司债券的票面利率(或可转换优先股股息率)由发行人根据当前市场利率水平、公司债券资信等级和发行条款确定，一般低于相同条件的不可转换公司债(或不可转换优先股)。可转换公司债应半年或一年付息一次，到期后5个工作日内应偿还未转股债券的本金及最后一期利息。

(3)转换比例或转换价格

转换比例、转换价格和转换期限是可转换债券的三大要素。

①转换比例，指一定面额可转换债券可转换成普通股的股数。用公式表示为：

$$转换比例 = \frac{可转换证券的面值}{转换价格}$$

②转换价格，指可转换债券转换为每股普通股份所支付的价格。用公式表示为：

$$转换价格 = \frac{可转换证券的面值}{转换比例}$$

(4)赎回条款与回售条款

赎回是指发行人在发行一段时间后，可以提前赎回未到期的发行在外的可转换公司债券。赎回条件一般是当公司股票价格在一段时间内连续高于转股价格达到一定幅度时，公司可按事先约定的赎回价格买回发行在外尚未转股的可转换公司债券。回售指公司股票在一段时间内连续低于转换价格达到某一幅度时，可转换公司债持有人按事先约定的价格将所持可转换公司债卖给发行人的行为。

赎回条款和回售条款是可转换债券在发行时规定的赎回行为和回售行为发生的具体市场条件。

(5)转换价格修正条款

转换价格修正指发行公司在发行可转换债券后，由于公司的送股、配股、增发股票、分立、合并、拆细及其他原因导致发行人股份发生变动，引起公司股票名义价格下降时而对转换价格所做的必要调整。

6. 可转换债券的价值和价格

(1)可转换债券的价值

可转换债券赋予投资者将其持有的债券或优先股按规定的价格和比例在规定的时间内转换成普通股的选择权。

可转换债券的价值有三种：纯粹价值、转换价值和期权价值。

①纯粹价值。又称理论价值，指当它作为不具有转换选择权的一种债券的价值。要估计可转换债券的理论价值，必须首先估计与它具有同等资信或类似投资特点的不可转换债券的必要收益率，然后利用这个必要收益率算出它未来现金流量的现值，即是其理论价值。

②转换价值。当一种可转换债券可以立即转换时，它可转换的普通股票的市场价格与转换比例的乘积便是转换价值，即：转换价值 = 普通股票市场价格 × 转换比例，其中转换比例是指债券持有人每一份可转换债券获得的股票数。

③期权价值。即可转换债券由于赋予投资者在规定时间内以约定的转股价格转换成发行企业股票的选择权而具有的价值。期权价值的存在导致了可转换债券的市场价值高于其纯粹债券价值和转换价值。可转换债券的期权价值等于其市场价值与纯粹价值和转换价值二者之间的最大值之差，即：

$$期权价值 = 可转换债券市场价值 - MAX(纯粹债券价值，转换价值)$$

反过来说，则：

$$可转换债券的价值 = MAX(纯粹债券价值，转换价值) + 期权价值$$

(2)可转换债券的市场价格

可转换债券的市场价格一般保持在它的理论价值和转换价值之上。如果可转换债券市场价格在理论价值之下，该债券价格被低估；如果可转换债券市场价格在转换价值之下，购买该债券并立即转换为股票就有利可图，从而使该债券价格上涨，直到转换价值之上。

①转换平价、转换升水和转换贴水。转换平价是指可转换债券持有人在转换期限内依据

可转换债券的市场价格和转换比例把债券转换成公司普通股票时对应的每股价格。它实质上是转换比例的另一种表示方式。投资者在购买可转换债券时都要支付一笔转换升水。每股的转换升水等于转换平价与普通股票当期市场价格(也称为基准股价)的差额，或者说是可转换债券持有人在将债券转换成股票时，相对于当初认购转换债券时的股票价格(即基准股价)而做出的让步，通常被表示为当期市场价格的百分比。而如果转换平价小于基准股价，基准股价与转换平价的差额就被称为转换贴水。转换贴水的出现与可转换债券的溢价程度相关。

②计算方法：

$$转换平价=\frac{可转换证券的市场价格}{转换比例}$$

转换平价是一个盈亏平衡点，一旦实际股票市场价格上升到转换平价水平，任何进一步的股票价格上升肯定会使可转换债券的价值增加。

$$转换升水=转换平价-基准股价$$

$$转换升水比例=\frac{转换升水}{基准股价}\times 100\%$$

$$转换贴水=基准股价-转换平价$$

$$转换贴水比率=\frac{转换贴水}{基准股价}\times 100\%$$

③转换期限。指债权契约中约定的债券投资者可以将其持有的债券转换成一定数额股票的期限，即该债券持有人在该期限内，有权将持有的可转换债券转化为公司股票。转换期限通常是从发行日之后若干年起至债务到期日止。

7. 可转换债券的价值分析

可转换债券的价值分析有两种，即图解法和期权定价模型分析。

(1)图解法

图解法是由 Brigham 在他 1966 年发表的《可转换债券分析：理论和实证》一文中提出的，一直被广泛运用。

图 24－1 是各种因素对可转换债券价值影响状况的图解分析。从图中可以看出：该可转换债券是可回购债券，以面值发行出售。该债券的可转换性使得它的利息率低于普通债券的利息率，在图中表现为具有同样利息率的普通债券的发行价格要低于可转换债券的发行价格。普通债券价值随到期日临近而越来越接近其面值。

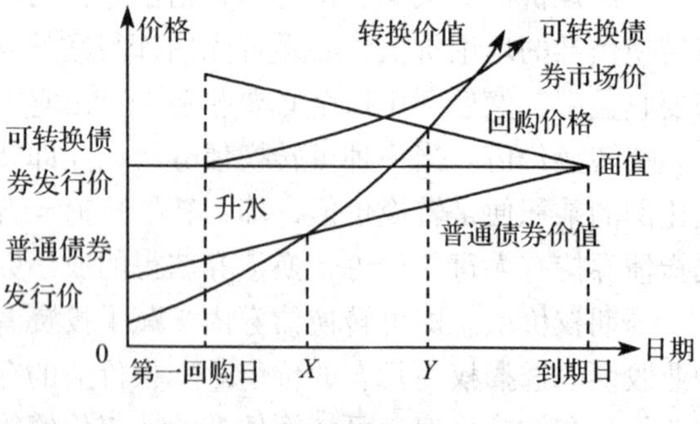

图 24－1　可转换债券图解分析

可转换债券初始发行价大大高于其转换价值，在实际发行中，其升水(市价高于转换价值的百分比)通常定为 20%～30%。

如果普通股股价在可转换债券发行以后以一定的速率上升，则可转换债券的转换价格如图 24－1 中所示，也将逐年上升。发行之初，可转换债券的底价就是普通债券价值，X 年以后，转换价值与普通债券价值相等，普通股价格的继续上涨导致转换价值超过普通债券价值，此时转换价值就变成了底价。

图 24 - 1 中所示的可转换债券的市价轨迹表明，可转换债券在发行时就存在一定的升水，升水的价值在发行后按一定规律变化，Brigham 认为，可转换债券的升水源于下述两个因素：

①投资者有股价上涨、从而导致可转换债券价格上涨的预期。

②如果股票价格剧烈下降，可转换债券至少将保持普通债券价值为底价，使其价值受股价下降的影响较小，而当股票价格上升时，可转换债券的投资者可与普通股股东一样从中获益。

从图 24 - 1 中可看出，尽管股票价格不断上涨，但升水的规模却不断下降，Brigham 认为这是由下述三个原因造成的：

①可转换债券是可回购的。当债券发行达到一定期限（如 Y 年）时，转换价值和回购价格相等。股票价格的进一步上涨将导致发行者通过回购来迫使投资者进行转换，随着回购可能性的增加，投资者愿意支付的升水将减少。

②随着转换价值上升，普通债券价值提供的“投资保护”的作用逐渐减少。因此，投资者愿为此付出的代价（这里就是“升水”）将逐渐减少。

③随着股价上升，可转换债券和普通股之间的收益差将减少。假如公司盈利增加，股价上涨，则股票投资的吸引力增加，从而使升水减少。

（2）期权定价模型分析

由于可转换债券实际上是公司发行的一种买入期权，因而可以用 Black-Scholes 公式来分析。但可转换债券不像买入期权有明确的期限，一旦公司宣布购回债券，其可转换性即被取消，因此分析时也更为复杂。利用期权定价模型分析可转换债券的升水，可以得出以下结论：

①股价越高，其可转换债券升水也越大；

②如果没有回购条款，或距第一次回购日的时间越长，升水越大；

③可转换债券发行公司的股价波动越大，可转换债券的升水幅度也越大；

④普通股支付现金股息将减少升水，因为它们影响股价和股息收益；

⑤无风险利率越高，升水越大。

8. 可转换债券筹资的优点和缺点

（1）利用可转换债券筹资的主要优点

①可以降低债券的筹资成本。由于可转换债券给予其持有者在股票价格有利可图时进行转换的权利，因此其实际利息率或股利率将低于同一条件下的不可转换债券，这也是企业发行可转换债券的主要原因之一。

②由于可转换债券的转换价格要高于发行时的公司普通股股价，因此它实际上为公司提供了一种以高于当期股价发行新普通股的可能。事实上，一些公司之所以发行可转换债券，就是因为它们认为目前公司的普通股股价过低，直接发行新普通股要遭受损失，因此才以发行可转换债券的方式变相发行新普通股，他们希望将来公司的普通股股价可以升上去，可转换债券将转化为公司的普通股。

③当可转换债券转化为公司普通股后，债券发行者就不必再归还债券本金，免除了还本的负担。

（2）利用可转换债券筹资的主要缺点

①尽管可转换债券的利息率或股利率确实低于同等条件的不可转换债券，但是由于可转换债券实际上是债券与权益资本的混合物，因此它的成本也应介于二者之间，是二者的加权

平均资本成本。考虑到权益资本成本高于债务资本成本的这一事实，可转换债券的实际成本也可能并不低。当公司普通股股价上涨幅度较大时，这一缺点表现得更为明显。

②如果公司发行可转换债券的实际目的是利用其转换性能发行股票，则一旦公司普通股股价未能如预期的那样上升，无法吸引债券持有者将债券转换为公司普通股股票，则公司将面临严峻的归还本金的压力。

③可转换债券的低利息或低股利，将随着债券转换为公司股票而消失。在这一点上，可转换债券不如附有认股权证的公司债券或优先股，后者的低息优势可以始终保持。

9. 可转换债券与认股权证的区别

可转换债券指发行人依照法定程序发行，在一定期限内依据约定的条件可以转换成公司股票的公司债券。认股权证全称是股票认购授权证，指由上市公司发行，给予持有权证的投资者在未来某个时间或某一段时间以事先确认的价格购买一定量该公司股票的权利凭证。权证表明持有者有权利而无义务。可转换债券与认股权证有许多相似之处，如它们都代表了一种股票买权，都是附着于债券(或优先股)发行的。

它们的区别主要表现为：

①认股权证虽然多数是与公司债或优先股捆绑发行的，但一旦发行以后，认股权证可以脱离公司债或优先股单独交易，可转换债券不具备这一能力。

②认股权证在执行时是用现金购买股票，而可转换债券(可转换优先股)在转股时是用债券(优先股)交换公司普通股票，并不需要向公司投入额外的现金。因此，认股权证的执行和可转换债券的转换对公司现金流量和资本结构产生的影响有所不同。

③有时认股权证可以单独发行。比如，一些企业给予其高级管理人员的认股权，虽然名为股票期权或其他名称，实际上是认股权证。这种认股权证就是脱离公司债券或优先股票单独发行的。

④认股权证和可转换债券的发行和转换在税收等方面也会有所差异。

24.2 课后习题详解

一、概念题

1. 转换溢价(conversion premium)

答：转换溢价是指转股价格超过可转换公司债券的转换价值(可转换公司债券按标的股票市价转换的价值)的部分。转换溢价可以用转换溢价率来衡量，转换溢价率等于转换溢价与转换价值的比率，即：转换溢价率=(转股价格-股票价格)/股票价格。

2. 可转换债券(convertible bond)[南开大学2023金融硕士]

答：参见本章复习笔记。

3. 转换价格(conversion price)

答：参见本章复习笔记。

4. 转换比例(conversion ratio)

答：参见本章复习笔记。

5. 认股权证(warrants)[上海外国语大学2019金融硕士]

答：参见本章复习笔记。

6. 转换价值(conversion value)

答：转换价值指可转换债券实际转换时按转换成普通股的市场价格计算的价值。转换价值等于每股普通股的市价乘以转换比例，用公式表示：

$$CV = P_0 \cdot R$$

在转换价值小于其理论价值时，投资者可继续持有债券。一方面可得到每年固定的债息，另一方面可等待普通股价格的上涨。如果直至债券的转换期满，普通股价格上涨幅度仍不足以使其转换价值大于理论上的投资价值，投资者可要求在债券期满时按面值偿还本金。或者，在这一期间，投资者需要现金时，可以将它作为债券出售，其市场价格以债券的理论价值为基础，并受供求关系影响。只有当股票价格上涨至债券的转换价值大于债券的理论价值时，投资者才会行使转换权，而且，股票价格越高，其转换价值越大。可转换债券的理论价值和转换价值都是可变的，其理论价值主要随市场利率的变化而变化，转换价值则随普通股市价涨跌而变动。

二、复习题

1. 认股权证及期权 认股权证和可交易的看涨期权最主要的区别是什么？

答：当公司发行认股权证，并且认股权证被执行时，公司股票数量会增加。看涨期权是投资者之间的一个协议，不会影响公司股票的数量。

2. 认股权证 解释下列对认股权证价格的限制。

a. 如果股价低于认股权证的行权价，认股权证价格的下限为0。

b. 如果股价高于认股权证的行权价，认股权证价格的下限为股票价格与行权价之间的差价。

c. 认股权证价格的上限为当前股票的价格。

答：a. 如果到期时股票价格低于认股权证的执行价格，那么其持有人就不会行使该权证的认股权利，因此该认股权证是无价值的。但是在到期日之前，只要股票价格在有效期内有上升至执行价格以上的可能性，那么该认股权证就是有价值的。因此，如果股票价格低于认股权证的执行价格，则认股权证的价格下限为0。

b. 如果股票价格高于认股权证的执行价格，则该认股权证的价值就必须至少等于这两种价格的差额。如果认股权证以低于其执行价格与当前股价的差额卖出，那么投资者就会通过购买认股权证并立即执行认股权、接着卖出股票来赚取套利收益(即马上获得的现金流)。

c. 如果认股权证的出售价格高于股票价格，那么直接购买股票就会比购买赋予其持有人购股权利的权证更为便宜。因此，任何认股权证的价格上限都是该公司股票的当前价格。

3. 可转换债券和股票波动性 假设你正在评估一只可转换债券。如果股价的市场波动性增加，将怎样影响此债券的价格呢？

答：股票价格波动性的增加会增加债券的价格。因为如果股票价格不稳定性增加，对股票期权的转换会变得更有价值。

4. 可转换债券的价值 如果利率上升，可转换债券的价格会发生什么变化？

答：可转换债券价值由两部分组成——纯粹债券价值和期权价值。利率的上升将降低可转换债券的纯粹债券价值部分。相反，利率的上升将增加股票期权的价值。通常情况下，利率变动对纯粹债券价值的影响较大，所以预测可转换债券价值将下降，虽然不如纯粹债券下降得那么多。

5. 股权稀释 什么是股权稀释，为什么认股权证行权时股权稀释会发生？

答：当认股权证被执行时，流通中股票数量增加。从而将导致公司发行在外股票数量的增加以及每股价值的减少。这种由于发行在外的股票数的增加而导致每股价格下降的作用就称为股权的稀释效应。

6. 认股权证及可转换债券 因为所需的息票利率较低，发行附有认股权证或转换条件的债券成本较低。上述说法哪里错了？

答： 在一个有效资本市场上可转换债券和纯粹债券的价差等于投资者为获得可转换债券或者认股权证提供的看涨期权而支付的合理价格。

7. 认股权证及可转换债券 公司为什么发行可转换债券及附有认股权证的债券？

答： 这里有三个可能的原因：①匹配现金流，他们通过发行债券来使债券的现金流与公司的现金流相匹配；②绕开公司风险评估（风险协同），例如，处于创业初期公司的风险很难评估；③降低代理成本，普通债券融资通常需要提供一揽子降低债权人和股权人之间利益冲突的方案，发行可转换债券或附有认股权证的债券可以节省这种成本。

8. 可转换债券 为什么可转换债券到期前不愿自动转换为股票？

答： 因为可转换债券的持有人有权选择等待，从而有可能获得比当前股价反映出来的更高的价值。

9. 可转换债券 什么时候一家公司应该对可转换债券进行强制转换？为什么？

答： 理论上讲，只要转换价值达到看涨期权价格就要强制转换，因为其他的转换政策将降低股东价值。如果转换价值高于看涨期权价格时被强制转换，那么债券持有人将能够用较少的债券交换较多的普通股。相对而言，股东将给债券所有者更多的额外价值。

10. 认股权证估值 6 个月到期的一份认股权证赋予其持有人以行权价 31 美元购买 10 股发行公司普通股的权利。如果目前股票的市场价格是 15 美元，每份认股权证是否变得毫无价值？

答： 不是，认股权证的市场价格不会等于零。因为在到期前每股市场价格有超过 31 美元的机会，该认股权证还有一些价值。它的市场价格应该大于零。实践中，深度虚值认股权证由于交易费用的存在有可能售价为零。

11. 转换比率 可转换债券的面值为 1000 美元，转换价格为 72.45 美元。转换率是多少？

答： 转换比率等于面值除以转换价格，即：

$$转换比率 = 1000/72.45 = 13.80$$

12. 认股权证价值 一份认股权证的持有者有权以每股 64 美元的行权价购买 3 股普通股。当前股票的市场价格是 68 美元。认股权证的价值最低是多少？

答： 每份认股权证的总执行价格等于每份认股权证可认购的股票数乘以执行价格，总执行价格为：

$$总执行价格 = 3 \times 64 = 192（美元）$$

当前股票价格是 68 美元，3 股股票的总价值为：

$$股票价值 = 3 \times 68 = 204（美元）$$

因此，认股权证使其所有者可以以 192 美元购买价值 204 美元的股票。认股权证的最小价值为两者之差：

$$最小认股权证价值 = 204 - 192 = 12（美元）$$

如果该认股权证的卖价低于 12 美元，投资者可以购买该认股权证套利。

13. 可转换债券 Vital Silence 公司刚刚公布了 30 年期带赎回权的可转换债券，息票利率为每年 6%。债券的转换价格为 93 美元。该公司的股票价格为每股 28 美元。如果债券的转换价值大于或等于 1100 美元，债券持有者将被强制转换。相同的不可转换债券的收益率为 7%。

a. 债券的最低价格为多少?

b. 如果股票价格将以每年 11% 的增长率连续地增长，需要多久才能使债券的转换价值超过 1100 美元?

答： a. 最低可转换债券价值是转换价格和纯粹债券价值的较大值。要找到债券的转换价格，需要确定转换率：

$$转换比率 = 1000/93 = 10.75$$

所以，每份可转换债券可以换得 10.75 股股票。这意味着债券的转换价格为：

$$转换价格 = 10.75 \times 28 = 301.08(美元)$$

纯粹债券价值为：

$$P = 60 \times PVIFA(0.07,\ 30) + 1000/1.07^{30} = 875.91(美元)$$

因此，债券的最低价格为 875.91 美元。

b. 如果股票价格以每年 11% 的增长率连续地增长，则每股股票在 t 年后的价格为 28×1.11^t 美元。因为每份可转换债券可换得 10.75 股股票，则 t 年后债券的转换价值为 $28 \times 10.75 \times 1.11^t$ 美元。

为了计算转换价值等于 1100 美元所需的年数，建立等式：$28 \times 10.75 \times 1.11^t = 1100$，解得：$t = 12.42$(年)。

14. 转换计算 你被聘用为一只 20 年期可赎回的可转换债券进行估值。债券的息票利率为 5.80%，每年支付。转换价格为 150 美元，而且目前股价为 32.20 美元。股票价格预计每年有 12% 左右的增长率。债券可以 1150 美元的价格被赎回，但根据以往的经验，它不会被赎回，除非转换价格达到 1250 美元。该债券所需回报率是 9%。你认为这只债券的价值是多少?

答： 债券目前的纯粹价值为：

$$债券纯粹价值 = 58 \times PVIFA(0.09,\ 20) + 1000/1.09^{20} = 707.89(美元)$$

债券目前的转换价值：

$$转换价值 = 32.20 \times 1000/150 = 214.67(美元)$$

期望当转换价格达到 1250 美元时债券被赎回，所以需要算出债券达到可以被转换的预期价格所需要的时间，即：

$$214.67 \times 1.12^t = 1250$$

解得：$t = 15.55$(年)，即债券在 15.55 年后被赎回。

债券的价值就是预期现金流的现值。现金流可以看作年金支付加上转换价格。现金流的现值为：

$$债券价值 = 58 \times PVIFA(0.09,\ 15.55) + 1250/1.09^{15.55} = 803.05(美元)$$

第 25 章　衍生品和套期保值风险

25.1　复习笔记

金融衍生品是指从传统金融基础资产形式中派生出来的金融产品，金融衍生品是有关互换现金流量或旨在为交易者转移风险的一种双边合约，它的价值取决于另一种资产的价值，通常与债券、股票、商品、利率或汇率的价值相关联。常见的衍生产品包括远期合约、掉期交易(互换)、认购和认沽期权以及掉期期权等。本质上来讲，金融衍生品通过将市场的利率、汇率及信用等风险进行转换，从而满足对风险具有不同需求的投资者的需要。

套期保值是指公司利用金融衍生品减少它们的风险敞口的行为。方法是通过在金融市场的一种或多种交易来抵消公司的风险。当然衍生品也可以用于改变甚至增加公司的风险敞口。

1. 远期合约的定义

远期合约是指交易双方签订的在未来某一时间、以特定的价格买卖某一特定数量和质量的金融资产或实物资产的书面协议，主要有远期现货合约、远期利率协议、远期外汇合约、远期股票合约等。远期合约规定了将来交换的资产、交换的日期、交换的价格和数量，合约条款因双方的需要不同而不同。

远期合约的主要法律特征表现为以下几点：

①与期货在指定的交易场所集中进行，采用高度标准化的合约不同，远期合约交易属于场外交易。远期合约的金额、数量、交割日期和方式等合同要件没有统一的标准和规格，均由当事人自行协商确定，无需监管机构批准或认可。

②由于属于场外交易，双方当事人是确定相知的，以便于双方直接磋商达成协议。

③缺少了交易所和结算机构提供的担保，使得远期合约交易所面临的信用风险陡增。为保证交易的安全，要求双方对彼此的信用、财务状况比较了解。在实务中通常采用信用交易方式，至于是否采用担保方式，以及采用何种担保方式，如抵押、保证金等完全由当事人自己决定。

④远期合约交易结算可以通过结算机构进行，也可以由当事人自行进行结算。

⑤当事人一般对远期合约的标的物，无论是农产品等货物，还是有价证券等金融资产，有真实的需要，交易以得到标的物的所有权为目的。当事人通常采取实际交割的方式来履行合同，到期进行交货或付款。

2. 远期合约与近期合约

期货合约由于交割期限的不同，可分为近期合约和远期合约。一种商品期货的某一合约刚刚上市时，由于交割期限较远，市场的不确定因素较多，交易者的信心和兴趣不大，因而交易就不活跃，这时的合约就是“远期合约”。随着时间的推移，影响期货价格的各种因素逐渐显露，参与交易的市场人士越来越多，成交量和空盘量也随之放大，“远期合约”会逐渐活跃起来，变成“龙头合约”。而随着交割期限的来临，影响期货合约价格的各种因素会逐渐明朗和固定下来，市场参与主体会逐渐接受现实，挣钱或赔钱的一方慢慢地退出市场，投向新的战场，这时的期货合约就成为“近期合约”。

①从交易特点上看，近期合约由于临近交割，代表着现货价格的水平，往往价格波动幅度较小，而且方向较为固定，即使出现较大的波动，最后还是会朝原来的方向发展。近期合约价格走势“固定”的另一个主要原因是，经过激烈的争夺之后，多空双方胜负已分，很难再有反复。

远期合约的特点是不可知因素较多，往往被主力利用，用来调节市场人气，因而波动幅度较大，难以掌握。还有一个特点就是，其价格代表了市场的预期：若近强远弱，近期合约将失去上涨的动力和基础，后市看空；若近弱远强，可以买近卖远套利，远期合约能够带动近期合约上涨，后市看涨。因而主力在控盘时，往往会在远期合约上下大功夫。

②从操作策略上看，近期合约由于方向不易改变，适合做中长线；远期合约由于涨跌幅度较大，适合做短线。

3. 期货合约的定义

期货合约是指由买卖双方在有组织的交易所内以公开竞价的方式达成的，分别向对方承诺在合约规定的未来某时间按约定价格买进或卖出一定数量的某种资产的书面标准化协议，是远期合约的进化物或标准形态。期货合约的特征主要是：

①期货合约是高度标准化的合约。

②期货合约由期货交易所设计，经期货主管部门批准后方可交易。

③期货合约是场内交易。

④特殊的保证金制度和结算制度的建立。

⑤期货合约具有双向性。

⑥期货合约的目的一般不在于实物或者金融证券的交割，而在于通过期货市场上特有的对冲操作来避免现货市场上的价格风险或赚取风险利润。

期货合约一方面吸引套期保值者利用期货市场买卖合约，锁定成本，规避因现货市场的商品价格波动风险而可能造成损失；另一方面吸引投机者进行风险投资交易，增加市场流动性。

4. 期货合约的种类

(1)商品期货合约

商品期货合约包括的范围很广，但可以分为三大类：农产品期货、能源期货和金属期货(贵金属和一般工业金属)。这三类商品期货合约加起来，约占世界期货市场交易总量的40%。

(2)金融期货合约

金融期货合约是指由交易双方订立的、约定在未来日期以订立时所约定的价格交割一定数量的某种金融商品的标准化契约。根据各种合约标的物的不同性质，可将金融期货分为三大类：外汇期货、利率期货和股票指数期货。其中影响较大的合约有美国芝加哥期货交易所(CBOT)的美国长期国库券期货合约，东京国际金融期货交易所(TIFFE)的90天期欧洲日元期货合约和香港期货交易所(HKFE)的恒生指数期货合约等。

①外汇期货合约。外汇期货合约是指协议双方同意在未来某一时期，根据约定价格——汇率，买卖一定标准数量的某种外汇的可转让的标准化协议。外汇期货包括以下币种：欧元、日元、英镑、瑞士法郎、加拿大元、美元等。外汇期货作为标准化合约，每个交易所对外汇期货合约的交易币种、数量、交割月份、地点都做了统一规定。

②利率期货合约。利率期货合约是指协议双方同意在约定的将来某个日期、按约定条件买卖一定数量的某种长短期信用工具的可转让的标准化协议。利率期货交易的对象有长期国库券、政府住宅抵押证券、中期国债、短期国债等。这些长短期债券只是作为计算利率波动的基础，通常的合约期满时并不需要实际交割金融资产，而只是通过计算市场的涨落结算利率期货合约的实际价值。

③股指期货合约。

5. 股指期货合约

(1)概念

股票指数期货是指期货交易所同期货买卖者签订的，约定在将来某个特定的时期，买卖者向交易所结算公司收付等于股价指数若干倍金额的合约。最具代表性的股票指数有美国的道·琼斯股票指数和标准普尔500股票指数、英国的金融时报工业普通股票指数、香港的恒生指数、日本的日经指数等。

(2)特性

股指期货合约具有低交易成本、高财务杠杆、高流动性三大特点。

①低交易成本。指数期货交易所面临的成本有：交易佣金、买卖价差、保证金变动及税项。但是，相对多笔股票买卖所付出的交易成本，指数及指数期货通过一次买卖就能获得一篮子股票，成本大为降低。

②高财务杠杆。股指期货的保证金制度，即用相当于合约价值5%至15%的资金，进行相当于合约价值数额的操作。在合约价值出现变动时，也只需要补足初始保证金，大大提高了资金的利用效率。

③高流动性。正是由于股指期货具有低交易成本、高财务杠杆等特点，使其成为受投资者欢迎的投资工具。据统计，股指期货的流动性大大高于股票现货市场的流动性。

(3)功能

作为金融工具的伟大创新，股指期货具有五大功能：价格发现、套期保值、投机、套利及资产配置。

①价格发现。股指期货交易以集中撮合竞价方式产生未来不同到期月份的股指期货合约价格，反映对股票市场未来走势的预期。同时，大量实证研究表明，股指期货价格先行于现货指数价格，这有助于提高股票现货市场价格的信息含量。另外，由于期货合约杠杆效应高、交易成本低、流动性强等特点，从交易制度上保证了瞬时信息的价值会较快地在期货价格上得到反映。

②套期保值。套期保值是股指期货最为基本的功能。由于股票指数是股票的一级衍生品，建立在股票指数基础上的股指期货为股票指数的衍生品，因此，股指期货实际上是相应股票投资组合的二级衍生品，受相同经济因素的制约与影响。它与股票投资组合有着价格收敛性，特别是合约即将过期时，价格更是呈现趋同。因此，通过建立在股指期货与现货市场数量相同、方向相反的头寸，就能锁住亏损，创造收益。

③投机。风险厌恶者选择股指期货的套期保值功能，但是市场中一定会存在风险爱好者，他们利用股指期货进行投机套利，以博取高额利润。由于股指期货的杠杆效应，通过很小的资金就能拥有较大的头寸；同时由于股指期货的高流动性，市场存在足够多的投机者，因此其成为金融市场投机者的偏爱工具之一。他们利用对股指波动方向和幅度的预测建立头寸，如果后市看好，则建立多头头寸；如果后市看淡，则建立空头头寸。股指期货投机者本

身承担一定的风险，这是由套期保值者转移的。高风险与高利润一定是相联系的。

④套利。股指期货也能成为套利工具，这是根据期货合约的理论价值与实际价值之间的偏离作出判断的。如果期货合约的价格高于购买期货合约中成分股股票的价格，那么实际价值高于理论价值，投资者可以通过购买成分股股票，卖出期货合约的方式操作，获得价差。如果期货合约价格低于购买成分股股票价格，投资者可以通过反向操作，即买入期货合约，卖出成分股股票，从而获得无风险套利。但是，通过股指期货进行套利时，需要注意的问题是持有成本、交易成本是否依然支持实现股指期货与成分股之间的盈亏平衡。套利可分为跨期套利、跨品种套利和跨市场套利。

⑤资产配置。股票指数化投资能很好地消除非系统性风险，建立在其基础上的股指期货投资更能实现套期保值，因此是资产配置中重要的一部分。

(4)主要条款

股指期货合约的主要条款包括：合约乘数和合约价值；保证金；最小变动价位；每日价格波动限制；交割和结算方式；合约月份等。不同要素内容的确定，主要基于控制交易风险、交易对象类型、交易目的、交易活跃程度等方面的考虑。

6. 期货合约与远期合约的区别

期货交易是在远期合约交易的基础上发展起来的，二者最大的共同点是均采用先成交、后交割的交易方式，但二者也有很大的区别：

①期货合约是标准化协议，在场内交易；而远期合约是协议双方约定的，其格式、条款不固定。与远期合约相比，期货合约的标准化增强了期货市场的流动性，并且可以让投资者在一定程度上匿名进行交易。

②期货合约的持有者可以远离因公司清算或利润求偿等导致的风险；远期合约的持有者很难获得协议方的保证，因此需要在协议之前谨慎评估对方的信用风险。

③由于期货合约在接近到期时价格与市场同步，所以未来情形下的收入与损失容易预计；但远期合约只有在资产交割时才能确认损益。

7. 互换合约的定义

互换合约是指交易双方依据预先约定的规则，在未来一段时间内，互相交换一系列现金流的合约。互换合约是远期合约的一种延伸。互换合约的法律特征：

①由于互换交易属于场外交易，所以合约内容由各方当事人协商确定，是非标准化的合约，较场内交易品种，更具风险性和灵活性。

②互换合约属于诺成性合同，双方互负权利义务，并且于将来取得或履行。

③互换合约的实质是一种债务转让，是与货币、利率相关的债务的交换。如利率互换合约中交换的债务是双方将来要偿还给他人的，按各自利率支付的借款利息。

④互换合约的目的在于利用双方的比较优势来套汇或套利，降低长期资本的筹集成本，以及在资产负债管理中防范利率或汇率风险。

⑤互换交易属于表外业务，不会引起资产负债表内业务的变化，却可以为商业银行带来业务收入或减少风险。

8. 互换合约的种类

(1)利率互换

①概念

利率互换又称“利率掉期”，是交易双方将同种货币不同利率形式的资产或者债务相互交换。利率可以有多种形式，任何两种不同形式的利率都可以相互转换，其中最常用的利率互换是在固定利率与浮动利率之间进行转换。利率互换通常是债务人根据国际资本市场利率走势，将其自身的浮动利率债务转换成固定利率债务，或将固定利率债务转换为浮动利率债务，它不涉及债务本金的交换，即客户不需要在期初和期末与银行互换本金。

利率互换之所以会发生，是因为存在着两个前提条件：a. 存在品质差异。即利率互换双方因信用等级不一而存在筹资成本差异。信用等级高的一方，筹资成本会低于信用等级较低的一方，即前者筹资时要支付的利率会低于后者，而且前者易筹到固定利率的资金，后者往往要从短期浮动利率市场上筹款。b. 存在相反的筹资意向。即信用等级较高的一方，尽管它在发行固定利率或浮动利率欧洲美元债券时，都需支付较低利率，但它希望或宁愿支付浮动利率；而信用等级较低的一方恰恰相反，尽管在发行固定利率或浮动利率欧洲美元债券时，都需要支付较高利率，但它希望或宁愿支付固定利率。这样双方以某种形式沟通后就达成协议，进行利率互换，其结果是信用等级高的以低于 LIBOR 的成本获得资金，而信用等级低的也可以以较低的利率筹措到资金。

②功能

利率互换是一项常用的债务保值工具，用于管理中长期利率风险。客户通过利率互换交易可以将一种利率形式的资产或负债转换为另一种利率形式的资产或负债。一般地说，当利率看涨时，将浮动利率债务转换成固定利率较为理想，而当利率看跌时，将固定利率转换为浮动利率较好。通过以上操作达到规避利率风险、降低债务成本的目的，同时还可以固定边际利润，便于债务管理。

③几点说明

a. 利率互换的期限与费用：美元、日元及主要外币利率互换期限最长可以做到 10 年。利率互换只需在每个付息日与银行互相支付浮动(或固定)利率的利息，此外无其他费用。

b. 债务和资产实际是一枚硬币的正反两面，因此债务保值工具同样也是资产保值工具。利率互换同样可以运用于资产的收益管理，在利率看跌时将浮动利率的资产转换为固定利率的资产；在利率看涨时将固定利率的资产转换为浮动利率的资产，同样可以达到控制利率风险，增加收益的目的。

(2)货币互换

①概念与功能

货币互换又称“货币掉期”，是指交易双方在一定期限内将一定数量的货币与另一种一定数量的货币进行交换。换句话说，是指两笔金额相同、期限相同、计算利率方法相同但货币不同的债务资金之间的调换，实际中也进行不同利息额的货币调换。货币互换双方互换的是货币，它们之间各自的债权债务关系并没有改变。货币互换的条件包括存在品质差异，相反的筹资意愿，以及对汇率风险的防范。

货币互换是包括交换利率支付在内的两种货币之间的交易，一般是持续至少一年。首先是合约开始，按一定即期汇率进行本金的交易；其次在合约有效期内，按照既定的日期进行一系列的交换利率支付，例如在固定对固定利率的货币互换中，双方在合约到期后，按合约规定的本金数量和相应的固定利率交换利率支付；最后，当合约到期后，双方按初始的即期汇率交换回本金数额。一般地，货币互换通过做市商作为中介者来实现双方委托人的交易，以规避双方的信用风险。做市商从中赚取一个差价，称为互换率或互换差价。

货币互换是一项常见的债务保值工具，主要用来控制中长期汇率风险，把以一种外汇计价的债务或资产转换为以另一种外汇计价的债务或资产，达到规避汇率风险、降低筹资成本的目的。

②几点说明

a. 货币互换的利率形式，可以是固定换浮动，也可以浮动换浮动，还可以是固定换固定。期限上主要外币一般可以做到 10 年。

b. 货币互换中所规定的汇率，可以用即期汇率（Spot Rate），也可以用远期汇率（Forward Rate），还可以由双方协定取其他任意水平，但对应于不同汇率水平的利率水平会有所不同。

c. 在货币互换中，期初的本金互换可以省略，即上例中的 a 步骤可以没有，但对应的美元利率水平可能会有所不同。这样，对于那些已经提款使用的贷款，仍然可以使用货币互换业务来管理汇率风险。

9. 套期保值

套期保值指公司运用衍生品减少风险敞口的行为方法。现实中，公司可以通过在金融市场的一种或多种交易来抵消面临的风险，如项目风险。但是套期保值常常和投机相混淆，反而会产生巨大的风险。

期货是重要的套期保值工具之一。套期保值把期货市场当作转移价格风险的场所，利用期货合约作为将来在现货市场上买卖商品的临时替代物，对其现在买进准备以后售出商品或对将来需要买进商品的价格进行保险。套期保值的基本做法是，在现货市场和期货市场对同一种类的商品同时进行数量相等但方向相反的买卖活动，即在买进或卖出实货的同时，在期货市场上卖出或买进同等数量的期货，经过一段时间，当价格变动使现货买卖出现盈亏时，可由期货交易上的亏盈得到抵消或弥补。从而在“现”与“期”之间、近期和远期之间建立一种对冲机制，以使价格风险降低到最低限度。

保值的最基本类型可分为买入套期保值和卖出套期保值。买入套期保值是指通过期货市场买入期货合约以防止因现货价格上涨而遭受损失的行为；卖出套期保值则指通过期货市场卖出期货合约以防止因现货价格下跌而遭受损失的行为。

25.2 课后习题详解

一、概念题

1. 预先承诺（advance commitments）

答： 预先承诺是指一个私人购买者要在未来某种债券发行之日，全部买进该债券的约定。在罗斯《公司理财》中指在排定借款人之前承诺向金融机构交割贷款。

2. 远期合约（forward contract）

答： 远期合约是指交易双方签订的在未来某一时间、以特定的价格买卖某一特定数量和质量的金融资产或实物资产的书面协议，主要有远期现货合约、远期利率协议、远期外汇合约、远期股票合约等。远期合约规定了将来交换的资产、交换的日期、交换的价格和数量，合约条款因双方需要的不同而不同。

远期合约的主要法律特征表现为以下几点：

(1) 远期合约交易属于场外交易。远期合约的金额、数量、交割日期和方式等合同要件没有统一的标准和规格，均由当事人自行协商确定。

(2)双方当事人是确定已知的，以便于双方直接磋商达成协议。

(3)缺少了交易所和结算机构提供的担保，使得远期合约交易面临的信用风险陡增。为保证交易的安全，要求双方对彼此的信用、财务状况比较了解。

(4)远期合约交易结算可以通过结算机构进行，也可以由当事人自行进行结算。

(5)当事人通常采取实际交割的方式来履行合同，到期进行交货或付款。

3. 投机(speculating)

答：投机是指在激烈的市场竞争中，通过选择最好的时机，充分利用市场运行中各种因素的时间差(包括季节差)、空间差(包括地区差)进行买卖，以便促使资源向合理配置的方向流动，满足市场的需求，从而产生良好的经济效益的交易行为。根据持有期货合约时间的长短，投机可分为三类：第一类是长线投机者，此类交易者在买入或卖出期货合约后，通常将合约持有几天、几周甚至几个月，待价格对其有利时才将合约对冲；第二类是短线交易者，一般进行当日的期货合约买卖，其持仓不过夜；第三类是逐小利者，又称“抢帽子者”，他们的技巧是利用价格的微小变动进行交易来获取微利，一天之内他们可以做多个回合的买卖交易。

4. 现货交易(cash transaction)

答：现货交易是指买卖双方成交后马上办理交割手续的交易。与期货交易相比，现货交易的主要特点是：①交易对象：现货交易买卖的直接对象是商品本身，有样品、有实物、看货定价。②交易目的：现货交易是一手交钱、一手交货的交易，马上或一定时期内获得或出让商品的所有权，是满足买卖双方需求的直接手段。③交易方式：现货交易一般是一对一谈判签订合同，具体内容由双方商定，签订合同之后不能兑现，就要诉诸于法律。④交易场所：现货交易一般不受交易时间、地点、对象的限制，交易灵活方便，随机性强，可以在任何场所与对手交易。⑤商品范围：现货交易的品种是一切进入流通的商品。⑥结算方式：现货交易是货到款清，无论时间多长，都是一次或数次结清。

5. 期货合约(futures contract)

答：期货合约是指由买卖双方在有组织的交易所内以公开竞价的方式达成的，分别向对方承诺在合约规定的未来某一时间按约定价格买进或卖出一定数量的某种资产的书面标准化协议，是远期合约的进化物或标准形态。期货合约的特征主要是：

(1)期货合约是高度标准化的合约。

(2)期货合约由期货交易所设计，经期货主管部门批准后方可交易。

(3)期货合约是场内交易。

(4)特殊的保证金制度和结算制度的建立。

(5)期货合约具有双向性。

(6)期货合约的目的一般不在于实物或者金融证券的交割，而在于通过期货市场上特有的对冲操作来避免现货市场上的价格风险或赚取风险利润。

6. 互换(swaps)

答：互换是指两个或两个以上的当事人按共同商定的条件，在约定的时间内，交换一定支付款项的金融交易，主要有货币互换和利率互换两类。更为准确地说，互换是当事人之间约定在未来某一期间内相互交换他们认为具有相等经济价值的现金流的交易。互换是一种灵活有效的避险和资产负债综合管理的衍生工具。

7. 货币互换(currency swaps)

答：参见本章复习笔记。

8. 利率互换(interest - rate swaps)

答：参见本章复习笔记。

9. 套期保值(hedging)

答：套期保值指公司运用衍生品减少它们的风险敞口的行为方法。期货是重要的套期保值工具之一。套期保值是把期货市场当作转移价格风险的场所，利用期货合约作为将来在现货市场上买卖商品的临时替代物，对其现在买进准备以后售出商品或对将来需要买进商品的价格进行保险的交易活动。

套期保值的基本做法是：在现货市场和期货市场对同一种类的商品同时进行数量相等但方向相反的买卖活动，即在买进或卖出现货的同时，在期货市场上卖出或买进同等数量的期货，经过一段时间，当价格变动使现货买卖出现盈亏时，可由期货交易上的亏盈得到抵消或弥补。从而在"现"与"期"之间、近期和远期之间建立一种对冲机制，以使价格风险降低到最低限度。

保值的类型最基本的可分为买入套期保值和卖出套期保值。买入套期保值是指通过在期货市场买入期货合约以防止因现货价格上涨而遭受损失的行为；卖出套期保值则指通过在期货市场卖出期货合约以防止因现货价格下跌而遭受损失的行为。

10. 进行交割(making delivery)

答：在证券市场上，进行交割指证券买卖成交之后，在预定的时间内和预定的地点按规定的程序，卖方付出证券收回价款，而买方支付款项收回证券的行为。在期货市场上，则特指期货合约的卖方在合约到期之前未将合约冲销，而是在交割日向结算所发出交割通知，然后再由结算所确定交割现货的合约买方，从而实现现货商品(包括金融商品)转移的行为。在外汇市场上，进行交割指外汇的买卖双方进行外汇、价款两清的行为。

11. 接受交割(taking delivery)

答：在证券市场上，接受交割指证券买卖成交之后，在预定的时间内和预定的地点按规定的程序，买方支付款项收回证券的行为。在期货市场上，则特指期货合约的买方在合约到期之前未将合约冲销，在交割日由结算所确定交割现货，向合约卖方支付价款，提取货物的行为。

12. 可交割工具(deliverable instrument)

答：可交割工具是指期货合约规定的规避未来现金流量风险所依附的标的物。以实物期货为例，如果期货合约在到期日前没有对冲，那么必须要进行实物交割。交割的实物由于具有可交割性，被称为可交割工具。

13. (利率风险)免疫(immunized)

答：利率风险免疫是指通过选择资产和负债的组合，使资产和负债受到利率变动的影响相互抵消，实现整个资产和负债的组合价值不变。根据久期模型，在利率变动幅度较小时，可以忽略凸性缺口的影响，通过调整资产和负债的期限结构，使资产和负债的久期相等，即久期缺口为零，可以实现利率风险免疫的目的；在利率变动幅度较大时，凸性缺口会影响风险免疫的效果，应在调整资产和负债的期限结构，使久期缺口为零的情况下，最大化凸性缺口，从而使利率风险免疫管理达到最佳效果。

14. 久期(duration)

答：久期又称为麦考利久期(Macaulay's duration)，一般指债券持有人在收到全部现金之前所要等待的平均时间，其计算公式为：

$$D=\frac{C_1/(1+r)}{P_0}\times 1+\frac{C_2/(1+r)^2}{P_0}\times 2+\cdots+\frac{C_n/(1+r)^n}{P_0}\times n$$

$$=\sum_{t=1}^{n}\frac{C_t/(1+r)^t}{P_0}\times t$$

式中，D 表示债券的久期；n 表示债券的剩余期限，以年为单位；C_t 表示投资者在第 t 年可收到的现金流；r 表示投资者所要求的收益率，它不一定等于债券的票面利率；P_0 表示债券的均衡市场价格，也就是说，P_0 表示债券的内在价值。久期是固定收入证券的风险管理工具之一，投资者根据久期的大小可判断债券所具风险的高低。

15. 当日结算(marked to the market)

答：当日结算又称每日结算，是指由结算所依当日结算价计算损益，有获利者当日即拨入户头，亏损者亦必须扣除款项的结算制度。缴入一笔保证金无法完全消除违约风险，价格波动产生的损益，必须在还未履约前就反映至每一个参与者，以确定参与者有足够的财力应付价格波动，不致无法履约，因此产生了每日结算的制度。在这种结算制度下，每日收盘后，要由交易所选定一个价格(通常是收盘价)作为当日结算损益的依据，有亏损者当日就从保证金账户扣除亏损金额并转移至获利者账户。亏损超过一定范围(低于维持保证金门槛)必须当日缴存资金以弥补亏损，否则便会被强制平仓出场。

16. 奇异期权(exotics)

答：奇异期权是指利用常规期权构造的、比常规期权(标准的欧式或美式期权)更复杂的衍生证券，比如执行价格不是一个确定的数，而是一段时间内的平均资产价格的期权，或是在期权有效期内如果资产价格超过一定界限，期权就作废等等。大多数的奇异期权都是在场外交易，往往由金融机构根据客户的具体需求开发出来，其灵活性和多样性是常规期权所不能比拟的。但是，相应地，奇异期权的定价和保值往往更加困难，对模型设定正确与否的依赖性往往很强，合约中潜在的风险通常比较模糊，很容易导致非预期的损失，无论是用标的资产进行保值，还是用相应的期权进行保值，都需要较高的操作技巧。

17. 多头套期保值(long hedge)

答：多头套期保值是指交易者持有期货合约以便将来在现货市场买进时不至于因价格上涨而给自己造成经济损失的套期保值方式。例如，如果投资者既持有股票也持有股指期货，股市上涨时，股指期货的盈利可弥补后期买入股票成本的增加；股市下跌时，买入股票成本的下降弥补了股指期货的亏损，通过多头套期保值无论行情如何变动，保证投资者能够以买入股指期货时的价格水平买入股票。

18. 空头套期保值(short hedge)

答：空头套期保值是指已持有某种商品或预期将持有的投资者，为了防止价格下跌的系统风险，卖出相应期货合约的套期保值方式。例如，如果投资者既持有股票也卖出股指期货，大盘下跌时，用股指期货交易中获得的收益弥补股票组合下跌的损失；大盘上涨时，股指期货交易中的亏损由股票组合的盈利来弥补，从而使持有股票组合的市值保持在卖出股指期货时的水平。

二、复习题

1. 套期保值策略　如果一家公司卖出对木材的期货合约作为一个套期保值策略，那么在木材价格波动时，该公司会面临什么样的风险呢？

答：由于公司售出期货合约，它希望能够提供木材，因此，它是一个供应商。由于木材价格的下降将减少木材供应商的收入，因此它可以通过售出木材期货合约来对冲价格风险。木材期货空头头寸的收益正好抵消了在现货市场上由于木材价格下降带来的损失。

2. 套期保值策略 如果一家公司认购了猪腩的期权作为套期保值策略，那么在猪腩价格波动时，该公司会面临什么样的风险呢？

答：买进看涨期权赋予企业购买猪腩的权利，因此，它必是猪腩的消费者。虽然猪腩价格上涨对消费者不好，但这种风险被看涨期权的收益抵消了；如果猪腩价格实际下降，消费者能够享受到更低的成本，而看涨期权到期一文不值。反之如果买进看跌期权，它又是猪腩的生产者，则猪腩价格下降带来的损失可以被看跌期权的收益抵消；如果猪腩价格上涨，公司获得收益，而看跌期权到期毫无价值。

3. 远期和期货 怎样区别远期合约和期货合约？为什么你认为期货合约更为常见？在什么情况下你更喜欢使用远期合约，而非期货？请做出解释。

答：远期合约通常由有特定需求的有关各方设计，很少在二级市场出售，因此远期合约是个性化的金融合约。远期合约的所有收益和损失都在到期时结算。期货合约是拥有便利的流动性，并可以在有组织的期货交易市场交易的标准化合约。期货合约实行逐日盯市制度，收益和损失由每天市场变化决定。交易所充当交易双方的中介保证合约的履行，使得期货合约的违约风险大大减少。期货合约违约风险减少还归因于每日结算制度可以防止损失累积。如果你的套期保值需求有不同于标准化的期货合约提供的规模和到期日期，你可能更喜欢使用远期合约，而不是期货。

4. 对商品的套期保值 沸点石油公司是一家位于得州的大型石油生产商，希望能对冲石油价格下跌而带来的风险，因为这是该公司的主要收入来源。该公司应该怎样做呢？为什么它不可能完全对冲掉油价波动带来的风险？至少举出两个理由。

答：该公司可能因为石油价格下降而遭受损失，所以应该卖出原油期货合约。该公司可能无法完全对冲掉价格风险，因为它需要对冲的石油量与标准化期货合约的标的额不可能完全匹配，或者这些期货合约的交割日期不能完全满足公司的要求。此外，该公司可能生产的是不同于期货合约规定等级的原油。

5. 风险来源 一家公司生产一种能源密集型产品并利用天然气作为能源，而其竞争对手主要是利用石油。为什么这家公司既面临天然气价格波动的风险，也面临石油价格波动的风险？

答：该公司是天然气用户，所以它受天然气价格波动的直接影响。此外，该公司受到石油价格波动的间接影响。如果油价相对天然气变得更便宜，其竞争对手将享有相对于该公司的成本优势。

6. 对商品的套期保值 如果一个纺织品制造商要抵御棉花价格波动的不利因素，它可以购买棉花期货合约或棉花期权合约。采用这两种办法的利弊分别是什么？

答：购买看涨期权是公司的一种保险政策形式。如果棉花价格上涨，该公司将受到看涨期权的保护，而如果价格实际下降，他们可以不执行看涨期权。然而，由于必须支付期初期权费，期权对冲策略是有成本的。期货合约可在没有初始成本的情况下进入，其缺点是该公司的棉花价格被锁定，因而无法从棉花价格下跌中获利。

7. 期权 为何对债券的看跌期权实质上等同于对利率的看涨期权？

答：债券看跌期权给予持有人以执行价格卖出债券的权利。如果债券价格下跌，看跌期权持有人获利。由于债券价格和利率的变动方向相反，如果某债券价格下跌使持有人盈利，他也会因利率上升而盈利。因此，利率看涨期权从概念上说完全等同于债券价格的看跌期权。

8. 对利率的套期保值 一家公司发行了大量的一年期债券。当其到期时，该公司将根据市场利率发行新的债券。目前的利率条件比较有吸引力，而且该公司担心明年的利率会上涨。在这种情况下，该公司可以采用哪些套期保值策略呢？

答：该公司希望锁定目前的低利率，或者至少对利率上升风险进行对冲，又希望保留利率真的下降时获利的可能性。前者可以通过出售债券期货合约实现，后者可以通过购买债券看跌期权或利率看涨期权实现。

9. 互换合约 为什么互换合约实际上是一系列的远期合约？假设一家公司与交易商签订了互换协议，请描述双方所面临的违约风险。

答：互换合约是关于未来若干时间区间内当事人之间资产互换的安排。掉期合约通常是现金流量的互换，但未必如此。由于远期合约也是当事人之间在未来互换资产的协议，只不过是在某一时间点，所以一个互换合约可以看作是具有不同结算日期的一系列远期合同。公司签订互换协议将承担交易商违约的风险，因为交易商可能不会支付合同规定的现金流量。交易商面临同缔约方同样的风险，但可以通过与另一方签订互换合约的方式更容易地对冲违约风险。

10. 互换合约 假设一家公司与交易商进行一笔固定换浮动的利率互换合约交易。请描述互换合约交易中现金是如何流入流出的。

答：该公司以固定利率借款，作为互换合约的一部分从交易商那里获得固定利率支付，同时向交易商支付浮动利率，所以公司的净头寸情况是它实际上是以浮动利率借款。

11. 交易和经济风险敞口 交易和经济风险敞口的区别是什么？哪一种更容易对冲？为什么？

答：交易风险敞口是短期价格不确定造成的短期风险敞口。经济风险敞口是整体经济状况的变动造成的长期风险敞口。有许多工具可用于对冲交易风险敞口，但只有很少的长期风险敞口对冲工具。因此需要对企业运营进行根本性的改变才能抵御经济环境变化的影响，所以对冲经济风险敞口要难得多。

12. 对汇率的套期保值 如果一家美国公司出口货物到日本，它应该如何利用期货合约来对冲日元的汇率风险？它应该买进还是卖出日元期货合约？在期货合约中设定汇率的方式是否重要？

答：风险就在于美元将相对于日元升值，这样在未来收到的日元支付款项兑换成美元就比原来少些。这意味着在美元/日元汇率下降时，公司应卖出日元期货合约。期货合约中关于汇率设定方式的规定将影响到底是哪种货币在升值的计算。

13. 套期保值策略 对于下列情况，描述可能采取的以期货合约进行套期保值的策略。如果你认为交叉对冲是合适的，请给出你如此选择的理由。

a. 一家公用能源提供商担心成本上升。

b. 一家糖果制造商担心成本上升。

c. 一个种植玉米的农民担心今年的收成将达到全国范围内创纪录的高水平。

d. 一家胶片制造商担心成本上升。

e. 一家天然气生产商认为今年市场上将出现超额供给。

f. 一家银行所有的收入均源于长期、固定利率的住宅抵押贷款。

g. 一只股票共同基金投资于大型绩优蓝筹股，而且担心股票市场下跌。

h. 一家瑞士军刀的美国进口商将在6个月内以瑞士法郎支付其订单。

i. 一家建筑设备的美国出口商已同意出售一些起重机给德国的一家建筑公司。3个月后该美国公司将收到对方支付的欧元。

答： a. 购买石油和天然气的期货合约，因为这些可能是你的主要资源成本。如果这是一家燃煤发电厂，那么可以通过出售天然气期货合约来进行交叉对冲。因为市场上煤炭和天然气的价格存在某种程度上的负相关关系，煤和天然气在某种程度上互为替代品。

b. 购买糖和可可期货合约，因为这些可能是你主要的原材料。

c. 卖出玉米期货合约，因为创纪录的丰收意味着低的玉米价格。

d. 买入白银和铂金期货合约，因为它们是生产摄影器材所需主要原材料。

e. 卖出天然气期货合约，因为市场上供应过剩意味着低价格。

f. 假设银行不会在二级市场上转售按揭贷款组合，那么买入债券期货合约。

g. 卖出股票指数期货合约，选择同您基金中的股票组合联系最紧密的指数，例如标准普尔100指数或包括大盘蓝筹股的主要市场指数。

h. 买入瑞士法郎期货合约，因为风险在于未来6个月中美元将相对瑞士法郎贬值，这意味着美元/瑞士法郎汇率的上升。

i. 卖出欧元期货合约，因为风险在于未来3个月中美元将相对欧元升值，这意味着美元/欧元汇率的下降。

14. 互换合约 2004年5月，食品及相关产品的分销商西科斯公司（请不要将它与思科系统公司混淆）宣布，它已签署了一项利率互换合约。该利率互换合约有效地将该公司1亿美元、4.6%的固定利率债券转换成以6个月LIBOR－52基点的浮息债券。为什么西科斯公司要使用互换协议？换言之，既然发行一个固定利率债券，再通过利率互换合约将其转换为浮息债券的作用等同于发行浮息债券，为什么西科斯公司不直接发行浮息债券？

答： 西科斯公司认为固定利率加互换的利率更低。换句话说，通过发行固定利率债券然后再签署一份互换合约比直接发行浮动利率债券更加具有吸引力。

15. 套期保值策略 威廉·圣地亚哥有意进军进口/出口业务。在最近一次访问其财务顾问时，他说："如果我们玩游戏的方法正确的话，这将是世界上最安全的业务。通过在外汇期货市场上将我们所有的交易进行套期保值，我们可以排除所有的风险。"你同意圣地亚哥先生对套期保值的评论吗？为什么？

答： 他对于套期保值的评论有些天真。尽管通过套期保值可以显著地降低外汇市场变动的风险，但并不能完全消除风险。基差风险的存在使任何一家公司都不能100%地消除价格波动风险。当套期保值工具的价格变动不能与标的资产的价格变动完全一致时，就会产生基差风险。

16. 套期保值策略 凯文·野村是一名日本学生，计划在美国待1年。他预计8个月后抵达美国。他担心在未来的8个月内日元对美元贬值，所以希望买入外汇期货以对冲这一风险。野村先生应该怎样进行套期保值呢？假定日元对美元汇率表述为日元/美元。

答： 如果在未来8个月中日元相对美元贬值，野村先生就会蒙受损失。日元相对美元贬值导致日元/美元汇率下降。由于汇率下降会使野村先生蒙受损失，所以他应该持有日元/美元的期货合约空头以对冲风险。

17. 期货合约的报价 参考教材表25－2回答以下问题。假设你于2015年1月8日以收盘价买了一份2015年3月到期的可可期货合约。如果合约到期时可可的价格为3027美元/吨，你将盈利还是亏损？

答：合约的初始价格是2912美元/公吨，每份合约标的是10公吨，所以合约的初始价值是：

$$合约初始价值 = 2912 \times 10 = 29120(美元)$$

合约到期价值是：

$$合约到期价值 = 3027 \times 10 = 30270(美元)$$

所以持有这份期货合约的收益为：

$$持有期货合约收益 = 30270 - 29120 = 1150(美元)$$

18. 期货合约的报价 参考教材表25－2回答以下问题。假设你于2015年1月8日以收盘价卖出5份2015年3月到期的白银期货合约，如果合约到期时白银价格为16.61美元/盎司，你将盈利还是亏损？如果到期时银价是16.43美元/盎司呢？

答：合约规定的标的物价格为16.544美元/盎司，每份合约标的是5000盎司，所以合约的初始价值是：

$$合约初始价值 = 16.544 \times 5000 = 82720(美元)$$

合约到期时标的物价格为16.61美元/盎司，则到期时合约头寸的价值为：

$$合约到期价值 = 16.61 \times 5000 = 83050(美元)$$

由于这是一个空头头寸，所以净损失为：

$$净损失 = 83050 - 82720 = 330(美元)$$

由于卖出5份合约，所以净损失为：

$$净损失 = 5 \times 330 = 1650(美元)$$

如果合约到期时标的物价格为16.43美元/盎司，则到期时合约头寸的价值为：

$$合约到期价值 = 16.43 \times 5000 = 82150(美元)$$

由于这是一个空头头寸，所以净收益：

$$净收益 = 82720 - 82150 = 570(美元)$$

由于卖出5份合约，所以净收益为：

$$净收益 = 5 \times 570 = 2850(美元)$$

如果持有空头头寸，那么价格下降时将获利，价格上升时将亏损。

19. 看涨看跌期权的损益 假设一个金融经理人以65美元/桶的行权价购买了50000桶原油的看涨期权。同时又以同样的行权价卖出50000桶原油的看跌期权。当原油价格分别为60美元、62美元、65美元、68美元和70美元时，该经理人的盈亏为多少？根据其盈亏的变化，你观察到什么现象？

答：看涨期权使金融经理享有在未来以65美元/桶的价格购买原油期货合约的权利，如果原油价格上升到65美元/桶之上，金融经理将会行使这项权利。卖出看跌期权使金融经理承担了未来以65美元/桶的价格买入原油期货合约的义务，如果原油价格跌破65美元/桶，看跌期权持有人将行使期权赋予他的权利。则每桶收益：

（单位：美元）

原油远期价格	60	62	65	68	70
看涨期权价值	0	0	0	3	5
看跌期权价值	-5	-3	0	0	0
总价值	-5	-3	0	3	5

收益状况与执行价格为65美元/桶的远期合约完全一致。

20. 逐日盯市 你买入10份黄金期货合约，初始结算价1210美元/盎司，每份合同标的为100盎司黄金。在随后的4个交易日内，金价分别变为1217美元、1213美元、1206美元及1212美元。计算每日交易结束后的现金流，并计算出你在整个交易时段结束后的总盈亏。

答： 买入期货合约时，合约初始价值为：

$$初始价值 = 10 \times 100 \times 1210 = 1210000(美元)$$

第一天收盘时：

$$账户价值 = 10 \times 100 \times 1217 = 1217000(美元)$$

$$现金流 = 1217000 - 1210000 = 7000(美元)$$

第二天收盘时：

$$账户价值 = 10 \times 100 \times 1213 = 1213000(美元)$$

$$现金流 = 1213000 - 1217000 = -4000(美元)$$

第三天收盘时：

$$账户价值 = 10 \times 100 \times 1206 = 1206000(美元)$$

$$现金流 = 1206000 - 1213000 = -7000(美元)$$

第四天收盘时：

$$账户价值 = 10 \times 100 \times 1212 = 1212000(美元)$$

$$现金流 = 1212000 - 1206000 = 6000(美元)$$

所以，总盈亏 = 1212000 - 1210000 = 2000(美元)。

21. 逐日盯市 你卖出25份汽油期货合约，初始结算价为1.36美元/加仑，每份合同标的为42000加仑汽油。在随后的4个交易日内，汽油的结算价分别为1.33美元、1.37美元、1.39美元和1.44美元。计算每日交易结束后的现金流，并计算出你在整个交易时段结束后的总盈亏。

答： 买入期货合约时，流出的现金流为：

$$流出的现金流 = 25 \times 42000 \times 1.36 = 1428000(美元)$$

第一天收盘时：

$$账户价值 = 25 \times 42000 \times 1.33 = 1396500(美元)$$

持有空头头寸时，标的物的价格下降将获利，价格上升则承受损失。

$$现金流 = 1428000 - 1396500 = 31500(美元)$$

第二天收盘时：

$$账户价值 = 25 \times 42000 \times 1.37 = 1438500(美元)$$

$$现金流 = 1396500 - 1438500 = -42000(美元)$$

第三天收盘时：

账户价值 = 25 × 42000 × 1.39 = 1459500(美元)

现金流 = 1438500 − 1459500 = −21000(美元)

第四天收盘时:

账户价值 = 25 × 42000 × 1.44 = 1512000(美元)

现金流 = 1459500 − 1512000 = −52500(美元)

所以,总盈亏 = 1428000 − 1512000 = −84000(美元)。

22. 久期 一个息票利率为6.1%,按年支付,以面值出售的3年期债券的久期为多少?

答: 债券的久期就是债券现金流支付发生时间的加权平均值,权重为每期现金流的现值与债券价格之比。由于债券平价出售,市场利率必定等于年息票利率也就是6.1%。债券价格就是其面值。因此,债券价格等于1000美元,每期支付的相对价值等于每期支付的现值除以债券价格。债券的久期等于每期支付的相对价值乘以当期支付发生的时间之和。所以,债券的久期为:

年份	每期支付现值(美元)	相对价值	每期支付权重
1	57.49	0.05749	0.05749
2	54.19	0.05419	0.10837
3	888.32	0.88832	2.66496
债券价格	1000	久期 =	2.83083

23. 久期 一个息票利率为8.6%,按年支付,以面值出售的4年期债券的久期为多少?

答: 债券的久期就是债券每期现金流支付发生时间的加权平均值,权重为每期支付的现值与债券价格的比。由于债券平价出售,市场利率必定等于8.6%的年息票利率。债券按平价即按其面值出售,所以,其价格为1000美元。每期支付的相对价值为每期支付的现值除以债券价值。债券久期等于每期支付的相对价值与每期支付发生的时间乘积之和。所以,债券的久期为:

年份	每期支付现值(美元)	相对价值	每期支付权重
1	79.19	0.07919	0.07919
2	72.92	0.07292	0.14584
3	67.14	0.06714	0.20143
4	780.75	0.78075	3.12299
债券价格	1000	久期 =	3.54945

24. 久期 Blue Steel Community 银行以市值计价的资产负债表如下:

资产或负债	市值(百万美元)	久期(年)
联邦基金存款	31	0
贷款应收账户	540	0.20
短期贷款	320	0.65
长期贷款	98	5.25
抵押贷款	435	12.85
支票与储蓄存款	615	0

续表

资产或负债	市值(百万美元)	久期(年)
存款凭证	390	1.60
长期融资	285	9.80
股本权益	134	N/A

a. 这些资产的久期是多少?

b. 这些负债的久期是多少?

c. 银行是否面临利率风险?

答: 资产或负债的组合的久期是该组合中每一项资产的久期的加权平均,权重为他们的相对市场价值。

a. 资产的总市值(百万美元)为:

$$资产总市值 = 31 + 540 + 320 + 98 + 435 = 1424(百万美元)$$

所以,每项资产的权重为:

$$联邦基金存款 = 31/1424 = 0.022$$
$$贷款应收账户 = 540/1424 = 0.379$$
$$短期贷款 = 320/1424 = 0.225$$
$$长期贷款 = 98/1424 = 0.069$$
$$抵押贷款 = 435/1424 = 0.305$$

由于资产组合的久期是组其中每项资产久期的加权平均,所以资产集合的久期为:

$$资产组合久期 = 0.022 \times 0 + 0.379 \times 0.20 + 0.225 \times 0.65 + 0.069 \times 5.25 + 0.305 \times 12.85 = 4.50(年)$$

b. 负债的总市值(百万美元)为:

$$负债总市值 = 615 + 390 + 285 = 1290(百万美元)$$

注意:由于权益不属于负债,在上面的计算中没有股权资本。每项资产的市场价值权重为:

$$支票与储蓄存款 = 615/1290 = 0.477$$
$$存款凭证 = 390/1290 = 0.302$$
$$长期融资 = 285/1290 = 0.221$$

由于负债组合的久期等于其中各项负债的久期的加权平均,所以负债的久期为:

$$负债久期 = 0.477 \times 0 + 0.302 \times 1.60 + 0.221 \times 9.80 = 2.65(年)$$

c. 由于资产的久期不等于负债的久期,所以该银行不能避免受利率风险的影响。

25. 用期货进行套期保值 参考教材表25-2回答以下问题。假设今天是2015年1月8日,贵公司生产谷类早餐并且将在2015年3月需要140000蒲式耳玉米为即将举行的促销活动做准备。你想在今天锁定成本,因为你担心玉米价格从今天到5月有可能上升。

a. 你怎么利用玉米的期货合约来对冲风险?根据当天的收盘价,你可以锁定什么价位?

b. 假设3月的玉米价格是每蒲式耳4.09美元,你的期货头寸盈亏是多少?你在玉米期货市场中的头寸是如何帮助你消除玉米价格波动风险的?

答: a. 由于担心玉米价格上涨,所以要买入3月到期的期货合约。每份合约的标的为5000蒲式耳玉米,需要购买的合约数是:

$$要购买的合约数 = 140000/5000 = 28(份)$$

这样，就把 2015 年 3 月份玉米价格有效地锁定在了合约的执行价 3.9625 美元/蒲式耳，或者说锁定 140000 蒲式耳玉米总价格为 $28 \times 3.9625 \times 5000 = 554750$(美元)。

b. 如果合约到期时玉米价格为 4.09 美元/蒲式耳，则期货合约头寸的价值为：

$$期货合约头寸价值 = 4.09 \times 5000 \times 28 = 572600(美元)$$

不考虑交易成本，期货合约头寸收益 $= 572600 - 554750 = 17850$(美元)。

尽管从一月份开始玉米价格上升，导致公司成本上升了 17850 美元，但是期货合约头寸带来的收益抵消了成本的上升。

26. 利率互换合约 ABC 公司和 XYZ 公司需要筹集资金来改善其工厂的生产设施。ABC 公司在债券市场上是一个公认有着优良信用评级的企业，它能够以 11% 的固定利率或 LIBOR + 1% 的浮动利率借入资金。XYZ 公司是一家新开办的公司，没有较强的信用记录，它可以以 10% 的固定利率或 LIBOR + 3% 的浮动利率借入资金。

a. ABC 和 XYZ 有没有机会通过利率互换合约而获得收益？

b. 假设你刚刚被聘请到一家银行做互换合约市场交易员，你的老板给你看了客户 ABC 和 XYZ 的借款利率信息。请描述你如何能够通过利率互换合约使两家公司都获得额外收益，同时你的银行还能有 2% 的净利。

答：a. 借入固定利率资金时，XYZ 公司相对于 ABC 公司有比较优势，而 ABC 公司在借入浮动利率资金时有比较优势。因为在固定利率债券市场上 ABC 公司和 XYZ 公司的利差只有 1%，而在浮动利率债券市场上他们的利差有 2%，所以通过固定利率和浮动利率的互换合约有可能产生 3% 的总收益。

b. 如果互换合约市场交易商必须收取可得收益中的 2%，那么只有 1% 的可得收益留给 ABC 和 XYZ 公司。在实际的互换市场中，由于互换收益的分配是可以谈判的，所以任何形式的分配都是可行的。可能的分配方式是 ABC 公司和 XYZ 公司各得 0.5%。

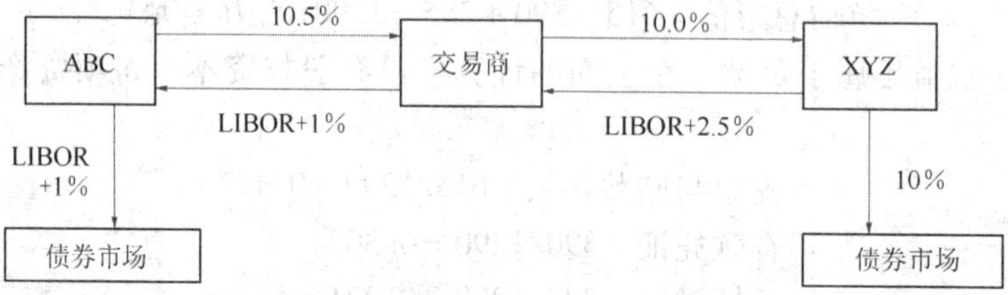

27. 久期 汉森夫妇的儿子将从 10 年后的今天开始读大学。他们需要在其儿子读大学 4 年期间每年年初支付 30000 美元的学校开支。对这一对夫妻而言，如果他们可以以 7.6% 的市场利率借贷的话，这一负债的久期是多少？

答：负债的久期就是清偿债务的现金流支付时间的加权平均，权重为每期支付现值与清偿债务的所有支付现值总和的比。为了确定一项债务的久期，首先需要计算偿还债务过程中每一期支付的现值。由于四年期间每年年初的支出为 30000 美元，这就能够计算出每期支付的现值：

$$PV = FV/(1 + R)^t$$

大学 4 年期间每期支付的现值分别为：

$$第一年\ PV = 30000/1.076^{10} = 14421.11(美元)$$

$$第二年\ PV = 30000/1.076^{11} = 13402.51(美元)$$

$$第三年\ PV = 30000/1.076^{12} = 12455.87(美元)$$

$$第四年\ PV = 30000/1.076^{13} = 11576.09(美元)$$

所以学校开支的总现值为：

$$总现值 = 14421.11 + 13402.51 + 12455.87 + 11576.09 = 51855.58(美元)$$

用下面的表格来求这笔负债的久期，每笔支付的相对价值等于支付的现值除以这笔负债的总现值。久期就是偿还债务的现金流清偿时间间隔的加权平均值。

年份	每期支付现值(美元)	相对价值	每期支付权重
10	14421.11	0.27810	2.78101
11	13402.51	0.25846	2.84304
12	12455.87	0.24020	2.88244
13	11576.09	0.22324	2.90208
现值	51855.58	久期 =	11.40858

28. 久期 当市场利率为4.9%时，一个息票利率为6.4%且每半年支付一次利息的2年期债券的久期为多少？

答：债券的久期就是债券现金流支付的时间的加权平均，权重是每期支付的现值与债券价格的比。需要按照市场利率来计算债券利息支付的现值。每期支付的相对价值就是每期支付的现值除以债券价格。债券久期等于每期支付的相对价值与该期支付时间(年)的乘积的和。由于这种债券是每半年付息一次，所以时间的计算单位为半年。因此，债券的久期为：

年份	每期支付现值(美元)	相对价值	每期支付权重
0.5	31.23	0.03038	0.01519
1.0	30.49	0.02965	0.02965
1.5	29.76	0.02894	0.04341
2.0	936.77	0.91103	1.82206
债券价格	1028.25	久期 =	1.91031

29. 远期合约定价 在资产既无持有成本也无便利收益时，其远期合约价格(F)等于当前资产的现货价格(S_0)乘以1，加上合同起始日和资产交割日之间的利率。通过比较以下两种策略产生的现金流，将这一关系式进行进一步推导：

策略一：今天在现货市场中购入白银并将其持有1年。(提示：不要使用你自己的钱购买白银。)

策略二：买入白银的远期合约，1年后交割。假设白银是一项资产，既无持有成本也无便利收益。

答：使R等于合约起始日到资产交割期间的利率。

策略一产生的现金流

	今　天	1年以后
购入白银	$-S_0$	0
借入	$+S_0$	$-S_0(1+R)$
总现金流	0	$-S_0(1+R)$

策略二产生的现金流

	今　天	一年以后
购入白银	0	$-F$
总现金流	0	$-F$

注意：两种策略的结果都是在没有现金流出的情况下获得了白银所有权。由于两种策略产生的收益是一样的，为了排除套利机会，两种策略的成本是相等的。

无持有成本和便利收益资产的远期价格（F）等于即期价格（S_0）乘以 1 加合约起始日到资产交割日之间的利率。

30. 远期合约定价　你签订了 1 年以后购买 10 年期零息债券的远期合约。债券的面值为 1000 美元，1 年期及 11 年期即期利率分别为 5% 和 7%。

a. 远期合约的价格是多少？

b. 假设 1 年期及 11 年期即期利率出人意料地下调了 2 个百分点，该远期合约的新价格为多少？

答：a. 无持有成本和便利收益的资产的远期价格为：

$$远期价格 = S_0(1+R)$$

由于 11 年后将收到等于债券的面值的 1000 美元，而且 11 年期即期利率是 7%，所以债券的当期价格为：

$$债券当期价格 = 1000/(1.07)^{11} = 475.09（美元）$$

由于远期合约使得债券交割延迟一年，所以适合于远期定价公式的利率是一年期即期利率 5%：

$$远期价格 = 475.09 \times 1.05 = 498.85（美元）$$

b. 如果 1 年期和 11 年期即期利率都发生了 2 个百分点的非预期性下降，对债券定价时适宜的利率就是 5%，适合于远期定价公式的利率就是 3%。考虑这些变化后，则债券的新价格：

$$债券的新价格 = 1000/(1.05)^{11} = 584.68（美元）$$

新的远期合约的价格为：

$$新的远期合约的价格 = 584.68 \times 1.03 = 602.22（美元）$$

31. 远期合约定价　今天上午，你同意在 6 个月后购买一份 1 年期的国债。该债券面值 1000 美元。用列出的即期利率回答下列问题：

时间（月）	有效年利率（%）
6	3.61
12	4.05
18	4.73
24	5.42

a. 合约的远期价格是多少？

b. 假设购买远期合约后不久，所有利率都上升 30 个基点。举例来说，6 个月的利率从 3.61% 上升至 3.91%。在其他条件不变的情况下，远期合约的价格变动是多少？

答：a. 无持有成本和便利收益的资产的远期价格为：

$$远期价格 = S_0(1+R)$$

由于将在 18 个月后收到相当于债券面值的 1000 美元，能够计算出债券现在的价格，即：

$$债券当期价格 = 1000/(1.0473)^{3/2} = 933.03(美元)$$

因为远期合约的交割发生在 6 个月后，适合于远期定价公式的利率为 6 个月的实际年利率，所以远期合约的价格为：

$$远期合约的价格 = 933.03 \times 1.0361^{1/2} = 949.72(美元)$$

b. 注意一下，100 个基点等于 1%，1 个基点等于 0.01%，所以，所有的利率上升 30 个基点，就是说所有的利率上升了 0.003，所以债券当前的价格为：

$$新的债券价格 = 1000/(1+0.0473+0.003)^{3/2} = 929.03(美元)$$

由于远期合约的债券交割在 6 个月之后，所以适合于远期定价公式的利率为 6 个月期的实际年利率加上 0.003，那么新的远期价格为：

$$新的远期价格 = 929.03 \times (1+0.0361+0.003)^{1/2} = 947.02(美元)$$

32. 金融工程 假设市场上有煤炭的看涨期权及远期合约，但没有看跌期权。金融工程师如何用现有的合同合成一个看跌期权？你的回答告诉你看跌期权、看涨期权及远期合约三者间存在什么样的关系？

答：通过卖出一份远期合约并买入一份看涨期权，金融工程师能够复制出持有看跌期权的收益。比如，假设远期合约清算价格为 50 美元，看涨期权执行价也是 50 美元。下面的计算表明这个组合的头寸的收益同一份执行价为 50 美元的看跌期权的收益完全一样。

煤炭价格	40	45	50	55	60
看涨期权头寸价值	0	0	0	5	10
远期头寸价值	10	5	0	-5	-10
总价值	10	5	0	0	0
看跌期权头寸价值	10	5	0	0	0

这个组合的收益同看跌期权的收益完全一致。这就意味着两种策略的成本必须是相等的，否则将存在套利机会，此外，远期、看涨期权、看跌期权三者中有两个存在便可以通过金融工程的方法复制第三个。

第26章　短期财务与计划

26.1　复习笔记

短期财务与长期财务之间最重要的区别是现金流量的时间分布。短期财务决策涉及一年或更短时间内的现金流入与流出。例如，当公司订购原材料，支付现金并预期在一年之内销售产成品且收回现金时，就会涉及到短期财务决策。

关于短期财务的若干问题包括：为支付款项而应持有现金的合理水平是多少？需要订购多少原材料？应给予客户多少信用？

1. 以其他要素定义现金

因为

$$资产 = 负债 + 所有者权益$$

$$资产 = 流动资产 + 固定资产$$

所以，资产负债表等式可以表示为：

$$净营运资本 + 固定资产 = 长期负债 + 所有者权益 \tag{26.1}$$

净营运资本等于现金加上其他净营运资本要素，即

$$净营运资本 = 现金 + 其他流动资产 - 流动负债 \tag{26.2}$$

将式(26.2)代入式(26.1)可得：

$$现金 + 其他流动资产 - 流动负债 = 长期负债 + 所有者权益 - 固定资产 \tag{26.3}$$

移项可得：

$$现金 = 长期负债 + 所有者权益 - 净营运资本(不包括现金) - 固定资产 \tag{26.4}$$

对式(26.4)的解释是长期负债和所有者权益的增加以及固定资产和净营运资本(不包括现金)的减少都会增加公司的现金。

【例26.1】作资本预算时，当下列哪种情况发生时对净营运资本的投资会增加？(　　)[中国人民大学2015金融硕士]

A. 购买存货　　B. 留出一定量现金以备意外的需要

C. 赊销　　D. A和B

E. A、B和C

【答案】B

【解析】净营运资本 = 流动资产 - 流动负债，留出一定量现金能增加流动资产，从而增加净营运资本。

【例26.2】公司将存货出售变成现金，减少了净营运资本的投资。(　　)[中国人民大学2014金融硕士]

【答案】×

【解析】净营运资本＝流动资产－流动负债，存货和现金都属于流动资产，存货的售价一般大于（等于）成本，因此公司将存货出售变成现金，流动资产增大（不变），在流动负债不变的条件下，净营运资本的投资增加（不变）。

2. 现金来源与运用表

长期负债和（或）所有者权益的增加会导致公司现金的增加，同时净营运资本（不包括现金）或固定资产的减少也将导致公司现金的增加。此外，净利润和折旧会增加现金，而支付股利会减少现金。会计人员可以利用这个机理编制公司的现金来源与运用表，该表将影响公司现金头寸状况的所有交易要素都列示出来。

3. 经营周期和现金周期

经营周期是指从存货到应收账款收现的整个过程所形成的时间间隔。经营周期的长度等于存货周期和应收账款周期长度之和。其中，存货周期是接受订单、生产和销售产品整个过程所持续的时间长度；应收账款周期是回收货款所需的时间长度。

现金周期是指从原材料货款付现到应收账款收现的全过程所持续的时间长度，即现金支出至现金回收的这段时间。一般可以把它看成是经营周期减去应付账款周期，即：现金周期＝经营周期－应付账款周期。其中，应付账款周期是公司在购买各种资源（如工资和原材料）的过程中能够延期支付的时间长度。

4. 稳健型和激进型短期财务政策

（1）稳健型

特点：①流动资产水平高；②短期负债少；③长期负债多。

措施：①投资短期有价证券；②现金余额水平高；③存货投资多；④允许赊销。

（2）激进型

特点：①流动资产水平低；②短期负债多；③长期负债少。

措施：①不投资短期有价证券；②现金余额水平低；③存货投资少；④不允许赊销。

5. 流动资产管理的相关成本

（1）持有成本

持有成本是指因持有流动资产而产生的成本，随流动资产投资水平而上升。持有成本可分为以下两类：

①持有流动资产的机会成本。

②维持该资产经济价值而花费的成本，如仓储成本等。

（2）短缺成本

短缺成本是指因现金不足而又无法及时变现证券而产生的成本，随流动资产投资水平而下降。短缺成本可分为以下两类：

①交易或订购成本。交易成本是将资产转化成现金的成本，如佣金，而订购成本是订购存货的成本，如生产准备成本；

②与安全库存有关的成本。这些成本包括脱销、丧失对客户的信誉以及中断生产计划的成本。

6. 短期借款数量决策考虑的因素

短期借款数量决策中，应主要考虑以下三种因素：

①现金储备。现金储备量与融资策略的风格有关。

②期限匹配。短期融资为短期资产筹资，长期融资为长期资产筹资。

③期限结构。长期借款比短期借款的成本高。

7. 现金预算

现金预算是短期财务计划的基本工具，是指企业关于未来现金需求、现金融资、现金使用的财务计划。它不仅预测未来现金的收入和支出，还预测未来现金的缺口，从而为现金管理提供依据。现金预算可以为决策者预计未来时间的现金总额以及现金短缺持续时间，以便及时作出筹资、投资决策，有效地管理好资金。它是一种在现金流量图上识别现金流缺口的方法。现金预算应根据企业的具体需要按月、按周、按天编制。

8. 短期融资计划

顾名思义，短期融资计划是指企业在短期内的融资安排，包括对融资渠道的选择、融资金额的确定等等。短期外部筹资有以下选择：

①无抵押贷款，包括承诺式和非承诺式两种形式。

②抵押贷款，包括应收账款抵押和存货抵押两种形式。

③其他选择，主要是发行商业票据和银行承兑汇票融资等。

26.2 课后习题详解

一、概念题

1. 补偿性余额(compensating balance)

答：补偿性余额是指银行要求借款企业在银行中保持按贷款限额或实际借用额一定百分比(一般为10%～20%)的最低存款金额。从银行的角度讲，补偿性余额可降低贷款风险，补偿遭受的贷款损失。对于借款人来说，补偿性余额实际上增加了借款成本，因为它意味着可用资金的减少和实际借款利率的提高。

2. 银行承兑汇票(banker's acceptances)

答：银行承兑汇票是指经在承兑银行设立存款账户的存款人(出票人)签发、由承兑银行承兑的商业汇票。银行承兑汇票的优点包括：(1)信用好，承兑性强。银行承兑汇票经银行承兑到期无条件付款，就把企业之间的商业信用转化为银行信用。对企业来说，收到银行承兑汇票，就如同收到了现金。(2)流通性强，灵活性高。银行承兑汇票可以背书转让，也可以申请贴现，不会占压企业的资金。(3)节约资金成本。对于实力较强，银行比较信得过的企业，只需交纳规定的保证金，就能申请开立银行承兑汇票，用以进行正常的购销业务，待付款日期临近时再将资金交付给银行。由于银行承兑汇票具有上述优点，因而受到企业的欢迎。然而，伪造银行承兑汇票等犯罪行为呈现上升势头，有些企业深受其害。

银行承兑汇票可以流通，签票人或持票人可以在票据到期之前将该票据折价出售，如果银行承兑市场活跃，则这种融资方式的融资成本与商业票据的利率相当。

3. 存货贷款(inventory loan)

答：存货贷款是指以存货作为抵押品而获得贷款的融资方式。存货贷款的一般类型有：(1)完全存货置留权，指借款方将所有的存货置留权赋予贷款方的抵押形式。(2)信托收据。在这种安排下，借款方以接受贷款方信托的名义持有存货。存货销售收入要立即送交贷款方。载明贷款的文件叫信托收据。(3)现场仓储融资。在现场仓储融资中，公共仓储公司为贷款人监管存货。

4. 置存成本(carrying costs)

答：参见本章复习笔记。

5. 流动性(liquidity)

答：流动性是指资产按照公允价格转换成现金的难易程度及所需时间，用以衡量在不遭受损失的前提下将资产转化为现金的便捷程度。一般来说，现金及现金等价物的流动性最强，而其他流动资产次之，固定资产和长期资产流动性较差。流动性与财务风险、获利能力存在密切关系。

一方面，流动性与财务风险呈反向变动关系。在其他条件一定的情况下，流动资产投资水平越高，资产的流动性越好，变现能力越强，其财务风险越小；反之亦然。因此，流动性的提高通常可以降低企业的财务风险，同样，财务风险的降低通常以提高资产的流动性为代价。另一方面，流动性与获利能力呈反向变动关系。因此，流动性的提高通常要以获利能力的降低为代价，同样，获利能力的提高也要以流动性的降低为代价。

6. 现金预算(cash budget)

答：参见本章复习笔记。

7. 经营周期(operating cycle)

答：参见本章复习笔记。

8. 现金周期(cash cycle)[南开大学2023金融硕士]

答：参见本章复习笔记。

9. 短缺成本(shortage costs)

答：参见本章复习笔记。

10. 现金流量时间线(cash flow time line)

答：现金流量时间线是指短期经营活动过程中，随着经营期变化而形成的现金流量变动(包括现金流出和现金流入)的时间序列线，包括从采购原材料支付货款到销售产成品回收现金的全过程。具体如图26－1所示。

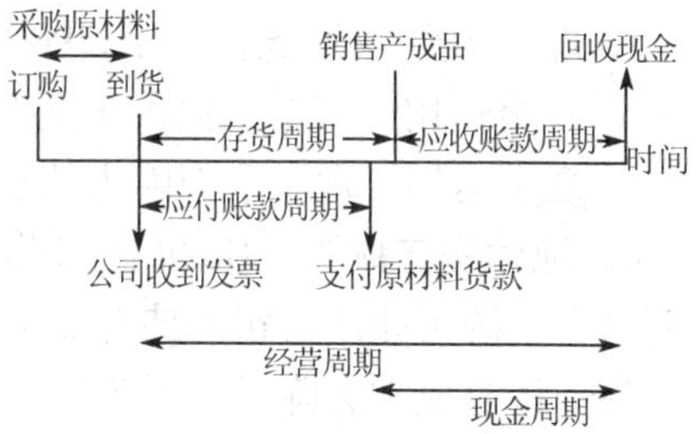

图26－1

11. 短期经营活动(short－run operating activities)

答：短期经营活动是指公司日常经营中的有关事件和决策，一个典型制造性公司的短期经营活动包括以下一系列事件和决策：

事件	决策
1. 购买原材料	1. 定购多少存货?
2. 支付购货款	2. 借款还是减少现金余额?
3. 生产产品	3. 选择什么样的生产技术?
4. 销售产品	4. 对客户提供现金条款还是信用条款?
5. 收款	5. 如何收款?

短期经营活动导致了既不同步又不确定的现金流入与流出模式(可参见本章概念题第11题)。

12. 商业票据(commercial paper)

答：商业票据是指由金融公司或某些信用较高的企业开出的无担保短期票据。商业票据的可靠程度依赖于发行企业的信用程度，可以背书转让，但一般不能向银行贴现。这些票据期限短，最长至270天(超过这个期限的公司要向证券交易委员会登记备案)。由于公司直接发行这些票据，同时通常有专门的银行信贷额度来支持这些票据发行，所以公司所承担的利率通常要明显低于银行向公司直接贷款时所收取的优惠利率。按承兑人的不同，商业票据可以分为商业承兑汇票和银行承兑汇票。

二、复习题

1. 经营周期 一个经营周期长的公司具有哪些特征？

答：经营周期长的公司有相对较长的库存周期或相对较长的应收账款周期。因此，这类公司通常会维持现有库存，而且让客户用信贷购买且需要相对较长的时间才被支付。

2. 现金周期 一个现金周期长的公司具有哪些特征？

答：这些都是在购买存货，存货被出售和支付之间有相当长时间的公司。因此，这些公司有相当短的应付账款周期或相对较长的应收账款周期。

3. 来源与运用 对于 Holly 公司刚刚结束的年度，你得到如下信息：

a. 分配 200 美元的股利；

b. 应付账款增加 500 美元；

c. 购买固定资产 900 美元；

d. 存货增加 625 美元；

e. 长期债务减少 1200 美元；

指出以上各项是现金来源还是现金运用，并说明其对公司现金余额的影响。

答：a. 现金运用：现金余额由于 200 美元用于分红而下降。

b. 现金来源：现金余额增加 500 美元，假设用信用支付购买的商品以现金方式卖出。

c. 现金运用：现金余额由于 900 美元的固定资产支付而减少。

d. 现金运用：现金余额由于拥有更高的存货水平而减少 625 美元。

e. 现金运用：现金余额因为偿还 1200 美元的债务而减少。

4. 流动资产成本 Grohl 制造公司最近安装了一个实时(just - in - time，JIT)存货系统，说明这个系统可能给公司的持有成本、短缺成本与经营周期产生什么影响？

答：持有成本会降低，因为他们不持有库存货物。短缺成本可能会增加，具体取决于该公司如何协调与供应商的关系以及他们如何估计存货的需要量。经营周期将减少，因为存货周期下降。

5. 经营周期与现金周期 一个公司的现金周期有没有可能比它的经营周期要长？说明原因。

答：因为现金周期等于经营周期减去应付账款的周期，如果应付账款周期为正，那么现金周期就不可能比经营周期长。此外，应付账款周期是不可能为负的，因为应付账款为负意味着在交易发生前公司就向对方支付了款项。

6. 短缺成本 什么是短缺成本？请加以说明。

答：短缺成本是由于对流动资产投入过低而产生的。短缺成本主要有两种：①交易或订购成本，订购成本是指订购存货的成本；②与安全库存有关的成本，包括脱销、丧失对客户的信誉以及中断生产计划的成本。

7. 净营运资本的原因 在理想的经济条件下，净营运资本等于 0，为什么在现实情况下净营运资本可能是正的？

答：销售水平的长期上升趋势需要对流动资产的永久性投资。因此，在现实的世界中，净营运资本不为零。资产在时间上的分布不同意味着净营运资本是不可能为零的。这是流动性的原因。

利用以下信息回答问题 8 ~ 12：BlueSky 航空公司上月公告称，其账单付款期将由 30 天延长到 45 天，原因在于公司想要“控制成本和优化现金流量”，付款期的延长将适用于公司的全部 4000 个供应商。

8. 经营周期与现金周期 这个付款政策的改变会对 BlueSky 航空公司的经营周期产生什么影响？对其现金周期呢？

答：由于付款政策不影响 BlueSky 航空公司的存货周期和应收账款周期，因此不会影响它的经营周期。因为应付账款的周期变长了，所以现金周期变短。

9. 经营周期与现金周期 这个公告对 BlueSky 航空公司的供应商有何影响？

答：因为应收账款周期变长，因此经营周期和现金周期变长。

10. 公司伦理 大公司单边延长其付款期是否符合伦理？特别是当对方是小型供应商的时候。

答：人们经常争论大公司利用规模优势，威胁小公司将业务转移给其他公司的问题。然而，同别的供货商开展业务使公司的境况变好对竞争性企业来说是很正常的事。

11. 付款期 为什么不是所有的公司都通过延长付款期来缩短现金周期？

答：每个公司都想。应付账款周期是公司间谈判的一项重要内容，它是公司向供货商支付的价格的一方面。公司在谈判中都致力于使得价格和应付账款的周期的组合收益最大化。典型的例子，供货商经常采用金融手段激励下游公司快点付款，这一点在后面信用政策一章将详细讨论。

12. 付款期 BlueSky 航空公司出于"控制成本和优化现金流量"的目的延长付款期，实际上其在现金上获得的好处是什么？

答：BlueSky 公司需要融入的资金将会减少，因为实际上延长应付账款周期就意味着从供货商那里借款。单从这一点考虑，BlueSky 向其他机构的借款将会降低，利息成本降低。

13. 现金等式 Bizzard 公司的账面净资产为 14750 美元，长期债务为 8300 美元，扣除现金后的净营运资本为 1950 美元，固定资产为 20730 美元，流动负债为 1930 美元，该公司有多少现金？流动资产是多少？

答：公司总的负债加权益等于公司的净账面价值（或权益的市场价值），加上流动负债和长期负债，即：

$$总的负债加权益 = 14750 + 1930 + 8300 = 24980（美元）$$

因为净营运资本（不包括现金）= 其他流动资产 − 流动负债，所以有：

$$其他流动资产 = 1950 + 1930 = 3880（美元）$$

总资产等于总负债加权益，因为总资产等于所有的资产之和，现金是总资产中的一部分，那么现金就一定等于总资产减去除现金以外的其他资产：

$$现金 = 总资产 - 固定资产 - 其他流动资产 = 24980 - 20730 - 3880 = 370（美元）$$

总的流动资产为：

$$CA = 现金 + 其他流动资产 = 370 + 3880 = 4250（美元）$$

14. 计算周期 以下是 Rivers 公司的财务报表信息。

（单位：美元）

项目	期初		期末
存货	17385		19108
应收账款	13182		13973
应付账款	15385		16676
销售净额		216384	
产品销售成本		165763	

计算经营周期和现金周期，并解释你的计算结果。

答： a. 经营周期等于存货周期加上应收账款周期，其中：

①存货周转率和存货周期为：

存货周转率=产品销售成本/平均存货=165763/[(17385+19108)/2]=9.0846(次)

存货周期=365/存货周转率=365/9.0846=40.18(天)

②应收账款周转率和应收账款周期为：

应收账款周转率=赊销额/平均应收账款=216384/[(13182+13973)/2]=15.9370(次)

应收账款周期=365/应收账款周转率=365/15.9370=22.90(天)

因此，经营周期为：

经营周期=40.18+22.90=63.08(天)

b. 现金周期等于经营周期减去应付账款周期，其中，应付账款的周转率和周转期为：

应付账款周转率=产品销售成本/平均应付账款=165763/[(15385+16676)/2]=10.3405(次)

应付账款周期=365/应付账款周转率=365/10.3405=35.30(天)

因此，现金周期为：

现金周期=63.08-35.30=27.78(天)

该公司在支付现金后大约27.78天后收回现金。

15. 现金预算 以下是Cornell公司2016年第2季度预算中的一些重要的数字：

（单位：美元）

	4月	5月	6月
赊销	601900	627300	693790
赊购	232850	277900	317380
现金支付			
工资及税费	62964	76364	79670
利息	18058	18058	18058
购买设备	131400	144200	0

公司预计5%的赊销将无法收回，35%会在一个月内收回，剩余的60%将于次月收回，赊购金额会在购买后的下月支付货款。

2016年3月，赊销额为332640美元，赊购额为247100美元，请利用这些信息完成以下现金预算表。

（单位：美元）

	4月	5月	6月
期初现金余额	443500		
现金回收			
赊销的现金回收			
可用现金小计			
现金支付			
购买			
工资税费			
利息			

续表

	4 月	5 月	6 月
购买设备			
现金支付小计			
期末现金余额			

答：每个月的赊销现金回收额为：

$$现金回收额 = 0.35 \times 本月赊销额 + 0.60 \times 上月赊销额$$

根据这个等式，现金的预算表为：

（单位：美元）

	4 月	5 月	6 月
期初现金余额	443500	394227	503450
现金回收			
赊销的现金回收	410249	580695	619207
可用现金小计	853749	974922	1122657
现金支付			
购买	247100	232850	277900
工资税费	62964	76364	79670
利息	18058	18058	18058
购买设备	131400	144200	0
现金支付小计	459522	471472	375628
期末现金余额	394227	503450	747029

第 27 章　现金管理

27.1　复习笔记

现金管理的根本目标是在保证企业高效、高质地开展经营活动的情况下，尽可能地保持最低现金持有量。现金管理可以分为三个步骤：①确定适当的目标现金余额；②有效地进行现金收支；③将剩余现金投资于有价证券。

确定适当的目标现金余额需要对流动性所带来的收益与成本进行权衡。持有现金的收益在于现金的完全流动性带来的便利；反之，持有现金的不利之处就在于企业损失了本可以投资于短期国库券和其他有价证券而获得的利息收益。

1. 持有现金的目的

(1)投机动机和预防动机

①投机动机是指为了能够利用由于市场利率变化而出现的投资机会而持有现金的需要。现金、有价证券和保留借款能力可用于满足投机动机。

②预防动机是指作为财务储备以预防紧急情况的持有现金的需要。现金或某些货币市场工具(如国库券)可用于满足预防动机。

(2)满足交易动机的需求

交易动机是指为了满足日常交易而持有现金的需要。

(3)满足补偿性余额的要求

满足补偿性余额是指为了满足银行补偿性余额的要求而持有现金的需要。

2. 目标现金余额

目标现金余额，亦称为最佳现金持有量或最佳现金余额，是指满足现金流动性并保证现金持有成本最小时的现金持有量。持有现金的目的是满足交易动机和补偿性余额的要求。而现金持有成本包括持有现金的机会成本和交易成本。

3. Baumol 模型

William Baumol 第一次将机会成本和交易成本结合在一起，提出了现金管理的正式模型。这一模型可以用来确定目标现金余额。用公式可表示如下：

$$\text{机会成本} = (C/2) \times R$$

$$\text{交易成本} = (T/C) \times F$$

$$\text{总成本}(TC) = \text{机会成本} + \text{交易成本} = (C/2) \times R + (T/C) \times F$$

对总成本公式的现金余额(C)求导，并令导数等于零，就可以得到：

$$\frac{\mathrm{d}TC}{\mathrm{d}C} = \frac{R}{2} - \frac{TF}{C^2} = 0$$

解这个关于 C 的公式，就可得最佳现金持有量 C^* 的求解公式：$C^* = \sqrt{\frac{2FT}{R}}$

其中，C = 现金余额；F = 售出证券以补充现金的固定成本；T = 在相关的计划期(如一年)内为交易目的所需的新现金总量；R = 持有现金的机会成本，即有价证券的收益率。

4. Miller－Orr 模型

Miller 和 Orr 创建了一种能在现金流入量和现金流出量每日随机波动情况下确定目标现金余额的模型。在该模型中，既引入了现金流入量也引入了现金流出量。模型假设净现金流量(现金流入量减去现金流出量)服从正态分布。每日的净现金流量可能等于，也可能高于或低于其期望值。一般假定净现金流量的期望值为零。

与 Baumol 模型相同的是，Miller－Orr 模型也依赖交易成本与机会成本，且每次交易有价证券的交易成本 F 假定是固定的，而每期持有现金的百分比机会成本则是有价证券的日利率。与 Baumol 模型不同的是，Miller－Orr 模型每期的交易次数是随各期变化而变化的一个随机变量，它取决于现金流入与现金流出的模式。

给定企业设定的现金余额控制下限 L，模型就可以解出目标现金余额 Z 和上限 H。现金持有政策(Z，H)的期望总成本等于期望交易成本和期望机会成本之和。该模型确定的令期望总成本最小的 Z 值(现金返回点)和 H 值(上限)为：

$$Z^* = \sqrt[3]{\frac{3F\sigma^2}{4R}} + L$$

$$H^* = 3Z^* - 2L$$

其中，＊代表最优值，σ^2 是日净现金流量的方差。

模型中的平均现金余额为$(4Z - L)/3$。

5. 浮差

浮差是指企业的银行存款余额与企业的账面余额的差额，包括现金支付浮差和现金回收浮差两种类型。

现金支付浮差是指由企业付款行为产生的，引起企业账面余额减少，但不影响银行存款余额的浮差。

现金回收浮差是指由企业收款行为产生的，引起企业账面余额增加，但不影响银行存款余额的浮差。

企业可以受益于现金支付浮差，但却会因现金回收浮差而受损。现金支付浮差与现金回收浮差之和称为“净浮差”。

浮差管理包括现金回收控制和现金支付控制。现金回收控制的目标在于缩短客户付款时间与支票回收时间的间隔。而现金支付控制的目标在于放慢付款速度，从而增大支票开具时间与支票通知支付时间的间隔。也就是说，实现早收晚支。当然，要做到早收晚支，就会给企业的客户和供应商在经济上带来一定的损失，而这就要求企业对自身与其客户和供应商的关系的影响进行权衡。

6. 锁箱法

锁箱法是指为接收应收款项而设置邮政专用信箱的加速现金回收方法，它是目前运用的最广泛的方法之一。

锁箱法服务系统的基本情况如下：现金回收过程开始于客户将支票邮寄至邮政专用信箱而非直接邮寄至企业。专用信箱由企业委托客户所在地的某一开户银行保管。在典型的锁箱法服务系统中，当地银行每天都将几次开启专用信箱收取支票。银行将这些支票直接存入企业账户，(以某种计算机可采用的形式)记录具体操作过程并报送企业。

锁箱服务系统缩短了支票的邮程时间，也缩短了企业处理支票的时间。因此，银行专用信箱能帮助企业更快地完成其收入的处理、存储和结算工作。

7．集中银行法

集中银行法是指快速地将企业资金从各存款银行转入企业所在地的中心银行的加速现金回收方法。

在运用集中银行法的情况下，企业的销售部门通常要对客户支票的回收和处理过程负责。企业销售分支机构将客户的付款支票存入当地银行存款账户，超过当地存款银行最低存款余额的资金则从当地存款银行转入中心银行。集中银行法的目的在于从客户邻近的银行收取客户付款支票。

集中银行法缩短了支票邮程时间，支票的银行结算时间也大大缩短了。企业的中心银行常为企业短期投资提供资金来源，此外，它们也作为向支付银行转入资金的焦点。

集中银行法与锁箱服务联合在一起，构成了现金管理的总系统。

8．短期有价证券的主要特征

短期有价证券的主要特征体现在到期日、违约风险、市场流动性和税收上。

①到期日。到期日是指还本付息的日期。在给定的利率水平下，到期日长的证券的价格变化更大；到期日短的证券的预期收益更少。

②违约风险。违约风险是指无法按期如数收回本息的可能性。有些证券的违约风险是可以忽略不计的，比如短期国库券。

③市场流动性。市场流动性是指一种资产按其市场票面价值快速且大量售出的能力，即在不受损失的情况下快速变现的能力。在所有的证券中，一般来说，短期国库券是最具有市场流动性的。

④税收。有些种类的证券具有不同程度的免税待遇。比如，政府发行的债券的利息收入一般可享受政府税收中的免税待遇；优先股和普通股股利收益能享受一定程度的免税待遇。

27.2 课后习题详解

一、概念题

1．补偿性余额(compensating balances)

答：参见本章复习笔记。

2．目标现金余额(target cash balance)

答：参见本章复习笔记。

3．集中银行法(concentration banking)

答：参见本章复习笔记。

4．交易动机(transactions motive)

答：交易动机是指为满足与交易相关的需求而产生的持有现金的需要或动机。这一动机来自于企业的正常性收支活动。现金的支出包括支付工资、偿还债务、交纳税款和派发股利。而现金的收入则来源于企业经营过程中的销售、资产的出售和新的融资活动等。现金的流入(回收)和现金的流出(支付)并不是完全同步的，因此有必要持有一定数额的现金来做缓冲。如果企业保持的现金余额过小，就可能出现现金耗尽的现象。一旦出现流动性不足的情况，企业必须出售有价证券或通过借贷来满足现金需要，而出售有价证券和借贷则会带来“交易成本”，因此，企业通常会持有一定数量的现金。

5. 浮差(float)

答:参见本章复习笔记。

6. 电汇(wire transfer)

答:电汇是汇款人将一定款项交存汇款银行，汇款银行通过电报(CABLE)、电传(TELEX)或环球银行间金融电讯网络(SWIFT)发给目的地的分行或代理行(汇入行)，指示汇入行向收款人支付一定金额的一种汇款方式。电汇是汇兑结算方式的一种，以电报、电传作为结算工具，安全迅速、费用也较高。由于电报电传的传递方向与资金的流向是相同的，因此电汇属于顺汇。

在罗斯的《公司理财》中，电汇主要是指客户的支票进入当地银行业务网络后，当地银行通过电报等将剩余资金(超过所要求的补偿性存款余额的那一部分资金)转入企业的中心银行的处理方式。电汇在短短的几分钟内就能完成，并且企业的中心银行收到电汇通知单后，企业就能获得现金。电汇采用电子技术在电脑网络间进行资金划转，从而节省了在其他资金划转方式下的支票邮程时间和结算时间。在美国，电汇服务有两种，一种是 Fedwire，即联邦储备电汇服务(联邦储备银行提供的电汇服务)；另一种是 CHIPS，即银行间支付结算系统。

7. 锁箱法(lockbox)

答:参见本章复习笔记。

8. 零余额账户(zero－balance account)

答:零余额账户(ZBA)是指用来处理企业支付活动的一种特殊账户。当企业开具支票时，企业的此账户余额为零。而当向零余额账户提示支票支付(使得账户余额为负)时，资金就会自动地从企业中心控制账户划转到该零账户上。企业在同一银行设立主账户和零账户，因此，只要通过简单的银行账户进出就可以实现资金的划转。

二、复习题

1. 现金管理　一个企业应该持有大量的现金吗？为何股东关注企业累积的大量的现金？

答:不应该。一旦公司所持有的现金高于运营成本与计划开支之和，那么超过的部分就会有机会成本。这部分可以(由股东)用于那些潜在收益较高的投资。这个问题的另外一个原因可参见第9题答案。

2. 现金管理　当企业持有过多现金的时候，可以采取哪些措施？当企业现金过少时，可以采取哪些措施？

答:如果企业的现金过多，可以用来支付股利或者用于回购股票，在现在的金融环境下后者更为可能。当然，也可以用来减少负债。如果现金不足的话，企业应通过借款、出售股票或改善盈利能力予以解决。

3. 代理问题　股东和企业债权人可能就企业应持有多少现金余额达成一致吗？

答:可能达不成一致。债券持有人总是希望公司持有更多的现金。

4. 现金管理和流动性管理　现金管理和流动性管理的不同之处有哪些？

答:现金管理是指现金的收支，流动性管理的内涵更广，还包括了公司流动性资产需求的最优水平。例如，公司的现金储备问题是流动性管理，而评估保险箱系统是现金管理。

5. 短期投资　为何持有大量多余现金的公司倾向于投资股利支付同短期利率挂钩的优先股？

答:尽管这些投资工具名称不一，但是它们都有一个显著的特征：股利的调整能够保持股价的相对稳定。价格稳定、股利的免税，使得这些所谓的调整利率优先股相对附息工具（价格会随利率变化）格外的受欢迎。

6. 现金支付浮差和现金回收浮差 公司倾向于净现金支付浮差还是现金回收浮差？为什么？

答：公司更倾向于净现金支付浮差。因为银行所显示的企业存款额，实际上高于该企业的实际账面现金余额，由此，企业可以获得它实际上已经支付出去的金额的利息收入。

7. 浮差 假设公司的账面现金余额为 2000000 美元，但是在 ATM 机上，显示公司的现金余额为 2500000 美元，这是什么情况？如果这种状况是持续的，将出现什么道德问题？

答：该公司有一个净现金支付浮差，额度是 500000 美元。如果这个状态持续下去的话，这个公司有可能开出比它账户余额多的支票。

8. 短期投资 为了满足一个企业的现金管理计划，对于下列给定的每一种短期投资可交易证券，列举出一个其各自潜在的不足之处。

a. 美国短期国库券

b. 普通优先股

c. 大额可转让存单

d. 商业票据

e. 收入预期债券

f. 回购协议

答：a. 持有美国短期国库券的唯一缺点是，它比货币市场上其他的投资工具的收益都低。

b. 普通优先股的价格问题和风险问题与短期现金管理计划不一致。

c. 大额可转让存单最大的不足之处在于其交易规模太大，可能不适合大多数中小型企业的短期投资计划。

d. 商业票据的缺点：高违约风险的特点以及二级市场不活跃，严重限制了满足企业流动性管理对灵活性的需求。

e. 收入预期债券有着相当高的违约风险，并且，通常企业在资产组合中持有这种免税债券的种类和数量都受到某些限制。

f. 回购协议的最大不足之处在于期限一般都比较短。

9. 代理问题 有人说大量的现金持有将可能加重代理问题（第 1 章中曾经讨论过），更一般的说是损害股东利益最大化的动机，对于这个问题，你如何解决？

答：大量的现金持有可能导致管理层在投资时考虑不够充分，这一观点是想保持一个较低的现金持有，促使管理层更加关注现金流和资本支出。

10. 闲置资金的利用 对于企业剩余现金的一种处理方法是加快支付供应商的货款，说一下这种方法的优势和劣势。

答：潜在的优势是加快支付一般意味着价格较低，劣势是使得企业现金周期变长。

11. 闲置资金的利用 另一种减少企业剩余现金的办法是支付企业的未清偿债务，说一下这种方法的优势和劣势。

答：未清偿债务实际上是资本结构的决策问题。如果企业处于最优资本结构，偿还债务将会使得公司的杠杆比率低于最优水平。但如果将偿还债务和股票回购进行组合，以减少企业的剩余现金，将会保持企业最优资本结构的稳定。

12. 浮差 一种不道德的做法是这样的(警告：请勿模仿)，假设在你的账户里已经没钱了；同时，本地的杂货店老板为了向你提供作为顾客的便利，同意为你兑现一张支票，所以，你兑现了一张200美元的支票。但是，如果你不做任何事情，你交给杂货店老板的支票将被银行拒付。为了防止这种情况的出现，第2天，你到杂货店去兑现了另外一张200美元的支票，你把这200美元现金存入银行。如此重复同样的程序，在这种情况下你可以保证没有一张支票被拒付。最终，有一天天上掉了馅饼(或许是从你的父母那里得到的现金)，你可以偿还所有未偿付债券。

为了让问题更加有趣，我们假设没有一张支票被拒付。假设这是真的，并且并不违反任何法律(当然，我们的假设是违反开空头支票的法律的)，在这个过程中存在任何有违道德的行为吗？如果有，为何？在实践中，谁遭受了损失？

答：这是不道德的，因为实际上你欺骗了杂货店，使得它对你发放了一笔无息贷款，杂货店受损了，因为它本可以获得贷给你的那笔钱的利息。

13. 计算净浮差 一家公司在日常经营中，平均每天要向它的供应商开具总计14400美元的支票。通常，支票的结算需要4天时间。与此同时，公司每天都会从它的客户处收到以支票形式进行的支付，平均每天25300美元，并且收到的支票在两天后成为公司的可用资金。

a. 计算公司的现金支付浮差，现金回收浮差以及净浮差。

b. 当收到的支票成为公司可用资金的时间从2天缩短为1天时，a问题中的答案将怎样变化？

答：a. 现金支付浮差等于平均每天开具的支票金额乘以支票的平均清算时间，即：

$$现金支付浮差 = 4 \times 14400 = 57600(美元)$$

现金回收浮差等于平均每天收到的支票金额乘以支票的平均清算时间，即：

$$现金回收浮差 = 2 \times (-25300) = -50600(美元)$$

净浮差等于现金支付浮差加上现金回收浮差，即

$$净浮差 = 57600 + (-50600) = 7000(美元)$$

b. 新的现金回收浮差为：

$$现金回收浮差 = 1 \times (-25300) = -25300(美元)$$

新的净浮差为：

$$净浮差 = 57600 + (-25300) = 32300(美元)$$

14. 运用加权平均延误天数 一家邮购公司每个月会处理5450张支票，其中，70%的支票是金额为55美元的，30%的支票是金额为80美元的。金额55美元的支票平均延误两天，而金额80美元的支票平均延误3天。

a. 公司日平均回收浮差是多少？为什么？

b. 公司加权平均延误天数是多少？运用计算结果求出日平均浮差。

c. 公司为消除这一浮差会愿意付出多少钱？

d. 假设年利率为7%，计算浮差带来的日平均成本。

e. 假设可以将加权平均延误浮差减少1.5天，公司为此愿意支付多少钱？

答：a. 平均每日回收浮差等于每种支票在支票总数中所占的比例乘以支票总数再乘以每张支票的金额，然后乘以支票平均延迟期的总和，最后除以一个月的总天数，假设一个月是30天，则：

$$平均日回收浮差=(0.70\times5450\times55\times2+0.30\times5450\times80\times3)/30=27068(美元)$$

平均而言，每天有27068美元没有回收而不能被公司利用。

b. 总回收金额等于各种支票在支票总数中所占的比例乘以支票总数乘以每张支票的金额，即：

$$总回收金额=0.70\times5450\times55+0.30\times5450\times80=340625(美元)$$

加权平均延迟期等于各种支票的平均延迟天数乘以各种支票金额在总金额中所占的比例，再进行加总求和。

$$加权平均延迟期=2\times(0.70\times5450\times55/340625)+3\times(0.30\times5450\times80/340625)=2.384(天)$$

平均日浮差等于加权平均延迟期乘以平均每天收到的支票金额，假设一个月30天，得到：

$$平均日浮差=2.384\times(340625/30)=27068(美元)$$

c. 公司为消除浮差而愿意投入的资金等于平均日浮差，即27068美元。

d. 平均日利息率为：

$$1.07=(1+R)^{365}$$

$$R=0.01854\%$$

浮差的日成本等于平均日浮差乘以日利息率，即：

$$浮差的日成本=27068\times0.0001854=5.02(美元)$$

e. 公司愿意花费的成本是平均日浮差的减少额，在平均延迟期减少1.5天的情况下，得到：

$$平均日浮差减少额=1.5\times340625/30=17031(美元)$$

15. 净现值与浮差减少 No More Books公司与Floyd银行签订了一项协议，协议约定由银行负责管理公司每天2900000美元的资金回收，而公司则须在其账户上保持350000美元的补偿性余额。现在，No More Books公司正在考虑取消这项协议并将其东部地区的经营进行分割，以便另外两家银行可以帮助其进行管理。银行A和银行B将分别负责公司每天1450000美元的资金回收，而公司则须在每家银行的账户上保持190000美元的补偿性余额。在公司对东部地区进行分割后，财务管理上预期可使收账期缩短一天。公司是否应该采用新系统？公司每年将净省下多少钱？（假设短期国债利率为年5%。）

答：因为新系统将会使收账期缩短一天，公司这项新的安排（将东部地区的经营进行分割）产生的收益是2900000美元浮差可以加快回收。成本是在原有基础上新增加的补偿性余额。所以

$$NPV=2900000-(190000\times2-350000)=2870000(美元)$$

公司应该采用新系统。年度净节余是净现值乘以年利率，可得：

$$年度净节余=2870000\times0.05=143500(美元)$$

第 28 章　信用和存货管理

28.1　复习笔记

在销售商品或提供劳务时，公司可能面临下列两种境况中的一种：①马上收到现金；②等待一段时间才收到现金，即公司向客户提供了信用。授予信用是公司向客户做出投资，该投资与商品销售或劳务提供紧密相连。公司授予信用产生应收账款。应收账款包括向其他公司提供的商业信用和向消费者提供的消费信用。

公司的信用政策主要由以下部分组成：①信用条件。公司必须决定在销售商品或提供劳务时授予信用的条件。比如，信用条件有时明确指明信用期限、现金折扣和信用工具种类等。②信用分析。公司授予信用时，应尽力区分哪些客户将付款，哪些客户将不会付款。公司使用很多方法和程序用以确定客户付款的概率。③收账政策。授予信用的公司必须建立应收账款到期时公司的现金回收政策。

1. 信用条件

信用条件是指企业授予信用时规定的客户支付赊销款项的条件，包括信用期限、折扣期限和现金折扣。信用期限是企业为客户规定的最长付款时间；折扣期限是为客户规定的可享受现金折扣的付款时间；现金折扣是在客户提前付款时给予的优惠。如账单中“5/10，n/30”就是一项信用条件，它规定如果在发票开出后 10 日内付清，可享受 5% 的折扣；如果不想取得现金折扣，这笔货款必须在 30 日内付清。其中，30 日为信用期限，10 日为折扣期限，5% 为现金折扣。提供比较优惠的信用条件能增加销售，但也会带来额外的负担，如会增加应收账款的机会成本、坏账成本、现金折扣成本等。

公司在设置信用期限时必须考虑如下三个因素：客户不付款的概率；金额大小；商品容易腐坏的程度。

2. 信用工具

信用工具是指提供信用的载体或形式，泛指各种用以表明债权债务关系，或者所有权关系的各种要式凭证，如股票、债券、CDs、商业票据、本票、汇票、支票、期货合约、期权合约等。在信用管理中，信用工具包括发票、本票、借据、汇票、条件性销售合同等。

3. 信用决策

公司面临是否提供信用的决策时，通常通过比较两者的净现值，选择净现值大的情况。

(1)不提供信用的情况

$$NPV = NCF_0 = (P_0 - C_0)Q_0$$

其中，P_0 为第 0 期收到的销售单价；C_0 为第 0 期发生的单位成本；Q_0 为第 0 期的销售数量。

(2)提供信用的情况

设 h 为提供信用时付款的概率，则：

$$NPV(\text{提供信用}) = \frac{h \times P_0'Q_0'}{1 + r_B} - C_0'Q_0'$$

其中，$P_0'Q_0'$为提供信用时的延后收入；$C_0'Q_0'$为提供信用时的当期成本；h 为客户付款的概率；r_B 为折现率。

4. 最优信用政策

信用总成本等于置存成本加上机会成本。置存成本是指与信用提供和应收账款投资相联系的成本，包括延后收到现金、坏账损失以及信用管理成本。机会成本是指不提供信用时所减少的销售额。这两种成本随信用授予水平的提高而反方向变化。因此，存在一个总成本最小的点，该点的信用水平就是最优信用政策。当然，税收、垄断程度、破产成本及代理成本也是决定最优信用政策的重要因素。

5. 信用分析与信用评级

信用分析是指公司根据各种信息来源，对客户的信用进行分析，确定客户付款的概率，为信用决策提供依据。

信息来源包括：财务报表；客户与其他公司间付款历史的信用报告；银行；客户与本公司间的付款历史。公司据此对客户进行信用评级，尽力区分会付款客户和不会付款客户，制定相应的信用政策。

信用评级是指公司根据客户的资料，对客户的信用进行评分和级别界定。信用评级一般采用"信用5C分析"来确认信用等级，5C分别为：品德(Character)；能力(Capacity)；资本(Capital)；担保(Collateral)；条件(Conditions)。另外一种方法是信用评分法，指先对一系列财务比率和信用情况指标进行评分，然后进行加权平均，得出顾客综合的信用分数，并以此进行信用评估的一种方法。进行信用评分的基本公式是：

$$Y = a_1x_1 + a_2x_2 + a_3x_3 + \cdots + a_nx_n = \sum_{i=1}^{n} a_ix_i$$

式中，Y 为某公司的信用评分；a_i 为事先拟定出的对第 i 种财务比率或信用品质进行加权的权数($\sum_{i=1}^{n} a_i = 1$)；x_i 为第 i 种财务比率或信用品质的评分。

6. 收账政策

收账政策是指公司对各种不同逾期账款所制定的收回方式。公司采取任何方式对拖欠款的催收，都要付出一定的代价，即收账费用。公司如果采用较积极的收账政策，可能会减少应收账款投资，减少坏账损失，但要增加收账成本。如果采用较消极的收账政策，则可能会增加应收账款投资，增加坏账损失，但会减少收账费用。在实际工作中，可参照测算信用标准、信用条件的方法来制定信用政策。

另外，每个客户拖欠账款的原因不尽相同，许多信用品质良好的客户也可能会因为某些原因而无法如期付款，公司应区别对待。

收账政策具体包括平均收账期、平均日销售额、账龄分析表、收账努力和保理等。

①平均收账期是指收回应收账款所需的平均天数。它表示应收账款收回的速度，或者应收账款的周转效率。

②平均日销售额是指公司平均每天的销售额，它等于年销售额除以365天。

③账龄分析表是指以账龄为序对应收账款加以列示，说明应收账款账龄与坏账可能性关系的表格。

④收账努力是指企业采取的努力收回应收账款的措施和方法，主要采用以下步骤进行处理：给客户寄信，通知客户其应付账款逾期的状况；给客户打电话；利用收账代理机构；采

取法律手段。

⑤保理是指企业将其现在或将来的基于其与买方订立的货物销售、服务合同所产生的应收账款转让给保理商(提供保理服务的金融机构)，由保理商向其提供资金融通、买方资信评估、销售账户管理、信用风险担保、账款催收等一系列服务的综合金融服务方式。在罗斯的《公司理财》中，保理业务是指公司把应收账款出售给被称为保理公司的金融机构。公司和保理公司对每一客户的基本信用条件达成一致。客户直接把所欠款项付给保理公司，并由保理公司承担客户不付款的风险。保理公司折价购入应收账款，折价比率通常是发票金额的0.35% ~4%。市场上的平均折价比率在1%左右。

7. 存货管理

(1)存货类型

对于制造商来说，存货通常被分为三类：①原材料，是公司在生产流程的起点所使用的；②半成品，是指未完成的产品，在存货中所占的比例在很大程度上取决于生产的总时长；③产成品，指那些已经可以装运和销售的货品。

在关注存货类型时，需要注意三件事：①三种类型存货的名字可能会有一点误导性，因为一家公司的原材料可能是另一家公司的产成品；②不同类型的存货的流动性存在差异；③产成品与其他类型存货所存在的一个非常重要的区别就是，对于即将成为另一样商品的一部分的存货的需求通常被称为引致需求或依赖性需求，因为公司对于这些存货类型的需求取决于它们对于产成品的需求。

(2)存货成本

①持有成本，代表与持有存货相关的所有直接和机会成本。这些包括：储存成本和追踪成本；保险和税收；因报废、变质或失窃所造成的损失；所占用资金的机会成本。

②短缺成本，是与手头存货不足相关的成本。短缺成本的两个组成部分包括再进货成本和与安全库存有关的成本。

8. 存货管理方法

(1)ABC方法

ABC方法，其基本的理念就是将存货划分为三(或更多)个组别。隐含的思想就是在数量上所占比例小的存货可能在存货价值上所占的比例却很大。

(2)经济订购量模型

经济订购量(EOQ)模型是明确建立最优存货水平的最广为人知的方法。

①持有成本

通常假定持有成本与存货水平成直接的比例关系。进货数量用Q表示；平均存货即$Q/2$；CC为每年每单位的持有成本。总持有成本为：

$$\text{总持有成本} = \text{平均存货水平} \times \text{每单位的持有成本} = (Q/2) \times CC$$

②补货成本

T为公司每年的总销量；每次订购数量为Q；每笔订单的固定成本为F，那么再订货成本就为：

$$\text{总再订货成本} = \text{每笔订单的固定成本} \times \text{订单份数} = F \times (T/Q)$$

③总成本

持有存货相关的总成本就等于持有成本与再订货成本的加总。

$$总成本 = 持有成本 + 再订货成本 = (Q/2) \times CC + F \times (T/Q)$$

持有成本和再订货成本相同时，成本最小。

$$持有成本 = 再订货成本$$

$$(Q^*/2) \times CC = F \times (T/Q^*)$$

通过一些代数运算，可以得到下式：

$$Q^{*2} = \frac{2T \times F}{CC}$$

求解 Q^*，将等式两边都开平方，可得：

$$Q^* = \sqrt{\frac{2T \times F}{CC}}$$

这个再订货的数量，最小化了总存货成本，被称为经济订购数量(*EOQ*)。

(3)*EOQ* 模型的拓展

①安全存货水平

安全存货水平是公司持有的最低存货水平。只要当存货水平低于安全存货水平，公司就要重新进货。

②再订货时点

考虑到运货时间的问题，公司应该在存货达到某一特定的水平前就下订单。再订货时点就是公司会实际下订单订购存货的时间点。

公司要保持安全存货水平的原因之一就是考虑到不确定的运货时间。将重购时点与安全存货水平的讨论结合，得到的结果就是一般化的经济订购数量(*EOQ*)模型，其中公司基于预测需求进行订购，同时也保持安全存货水平。

(4)管理引致需求存货

原材料需求计划和零库存管理是两种管理需求依赖型存货的方法。

①物料需求计划

物料需求计划(MRP)的基本理念是，一旦产成品的存货水平确定，就可以确定半成品应达到多少的水平才能满足产成品的需要。

②准时制存货

准时制存货(JIT)是现代管理需求依赖型存货的方法。JIT 的目标就是使这类存货最小化，从而最大化周转率。

28.2 课后习题详解

一、概念题

1．账龄分析表(aging schedule)

答：账龄分析表是指以账龄为序对应收账款加以列示，说明应收账款账龄与坏账可能性关系的表格。通过账龄分析表，可以分析有多少欠账尚在信用期内；有多少欠账已超过信用期，超过时间不等的款项各占多少，有多少欠款最终形成坏账。

在一年内的不同时间，账龄分析表会变动。比较而言，平均收账期仅给出一年的平均数，是个有缺陷的工具。某些公司对平均收账期进行了修改，以便能检验平均收账期是如何随着销售旺季与淡季的变动而发生变化的。同样，账龄分析表经常随付款模式的变化而变化。

2. 信用工具(credit instrument)

答：参见本章复习笔记。

3. 平均收账期(average collection period, *ACP*)

答：平均收账期是指收回应收账款所需的平均天数。它用于表示应收账款收回的速度，或者应收账款的周转效率。平均收账期又称应收账款回收期，用公式可以表示为：

$$平均收账期(ACP)=\frac{全部应收款}{平均日销售额}$$

式中：平均日销售额是一段时间内的平均销售额，这段时间可以是1个月、2个月、3个月，也可以是一年，根据需要确定。显然，平均收账期反映了企业回收应收账款的时间的长短。平均收款期短，反映企业的信用政策和收账政策较紧，货款回收较快；平均收款期较长，反映企业的信用政策和收账政策较松，货款回收较慢。

4. 信用期限(credit periods)

答：信用期限是指公司允许客户最迟付款的时间期限。公司在设置信用期限时必须考虑如下三个因素：①客户不付款的概率。公司的客户若处于高风险行业，公司也许会提出相当苛刻的信用条件。②金额大小。如果金额较小，信用期限则相对较短。小额应收账款的管理费用更高，小客户也更不重要。③商品容易腐坏的程度。如果货品的抵押价值低，并且不能长时间保存，公司就应授予较严格的信用。

延长信用期限实际上降低了客户的买入价格，因此，通常会导致销售额上升。

5. 平均日销售额(average daily sales , *ADS*)

答：平均日销售额是指企业平均每天的销售额，它等于年销售额除以365天。平均日销售额高并不意味着企业的盈利能力高，必须结合应收账款、成本等指标综合考虑。

6. 信用评级(credit scoring)

答：参见本章复习笔记。

7. 现金折扣(cash discounts)

答：现金折扣是指当客户在折扣期内付款时给予客户的付款折扣。现金折扣是信用条件的一部分。提供现金折扣的原因之一是它能加速应收账款的回收。

现金折扣政策的作用是双向的：给予一定的现金折扣，是吸引顾客的重要方式之一，从而使公司的销售规模越大，现金折扣率越高，越能鼓励客户尽早付款，这在一定程度上减少了企业应收账款的持有规模；但是较高的折扣将会扩大公司应收账款的规模，延长收款时间，推行一定的现金折扣政策需要付出一定的代价。因此，公司应在应收账款回收加速与折扣成本增加之间进行权衡。

8. 保理业务(factoring)

答：参见本章复习笔记。

9. 收账政策(collection policy)

答：参见本章复习笔记。

10. 发票(invoice)

答：发票是指在购销商品、提供或者接受服务以及从事其他经营活动中，开具或收取的收付款凭证。在信用销售中，发票是提供信用的一种形式。发票随同货物送至客户，客户在发票上签字以证明他已收到货物。随后，公司与其客户各自在会计账簿上对这笔交易进行记录。

11．信用分析(credit analysis)

答：参见本章复习笔记。

12．信用条件(terms of the sale)

答：参见本章复习笔记。

二、复习题

1．应收账款金额　Paden公司的年销售额为2950万美元，平均收账期间是27天。公司在资产负债表中列示的对应收账款的平均投资是多少？

答：应收账款周转率=365/平均收账期间=365/27=13.519(次)

平均应收账款=销售额/应收账款周转率=29500000/(365/27)=2182192(美元)

2．ACP和应收账款周转率　Chen公司的平均收账期间是34天。它在应收账款上的日均投资是61300美元。每年的赊销额是多少？应收账款周转率是多少？

答：应收账款周转率=365/平均收账期间=365/34=10.7353(次)

年度赊销额=应收账款周转率×日平均应收账款=(365/34)×61300=658073.53(美元)

3．评价信用政策　Leeloo公司正在考虑改变它的完全现金销售政策。新的销售条件是"净1个月"。根据下列信息，确定Leeloo公司是否应该改变信用政策，并讲述应收账款是如何增加的。每个月的必要报酬率是0.95%。

	现行政策	新政策
单位价格(美元)	720	720
单位成本(美元)	495	495
每月销售单位	1130	1190

答：变更政策的成本是损失的销售收入加上新政策下所增加的单位成本，即：

$$变更成本=720\times1130+495\times(1190-1130)=843300(美元)$$

变更政策的好处是新政策引起的销售量的增加所产生的现金流的增加，因政策变更前后单位价格和单位成本均不变，所以增量现金流等于单位价格与单位成本的差与销售增量的乘积，即：

$$增量现金流=(720-495)\times(1190-1130)=13500(美元)$$

因增量现金流可以被看作是永续年金，所以改变政策的净现值为：

$$NPV=-843300+13500/0.0095=577752.63(美元)$$

由于净现值为正，Leeloo公司应该改变信用政策。在这种情况下，公司必须承担一个月的销售成本，直到他们得到从赊销中获得的收入。这也是净现值计算中成本按一个月计算的原因。公司的应收账款将会在开始的一个月赊销期中上升，之后由于应收账款收回和新的销售产生的应收账款相互抵消，公司的应收账款会保持稳定。

4．评价信用政策　Harrington公司正在考虑改变它的完全现金销售政策。新的条件是"净1期"。根据下列信息，决定Harrington公司是否应该改变政策。每期的必要报酬率是2.5%。

	现行政策	新政策
单位价格(美元)	104	108
单位成本(美元)	47	47
每月销售单位	2870	2915

答：不管采用哪种策略，现金流 $=(P-v)Q$，因此：

$$原策略的现金流=(104-47)\times2870=163590(美元)$$

$$新策略的现金流=(108-47)\times2915=177815(美元)$$

$$增量现金流=177815-163590=14225(美元)$$

增量现金流可以被看作是永续年金。新政策的初始成本为：

$$新策略的成本=-[PQ+v(Q'-Q)]$$

所以，改变信用政策产生的净现值 $=-[104\times2870+47\times(2915-2870)]+14225/0.025=268405$(美元)。

5. 信用加价　按照新的信用政策，第4题中的盈亏平衡销售单价是多少？假设新的信用政策下的销售量是3150件，且其他数据保持不变。

答：设盈亏平衡销售单价为 P'，则：

$$NPV=0=[-104\times2870-47\times(3150-2870)]+[(P'-47)\times3150-(104-47)\times2870]/0.025$$

解得：$P'=101.41$(美元)。

第29章　收购与兼并

29.1　复习笔记

企业间的并购是一项充满不确定性的投资活动。在并购决策中必须运用的基本法则是：当一家企业能够为并购企业的股东带来正的净现值时才会被并购。因此确定目标企业的净现值显得尤为重要。

并购具有以下几个特点：并购活动产生的收益被称作协同效应；并购活动涉及复杂的会计、税收和法律因素；并购是股东可行使的一种重要控制机制；并购分析通常以计算并购双方的总价值为中心；并购有时涉及非善意交易。

1. 收购的基本形式

收购是指一个公司(收购方)用现金、债券或股票购买另一家公司的部分或全部资产或股权，从而获得对该公司的控制权的经济活动。收购的对象一般有两种：股权和资产。

企业可以运用以下三种基本法律程序进行收购兼并，即：①吸收合并或新设合并；②收购股票；③收购资产。

吸收合并是指两家或两家以上企业合并成一家企业。被兼并方不再作为独立经营实体，其全部资产和负债被兼并方收购，兼并方保留名称和法律地位。新设合并是指两家或两家以上企业终止各自法人地位，合并成一家新企业。

收购股票是指收购方通过向目标企业的股东发出收购要约，购买其具有表决权的股票。

收购资产是指收购方通过购买目标企业全部资产对其进行收购。

2. 并购的分类

兼并通常是指一个公司以现金、证券或其他形式购买取得其他公司的产权，使其他公司丧失法人资格或改变法人实体，并取得对这些企业决策控制权的经济行为。

兼并和收购虽然有很多不同，但也存在不少相似之处：①兼并与收购的基本动因相似。要么为扩大企业的市场占有率；要么为扩大企业生产规模，实现规模经营；要么为拓宽企业经营范围，实现分散经营或综合化经营。总之，企业兼并或收购都是增强企业实力的外部扩张策略或途径。②企业兼并与收购都以企业产权交易为对象，都是企业资本营运的基本方式。

正是由于两者有很多相似之处，现实中，两者通常统称为“并购”。按照并购双方的业务性质可以分为：

(1)横向并购

横向并购是指同一行业的两个或多个企业所进行的并购。并购企业与被并购企业同处于一个行业，它们在产品市场上相互竞争。例如，两家房地产开发公司的并购或两家石油公司的并购等。横向并购可以消除重复设施，提供系列产品，有效地实现规模经济。

(2)纵向并购

纵向并购是指同类产品不同产销阶段的两个或多个企业所进行的并购。在纵向并购方式下，各企业处于产品生产过程中的不同阶段。纵向并购可以是向前并购，还可以是向后并购。向前并购即并购其最终客户，比如，一家显像管生产企业并购其产品客户——某电视机厂；向后并购即并购其供应商，例如，一家钢铁企业并购其原料供应商——某铁矿企业。纵向并购可以加强企业对销售和采购的控制，并带来交易成本的大量节约和生产经营计划的协调同步。

(3)混合并购

混合并购是指不相关行业的企业之间的并购。例如，房地产开发公司与百货零售企业之间的并购。混合并购可以通过分散投资、多元化，降低企业的经营风险。

3. 并购的协同效应

并购的协同效应是指并购后联合企业的价值大于并购前各企业的价值之和。若 A 企业并购 B 企业，对于上市公司，A、B 企业的价值分别等于其流通股票的市场价值。协同效应的公式为：

$$\text{协同效应} = V_{AB} - (V_A + V_B)$$

其中，V_A 为 A 企业价值，V_B 为 B 企业价值，V_{AB}为并购后的企业的价值。

兼并企业通常必须向被兼并企业支付溢价。此时协同效益可以通过下面的公式进行计算：

$$\text{协同效应} = \sum_{t=1}^{T} \frac{\Delta CF_t}{(1+r)^t}$$

其中，ΔCF_t 表示 t 时联合企业产生的现金流量与原两个单一企业产生的现金流量的差额，换句话说，ΔCF_t 表示兼并后 t 时的净增现金流量；r 表示净增现金流量应负担的风险调整折现率，它通常被认为等于目标企业权益所要求的报酬率。

4. 并购协同效应的来源

并购协同效应的来源可以分为四种基本类型：

①收入上升，主要由于营销利得、战略收益和垄断。

②成本下降，主要由于规模经济、纵向一体化、技术转让、资源互补。

③税负减少，主要由于利用由经营净损失形成的纳税亏损、举债能力和剩余资金。

④资本成本的降低，主要由于运营成本的下降。

5. 兼并的净现值

企业兼并净现值分析包括现金购买和股票互换两种方式。

(1)现金购买

$$\text{兼并后兼并方企业的价值} = \text{联合企业的价值} - \text{支付的现金}$$

$$\text{兼并方的净现值} = \text{协同效应} - \text{溢价}$$

(2)普通股互换(股票购买)

在普通股互换的情况下，由于兼并前后兼并方企业对外发行的股票数量发生了变化，存在协同效应的情况下，联合企业的价值会高于兼并前公司价值的简单加总。因此，在确定换股比例和分析净现值时，应该以联合企业的每股价值作为参考标准。

首先要确定兼并时被兼并企业股东获得的联合企业的股票数量。如果用 α 代表被兼并企业股东所获得的联合企业的股权比例，则：

$$联合企业的价值 \times \alpha = 被兼并公司股东获得的股票价值$$

$$\alpha = \frac{增发的股票数量}{原对外发行的股票数量 + 增发的股票数量}$$

依据上述方程式得到增发股票的数量，便可以分析普通股互换的净现值。

实际中，如果确定的换股比例是正确的，普通股互换与现金购买有相同的净现值。

$$兼并后兼并方企业的价值 = 联合企业的价值 - 增发股票的价值$$

$$兼并方的净现值 = 协同效应 - 溢价$$

(3)现金购买与股票交换比较

收购融资是选择现金购买还是股票交换涉及到如下几个因素：

①股价高估。如果兼并后企业的管理层认为其股价被高估，那么股票交换方式要比现金购买方式承担更小的成本。

②税负。现金购买通常是应税交易，而股票交换则是免税交易。

③分享利得。如果采用现金购买方式，那么出售方股东将获得金额固定不变的补偿，即使收购活动极其成功，他们也不可能获得任何额外利益；不过收购失败的情况下，其也不会受到任何损失。

6. 防御性策略

目标企业通常采用的防御策略包括：

①剥离策略。包括出售资产、分立和发行追踪股票。

②公司章程。企业通常修改章程以增加企业的收购难度。常用的反并购条款有：董事会轮选制、超级多数条款和公平价格条款。

③回购与停滞协议。通过安排定向回购来阻止收购。

④排他式自我收购。这种自我收购是指企业向目标股东之外的其他股东要约收购自己的一定数量股票。

⑤转为非上市和杠杆收购。转为非上市指的是企业由公众持有的股票被一个私人投资集团购买。转为非上市常用的手段是杠杆收购(LBOs)，即购买股票所用的现金是举借巨额债务得到的。

⑥其他防御策略：金保护伞、皇冠宝石、毒丸计划、白衣骑士、资产锁定、驱鲨计等。

7. 兼并的会计处理方法

(1)购买法

购买法是指将企业兼并视为母公司购入子公司股权的一次交易，因此和其他一切购买资产的交易相同，子公司的资产、负债均以取得成本入账。取得成本为兼并日的公允价值，若买价大于公允价值，则确认为商誉，反之为负商誉。购买法通常在以下情况使用：兼并企业以现金和债券来获取被兼并企业的资产或股份。

(2)权益集合法

权益集合法是指将企业兼并视为母、子公司由于权益的交换而产生的股权的融合。因为属于股票的交易，所以并不产生现金和其他资源的消耗，也不涉及购买行为和价格，母公司在合并时只需将资产及负债按原账面价值入账即可。新设企业为双方企业的所有股东所拥有，收购发生后的总资产和总权益都保持不变，不产生商誉。权益集合法通常在以下情况下使用：兼并企业增发具有表决权的股票以换取被兼并企业至少90%的发行在外的具有表决权的股票。

8. 转为非上市和杠杆收购

(1)转为非上市交易

转为非上市交易是指非上市企业收购上市企业时，上市企业转为非上市企业，其股票转为非上市交易。

(2)杠杆收购

杠杆收购是指收购方将目标企业的资产作为债务抵押并对其进行收购的策略。

【例 29.1】杠杆收购[厦门大学 2023 金融硕士]

答：杠杆收购是指公司或个体通过大量的负债进行收购，利用收购目标的资产作为债务抵押，收购另一家公司的策略。换言之，杠杆收购是指收购方通过借债的方式收购目标公司，之后再利用目标公司的现金流来偿还负债，是成熟资本市场十分常用的收购手段之一。杠杆收购主要有以下方面的特点：①杠杆收购需要设立专门的特殊目的实体(SPV)；②杠杆收购采用倒金字塔式的借贷融资结构；③杠杆收购具有高负债、高风险、高收益的特点。

9. 剥离

剥离的方式各式各样，最重要的有以下几种：

①出售资产。将企业的某个部门、经营单位、一组资产出售给另一家企业。

②分立。母公司将某个部门变成完全独立的实体，并将其股份分配给母公司的股东。

③分拆上市。母公司将某个部门变成完全独立的实体，然后把子公司的股票公开出售，由母公司保留大部分权益。

④追踪股票。母公司发行的，用于跟踪某一部门经营业绩的股票。

29.2 课后习题详解

一、概念题

1. 熊式收购(bear hug)

答：熊式收购是指收购方采取高溢价的敌意收购方式，即使在遭到目标公司董事会的抵制时，也能够得到目标公司一些股东的支持。在企业收购中，一家企业获得对另一家企业的控制权，前者称为“收购公司”，后者称为“目标公司”。收购公司首先致函目标公司的董事们，向他们表达收购的意愿，并要求他们对报价迅速作出决定。如果董事们不同意这个收购，收购公司就可以直接通过要约收购的方式向目标公司的股东们提出收购要求。

2. 资产锁定(lockup)

答：资产锁定是公司赋予善意收购人(如白衣骑士)的一项选择权，当目标企业在面临敌意收购时，善意收购人可以以一个固定的价格购买目标企业的股票或部分资产(比如皇冠宝石)，这只是善意收购人的权利。由于恶意收购者在收购后可能失去目标企业的优良资产，资产锁定降低了企业对于收购者的吸引力。

3. 投标者(bidder)

答：投标者是指计划接管有关企业而向其发出要约，要求用现金或证券换取该企业的股票或资产的企业。如果该要约被接受，目标企业将会放弃对其股票或资产的控制权，将控制权转移给投标者以换取相应的报酬(如投标者的股票、债务或现金)。

4. 吸收合并(merger)

答：参见本章复习笔记。

5. 新设合并(consolidation)

答：参见本章复习笔记。

6. 毒丸计划(poison pill)

答：毒丸计划包括“负债毒丸计划”和“人员毒丸计划”两种。其中，“负债毒丸计划”是指目标企业在受到收购威胁的情况下大量增加自身负债，降低企业被收购的吸引力。例如，发行债券并约定在企业股权发生大规模转移时，债券持有人可要求立刻兑付，从而使收购企业在收购后立即面临巨额现金支出的危险，从而降低了收购企业的收购兴趣。“人员毒丸计划”是指企业的绝大部分高级管理人员和关键岗位的技术人员共同签署协议，在企业被低价收购的情况下，协议签署人中只要有一人在收购后被降职或革职，则这些协议签署人将集体辞职。“人员毒丸计划”对于防御需要专属管理知识和专有技术的混合收购的收效较大，但对于不需要专属管理知识和专有技术的横向收购或纵向收购的收效可能较小。

7. 皇冠宝石(crown jewels)

答：皇冠宝石是指从资产价值、盈利能力和发展前景诸方面衡量，企业内部经营最好的分支机构。这类企业通常会诱发收购企业的收购动机，成为收购企业的收购目标。为此，被收购企业为保全其他分支机构，可将皇冠宝石这类经营好的分支机构出售或抵押，从而降低收购企业的收购兴趣，以达到反收购的目的。

8. 购买法(purchase)

答：参见本章复习笔记。

9. 金保护伞(golden parachutes)

答：金保护伞是指一种补偿协议，它规定在目标企业被收购的情况下，高层管理人员无论是主动还是被迫离开企业，都可以领到一笔巨额的安置费，这将增大收购企业的收购成本。这种补偿可被视作为促使管理层在考虑接管投标时，能够较少关心其自身待遇、较多关心股东利益而支付的费用。当然，这也可能会诱使高层管理人员低价将企业出售，也可将这一补偿视为管理层以损害股东利益为代价敛财的一种企图。

10. 驱鲨计(shark repellent)

答：驱鲨计是指企业在受到收购威胁并无力反击时所采取的一种两败俱伤的做法，也称为“焦土政策”。例如，将企业中引起收购企业兴趣的资产出售，使收购企业的意图难以实现；或是增加大量与经营无关的资产，大大提高企业负债，使收购企业因考虑收购后严峻的负债问题而放弃收购。

11. 商誉(goodwill)

答：商誉是指企业在经营活动中所具有的优越获利能力的潜在经济价值，是一种不可辨认的无形资产。优越获利能力可能来自于企业所处的优越地理位置，或赢得顾客信任的良好信誉，或良好的产品质量、服务，或较先进的生产技术，或良好的员工素质等。商誉的特征主要有：①不能独立存在，与作为整体的企业有关；②有助于形成商誉的个别因素无法单独计价，只有把企业作为一个整体看待时，才能按总额加以确定；③企业合并时，可确认的商誉的未来利益可能与建立商誉过程中所发生的成本没有关系，商誉的存在也未必一定有为建立它而发生的各种成本。因此，会计上对自己建立的商誉不予核算；只有在兼并或购买另一企业时，所支付给该企业整体价值超过其可辨认净资产公允价值时的差额，才可作为商誉单独核算。

12. 要约收购(tender offer)

答：要约收购又称“发盘收购”，即指为了取得对一家公司(目标公司)的控制权而直接对该公司股东的股权进行的公开收购。收购公司直接向目标公司的股东承诺将以一个很有吸引力的收购价格购买他们的股份。如果目标公司的股东们对收购公司提出的发盘收购报价作出积极的反应，收购即告完成。收购公司有权更换在接管过程中不予合作的董事和管理层。收购要约可以通过报纸、广告、普通邮寄等公告方式进行通知。

13. 银企集团(keiretsu)

答：银企集团是指众多企业(包括以一家大银行或一家大工业企业或一家大贸易企业为中心的众多附属企业)之间相互持股，签订贸易合同，从而形成银行与企业密切相关的网络群体。加入这些银企集团暗示着集团内部企业存在重大的相互持股关系。一般情况下，集团中工业企业与金融企业之间的相互关系可能会降低集团的财务困境成本。

14. 白衣骑士(white knight)

答：白衣骑士是指目标企业为免遭敌意收购而自己寻找的善意收购企业。企业在遭到收购威胁时，为使本企业不落入恶意收购企业手中，可选择与其关系密切并有实力的企业，以更优惠的条件达成善意收购。一般来说，如果收购企业出价较低，目标企业被白衣骑士拯救的希望就大；反之，若收购企业的出价很高，则白衣骑士的收购成本也相应提高，目标企业获救的机会相应减少。

二、复习题

1. 兼并会计 从兼并的会计处理角度，解释购买法与权益集合法的区别。会计方法的选择对现金流的影响如何？对 *EPS* 的影响如何？

答：在购买兼并的过程中，企业的价值是以其市场价值计算的，商誉是指购买价格超过被收购资产公允价值之和的金额。权益集合法是两个公司的资产负债表的简单合并，没有商誉产生。会计方法的选择对公司的现金流没有影响。*EPS* 在购买法下可能会低，因为账面收入会因并购过程中产生的商誉摊销而减少。

2. 兼并的概念 判断以下关于接管的陈述的对错，并简要阐述理由。

a. 由于兼并的相互竞争，接管会伴随着垄断的出现，即价格上涨、产品减少以及危害消费者的利益。

b. 管理者常常以个人利益来行事，而不顾股东的要求。接管可以将这批管理者解雇。

c. 在有效市场中，接管不会发生，因为市场价格反映了企业的真实价值。因此投标企业不需要给目标企业支付高于市场价格的溢价。

d. 一些交易人和机构投资者眼光短浅，其他交易人对股票前景的看法会影响他们的认知。他们并没有对接管进行基础层面的评估，所以他们不顾企业的真实价值，出售目标企业的股票。

e. 兼并是避税的一种方式，因为允许收购方将被兼并企业的资产价值入账。

f. 收购分析法经常关注企业的总体价值。然而一次收购活动所影响的不光是总体价值，还包括相关的股东和债权人的价值。

答：a. 错误。尽管推理过程看起来似乎合理，但是，一般情况下新的公司并没有垄断的能力。特别是在有的国家，法律上会对可能产生垄断的兼并加以限制。

b. 正确。当管理层以自身的利益为出发点时，收购是股东加强控制的一个重要手段。很多情况表明，收购和接管往往是股东和管理层潜在利益冲突的结果。

c. 错误。即使市场是有效的，由于协同作用的存在，将使合并后的公司价值大于单独的公司的价值总和。增量现金流使交易有正的净现值。

d. 错误。在一个有效率的市场上，交易者无论何时都将会在"基本因素"层面上对收购进行评估。回想一下，整体的证据表明市场是有效的。兼并也一样。

e. 错误。收购的税收效应要取决于兼并本身是应税交易还是免税交易。如果是在应税交易中，也存在两种不同的效应：资本收益效应和加计账面价值效应。净效应是两者之和。

f. 正确。由于共同保险的影响，财富可能会由股东转给债券持有人。收购分析往往无视这种效果，只考虑总价值。

3. 兼并的基本原理　为什么从根本上来讲多元化不是兼并的一个好理由?

答: 多元化本身并不创造价值，因为它只能减少非系统风险，不能影响系统风险。正如前面期权一章所讨论的一样，这里也很微妙，非系统风险的减少有利于债券的持有人，因为公司倒闭的风险减少。然而，若兼并只是为了多元化的目的(没有协同效应)，那么合并的 *NPV* 为零，如果 *NPV* 为零，并且债券持有人的境况好转，那么股东的境况便一定发生了恶化。

4. 公司分立　2005 年 5 月高档消费商品零售商内曼·马库斯宣布计划出售公司自有品牌的信用卡业务。不像其他信用卡，自有品牌信用卡只可以在特殊的商店使用。为什么公司要这样做? 是否存在反向协同效应的可能?

答: 公司选择分立的原因可能是较新的、规模较小的公司能更集中精力于它的市场。因此，逆向协同是可能存在的。另外一个好处是，绩效评估变得更加容易，因为一旦分立，新公司的财务业绩(和股票价格)将更加清晰。

5. 毒丸计划　对股东而言，毒丸计划是好是坏? 你认为收购方企业会如何处理毒丸计划?

答: 毒丸计划是好是坏取决于它是怎么用的。如果它是被用去保护管理者的利益，那么它将对股东不利；如果是管理层在兼并的谈判中用来寻找最好的兼并方式，那么将对股东有利。

6. 兼并与税收　描述有税和免税情况下，兼并的优势及劣势。在兼并中，税收的基本地位如何体现? 杠杆收购属于有税还是无税? 请解释。

答: 有税兼并的首要优势在于可以提高目标企业资产的账面价值，首要的劣势在于需要支付资本利得税。免税兼并的优劣势正好相反。

在兼并中，有税还是免税的基本决定因素是原有股东是否将继续参与新企业，而这通常是由原有股东是否能够获得收购方企业的股份决定的。杠杆收购通常是有税的，因为，收购方通常以全额现金的方式支付给现有股东。

7. 经济规模　为什么说一个好的兼并可以有效发挥经济规模的优势? 假设 Eastern Power 公司和 Western Power 公司分布在不同的时区。两家公司的经营高峰时段，一般是地方时间早上 9:00 和下午 5:00，持续时间各为 45 分钟。在这两个时段，公司可以充分利用 100% 的产能，而在其他时段，产能利用率为 60%。那么这两家企业很有可能合并，为什么?

答: 规模经济是指伴随着产量水平的上升平均成本下降。在这一特定情况下的兼并是有意义的，因为兼并后 Eastern Power 和 Western Power 公司为解决高峰时期电力需求所需要投入的总资本可能较少，从而减少平均成本。

8. 恶意接管　目标企业管理层一般采用哪些方式来阻止投标方恶意收购? 目标企业的

股东如何从他们管理层的防御策略中获利？又如何会利益受损？请解释。

答：目标企业管理层常用的防御性策略有：寻找白衣骑士，威胁出售皇冠宝石(企业内部经营最好的分支机构)，呼吁监管机构和法院(有条件的情况下)以及目标股票回购。通常，反收购章程修正案也可以作为反收购的策略，如毒丸计划，金保护伞，锁定协议，以及修订绝大多数章程，但是，这些方法通常要经过股东授权，因此，不能用于时限较短的情形。当目标企业管理层积极争取收购报价，如提高出价和同时征求其他方的出价时，该企业的股东可能受益。同样，运用防御策略也会存在一定的危险，如可能阻碍那些将该企业作为首要目标的潜在投标者的收购，这将会损害股东的利益。

9. 兼并要约 假设你是一家企业的股东，企业收到来自两家企业的接管要约。你认为你的企业管理层支持低价的要约合理吗？收购的形式是否会影响你的回答？

答：在现金收购中，企业管理层支持低价的要约是完全不合理的。在股票收购要约时，管理层可能会认为从长期来看一家公司的股票比另外一家要好，但是这仅仅是在市场无效的情况下如此。一般来说，最高的就是最好的。

10. 兼并盈利 收购企业的股东从接管中获得的利益微乎其微。为什么会出现这种问题？有哪些理由？

答：原因包括：①预期收益可能小于想象中的收益；②投标人公司通常很大，收益过于分散；③很多收购并不是以股东利益为出发点；④收购市场的竞争者可能迫使目标企业提高价格直到净现值水平为零；⑤市场参与者早在兼并公布之前就把兼并的收益进行了预期，并折现。

11. 并购的资产负债表 合并前，X 公司与 Y 公司的情况如下。

	X 公司	Y 公司
总收益(美元)	105000	48300
股票发行数量(股)	43900	33000
每股价值(美元)		
市场价值(美元)	53	19
账面价值(美元)	21	9

假设 X 企业收购 Y 企业，以现金支付的方式收购 Y 企业所有上市股票，溢价为每股 5 美元。并假设两家企业兼并前后都无负债。运用(a)权益集合法和(b)购买法两种方法，编制 X 企业兼并后的资产负债表。

答：a. 由于两家企业都没有负债，运用权益集合法，兼并后公司的资产价值必须等于权益价值，所以：

$$资产价值 = 权益价值 = 43900 \times 21 + 33000 \times 9 = 1218900(美元)$$

b. 运用购买法，兼并后公司的资产将是 X 公司(并购公司)的账面价值加上 Y 公司(目标公司)的市场价值，因此：

$$来自 X 公司的资产 = 43900 \times 21 = 921900(美元)(账面价值)$$

$$来自 Y 公司的资产 = 33000 \times 19 = 627000(美元)(市场价值)$$

Y 公司的购买价是发行在外的股票数乘以当前每股价格与每股溢价之和，所以：

$$Y公司的购买价 = 33000 \times (19 + 5) = 792000(美元)$$

产生的商誉为：

$$商誉 = 792000 - 627000 = 165000(美元)$$

兼并后公司的总资产为：

$$XY的总资产 = XY的总权益 = 921900 + 627000 + 165000 = 1713900(美元)$$

12. EPS、PE和兼并 Flannery公司的股东投票通过了来自Stultz公司的收购要约。每个公司的信息如下表所示。

	Flannery	Stultz
市盈率	6.35	12.70
发行在外股份数	73000	146000
盈利(美元)	230000	690000

Flannery的股东将以他们持有的3股Flannery的股票换取1股Stultz的股票。

a. Stultz的兼并后*EPS*将是多少？如果此次收购的*NPV*是0，那么*PE*比率将是多少？

b. Stultz如何评估两公司合并后的协同效应？试解释继续推进此次兼并决策的理由。

答：a. 联合公司的*EPS*将是两个公司的盈利总和除以联合公司的总股数。由于股票的报价是收购公司的1股股票可兑换目标公司的3股股票，收购公司的股数将会按目标公司三分之一的股票数量增加。因此，新的*EPS*为：

$$EPS = (230000 + 690000)/(146000 + 1/3 \times 73000) = 5.401(美元)$$

如果收购的净现值为零，那么Stultz的市场价格将保持不变。运用市盈率，可以得到Stultz当前的股票价格，为：

$$P = 12.7 \times 690000/146000 = 60.02(美元)$$

如果收购的净现值为零，股票价格应该保持不变。因此，新的市盈率为：

$$市盈率 = 60.02/5.401 = 11.11$$

b. 由于收购的净现值为零，Flannery公司对于Stultz公司的价值一定为该公司的市场价值。因此，该价值为：

$$V^* = 230000 \times 6.35 = 1460500(美元)$$

收购的成本就是支付股票的数量乘以股价，所以成本为：

$$成本 = 1/3 \times 73000 \times P = 1/3 \times 73000 \times (12.7 \times 690000/146000) = 1460500(美元)$$

所以，兼并的*NPV*为：

$$NPV = 0 = V^* + \Delta V - 成本 = 1460500 + \Delta V - 1460500$$

解得：$\Delta V = 0$。

尽管该收购本身而言没有经济价值，Stultz公司仍然可能有除财务外的其他收购Flannery公司的动机。

13. 换股效果 A公司和B公司的兼并前信息如下表所示：

	A公司	B公司
总盈利(美元)	2100	750
发行在外的股份数	900	300
每股股价(美元)	60	12

假设 A 公司通过每股 13 美元的价格对 B 公司进行换股收购，A 和 B 公司均无债务。

a. A 公司的兼并后每股收益 *EPS* 将是多少？

b. 如果市场错误分析了披露盈余增速(*PE* 比率不变)，A 公司在兼并后的每股价格将是多少？

c. 如果市场正确估计了这次交易，那么兼并后的 *PE* 比率应该是多少？

d. 如果无协同效应，A 公司的交易后股价应该是多少？*PE* 比率应该是多少？你的股价答案如何解释 A 公司收购 B 公司的股份数量？是太高还是太低？试解释。

答：收购的成本为：

$$成本 = 300 \times 13 = 3900(美元)$$

由于收购公司的股票每股价格为 60 美元，该公司将发行的股票数如下：

$$股票发行 = 3900/60 = 65(股)$$

a. 合并公司的 *EPS* 是两个公司的盈利总和除以新的股份数额，所以：

$$EPS = (2100 + 750)/(900 + 65) = 2.95(美元)$$

b. 收购公司的市盈率为：

$$初始市盈率 = 60/(2100/900) = 25.71$$

假设市盈率没有变化，新的股价为：

$$新股价 = 2.95 \times 25.71 = 75.84(美元)$$

c. 如果市场正确解读了这项交易，股价将保持不变，因为该项收购的净现值为零，所以：

$$新的 P/E = 60/2.95 = 20.34$$

d. 新的股价等于两家公司的市场价值之和除以收购后公司的股份。因此：

$$P = (900 \times 60 + 300 \times 12)/(900 + 65) = 59.69(美元)$$

合并公司的市盈率为：

$$P/E = 59.69/2.95 = 20.23$$

在已假定的投标价格下，由于股价会下跌，对于 A 公司而言，兼并的 *NPV* 为负。他们应该修订并降低出价，直到 *NPV* 为零。

第30章 财务困境

30.1 复习笔记

当一个企业无法产生足够的现金流量来满足合同所要求支付的款项时，诸如到期应付的债务和利息等，它就将陷入财务困境。而一个企业对所要求的支付款项违约，则可能被强制以其资产来清偿。

1. 财务困境

财务困境是指一个企业处于经营性现金流量不足以抵偿现有到期债务(例如商业信用或利息)而被迫采取改正行动的境况。财务困境可能导致企业违反合约的规定，也可能涉及到企业、债权人和股东之间的财务重组。通常，企业被迫要采取某些在企业有足够现金流量时不可能采取的行动。

当一家企业的净资产为负值，即资产价值少于负债价值时，就会发生“存量破产”。而当它的经营性现金流量不足以抵偿现有到期债务时，则将出现“流量破产”。

企业可以通过以下若干方法处理财务困境，包括：①出售主要资产；②与其他公司合并；③减少资本支出及研究与开发费用；④发售新证券；⑤与银行和其他债权人谈判；⑥以债权置换股权；⑦申请破产。

2. 破产清算与重组

(1)破产清算

清算是指公司因破产、解散或撤销而终止生产经营活动时，清理公司资产和债权、债务并分配剩余财产的行为。按清算的原因可分为破产清算、解散清算和撤销清算。破产清算指公司不能清偿到期债务，被依法宣告破产而进行的清算。解散清算指公司因法定事由解散时进行的清算。撤销清算指公司被主管部门或有权机构撤销或者被依法关闭而进行的清算。清算还可以分为自愿清算和被迫清算。

如果以下两个条件都符合的话，债权人可能会提出非自愿破产申请书：①在债务到期时公司没能偿付。②假如债权人的人数超过12个人，其中至少要有三个债权总金额在13475美元或之上的债权人参与提出申请；如果债权人的人数少于12个人，只需一个债权金额达13475美元的债权人提出申请即可。

一旦公司确定要破产，就需要进行清偿。绝对优先权法则说明优先索取权必须在次级索取权获得任何赔偿之前得到完全的赔偿。所以，清偿所得要根据以下的优先权顺序进行：管理费用，提出非自愿申请破产后产生的无担保债权，工资、薪金及手续费，在提出申请日前180天内提取的给员工福利计划的拨款，消费者权益，税收，担保和无担保债权人的权益，优先股股东的权益和普通股股东的权益。

(2)破产重组

重组，是指企业为了维持永续经营，在财务困境发生之后，对企业股权、资产、负债进行的出售、分立、合并、置换等活动，表现为资产与债务重新组合、股权或产权转让、资产或债权出售、管理层及员工持股或股权激励、债转股与股转债、资本结构与治理结构调整等。有时，它也包括发行新股以置换原有证券。破产重组是指通过破产来实现清偿和正式的重组。破产是一种法律程序，它可以通过公司提出申请自愿地来进行，或者通过债权人提出申请进行。

破产事件的典型处理程序如下：①公司可以提交一份自愿申请书，或者三个或更多的债权人提交非自愿破产申请书。非自愿申请书必须说明公司无法支付其债务的理由。②通常，联邦法官会批准破产申请，并会确定债权人和股东提交索取权证明的时间。③在绝大多数场合里，公司(处于"债权人所有")继续经营，清偿并不常见。④给予公司120天的时间提交重组计划。⑤对债权人和股东进行等级分类。假如一个等级内部有2/3以上的债权(按金额计算)和半数以上的债权人(按人数计算)接受了重组计划，则视为该等级的全体债权人接受了该计划。⑥法庭在债权人认可后确认重组计划。⑦以现金、财产和证券等方式将款项支付给债权人和股东。

3. 私下和解或破产

私下和解是指债务人与债权人私下达成有关债务减免、延期清偿、分期付款等清偿债务的协议，以暂时缓解债务人的偿债压力，一次性彻底地清理其债权债务关系。私下和解的好处包括：节约诉讼费用和诉讼时间；最大限度地避免影响企业的经营；谈判更具有灵活性；直接成本比正式破产的直接成本少。

公司更愿意选择正式破产有以下四个可能的原因：

①对有些企业来说，正式破产可能更便宜(尽管它有时可能更昂贵)。

②权益投资者可以利用正式破产获得某些补偿。

③具有复杂资本结构的公司在私下和解中会遇到更大的困难。

④债权人、权益投资者(股东)和公司管理层的分歧使私下和解变得不可能。

最后两点特别重要。它们说明一旦复杂性太高以及信息不完全，解除财务困境将较为昂贵。复杂性和信息的缺乏使得廉价的私下和解更不可能。

4. 破产前重组

破产前重组，又称预打包破产，是指一种特殊的破产方式，它是私下和解和正式破产的混合物。在破产前重组中，公司和它的大部分债权人同意在正式破产之外进行私下重组。在私下重组拼凑完成(即包装)后，公司再按照破产法申请正式破产。

破产前重组的主要好处在于它迫使不退让者接受破产的重组。如果公司很大一部分比例的债权人能够私下商定一份重组协议，不退让难题可能得以避免。它使得正式破产的重组计划较为容易撮合成功。

5. Z值

Z值是预测企业破产的指数。

(1)制造业上市公司的Z值计算：

$$Z=3.3\times\frac{EBIT}{总资产}+1.2\times\frac{净营运资本}{总资产}+1.0\times\frac{销售收入}{总资产}+0.6\times\frac{股权总市值}{总负债}+1.4\times\frac{累计留存收益}{总资产}$$

若$Z\leqslant1.81$，则预示企业会破产；$Z\geqslant2.99$，预示企业不会破产。

(2)私人企业和非制造企业的Z值计算：

$$Z=6.56\times\frac{净营运资本}{总资产}+3.26\times\frac{累计留存收益}{总资产}+1.05\times\frac{EBIT}{总资产}+6.72\times\frac{账面股东权益}{总负债}$$

若$Z<1.23$，则预示企业会破产；$Z>2.90$，预示企业不会破产。

30.2 课后习题详解

一、概念题

1. 绝对优先权法则(absolute priority rule)

答: 参见本章复习笔记。

2. 预打包破产(prepackaged bankruptcy)

答: 参见本章复习笔记。

3. 财务困境(financial distress)

答: 参见本章复习笔记。

4. 私下和解(private workout)

答: 参见本章复习笔记。

5. 清算(liquidation)

答: 清算是指公司因破产、解散或撤销而终止生产经营活动时,清理公司资产和债权、债务并分配剩余财产的行为。按清算的原因可分为破产清算、解散清算和撤销清算。破产清算指公司不能清偿到期债务,被依法宣告破产而进行的清算。解散清算指公司因法定事由解散时进行的清算。撤销清算指公司被主管部门或有权机构撤销或者被依法关闭而进行的清算。清算还可以分为自愿清算和被迫清算。

6. 重组(reorganization)

答: 参见本章复习笔记。

二、复习题

1. 财务困境 使用存量基础和流量基础定义财务困境。

答: 财务困境往往和无力支付联系在一起。从存量基础来看,无力支付表示公司的净资产为负。流量基础的无力支付是指经营性现金流不足以抵偿现有的到期债务。

2. 财务困境 财务困境有什么样的好处?

答: 财务困境常常可以作为公司的"预警",是麻烦的前兆。然而,财务困境也可以是有益的,因为它可能会带来新的组织形式和新的经营战略。

3. 破产前重组 什么是破产前重组?破产前重组的主要好处是什么?

答: 破产前重组是公司和大多数的债权人在破产之前达成一个私下的重组协议,协议达成之后,公司申请正式破产。破产前重组的最大优势是,它比传统的破产更快,且费用更低。

4. 财务困境 为什么财务困境并不总是导致公司消亡?

答: 因为公司处于财务困境并不意味着其消亡的价值一定高于其存在的价值。

5. 清算和重组的对比 清算和重组有什么差别?

答: 清算是指公司将其资产出售用于支付债务(通常是按照绝对优先权法则来进行支付)。重组是对公司的财务进行重建。

6. APR 什么是绝对优先权法则?

答: 绝对优先权法则是清算过程中财产分配的一个优先权的顺序,从第一求偿权开始依次分配。其顺序依次为:与破产公司资产清算有关的管理费用,提出非自愿申请破产后产生的无担保债权、工资、薪金及佣金,申请日之前180天内计提的员工福利计划,消费者索赔,积欠的税收,担保和非担保债权,优先股股东的权益,普通股股东权益。

7. DIP 贷款 什么是 DIP 贷款？DIP 贷款在 APR 中处于什么地位？

答：正式破产允许公司发行新的债务，这种债务比先前所有的债务的优先权都高，该债务即 DIP 贷款。如果 DIP 贷款不是比所有的债务的优先权都高的话，贷款人将会拒绝贷款，那么处于破产的企业将无法通过融入资金来维持经营。

8. 破产的道德问题 公司有时利用破产要挟债权人对条款进行重新谈判。批评者称这些公司不是将破产法当作“盾”，而是当作“剑”。这样的战术道德吗？

答：申请破产保护的权利是一种宝贵的资产，财务人员通过管理这些资产使得股东的权益达到最大。破产申请在一定程度上阻止了破产的进度，防止了公司过快地陷入破产诉讼，因此上述问题应被看作是对破产保护的一个合理的应用。

9. 破产的道德问题 一些进入破产阶段或面临破产威胁的公司，至少会把它当作减少劳动力成本的一种手段。这种做法是否道德、是否恰当，这是个正在被热议的话题。这样利用破产符合道德吗？

答：如前面的问题一样，将破产法当作剑使用只是对公司资产的最佳利用。贷款人在其贷出贷款的那一刻便意识到企业破产的可能性，因此，利率中包含了对这种风险的补偿。如果公司继续经营的唯一方法是减少劳动成本的话，那么对所有的人，包括员工在内，都是有益的。

10. 破产和私下和解的对比 尽管私下和解的成本要低那么多，为什么仍有许多公司要申请法定破产呢？

答：有四个可能的原因使得公司选择法定破产保护程序：①成本更低（虽然法定破产通常较昂贵）；②权益投资者可以通过法定破产获得某些补偿；③复杂的资本结构，使私下解决的难度很大；④债权人、股权投资者和管理层之间的利益冲突可能会使私下解决是不可能的。

11. Z 值 乔收到了一家私营企业 Seether，LLC 的贷款申请。该公司的财务信息简表如下：

（单位：美元）

总资产	73000
EBIT	7900
净营运资本	4200
账面股东权益	18000
累计留存收益	16000
总负债	64000

该公司的 Z 值是多少？

答：因为公司为私营企业，所以要使用针对私人企业和非制造企业的 Z 值修正模型进行计算，为：

$$Z = 6.56 \times \frac{\text{净营运资本}}{\text{总资产}} + 3.26 \times \frac{\text{累计留存收益}}{\text{总资产}} + 1.05 \times \frac{EBIT}{\text{总资产}} + 6.72 \times \frac{\text{账面股东权益}}{\text{总负债}}$$

$$= 6.56 \times \frac{4200}{73000} + 3.26 \times \frac{16000}{73000} + 1.05 \times \frac{7900}{73000} + 6.72 \times \frac{18000}{64000}$$

$$= 3.096$$

第 31 章 跨国公司财务

31.1 复习笔记

随着经济全球化的发展，跨国公司越来越多。跨国公司经营必须考虑各种因素，其中包括外币汇率、各国不同的利率、国外经营所用的复杂会计方法、外国税率和外国政府的干涉等等。公司财务的基本原理仍然适用于跨国公司。

外汇问题是跨国财务中最重要、最复杂的难题。当跨国公司进行资本预算决策或融资决策时，外汇市场能为其提供信息和机会。外汇、利率和通货膨胀三者的相互关系构成了汇率基本理论。即：购买力平价理论、利率平价理论和预期理论。

跨国公司融资决策通常有以下三种基本途径：将本国货币用于国外经营业务、向投资所在国借贷和向第三国借贷。三种途径各有优缺点。

1. 有关专业术语

(1)美国存托凭证(ADR)

美国存托凭证是指在美国发行的一种代表外国股权的证券。外国公司运用以美元发行的 ADR 实现外国股票在美国上市交易，来吸引更多的潜在的美国投资者群体。这些 ADR 通常由投资银行持有并为其做市，它以两种形式存在：一是在交易所挂牌交易的 ADR，称为公司保荐形式；另一种是非保荐形式。这两种形式的 ADR 均可由个人投资和买卖。ADR 解决了美国与国外证券交易制度、惯例、语言、外汇管理等不尽相同所造成的交易上的困难，是外国公司在美国市场上筹资的重要金融工具，同时也是美国投资者最广泛接受的外国证券形式。

(2)交叉汇率

交叉汇率是指两种货币之间(通常都不是美元)通过第三种货币联系起来的汇率。美元是决定交叉汇率的中介货币。例如，如果投资者想卖出日元买进瑞士法郎，他可能先卖出日元买入美元，随后又卖出美元买入瑞士法郎。所以，虽然该交易只涉及日元与瑞士法郎，但是美元汇率起到了基准作用。

(3)欧洲货币单位(ECU)

欧洲货币单位是指 1979 年设计的由 10 种欧洲货币组成的一揽子货币，它是欧洲货币体系(EMS)的货币单位。根据章程，EMS 成员国每五年或者当出现某种货币权重发生 25% 或以上的变动时，都要重新估算一次 ECU 的组成。其中德国马克权重最大，法国法郎、英国英镑和荷兰盾的各自权重也在 10% 以上。权重最小的是希腊德拉克马、卢森堡法郎和爱尔兰镑。

(4)欧洲债券

欧洲债券是指一国政府、金融机构、工商企业在国外金融市场上或者国际组织在一国金融市场上，以第三国货币发行的债券。例如，法国一家机构在英国债券市场上发行的以美元为面值的债券即是欧洲债券。欧洲债券最本质的特征是发行地与面值货币分别属于两个不同的国家。

欧洲债券受到投资者的青睐，原因包括：①欧洲债券市场是一个完全自由的市场，债券发行较为自由灵活，既不需要向任何监督机关登记注册，又无利率管制和发行数额限制，还可以选择多种计值货币；②发行欧洲债券筹集的资金数额大、期限长，而且对财务公开的要求不高，方便筹资者筹集资金；③欧洲债券通常由几家大的跨国金融机构办理发行，发行面广、手续简便、发行费用较低；④欧洲债券的利息收入通常免交所得税；⑤欧洲债券以不记名方式发行，并可以保存在国外，适合一些希望保密的投资者需要；⑥欧洲债券安全性和收益率高。

(5)欧洲货币

欧洲货币是指存放在发行国之外的金融机构里的并且不受该货币发行国政府金融法令限制的各类资金的总称。由于这种境外存放业务开始于欧洲，因而得名。例如，欧洲美元——最为广泛使用的欧洲货币，就是存放在美国境外的不受美国政府法令限制的美元存款或从这些银行获取的美元贷款。

(6)外国债券

外国债券是指借款人在外国资本市场上发行的以外国货币标价的债券。这些债券的发行所在国经常会把这些外国债券和国内企业发行的债券区别对待，包括适用不同的税法、发行总量的限制或适用更加苛刻的披露条款。外国债券通常以其发行所在国的绰号命名：扬基债券(美国)，武士债券(日本)，伦布兰特债券(荷兰)和猛犬债券(英国)。

外国债券与欧洲债券的区别在于发行国货币与面值货币是否一致。

(7)金边债券

金边债券一般特指英国政府和爱尔兰政府发行的证券。不过该术语现在泛指所有中央政府发行的债券即国债，其原因在于国债是国家信用的主要形式，它以中央政府的税收作为还本付息的保证，风险小、流动性强，投资者一般不用担心政府的偿还能力。中央政府发行国债的目的往往是弥补国家财政赤字，或者为一些耗资巨大的建设项目以及某些经济政策乃至为战争筹措资金。为了鼓励投资者购买国债，大多数国家都规定国债投资者可以享受国债利息收入方面的税收优惠，甚至免税。因此，金边债券为投资者所热衷，流动性很强，并被广泛地用作抵押和担保。不过，由于国债风险低、安全性和流动性好，它的利率一般也低于其他类型债券。

(8)伦敦银行同业拆借利率(LIBOR)

它是指大多数跨国银行在伦敦市场上拆借欧洲美元的隔夜利率。LIBOR 是货币市场上的证券和由政府和公司借款人发行的短期债券定价的基准。信用稍差的发行者的借款利率通常较 LIBOR 高出一个百分点以上。

(9)掉期交易

它是指交易双方约定在未来某一时期相互交换某种资产的交易形式。更确切地说，掉期交易是当事人之间约定在未来某一期间内相互交换他们认为具有相等经济价值的现金流的交易。掉期交易一般包括利率掉期和货币掉期。利率掉期是交易双方通过掉期将浮动利率转换成固定利率，反之亦然。货币掉期是指不同货币间的掉期协议。在对以不同货币计价的债务进行掉期交易时，经常会同时包括以上两种掉期。

2. 外汇市场与汇率

外汇市场是指从事外汇买卖的交易场所，或者说是各种不同货币相互之间进行交换的场所。外汇市场分有形市场和无形市场两种，前者是指在固定的交易场所，在规定的营业时间内从事外汇交易的外汇市场，如法兰克福外汇市场和巴黎外汇市场；后者是指无具体交易场所的外汇市场，所有的外汇买卖交易都是通过电话、电报及电传等通讯设备完成，如伦敦外汇市场、纽约外汇市场等。

汇率是指一国货币换成另一国货币的兑换价，即一国货币兑换成另一国货币的比率。汇率可以分为即期汇率和远期汇率。即期汇率是指外汇买卖双方就两个营业日内进行交割的汇率达成协议时商定的汇率。远期汇率是指外汇买卖双方就未来交割汇率达成协议时商定的汇率。远期汇率与即期汇率往往不相等，其差额称作远期差价。掉期是在卖出(买入)某种外汇的同时就未来某个时间再买入(再卖出)该外汇达成协议。卖出价与再买入价之差被称为掉期汇率。

3. 一价定律与购买力平价说

一价定律是指同一种商品不论从哪国购入，购入成本都是一样的。若以公式表示则为：设 $S_{£}(t)$ 代表即期汇率，即在 t 时买入一英镑需要的美元数；$P^{US}(t)$ 和 $P^{UK}(t)$ 分别表示在美国和在英国某特定商品的当前价格。在一价定律下，这种特定商品满足以下等式：

$$P^{US}(t)=S_{£}(t)\cdot P^{UK}(t)。$$

购买力平价是指汇率会自行调整，以保证市场一揽子商品的价格不论是从哪个国家购入的，价格一律相等。购买力平价说还可推出相对购买力平价说，即商品用某国货币的标价变化率与用他国货币标价变化率的比值决定了两国外汇汇率的变化率，用公式表示为：

$$\frac{P^{US}(t+1)}{P^{US}(t)}=\frac{S_{£}(t+1)}{S_{£}(t)}\times\frac{P^{UK}(t+1)}{P^{UK}(t)}$$

4. 利率平价说

利率平价理论是指：若本币市场利率高于某一外币市场利率，则该外币在远期将按溢价(升水)售出；若本币市场利率低于外币市场利率，则该外币在远期将按折价(贴水)售出。其理论等式为：$\frac{1+i}{1+i^*}=\frac{F(0,\ 1)}{S(0)}$。其中，$i$ 为国内利率；i^* 为国外利率；$F(0,\ 1)$ 为某一时期的远期合约的汇率；$S(0)$ 为以本币表示的即期外汇汇率。

5. 跨国公司资本预算

海外投资不会改变公司运用的 *NPV* 法则，即必须确认各年净增现金流量，并以适当的资本成本进行贴现，计算净现值之后，公司只投资那些净现值为正数的项目。但是，有两个因素，外币折算和资金汇回母国，使跨国投资项目的净现值计算变得更为复杂。

公司将以外币表示的现金流量进行折算时，是用外币现金流量乘以预期外汇汇率得到的。预期外汇汇率需根据外汇间的基本关系计算得出，它增加了公司所面临的不确定性。

外国子公司将资金汇回母公司有多种途径，其中包括：股利；总部管理费；商标和专利的特许权使用费。项目现金流量与实际汇回母公司的现金流量可以存在显著不一致。如果未汇回现金流量以与国内资本成本相同的收益率(根据汇率调整后)再投资，项目净现值并不会由于推迟汇回而有所不同。

跨国多样化经营和跨国股东的多样化使资本成本更低，但是企业进行跨国投资要比进行国内投资更多地考虑政治风险因素。企业可能由于考虑到征用风险、外汇汇回管制等政治风险因素而提高折现率。

6. 汇率风险

汇率风险是指由于外币价值上下波动引起企业损失的风险。汇率风险主要有三种：短期外汇交易风险、长期外汇交易风险和换算风险。

在实际经济活动中，大多数公司达成了在未来以固定价格买入或卖出商品的协议，这样日常的汇率波动对跨国公司的收益的影响就非常明显，长期外汇交易风险是指由于不可预测的不同国家的相对经济状况的变化，使得跨国经营的价值也存在波动。换算风险可以这样来理解，当一家美国公司计算其会计净利润的时候，需要将所有的数据转换成美元，当存在大量跨国交易的时候，就会出现一些会计问题，导致公司价值降低。最简单的方法是将汇兑损失计入母公司的损益，目前流行的做法是将汇兑损益计入未确定汇兑损益中。

31.2 课后习题详解

一、概念题

1. 美国存托凭证(ADR)(American Depository Receipt, ADR)[中南财经政法大学 2019 金融硕士]

答：参见本章复习笔记。

2. 全球化(globalization)

答：全球化是指全球经济活动被纳入一个以计算机、通讯技术和网络技术联结起来的全球性网络，在全球范围内寻求生产资料、信息、资金、人力资源等生产要素的最佳配置和重组。经济全球化以科技革命、市场经济和跨国公司的迅速发展为驱动力，以生产要素在世界范围内的大规模流动为核心，以国际贸易、国际金融、国际投资、国际交通和通讯的大发展为形式，使企业生产的内部分工扩展为全球性的分工，使生产要素在全球范围优化组合，从而促进了各国和全球经济的共同发展。

3. 交叉汇率(cross rate)[中南财经政法大学 2019 金融硕士]

答：参见本章复习笔记。

4. 利率平价理论(interest - rate - parity theorem)

答：参见本章复习笔记。

5. 欧洲银行(Eurobanks)

答：欧洲银行指从事欧洲货币存放业务的银行。欧洲货币指存放在发行国之外的金融机构里的并且不受该货币发行国政府金融法令限制的各类资金的总称。由于这种境外存放业务开始于欧洲，因而得名。欧洲银行就是开展该业务银行的统称。

6. 一价定律(LOP)(law of one price , LOP)

答：参见本章复习笔记。

7. 欧洲债券(Eurobonds)

答：参见本章复习笔记。

8. 伦敦银行同业拆借利率(LIBOR)(London Interbank Offered Rate , LIBOR)

答：伦敦银行同业拆借利率(LIBOR)是指大多数跨国银行在伦敦市场上拆借欧洲美元的隔夜利率。LIBOR 是货币市场上的证券和由政府和公司借款人发行的短期债券定价的基准。信用稍差的发行者的借款利率通常较 LIBOR 高出一个百分点以上。

9. 欧洲货币(Eurocurrency)

答：参见本章复习笔记。

10. 购买力平价(PPP)(purchasing - power parity , PPP)[安徽大学 2018 金融硕士]

答：购买力平价，是指汇率会自行调整，以保证市场一揽子商品的价格不论是从哪个国家购入的，价格一律相等。购买力平价说在外汇理论中占有重要地位。一国货币的对外价值是对内价值的体现。该理论在各国放弃金本位制的情况下，指出以国内外物价对比作为汇率决定的依据，说明货币的对内贬值必然引起对外贬值，揭示了汇率变动的长期原因。

11. 欧洲美元(Eurodollar)

答：欧洲美元是指存放在美国以外的金融机构里的美元，即美国境外的所有美元存款，一般泛指世界各主要银行在伦敦分行中的美元账户余额。欧洲美元市场已成为不受美国联邦储备系统管辖的一个国际资本市场，它的出现和发展是本世纪50至60年代世界政治局势日趋紧张的结果。当时为了防止美国可能冻结和没收原苏联、东欧和中国在纽约花旗银行中的美元存款，他们将其美元存款从纽约转至伦敦和其他欧洲金融中心，由于这一资金转移活动是通过设在巴黎的欧洲银行完成的，因此，出现了欧洲美元这一词汇。

12. 相对购买力平价(RPPP)(relative purchasing - power parity , RPPP)

答：参见本章复习笔记。

13. 欧洲货币单位(ECU)(European Currency Unit , ECU)

答：参见本章复习笔记。

14. 即期汇率(spot - exchange rate)

答：即期汇率是指外汇买卖双方就两个营业日内进行交割的汇率达成协议时商定的汇率。

15. 汇率(exchange rate)

答：参见本章复习笔记。

16. 即期交易(spot trades)

答：参见本章复习笔记。

17. 外国债券(foreign bonds)

答：外国债券是指借款人在外国资本市场上发行的债券，通常以外国货币标价。这些债券的发行所在国经常会把这些外国债券和国内企业发行的债券区别对待，包括适用不同的税法、发行总量的限制或适用更加苛刻的披露条款。外国债券通常以其发行所在国的绰号命名：扬基债券(美国)，日本武士债券(日本)，伦布兰特(Rembrandt)债券(荷兰)和牛头犬债券(英国)。

18. 掉期汇率(swap rate)

答：掉期汇率是指在卖出(买入)某种外汇的同时就未来某个时间再买入(再卖出)该外汇达成的协议中，卖出价与再买入价的差额。

19. 外汇市场(foreign exchange market)

答：参见本章复习笔记。

20. 掉期交易(swaps)

答：掉期交易，是指在买入或卖出即期外汇的同时，卖出或买进同一货币的远期外汇，以防止汇率风险的外汇交易。这种金融衍生工具，是当前用来规避由于所借外债的汇率发生变化而给企业带来财务风险的主要手段之一。

21. 远期汇率(forward - exchange rate)[上海社会科学院2021金融硕士]

答：参见本章复习笔记。

22. 三角套汇(triangular arbitrage)

答：三角套汇又称间接套汇或多角套汇，它是利用三个或多个不同地点的外汇市场中，三种或多种不同货币之间交叉汇率或套算汇率的不一致，同时在这三个或多个外汇市场上进行外汇买卖，以赚取价差的套汇交易。

23. 远期交易(forward trades)

答：远期交易是指市场交易主体在成交后，按照远期合同规定，在未来(一般在成交日后的3个营业日之后)按规定的日期交割的外汇交易。远期外汇交易是有效的外汇市场中必不可少的组成部分。20世纪70年代初期，国际范围内的汇率体制从以固定汇率为主转变为以浮动汇率为主，汇率波动加剧，金融市场蓬勃发展，从而推动了远期外汇市场的发展。

24. 扬基债券(Yankee bonds)

答：扬基债券是指在美国债券市场上发行的外国债券，即美国以外的政府、金融机构、工商企业和国际组织在美国国内市场发行的、以美元为计值货币的债券。扬基债券具有如下几个特点：期限长、数额大、流动性强；发行者以外国政府和国际组织为主，投资者以人寿保险公司、储蓄银行等机构投资者为主；无担保发行数量比有担保发行数量多，但非常重视信用评级，因为评级结果与债券销售有密切关系。

25. 金边债券(gilts)

答：参见本章复习笔记。

二、复习题

1. 即期汇率和远期汇率　假设瑞士法郎的即期汇率为SF1.09，90天的远期汇率为SF1.11。

a. 美元相对于瑞士法郎是折价兑换还是溢价兑换？

b. 市场预期瑞士法郎相对于美元是升值了还是贬值了？为什么？

c. 你觉得美国和瑞士未来的经济状况发生了什么样的相对变化？

答：a. 美元是溢价兑换，因为它的远期汇率高于即期汇率(SF1.11 > SF1.09)。

b. 预期瑞士法郎相对于美元会贬值，因为与现在相比未来购买一美元将会花费更多瑞士法郎。

c. 瑞士的通货膨胀率高于美国的通货膨胀率，名义利率也一样。

2. 购买力平价　假设未来几年墨西哥的通货膨胀率比美国高3%。其他条件不变，墨西哥比索同美元之间的汇率将发生什么样的变化？你这样回答的理论依据是什么？

答：根据相对购买力平价学说，汇率将会上升，因为在未来将会花费更多的比索来换取1美元。

3. 汇率　澳大利亚元兑美元的即期汇率为A$1.40。明年该汇率水平可能上升10%。

a. 澳大利亚元是增值了还是贬值了？

b. 澳大利亚和美国的通货膨胀率之间的关系如何？

c. 澳大利亚和美国的名义利率之间的关系如何？实际利率呢？

答：a. 澳大利亚元相对美元将会贬值，这是因为将来会花费更多的澳大利亚元来换取1美元。

b. 澳大利亚的通货膨胀率更高。

c. 澳大利亚的名义利率更高，两国的实际利率基本相同。

4. 汇率　汇率对于公司会带来坏的还是好的影响？

答：不一定。举例如下：如果一国的货币升值，进口成本将会降低，这是好的方面；但同时，其出口商品的价格将会上升，不利于出口商品的销售，这是不利的方面。货币贬值所产生的作用恰好相反。

5. 跨国经营风险 Duracell公司一度准备在印度投资电池生产企业。在这个国家进行电池生产可以使Duracell公司的碱性电池的出口额达到30% ~35%，进而避免惩罚性关税。该投资建议可以为Duracell公司带来哪些好处？Duracell公司可能面临哪些风险？

答：该投资建议的好处在于：使得与消费者的距离变得更近，因此将节省运输、工资成本，且汇率变动对公司的影响变小。不利因素在于存在政治风险和远距离监管成本。

6. 跨国公司 目前，越来越多的跨国公司的国外销售额高于国内销售额，那么，哪个货币应该作为公司的本币？

答：理解这个问题必须记住一个关键因素，那就是红利的支付都是以国内货币进行的。更一般的情况是，跨国公司的所有者都是本国的，他们更关心以国内货币计算的财富价值。原因在于：与跨国公司不同，他们并不是跨国的。因此即使国外销售额高于国内销售额，也应当使用国内货币作为本币。

7. 汇率变动 下边的陈述哪个是正确的？为什么？

a. 如果英国的主要价格指数高于美国，我们将可以预测英镑将相对于美元升值。

b. 假设你是一个德国机器出口商，你的所有销售都使用外币结算。进一步假设未来欧洲央行将采取扩张性货币政策。如果该政策将使德国的通货膨胀率高于其他国家，则你需要利用远期汇率市场来规避欧元贬值可能带来的损失。

c. 如果你能准确预测两个国家之间的通货膨胀率之间的关系，而其他人不可以，则你可以借此在即期汇率市场盈利。

答：a. 错误。如果英国的价格上升得更快，那么购买同样的一揽子商品花费的英镑较多，因此，相对于美元来说英镑将会贬值。

b. 错误。市场上的远期汇率已经反映了欧元的预期恶化，只有你认为可能会有当前远期汇率没有反映的欧元的更大的非预期的恶化时，套期保值才能使你免受损失。

c. 正确。市场只在通常情况下是正确，而你总是正确的。

8. 汇率变动 一些国家的政府利用汇率的波动来实现短期的国际收支平衡。在下列几种情况下，描述其对美国进口商和出口商同国外进行交易的影响。

a. 美国政府官员表示他们将乐意看到欧元对美元升值。

b. 英国政府表示英镑相对于美元被过度低估。

c. 巴西政府宣布将通过新发行十亿的货币来刺激经济以降低失业率。

答：a. 美国出口商的情况将会好转，这是因为销售出口商品所得到的同样数量的欧元将会值更多美元。

美国进口商的情况会恶化，这是因为进口商品耗费的同样数量的欧元将会花去更多的美元。

b. 如果英国政府的意图使得英镑升值，将会使美国出口商的收益增加，进口商的境况恶化。

c. 美国的出口商的情况将会恶化，这种极端财政扩张的情况会使得美国商品的价格上涨，或者如果巴西克鲁塞罗是一定的，巴西销售的商品将变得只值非常少的美元。

美国进口商的状况会变好，因为用美元购买巴西商品将变得更便宜。

9. 国际资本市场的关系 我们讨论了国际资本市场上的5种主要关系：相对购买力平价(PPP)、利率平价(IRP)、无偏远期利率(UFR)、未抛补利率平价(UIP)和国际费雪效应。上边的5种理论哪一种更接近现实？哪一种更容易在实际中被违背？

答：IRP是最接近现实的，因为它提供了最简单、最低成本的寻找套利机会的方法。而相对购买力平价理论在现实中更容易被违背，原因在于它的严格成立需要市场不完整性和摩擦因素不存在。

10. 汇率风险 假设你是一位出口商，你将在收到货物3个月后进行外币结算，预计未来本币将相对于外币升值，你有必要进入远期汇率市场进行对冲吗？

答：是否进行对冲取决于远期市场是否已经预期到同样的升值以及这一预期是否正确，如果升值预期正确而且其他参与者并没有相关升值的信息，那么，进行对冲是有利可图的。

11. 跨国公司预算 假设你需要对公司的两个子公司进行投资项目分析，一个子公司位于国内，一个位于国外。你将使用本币进行两个子公司的项目分析。在哪种情况下你将倾向于投资于国外？哪些因素会影响你的这些决定？

答：如果在国外的投资使得投资多样化，分散了股东的投资风险，而且股东无法通过自己国内的投资进行分散，那么国外投资会成为首选。另外一个原因是政治，如果国外的政治局势比国内的政治局势稳定，国外投资也会成为首选。外国政治风险上升也同样会使得你首选国内的投资。印度尼西亚的例子很好的证明了这个观点。如果政治风险不能被分散，投资于这种类型的国家会使得系统风险上升，结果将导致资本成本的上升，最终导致投资的*NPV*下降。

12. 跨国公司预算 经过调整的政治风险和多样化风险分析，一个国外子公司的项目可以产生正的*NPV*，你是否应该接受该项目？为什么？

答：接受。如果考虑到所有的风险，国外的投资项目仍有一个正的*NPV*，应该接受这项国外投资。在实际操作中，这一假设（折现率考虑到了所有的政治和多样化的问题）是一个很艰巨的任务。但是一旦这个任务解决了，则同对国内项目有效一样，净现值法对国外投资项目也有效。

13. 跨国借款 如果·家美国公司需要为其国外子公司进行债务融资，其在美国进行借款的劣势是什么？你如何规避这些劣势？

答：如果外币贬值，美国的母公司将会遭受汇率所带来的损失，因为国外投资的现金流需要转换成美元。这个问题可以通过两种方式进行解决：一种是通过出售远期合同；另一种是直接在子公司所在地进行融资。

14. 跨国投资 如果国际金融市场是有效的，假设欧洲美元利率比美国国内利率高，你将在美国进行融资然后投资到欧洲美元市场，这种做法是正确的吗？为什么？

答：错误。如果金融市场是完全竞争的话，那么欧洲美元市场的利率和美国美元市场的利率差异是因为风险和政府管制所导致的。因此，在这些市场进行投机活动是不可能获利的。

15. 交叉汇率 利用教材图31-1中的数据回答以下问题。

a. 你将选择拥有100美元还是100英镑？为什么？

b. 你将选择拥有100瑞士法郎还是100英镑？为什么？

c. 瑞士法郎和英镑之间的交叉汇率为多少？以瑞士法郎来定价的英镑汇率呢？

答：a. 选择100英镑：£100×（\$1.5649/£1）= \$156.49。

b. 选择100英镑，用美元对英镑的汇率和瑞士法郎对美元的汇率来算出100英镑应得的瑞士法郎的量：£100×（\$1.5649/£1）×（SF0.9655/\$1）= SF151.0911。

c. 瑞士法郎和英镑的交叉汇率为：（SF0.9655/\$1）×（\$1.5649/£1）= SF1.5109/£1。

因此，以瑞士法郎定价的英镑汇率为：£1/SF1.5109 = £0.6619/SF1。

16. 利率平价 利用教材图31-1中的数据回答问题。假设利率平价理论有效，美国的未来6个月期的无风险利率为1.9%，则英国的无风险利率为多少？日本的呢？瑞士的呢？

答： 对利率平价理论的公式进行变形：

$$R_{FC}=(F_T-S_0)/S_0+R_{US}$$

利用这个关系式可以得出各国无风险利率：

英国：$R_{FC}=(£0.6400-£0.6390)/£0.6390+0.019=2.06\%$；

日本：$R_{FC}=(¥118.37-¥118.62)/¥118.62+0.019=1.69\%$；

瑞士：$R_{FC}=(SF0.9632-SF0.9655)/SF0.9655+0.019=1.66\%$。

17. 汇率和套利 假设挪威克朗的即期汇率和未来6个月的远期汇率分别为Kr6.97和Kr7.06。美国的无风险年利率为3%，挪威的无风险年利率为5%。

a. 这里存在一个套利机会吗？如果存在，你如何利用该套利机会？

b. 6个月期的无风险利率应该为多少才能防止该套利机会的存在？

答： a. 如果IRP成立，那么：

$$F_{180}=(Kr6.97)\times[1+(0.05-0.03)]^{1/2}=Kr7.0394$$

因为F_{180}给定是Kr7.06，存在套利机会，远期升水过高。当前以5%的利率水平借入1克朗，签订一份期限为180天的远期合约，标的价格为Kr7.06。将贷款转换成美元：

$$Kr1\times(\$1/Kr6.97)=\$0.14347$$

将这些美元进行投资，收益率为3%。投资结束总共有\$0.14558，将美元转换成克朗：

$$\$0.14558\times(Kr7.06/\$1)=Kr1.02779$$

偿还1克朗的贷款后获利：

$$Kr1.02779-1.02435=Kr0.00344$$

b. 利用利率平价理论，计算可消除套利的远期汇率：

$$F_{180}=(Kr6.97)\times[1+(0.05-0.03)]^{1/2}=Kr7.0394$$

18. 资本预算 Lakonishok Equipment有一个在欧洲的投资机会。这个项目耗资1900万欧元，预期在第1年现金流为360万欧元、第2年为410万欧元、第3年为510万欧元。当前即期汇率为1欧元兑1.04美元，并且美国的无风险利率为3.1%而欧洲的无风险利率为2.9%。合理的项目折现率预计为美国资本成本10.5%。另外，此项目预期在第3年年底可以以1270万欧元的价格出售。此项目的*NPV*是多少？

答： 首先，要预测未来三年的即期汇率。利用利率及购买力平价可知预期汇率为：

$$E(S_T)=[(1+R_{US})/(1+R_{FC})]^T S_0$$

因此：

$$E(S_1)=(1.0310/1.0290)^1\times(\$1.04/€1)=\$1.0420/€1$$

$$E(S_2)=(1.0310/1.0290)^2\times(\$1.04/€1)=\$1.0440/€1$$

$$E(S_3)=(1.0310/1.0290)^3\times(\$1.04/€1)=\$1.0461/€1$$

现在可以利用未来的即期汇率得到美元的现金流，每年的现金流以美元表示为：

初始成本的现金流 = −€19000000 × (\$1.04/€1) = −\$19760000.00

第一年的现金流 = €3600000 × (\$1.0420/€1) = \$3751276.97

第二年的现金流 = €4100000 × (\$1.0440/€1) = \$4280591.42

第三年的现金流 = (€5100000 + €12700000) × (\$1.0461/€1) = \$18620151.63

项目的现金流为：

$$NPV=-19760000+3751276.97/1.105+4280591.42/1.105^2+18620151.63/1.105^3=\$941106.39$$